全本　全注　全评

史記

评注版

六　列传

[西汉]司马迁　著
韩兆琦　评注

岳麓書社・长沙

文帝行玺龙钮金印

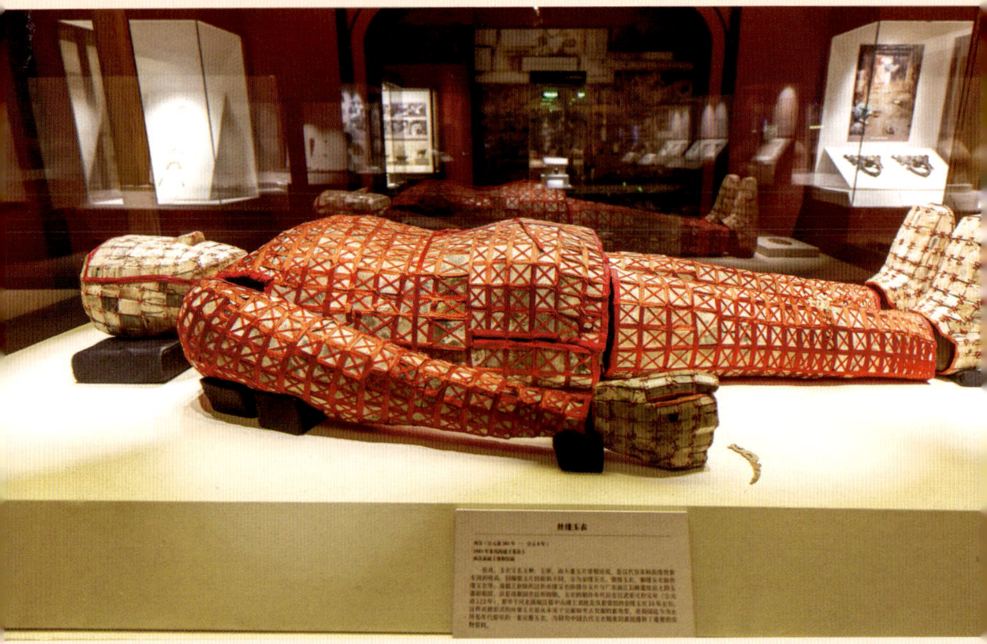

南越王墓出土丝缕玉衣

南越王墓出土铜承盘高足玉杯

南越王墓出土错金虎符

古滇国铜鎏金乐舞人

古滇国四牛鎏金骑士铜贮贝器

滇王之印金印

邛崃文君井

汉代楼船模型

八公山淮南王宫（原刘安庙遗址）

清 任熊 《东方朔割肉》

廷尉之印封泥

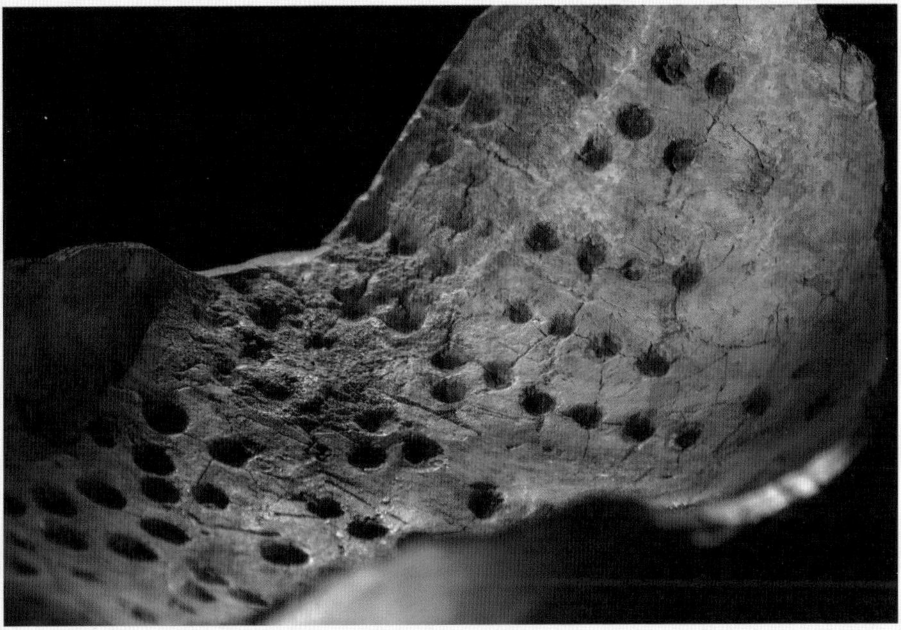

占卜龟甲

汉集市画像石

汉纺织画像石

西汉时期六博盘

铁铠甲复制品

汉画像石中牛耕场景

目　录

附录

南越列传第五十三

南越王尉佗者，真定人也，[①]姓赵氏。秦时已并天下，略定杨越[②]，置桂林、南海、象郡，[③]以谪徙民，与越杂处十三岁。[④]佗，秦时用为南海龙川令，至二世时，南海尉任嚣病且死，[⑤]召龙川令赵佗语曰："闻陈胜等作乱，秦为无道，天下苦之，项羽、刘季、陈胜、吴广等州郡各共兴军聚众，虎争天下，中国扰乱，未知所安，豪杰畔秦相立。南海僻远，吾恐盗兵侵地至此，吾欲兴兵绝新道，自备，待诸侯变，会病甚。[⑥]且番禺负山险，阻南海，[⑦]东西数千里，颇有中国人相辅[⑧]，此亦一州之主也，可以立国。郡中长吏无足与言者，故召公告之。"即被佗书，行南海尉事。[⑨]嚣死，佗即移檄告横浦、阳山、湟溪关曰[⑩]："盗兵且至，急绝道聚兵自守！"因稍以法诛秦所置长吏，以其党为假守。[⑪]秦已破灭，佗即击并桂林、象郡，自立为南越武王。高帝已定天下，为中国劳苦，故释佗弗诛。汉十一年，遣陆贾因立佗为南越王，与剖符通使，和集百越，毋为南边患害，与长沙[⑫]接境。

高后时，有司请禁南越关市铁器。[⑬]佗曰："高帝立我，通使物，今高后听谗臣，别异蛮夷[⑭]，隔绝器物，此必长沙王计也。欲倚中国，击灭南越而并王之，自为功也。"于是佗乃自尊号为南越武帝，发兵攻长沙边邑，败数县而去焉。高后遣将军隆虑侯灶[15]往击之。会暑湿，士卒大疫，兵不能逾岭[16]。岁余，高后崩，即罢兵。佗因此以兵威边，财物赂遗闽越、西瓯、骆，役属焉，[17]东西万余里。乃乘黄屋左纛[18]，称制，与中国侔。[19]

及孝文帝元年，初镇抚天下，使告诸侯四夷从代来即位意，喻盛德焉。乃为佗亲冢在真定，置守邑[20]，岁时奉祀。召其从昆弟，尊官厚赐宠之。诏丞相陈平等举可使南越者，平言好畤陆贾，先帝时习使南越。[21]乃召贾以为太中大夫，往使。因让佗自立为帝，曾无一介之使报者。[22]陆贾至南越，王甚恐，为书谢，称曰："蛮夷大长老夫臣佗，前日高后隔异南越，窃疑长沙王谗臣；[23]又遥闻高后尽诛佗宗族，掘烧先人冢，以故自弃[24]，犯长沙边境。且南方卑湿[25]，蛮夷中间，其东闽越千人众号称王，其西瓯、骆裸国亦称王。[26]老臣妄窃帝号，聊以自娱，岂敢以闻天王哉！"乃顿首谢，愿长为藩臣，奉贡职。于是乃下令国中曰："吾闻两雄不俱立，两贤不并世。皇帝，贤天子也。自今以后，去帝制黄屋左纛。"陆贾还报，孝文帝大说。遂至孝景时，称臣，使人朝请。然南越其居国窃如故号名，其使天子，称王朝命如诸侯。[27]至建元四年卒[28]。

（以上为第一段，写西汉初期汉越之间的和平相处。）

①尉佗——姓赵名佗，因其曾为南海郡尉，故亦称之为尉佗。　真定——汉县名，县治在今河北正定南。　②略定杨越——略定：平定。略：攻取，拓展。杨越：也作"扬越"，战国至秦汉时对越人的一种泛称。一说因广泛散布于古扬州而得名；一说在汉江流域；一说居岭南。③桂林——秦郡名，郡治在今广西桂平西南。　南海——秦郡名，郡治番禺（在今广东广州）。　象郡——秦郡名，郡治临尘，在今广西崇左；一说郡治在汉西卷县，在今越南中部。　④以谪徙民——强制罪犯与其家族向这些新设郡搬迁。　与越杂处十三岁——自始皇三十三年（前214）设郡，至二世元年（前209）天下大乱，中间只相隔五年，此云"十三岁"，相差不少。　⑤南海龙川令——南海郡的龙川县令。秦时

的龙川县治在今广东龙川西南。　南海尉任嚣——南海郡的郡尉姓任名嚣。郡尉:郡守的副职,掌管该郡的军事。　⑥绝新道——断绝秦时所开的中原与越地相通的道路。　待诸侯变——等候中原地区形势的变化,再确定自己的主意。　会病甚——会:恰值。任嚣因自己病甚,故托事于尉佗。　⑦负——背靠。　阻南海——以南海为屏障。⑧颇有中国人相辅——有某些中原地区来的人可为我们做帮手。这些中原地区来的人有的是官吏,有的是迁谪的"犯人"。颇有:略有。⑨被佗书——发给赵佗委任状。被:加,给予。　行南海尉事——代行任嚣的职权。　⑩移檄——发布文告。　横浦——关塞名,故址在今广东南雄西北、江西大余西南大庾岭上,相当于今之小梅关。　阳山——关塞名,在今广东阳山县西北。　湟溪关——在今广东英德西南。　⑪稍以法诛秦所置长吏——稍:逐渐。以法诛:找借口将其杀掉。　以其党为假守——其党:指赵佗自己的党羽。"假""守"都是代理的意思。　⑫长沙——汉初诸侯国名,初封之君为吴芮,国都临湘(在今湖南长沙市)。　⑬高后时——高后:即吕后,刘邦之妻。其子惠帝去世后,吕后自己执政,前187—前180年在位。　有司——主管该项事务的官员。　禁南越关市铁器——即不准向南越出售铁工具。关市:边境贸易,这里用作动词。　⑭别异蛮夷——歧视我们少数民族。　⑮隆虑侯灶——周灶,刘邦的开国功臣。　⑯兵不能逾岭——逾:越,翻越。岭:阳山岭,即今"五岭"中的骑田岭。　⑰闽越——越王句践的后人"无诸"因率越人佐刘邦建国有功,被刘邦封为闽越王,都城东冶(在今福建福州,一说在今福建武夷山市的城村汉城)。　西瓯——西部越人的统称。汉时分布于郁林、苍梧、合浦等郡,约当今广西大部及广东南部一些地区。　骆——"骆越"的简称,分布在今广西南宁西南至今越南北部和中部,下及今广东雷州半岛和海南。　役属——使其归属,为己效力。　⑱黄屋左纛(dào)——帝王的车驾。黄屋:用黄缯为顶的篷车,帝者所乘。左纛:左侧边马的头上插有牦牛尾或雉尾制的饰物,也是帝者车驾的特有装饰。　⑲称制——发布命令使用皇帝的口气。制:皇帝的命令,或称"制",或称"诏"。　与中国侔(móu)——与中原地区的皇帝一样。侔:相当,相等。　⑳置守邑——围绕坟墓划出一块领地,派官员予以管理。 ㉑好畤(zhì)陆贾——居住在好畤的陆贾。陆贾的原籍在楚地,吕后执政时,陆贾为了避时韬晦,在好畤县(在今陕西乾县东好畤村)买了些田地,过起了“清闲”日子。 习使南越——曾出使南越,熟悉南越的情况。㉒让——责备。 曾无一介之使报者——一介之使:派一个人作为使者。报:报告,请示。 ㉓大长——大君长,大头领。 隔异——犹上文之所谓“别异”。 谗臣——在皇帝面前说我的坏话。 ㉔弃——绝。指断绝了与汉王朝的关系。 ㉕南方卑湿——言容易生病,难活长久,故欲及时行乐。 ㉖千人众——只有千把人的小国。 其西瓯、骆裸国——我们西侧的西瓯、骆越两个野蛮的不穿衣服的国家。㉗窃如故号名——即窃称帝号如故。 称王朝命——语略不顺。意即自己称王,也接受汉王朝的诏令。 ㉘至建元四年卒——建元:武帝的第一个年号,建元四年为公元前137年。有人以为此处“卒”字衍,赵佗难得活到建元四年。“至建元四年”五字应移至下段开头。

佗孙胡为南越王[①]。此时闽越王郢兴兵击南越边邑,胡使人上书曰:“两越俱为藩臣,毋得擅兴兵相攻击。今闽越兴兵侵臣,臣不敢兴兵,唯天子诏之[②]。”于是天子多南越义,守职约,[③]为兴师,遣两将军往讨闽越。兵未逾岭,闽越王弟餘善杀郢以降,于是罢兵。

天子使庄助往谕意南越王,胡顿首曰:“天子乃为臣兴兵讨闽越,死无以报德!”遣太子婴齐入宿卫[④]。谓助曰:“国新被寇,使者行矣,胡方日夜装入见天子。[⑤]”助去后,其大臣谏胡曰:“汉兴兵诛郢,亦行以惊动南越[⑥]。且先王昔言,事天子期无失礼,要之不可以说好语入见。[⑦]入见则不得复归,亡国之势也。”于是胡称病,竟不入见。后十余岁,胡实病甚,太子婴齐请归。胡薨,谥为文王[⑧]。

婴齐代立,即藏其先武帝玺[⑨]。婴齐其入宿卫在长安时,取邯郸樛氏女,生子兴。及即位,上书请立樛氏女为后,兴为嗣[⑩]。

汉数使使者风谕婴齐,婴齐尚乐擅杀生自恣,[11]惧入见要用汉法,比内诸侯,[12]固称病,遂不入见。遣子次公入宿卫。婴齐薨,谥为明王。

太子兴代立,其母为太后。太后自未为婴齐姬时,尝与霸陵人安国少季通。[13]及婴齐薨后,元鼎四年,汉使安国少季往谕王、王太后以入朝,比内诸侯;令辩士谏大夫终军等宣其辞,勇士魏臣等辅其缺,[14]卫尉路博德将兵屯桂阳,[15]待使者。王年少,太后中国人也,尝与安国少季通,其使,复私焉。国人颇知之,多不附太后。太后恐乱起,亦欲倚汉威,数劝王及群臣求内属。即因使者上书,请比内诸侯,三岁一朝,除边关。于是天子许之,赐其丞相吕嘉银印,及内史、中尉、太傅印,[16]余得自置。除其故黥、劓刑,用汉法,比内诸侯。使者皆留填抚之,王、王太后饬治行装重赍,为入朝具。[17]

其相吕嘉年长矣,相三王,宗族官仕为长吏者七十余人[18],男尽尚王女,女尽嫁王子兄弟宗室,及苍梧秦王有连。[19]其居国中甚重,越人信之,多为耳目者,得众心愈于王。王之上书,数谏止王,王弗听。有畔心,数称病不见汉使者。使者皆注意嘉,势未能诛。王、王太后亦恐嘉等先事发,乃置酒,介汉使者权[20],谋诛嘉等。使者皆东乡[21],太后南乡,王北乡,相嘉、大臣皆西乡,侍坐饮。嘉弟为将,将卒居宫外。酒行,太后谓嘉曰:“南越内属,国之利也,而相君苦不便者,何也?”以激怒使者。使者狐疑相杖[22],遂莫敢发。嘉见耳目非是[23],即起而出。太后怒,欲鏦[24]嘉以矛,王止太后。嘉遂出,分其弟兵就舍[25],称病,不肯见王及使者。乃阴与大臣作乱。王素无意诛嘉,嘉知之,以故数月不发。太后有淫行,国人不附,欲独诛嘉等,力又不能。

天子闻嘉不听王,王、王太后弱孤不能制,使者怯无决。又以为王、王太后已附汉,独吕嘉为乱,不足以兴兵,欲使庄参以二千人往使。参曰:“以好往,数人足矣;以武往,二千人无足以为也。”辞不可，天子罢参也。郏壮士故济北相韩千秋奋曰[26]：“以区区之越，又有王、太后应，独相吕嘉为害，愿得勇士二百人，必斩嘉以报。”于是天子遣千秋与王太后弟樛乐将二千人往。入越境，吕嘉等乃遂反，下令国中曰：“王年少。太后，中国人也，又与使者乱，专欲内属，尽持先王宝器入献天子以自媚，多从人，行至长安，虏卖以为僮仆。取自脱一时之利[27]，无顾赵氏社稷，为万世虑计之意。”乃与其弟将卒攻杀王、太后及汉使者。遣人告苍梧秦王及其诸郡县，立明王长男越妻子[28]术阳侯建德为王。而韩千秋兵入，破数小邑。其后越直开道给食，未至番禺四十里，[29]越以兵击千秋等，遂灭之。使人函封汉使者节置塞上，好为谩辞谢罪，[30]发兵守要害处。于是天子曰：“韩千秋虽无成功，亦军锋之冠，封其子延年为成安侯。樛乐，其姊为王太后，首愿属汉，封其子广德为龙亢侯。”乃下赦曰：“天子微，诸侯力政，讥臣不讨贼。[31]今吕嘉、建德等反，自立晏如[32]，令罪人及江淮以南楼船十万师往讨之。[33]”

元鼎五年秋，卫尉路博德为伏波将军，出桂阳，下汇水；[34]主爵都尉杨仆为楼船将军，出豫章，下横浦；故归义越侯二人为戈船、下厉将军，[35]出零陵，或下离水，或抵苍梧；[36]使驰义侯因巴、蜀罪人，发夜郎兵，下牂柯江[37]：咸会番禺。

元鼎六年冬，楼船将军将精卒先陷寻陕，破石门，[38]得越船粟，因推而前，挫越锋，以数万人待伏波。伏波将军将罪人，道远，会期后，与楼船会乃有千余人，[39]遂俱进。楼船居前，至番禺，建德、嘉皆城守。楼船自择便处，居东南面；伏波居西北面。会暮，楼船攻败越人，纵火烧城。越素闻伏波名，日暮，不知其兵多少。伏波乃为营，遣使者招降者，赐印，复纵令相招。[40]楼船力攻烧敌，反驱而入伏波营中。犁旦[41]，城中皆伏波。吕嘉、建德已夜与其属数百人亡入海，以船西去。伏波又因问所得降者贵人，以知吕嘉所之，遣人追之。以其故校尉司马苏弘得建德，封为海常侯;越郎都稽[42]得嘉,封为临蔡侯。

苍梧王赵光者,越王同姓,闻汉兵至,及越揭阳令定自定属汉;[43]越桂林监居翁谕瓯、骆属汉,[44]皆得为侯。戈船、下厉将军兵及驰义侯所发夜郎兵未下,南越已平矣。遂为九郡[45]。伏波将军益封,楼船将军兵以陷坚为将梁侯。[46]

自尉佗初王后,五世九十三岁而国亡焉。

(以上为第二段,写武帝时汉灭南越。)

①佗孙胡为南越王——梁玉绳曰:"《史》《汉》皆不书佗子,可知其子前死,赵胡以孙继祖也。"按:此"南越王"即"文帝"者,据广东广州南越王墓出土金印,文帝名"眜",不曰"胡",或系史公误记,参见后文。②唯天子诏之——唯:表示祈请的发语词。诏之:命令它,制止它。③多南越义——欣赏南越王的守义。多:肯定,欣赏。　守职约——守职分,守条约。　④入宿卫——入朝为皇帝充当警卫,实则令其入朝作为人质。　⑤使者行矣——意即请使者先回去。　方日夜装——将日夜不停地收拾行装。极言其不久即可成行。　⑥亦行以惊动南越——也是为了向南越发出警告。　⑦期无失礼——只求面子上过得去就行了。　要之——重要的是。　说好语——听信他们的几句好话。说:"悦"的古字。　⑧胡薨,谥为文王——按:南越文王墓在今广东广州象冈山,墓内出土了刻有"文帝行玺"的龟纽金印,并有刻着"赵眜"字样的印章,知文王名曰"赵眜",不曰"赵胡"。　⑨藏其先武帝玺——将赵佗所用的窃称皇帝的印信收了起来,即真的取消了帝号。⑩请立樛氏女为后,兴为嗣——嗣:继承人,即太子。按:婴齐之王后为越人,越之诸臣意欲立越女生子为太子;今婴齐为爱樛氏女而欲立以为后,并立其子兴为太子,怕遭群臣反对,故借汉朝权势以行之。⑪风谕婴齐——指召其进京朝见。　尚乐擅杀生自恣——喜欢自己单独握有生杀随意之权。尚乐:动词连用,都是"喜爱"的意思。擅:专有。　⑫要用汉法——被强制使用汉朝法令。要:要挟。　比内诸侯——和汉朝内部的诸侯王一样。　⑬霸陵——汉文帝的陵邑名,在今陕西西安东北。汉代皇帝自其继位开始,即为自己修造陵墓,设立陵

邑,并从各地向该邑移民。陵邑的建置相当于县。 安国少季——姓安国,字少季。 ⑭谏大夫终军——谏大夫:帝王身边的侍从官员,掌议论,上属郎中令。终军:姓终名军,字子云。 宣其辞——逞其辞令。终军出使前即扬言“愿受长缨,必羁南越王而致之阙下”。 辅其缺——弥补其不足。有曰“缺”字应作“决”,意即帮着他做决断。⑮卫尉路博德——卫尉:武官名,“九卿”之一,主管防卫宫廷,当时有“未央宫卫尉”“长乐宫卫尉”。路博德:原为霍去病的部将,从霍去病伐匈奴有功封侯。 桂阳——汉县名,在今广东连州,在当时南越北境的南岭上。 ⑯赐其丞相吕嘉银印——意即令其接受汉朝的委任。内史——在诸侯国负责民政的官员。 中尉——诸侯国的武官,相当于郡尉,执掌武事。 太傅——诸侯王的训导官。按汉朝规定,各诸侯国的以上数职皆由朝廷委任。 ⑰填抚——即“镇抚”,维持秩序。饬治行装重赍,为入朝具——收拾行装以及要带的各种东西,为进京朝见天子做准备。饬治:整理,收拾。赍:携带。 ⑱宗族官仕为长吏者七十余人——官仕:应作“宦仕”,动词连用,指做官。长吏:犹言“大吏”,高级官吏。 ⑲苍梧秦王——赵光,南越王的亲属,有说是赵佗族弟,在苍梧(在今广西梧州)一带,称“秦王”。 有连——指有婚姻关系。 ⑳介汉使者权——仗恃汉使的权势。介:借助,倚仗。 ㉑使者皆东乡——谓皆东向而坐。乡:通“向”。秦、汉时代,除升殿、升堂外,其他场合皆以东向为尊位,其次南向,再次北向,最次西向。 ㉒狐疑相杖——犹豫,一时不知如何是好。相杖:意即“相持”,“你看我,我看你”。 ㉓耳目非是——人们的脸色异于寻常。 ㉔鏦(cōng)——用矛戟冲刺。 ㉕分其弟兵就舍——带了其弟的一部分士兵回家去了。意即靠着其弟之兵得脱险。 ㉖郏——汉县名,县治在今河南郏县。 济北相——济北国之相。济北国的国都卢县,在今山东济南长清区。 ㉗取自脱一时之利——谓求得自己免祸,换取一时之利。㉘越妻子——赵婴齐所娶南越女人生的儿子赵建德,此盖其本来应立为太子者。 ㉙越直开道给食——直:竟然。开道给食:让开道路,向其提供吃的东西。 未至番禺四十里——距离番禺还有四十里的时候。 ㉚汉使者节——安国少季到南越国来所持的旌节。节:帝王使者出使时所持的信物。 塞——此指南越北境的边塞。 好为谩辞——故意把话说得很好听。谩:欺骗。 ㉛天子微,诸侯力政——周天子势力微弱,各国诸侯恃强肆行征伐。政:通“征”。 讥臣不讨贼——身居霸主之位,如果见贼不讨,那就要受到孔子《春秋》的批评。以上三句是武帝“引经据典”,变换角度,为自己伐南越找理论根据。 ㉜晏如——意即“安然”“公然”。 ㉝令罪人——即调动罪人从军。秦汉时期有所谓“七科谪”,国家征兵,首先征调有罪的官吏、逃亡的罪犯,其次是赘婿,再次是有“市籍”和曾经有“市籍”的,最后是父母、祖父母曾经有“市籍”的。 楼船十万师——即水军十万人。楼船:大战船。 ㉞元鼎五年——前 112 年。 伏波将军——杂号将军名,以行军状态命名。伏波:降伏惊涛恶浪。 汇水——应作“洭水”,也称“湟水”,即今连江,流经当时的桂阳(在今广东连州)。 ㉟归义越侯——越人降汉而被封为侯者,史失其姓名。 戈船、下厉——皆将军之名号。戈船:置戈于船下。下厉:“厉”一作“濑”,水流沙上。 ㊱出零陵——谓二人皆从零陵出发。零陵:汉县名,县治在今广西全州西南。 或下离水,或抵苍梧——分水陆二道前进。离水:亦作“漓水”,即今之漓江。抵苍梧:盖往攻苍梧秦王赵光。 ㊲驰义侯——也是降汉的南越人。 因巴、蜀罪人——就近调发巴、蜀两郡的罪犯。巴郡的郡治为江州(在今重庆北);蜀郡的郡治在今四川成都。 发夜郎兵——发:征调。夜郎:少数民族小国名,在今贵州西部、北部,以及云南东北、四川南部与广西北部部分地区。此前已被汉王朝征服。 牂柯江——即今北盘江,一说即今都江。此外又有蒙江、沅江、乌江之说。 ㊳寻陕——在今广东清远东。 石门——在今广东广州西北三十里,有山对峙,名曰石门。 ㊴会期后——意即迟到,误了约定的时间。 与楼船会乃有千余人——与楼船将军会师时,伏波将军只有千把人。 ㊵伏波乃为营——多为营垒以虚张声势。 赐印,复纵令相招——授以官爵,放之使去,令更招他人来降。 ㊶犁旦——待至天亮。犁:通“黎”。 ㊷越郎都稽——南越王身边的郎官名都稽者。 ㊸揭阳令定——南越国的揭阳县令,名定,此人姓史。揭阳:在今广东揭阳西北。 自定属汉——控制了自己管辖地区的秩序,率部归顺汉朝。 ㊹越桂林监居翁——南越国桂林郡的监郡,姓居名翁。 谕瓯、骆属汉——劝谕西瓯、骆越一齐归顺汉朝。 ㊺遂为九郡——此九郡为儋耳、珠崖、南海、苍梧、九真、日南、合浦、交趾、郁林。 ㊻益封——增加封地。

楼船将军兵以陷坚为将梁侯——按:“兵”字宜削,受封为“将梁侯”者乃“楼船将军”,非“楼船将军兵”。陷坚:攻克敌人重兵防守的军阵或城堡。将梁侯:封地将梁,在今河北保定清苑区。

太史公曰:尉佗之王,本由任嚣。遭汉初定,列为诸侯。隆虑离湿疫[1],佗得以益骄。瓯骆相攻[2],南越动摇。汉兵临境,婴齐入朝[3]。其后亡国,征自樛女[4];吕嘉小忠,令佗无后。楼船从欲,怠傲失惑[5];伏波困穷,智虑愈殖,[6]因祸为福。成败之转,譬若纠墨[7]。

(以上为第三段,是作者的论赞,对南越赵氏的亡国表达了深深感慨;对汉朝的使者、将军表达了某种含蓄的讽刺。)

①隆虑离湿疫——由于隆虑侯周灶遭逢暑湿瘟疫,故未能实现对南越的讨伐。离:通“罹”。遭受。 ②瓯骆相攻——相攻者闽越与南越,非瓯、骆。瓯、骆亦未尝与别国相攻,此说误。 ③汉兵临境,婴齐入朝——照理应说“汉诛闽越,婴齐入朝”,南越非在大兵压境之下而遣质求和者。 ④其后亡国,征自樛女——征:征兆。亡国之征兆,由樛氏开始表现。 ⑤楼船从欲,怠傲失惑——从:“纵”的古字。放纵。从本文中看不出杨仆有何“纵欲”与“怠傲”之处,其具体情形见《汉书·酷吏传》所载武帝谴责杨仆之诏书。 ⑥伏波困穷——指道远失期事。 智虑愈殖——绝招越来越多。指优待俘虏,广招降人事。殖:繁殖。按:“伏波”二句语中含讽。 ⑦成败之转,譬若纠墨——纠墨:即“纠纆”,指绳索的纠结,撕扯不开。该句用纠墨比喻祸福成败的彼此倚伏。

[**简评**] 本篇记载了秦末至汉武帝时期中原与岭南地区的关系,是研究岭南问题最早、最基本的文献资料,所以非常珍贵。

早在先秦时期，人们就将今之广东、广西、浙江、福建一带统称之为“扬越”“百越”，意思就是民族种类繁多。蒙文通《越史丛考》认为，百越地区的民族比较重要的有四个派系：其一是早期的吴、越与秦汉时期的“东瓯”与“闽越”，这一支里的吴国尽管自称是“吴太伯”之后，越国尽管自称是“大禹”的后代，其实不过是“巧立名目”，以图抬高其身价而已。这一支当时居住在今之江苏、浙江、福建一带。其二是南越，当时居住在今广东。其三是西瓯，当时居住在今广西境内。其四是骆越，当时居住在今越南国的北部地区。这些民族之间，不仅生活习惯不同，所使用的语言也不同。本文则是主要写了赵佗建立“南越国”，以及赵氏在经营南越九十多年间与周边民族，特别是与汉王朝之间的关系，以及最后被汉朝所灭的情形。

作者对赵佗趁秦末中原大乱之机，乘势建立南越国的英雄气概非常欣赏，对赵佗开发与经营岭南的历史作用充分肯定，对赵佗那种既雄豪朴实又诙谐狡狯的性格非常喜爱。作者对刘邦与文帝所实行的对岭南地区的和睦政策，给予了热情的赞颂；而对武帝后来所表现的必欲使之“比内诸侯”的扩张欲望，以及与之相应的直至大张挞伐的一系列手段，给予了含蓄的批评。这和司马迁各民族一家，大家都是炎黄子孙，应该友好相处，不应该彼此仇视的思想是一致的。这一篇应该与匈奴、大宛、朝鲜、西南夷诸传以及《平准书》等相互参看。作品对赵佗其人的描写非常生动，如果我们能和《郦生陆贾列传》参照阅读，就会对赵佗这个人物理解得更充分、更完整了。此外作品对南越君臣之间，南越与汉王朝之间，以及南越王、樛太后与汉使之间的种种复杂关系，也都展示得极为明晰、极为生动；对于吕嘉这个略具英雄色彩但又少才无谋的人物，也描写得相当动人。

［**集评**］《太史公自序》：“汉既平中国，而佗能集杨越以保

南藩，纳贡职，作《南越列传》第五十三。”

唐顺之曰：“此与匈奴、大宛、西南夷四传，贯穿百余年兴亡，如世家例。”（《史记评林》引）

黄震曰：“南越称帝，文帝以德怀之而称臣。南越既称臣，武帝以诈召之而辄反，越虽夷狄，人情亦概可知矣。用楼船十万师，一旦夷以为郡，岂不大快？然使五帝三王处此，亦有文帝之怀柔而已。夷狄在万里外，而必贪之何哉？”（《黄氏日钞》）

钟惺曰：“任嚣何人，识时、识地、又识人，俊杰哉！当其时，嚣岂不为子孙计，而病以授佗？盖英雄未了之局，与其予子孙不肖者败之，不若予臣吏才略者成之。知此，则知孙伯符之于张昭所云‘仲谋不任事，君当自取’；昭烈于武侯所云‘嗣子不才，君当自取’，非矫饰也。尉佗居秦、楚、汉之间，上不能为沛公，下耻作韩、彭，而又不欲以身为陈、项，南粤（越）一隅地，数十年偏安，著著算定，为后来扶餘辈作一榜样。”（《史怀》）

曾国藩曰：“自尉佗初王，后五世九十三岁而国亡焉。五世九十三岁，越国必有善政；赵光、赵定、居翁之属汉，必有事实，兹皆不书，略人之所详也。太后之淫乱，置酒之坐次，详人所略也。故知记事之文，宜讲翦裁之法。”（《求阙斋读书录》）

张荣芳、黄淼章曰：“赵佗的割岭而王对历史发展有一定的积极作用。第一，加速了暴秦的灭亡。秦失其政，天下苦之，陈胜、吴广等奋起反抗，项羽、刘邦等虎争天下。在这种情势下，赵佗并不像李斯之徒抱住暴秦这根朽木不放，更不像章邯之属助秦为虐，与广大的农民起义军为敌，而是果断地断绝了与秦的政治等方面的联系。这虽然主观上是为了划岭而守，但是它在客观上对于农民起义军革命形势的发展是有利的，加速了秦朝的灭亡。第二，赵佗及时绝关自守，防止中原战火蔓延到岭南，及至赵佗击并桂林、象郡，又制止了岭南地区分裂混战的局面，在岭南建立了政令划一的政权，这对岭南社会经济的发展有进步意义；同时，在中原混战期间，赵佗在岭南和集百越，保护移民，把境内治理得井井有条，使得刘邦都不得不称赞赵佗能在‘会天下诛秦’的乱世把岭南治理得‘甚有文理’，使‘中县人以故不耗减’。所以，赵佗的绝秦关道及称王建国，对于中原与岭南都是有益的，对中原而言是加速了秦朝统治的瓦解，对岭南而言则不仅保证了汉越人民过上和平、安定的生活，而且保证了汉越人民经济的继续发展。”（《南越国史》）

张大可曰：“司马迁在民族史传中贯穿了民族一统思想的主题，即东南西北各少数民族均为天子臣民，都是黄帝子孙，他们的历史发展是走向统一。故《太史公自序》述作传之旨，叙南越曰‘佗能集杨越以保南藩’；叙东越曰‘葆守封禺为臣’；叙朝鲜曰‘葆塞为外臣’；叙西南夷曰‘邛筰之君请为内臣受吏’云云，鲜明地提出了民族走向一统是必然的历史趋势。司马迁打破了董仲舒所谓‘小夷避大夷’‘大夷避中国’等等‘名伦秩序’，把民族史传与名臣将相的列传交错等列，视各民族为中国版图之内的天子臣民。班固作《汉书》宣称‘西南外夷，种别域殊’（《汉书·叙传》），把民族史传侧于列传之末。自班固以下的史家，大都效法《汉书》，贯彻封建正统思想。相比之下，司马迁首创民族史传，等列天子臣民的民族一统思想是超出其时代之上的。”（《史记新注》）

东越列传第五十四

闽越王无诸及越东海王摇者，其先皆越王句践之后也，[①]姓驺氏。秦已并天下，皆废为君长，以其地为闽中郡。及诸侯畔秦，无诸、摇率越归鄱阳令吴芮，所谓鄱君者也，从诸侯灭秦。当是之时，项籍主命，弗王，[②]以故不附楚。汉击项籍，无诸、摇率越人佐汉。汉五年，复立无诸为闽越王，王闽中故地，都东冶。孝惠三年，举高帝时越功[③]，曰闽君摇功多，其民便附，乃立摇为东海王，都东瓯，世俗号为东瓯王。

（以上为第一段，写东瓯、闽越两个小国的来历。）

①闽越——古越人的一支，分布在今福建省和浙南、赣东北部分地区及福建沿海岛屿。　东海——小国名，都城东瓯，在今浙江温州。　其先皆越王句践之后也——梁玉绳曰："句践非禹苗裔，而瓯、闽非句践种族。"蒙文通认为：瓯、闽虽不始于句践，但闽、瓯当与吴、越同族。

②主命——主管发号施令，亦即主管分封天下之大权。　弗王——指没有分封无诸与摇为王，而他们所跟从的吴芮，则被封了衡山王，都邾（今湖北黄冈西北）。　③举高帝时越功——复查当初帮着刘邦开国，应该加封而未曾加封的越族人。

后数世，至孝景三年，吴王濞反，欲从闽越[①]，闽越未肯行，独东瓯从吴。及吴破，东瓯受汉购，杀吴王丹徒，[②]以故皆得不诛，归国。

吴王子子驹亡走闽越，怨东瓯杀其父，常劝闽越击东瓯。至建元三年，闽越发兵围东瓯。东瓯食尽，困，且降，乃使人告急天子。天子问太尉田蚡，蚡对曰："越人相攻击，固其常，又数反覆，不足以烦中国往救也。自秦时弃弗属。"于是中大夫庄助诘蚡曰："特患力弗能救，德弗能覆；诚能，何故弃之？且秦举咸阳而弃之，何乃越也！[③]今小国以穷困来告急天子，天子弗振，彼当安所告诉？又何以子万国乎！[④]"上曰："太尉未足与计。吾初即位，不欲出虎符发兵郡国[⑤]。"乃遣庄助以节发兵会稽。会稽太守欲距不为发兵，助乃斩一司马[⑥]，谕意指，遂发兵浮海救东瓯。[⑦]未至，闽越引兵而去。东瓯请举国徙中国，乃悉举众来，处江淮之间。[⑧]

（以上为第二段，写东瓯迁往内地，小国之名义取消。）

①欲从闽越——想让闽越跟着七国一起造反。从：使之跟从。②受汉购——接受汉王朝的悬赏。　杀吴王丹徒——丹徒：汉县名，县治在今江苏镇江。当时东瓯的军队驻扎丹徒，吴王兵败往投，东瓯王接受汉朝的指令，将吴王濞骗杀。　③举咸阳而弃之——连其都城都保不住。指亡国降敌。咸阳：秦国的都城，在今陕西咸阳东北。　何乃越也——更何况远在万里之外的越族呢？　④振——拯救。　彼当安所告诉——他们还能去哭告谁呢？诉：求告。　子万国——视万国如子。子：在这里即"统治""享有"的意思。　⑤不欲出虎符发兵郡国——出虎符：动用虎符。虎符是古代天子派人调兵所持的信物。全句意谓不想在其他郡县与诸侯国调集兵员，只就近向会稽郡征调一些兵力就行了。　⑥距——通"拒"。抗拒，拒绝，不听调遣。　司马——指会稽军中的执法官。　⑦谕意指——向地方官讲清了要这么做的原因。　浮海——由海上乘船前往。　⑧请举国徙中国——举国：全国。中国：中原地区，华夏地区。　乃悉举众来——率其众四万余人北迁。　处江淮之间——约在今江苏境内的长江以北、淮河以南。

至建元六年，闽越击南越。南越守天子约，不敢擅发兵击而以闻。上遣大行王恢出豫章，大农韩安国出会稽，皆为将军。兵未逾岭[①]，闽越王郢发兵距险。其弟餘善乃与相、宗族谋曰："王以擅发兵击南越，不请，故天子兵来诛。今汉兵众强，今即幸胜之，后来益多，终灭国而止。今杀王以谢天子，天子听，罢兵，固一国完；不听，乃力战；不胜，即亡入海。"皆曰："善。"即鏦杀王，使使奉其头致大行。大行曰："所为来者诛王。今王头至，谢罪，不战而耘[②]，利莫大焉。"乃以便宜案兵[③]告大农军，而使使奉王头驰报天子。诏罢两将兵，曰："郢等首恶，独无诸孙繇君丑不与谋焉。"乃使郎中将立丑为越繇王，奉闽越先祭祀。

餘善已杀郢，威行于国，国民多属，窃自立为王，繇王不能矫其众持正[④]。天子闻之，为餘善不足复兴师，曰："餘善数与郢谋乱，而后首诛郢，师得不劳。"因立餘善为东越王，与繇王并处。

至元鼎五年，南越反，东越王餘善上书，请以卒八千人从楼船将军击吕嘉等。兵至揭阳，以海风波为解，不行，持两端，阴使南越。[⑤]及汉破番禺，不至。[⑥]是时楼船将军杨仆使使上书，愿便引兵击东越。上曰士卒劳倦，不许，罢兵，令诸校屯豫章梅领待命。[⑦]

元鼎六年秋，餘善闻楼船请诛之，汉兵临境，且往，[⑧]乃遂反，发兵距汉道。号将军驺力等为"吞汉将军"，入白沙、武林、[⑨]梅岭，杀汉三校尉。是时汉使大农张成、故山州侯齿将屯，弗敢击，却就便处，皆坐畏懦诛。[⑩]

餘善刻"武帝"玺自立，诈其民，为妄言。天子遣横海将军韩说出句章[⑪]，浮海从东方往；楼船将军杨仆出武林；中尉王温舒出梅岭；越侯为戈船、下濑将军，出若邪、白沙。[⑫]元封元年冬，咸入东越。东越素发兵距险，使徇北将军守武林，败楼船军数校尉，杀长吏。楼船将军率钱唐辕终古斩徇北将军，为御儿侯。

自兵未往,故越衍侯吴阳前在汉,汉使归谕餘善,餘善弗听。及横海将军先至,越衍侯吴阳以其邑七百人反,攻越军于汉阳[13]。从建成侯敖,与其率从繇王居股谋曰[14]:"餘善首恶,劫守吾属[15]。今汉兵至,众强,计杀餘善,自归诸将,傥幸得脱。[16]"乃遂俱杀餘善,以其众降横海将军,故封繇王居股为东成侯,万户;封建成侯敖为开陵侯;封越衍侯吴阳为北石侯;封横海将军说为案道侯;封横海校尉福为缭荌侯。福者,成阳共王子,故为海常侯,坐法失侯。旧从军无功,以宗室故侯。诸将皆无成功,莫封。东越将多军[17],汉兵至,弃其军降,封为无锡侯。

于是天子曰:"东越狭多阻,闽越悍,数反覆。"诏军吏皆将其民徙处江淮间,东越地遂虚。

(以上为第三段,写闽越因反汉被汉朝消灭的过程。)

①兵未逾岭——此岭应指今江西东部与福建西北部之间相隔的大山,即武夷山。 ②不战而耘——不战而祸除。泷川资言引《索隐》曰:"耘:除也。"《汉书》作"不战而殒"。殒:通"陨"。落。谓其王之头已落。 ③以便宜案兵——根据现有情况遂按兵不再前进。案:通"按"。 ④不能矫其众持正——文字较生涩,《汉书》将其简化为"不能制"三字。矫其众:让国人心向己方。矫:矫正,匡正。持正:控制国内局面。 ⑤揭阳——汉县名,县治在今广东揭阳西北,离汕头不远。为解——为推辞的借口。 持两端——谓观望成败。 阴使南越——暗中派人与南越勾结。 ⑥番禺——在今广东广州,当时南越的都城。 不至——谓餘善所率领的闽越军队未到番禺。意即中途变卦。 ⑦诸校——犹言诸部。当时一个将军统领几个"部"的人马,而该部的长官即为"校尉"。 梅领——即"梅岭"。在今江西大余和广东南雄二县市交界处,又称"大庾岭"。 ⑧汉兵临境——即指驻兵梅岭。 且往——即将往攻东越之都城。 ⑨白沙——汉邑名,在今江西南昌市东北,因其地沙白如雪得名。 武林——汉地名,在今江西余干北。 ⑩大农张成——张成于元鼎六年(前111)任大农令,其他事迹不详。 故山州侯齿——刘齿,城阳王刘章之孙。刘齿于元鼎五年

(前112)坐酎金失侯,故称"故山州侯"。 将屯——统领在梅岭一带驻扎的诸校兵马。 却就便处——退却到了安全之处。 坐——定罪。 ⑪句章——汉县名,县治在今浙江余姚东南。 ⑫越侯——《南越列传》称"故归义越侯二人"。 戈船、下濑将军——为戈船将军者名严,为下濑将军者名甲。戈船:置戈于船下。 出若邪、白沙——"若邪""白沙",皆溪水名。若邪溪在今浙江绍兴南,一说在今江西宜丰;白沙溪在今江西南昌市东北,盖戈船、下濑二将分别率水军由不同方向进入闽越。 ⑬汉阳——古城名,在今福建浦城北。 ⑭从建成侯敖——谓吴阳往从建成侯敖,与之共同在东越谋反。建成侯敖:也是越人在越曾经被封为侯者。 与其率从繇王居股谋——与建成侯敖的部下头领一同去找东越王的对手繇王居股谋划。繇王居股:有说是"繇王丑"之子。 ⑮劫守吾属——劫持我等。劫守:劫持、看管。 ⑯自归诸将——及早归附汉朝之诸将。 傥幸得脱——或许还能侥幸免罪。傥:也许,或许。 ⑰东越将多军——姓多名军。

太史公曰:越虽蛮夷,其先岂尝有大功德于民哉,何其久也!历数代常为君王,句践一称伯。①然餘善至大逆,灭国迁众,其先苗裔繇王居股等犹尚封为万户侯②。由此知越世世为公侯矣,盖禹之余烈也③?

(以上为第四段,是作者的论赞,称颂了"越族祖先"大禹功德的深远影响。)

①历数代常为君王——春秋战国时期,曾为越国君主数百年;汉朝时,又为东瓯、闽越之君主近百年。 句践一称伯——句践还一度成为霸主。伯:通"霸"。 ②然餘善至大逆,灭国迁众,其先苗裔繇王居股等犹尚封为万户侯——按现在语法,句首"然"字应移至"其"字之上读。其先苗裔:其先祖的嫡系子孙。因"繇王居股"乃"繇君丑"之子,"繇君丑"乃"闽越王无诸"之孙。 ③盖禹之余烈也——这大概是由于其先祖大禹所积的德吧?也:在句末表疑问或反诘。

［**简评**］ 东瓯、闽越是同一民族，就如同春秋末期的吴国、越国是同一民族一样。东瓯、闽越是当年吴国、越国的后代，这一点现代历史学家们都没有分歧。至于司马迁还要向上追溯，说当年的吴国是吴太伯的后代，说句践是大禹的后代，这恐怕就是人云亦云，子虚乌有的事了。退一步讲，即使真有一个“吴太伯”逃到了吴国，或者真有一个大禹的后代逃到了越国，那也只能说是他融入了少数民族，被少数民族所吸收、同化，难道他还能改变那个旧有民族的性质吗？这就正如李陵投降了匈奴，匈奴还是匈奴；文成公主嫁到西藏，西藏还是西藏一样。类似《吴太伯世家》《越王句践世家》《东越列传》的这种写法，还见于《匈奴列传》《朝鲜列传》《南越列传》《西南夷列传》等，只不过是由于南越接受华夏君长时间较晚，故而还不能一下子也说成是什么“舜”或“禹”的“苗裔”。但司马迁这种写法是应该受到称赞的。其一，这绝不是出于他个人的杜撰，而是表现了战国以来各民族日趋融合、日趋统一的一种趋势，当时社会上、文献上的确有大量类似的说法，司马迁只不过是对其进行了一些归纳、记录而已；其二，这种说法突出表现了司马迁各民族一家，大家都是炎黄子孙的思想，这对我国多民族友好大家庭的形成是有积极作用的。作品对闽越的反复、好战给予了批评，而对庄助怂恿武帝出兵的行为也进行了含蓄的讥讽，《平准书》中有所谓“严助、朱买臣等招来东瓯、事两越，江淮之间萧然烦费矣”，就是指此而言。

［**集评**］ 《太史公自序》：“吴之叛逆，瓯人斩濞，葆守封禺为臣，作《东越列传》第五十四。”

曾国藩曰：“庄助发郡国之兵，不从田蚡计；杨仆、韩说等之三道并进，居股、多军之封侯，俱足发明武帝之英风俊采，特不于赞中揭出耳。”（《求阙斋读书录》）

蒙文通曰："瓯、闽之封王虽皆在汉代，而闽、瓯之名则早见于周世。《周官》之《职方》《司隶》《象胥》《山海经·海内南经》《逸周书·王会》，皆著其名。梁玉绳《史记志疑》谓瓯、闽之不始于句践，是也；然又疑闽、瓯不得与句践同其族类则非也。《王会》言：'越沤（瓯）鬋（剪）发文身。'《越世家》《赵策二》并言：'翦（剪）发文身，错臂左衽，瓯越之民也。'《汉书·严助传》载淮南王谏伐闽越言：'越，方外之地，劗（剪）发文身之民也。'是断发文身之俗亦闽、瓯与吴、越所共有，故闽、瓯当与吴、越同族也。""自句践强大而越名始著，后遂用为南方民族之泛称，亦犹胡之用为北方民族之泛称也。自越而南越、西瓯、雒（骆）越，亦犹林胡、东胡而羯胡、西胡也。古人用胡、越为泛称，本无不可，而今人必持此泛称以为具体民族，则余不知其可也。"（《古族甄微》）

江应梁曰："秦末农民起义，闽越王无诸与越东海王摇率领两地人民追随鄱阳令投入抗秦斗争；楚、汉交兵之际，二人又统领越人辅佐刘邦。汉兴，高祖五年（前202），'复立无诸为闽越王，王闽中故地，都东冶'。孝惠三年（前192），'乃立摇为东海王，都东瓯，世俗号为东瓯王'。辖地大体上是以瓯江流域为中心，以北为台州，以西为丽水，甚至福建东北的部分地区。闽越王则据有闽地绝大部分及沿海诸岛屿，如台湾、澎湖等。"（《中国民族史》）

杨燕起、阎崇东曰："司马迁有种强调'遗烈''余烈'对历史发展影响的思想，在《史记》中多处有所表现。这种思想粗看起来，似是一种唯心的估量与推测，因为从具体事实的历史联系中，还没有使认识深化到足以得出科学的肯定结论，所以两处的表述都用了'盖'字。然而仔细分析，所谓的遗烈、余烈，是通过对客观现实连续性的观察判断，实际上是看到了一种强劲的社会文化、社会心理所形成的力量，在发挥着潜移默化的影响和作用，这也就是对一种积极的民族传统、民族气质所给予历史变化以渗透的赞扬与肯定。比如自夏禹经越王句践以来，在人闪(们)意识中所凝聚起来的自强不息，励精图治，务求奋进，(以)及在艰难环境下的应变能力等坚定美好的品质，自然会首先在古代越民族的苗裔中长期流存，从而促使他们得以在不同的历史阶段创造出可观的业绩。所以关于'余烈'的思想，同样反映了司马迁对一种更为抽象的客观事势，在社会历史发展中作用的捕捉及其认识，是司马迁关于'势'的思想的有机构成部分和它的一个侧面，应予积极肯定。"(《〈史记〉精华导读》)

朝鲜列传第五十五

朝鲜王满[1]者,故燕人也。自始全燕时尝略属真番、朝鲜,为置吏,筑鄣塞。[2]秦灭燕,属辽东外徼[3]。汉兴,为其远难守,复修辽东故塞,至浿水为界,属燕。[4]燕王卢绾反,入匈奴[5],满亡命,聚党千余人,魋结蛮夷服而东走出塞,渡浿水,居秦故空地上下鄣,[6]稍役属真番、朝鲜蛮夷及故燕、齐亡命者王之,都王险。[7]

会孝惠、高后时天下初定,辽东太守即约满为外臣,保[8]塞外蛮夷,无使盗边;诸蛮夷君长欲入见天子,勿得禁止。以闻[9],上许之。以故满得兵威财物侵降其旁小邑,真番、临屯皆来服属,[10]方数千里。

(以上为第一段,写朝鲜国的前代历史,与汉代初期的朝汉关系。)

①朝鲜王满——姓卫,名满。 ②始全燕时——指战国时燕国最强盛的时期。 略属——攻击之使其臣属。略:拓地,扩展地盘。 真番(fān)——古代小国名,约当今朝鲜黄海北道大部分、黄海南道及韩国京畿道北部。 筑鄣塞——指在真番、朝鲜周围构筑防卫工事。鄣塞:城堡,边塞险要处用于防守的小城。 ③辽东外徼(jiào)——辽东郡的界外管区。秦朝的辽东郡治襄平,在今辽宁辽阳。徼:边塞。④浿(pèi)水——即今朝鲜之清川江,亦有说指大同江、鸭绿江或临津江。 属燕——意谓辽东郡的边界以内属燕,而真番、朝鲜在浿水以

南,此时已不属燕国。燕:此指汉初的诸侯国,国都蓟县(在今北京西南)。 ⑤燕王卢绾反,入匈奴——事在高祖十二年(前195)。卢绾:原是刘邦的亲信,高祖五年(前202)被封为燕王,后与陈豨通连谋反,失败后,逃入匈奴。匈奴:战国后期在今内蒙古与蒙古国一带兴起的少数民族,秦末大乱与楚汉战争期间,正值其强大之顶点,匈奴南侵占据了今内蒙古的河套一带,并对今辽宁西部与河北、山西、陕西之北部屡屡发动进攻。 ⑥亡命——抛弃户籍,匿名外逃。 魋结蛮夷服——改换成一种少数民族的梳妆打扮。魋结:将头发盘在头顶,其形如椎。魋:通"椎"。 秦故空地上下鄣——即上文所说最初"全燕时"在真番、朝鲜周围所筑,汉代建国后嫌其太远而将其放弃的那些"鄣塞"。 ⑦稍役属——稍:逐渐。役属:使之归属,受己役使。 王险——在今朝鲜平壤。按:有关卫满击败朝鲜王准,夺其位而为朝鲜王事,尚见于《三国志·乌丸鲜卑东夷传》与注引《魏略》等多处。被卫满所打败的"朝鲜王准",相传即周灭殷后,被武王封于朝鲜的箕子的后代。 ⑧保——安定。 ⑨以闻——辽东太守上报汉朝皇帝。 ⑩兵威财物——意谓以"兵威"震慑,以"财物"利诱,二者兼施。 临屯——部落名,当时居住在今朝鲜咸镜南道南部、江原道及韩国江原道一带。

传子至孙右渠,所诱汉亡人滋多,又未尝入见;真番旁众国欲上书见天子,又拥阏[1]不通。元封二年,汉使涉何谯谕右渠,[2]终不肯奉诏。何去至界上,临浿水,使御刺杀送何者朝鲜裨王长,[3]即渡,驰入塞,遂归报天子曰"杀朝鲜将"。上为其名美,即不诘,拜何为辽东东部都尉。朝鲜怨何,发兵袭攻杀何。

天子募罪人击朝鲜。其秋,遣楼船将军杨仆从齐浮渤海;兵五万人,左将军荀彘出辽东,讨右渠。右渠发兵距险。左将军卒正多率辽东兵先纵,[4]败散,多还走,坐法斩。楼船将军将齐兵七千人先至王险,右渠城守,窥知楼船军少,即出城击楼船,楼船军败散走。将军杨仆失其众,遁山中十余日,稍求收散卒,复聚。左将军击朝鲜浿水西军,未能破自前[5]。

天子为两将未有利，乃使卫山因兵威往谕右渠。右渠见使者顿首谢："愿降，恐两将诈杀臣；今见信节[⑥]，请服降。"遣太子入谢，献马五千匹，及馈军粮。人众万余，持兵，方渡浿水，使者及左将军疑其为变，谓太子已服降，宜命人毋持兵。太子亦疑使者左将军诈杀之，遂不渡浿水，复引归。山还报天子，天子诛山。

左将军破浿水上军，乃前，至城下，围其西北。楼船亦往会，居城南。右渠遂坚守城，数月未能下。

左将军素侍中，幸，将燕代卒，悍，乘胜，军多骄。[⑦]楼船将齐卒，入海，固已多败亡；[⑧]其先与右渠战，困辱亡卒，卒皆恐，将心惭，其围右渠，常持和节[⑨]。左将军急击之，朝鲜大臣乃阴间使人私约降楼船，往来言，尚未肯决。左将军数与楼船期战，楼船欲急就其约，不会；左将军亦使人求间郤降下朝鲜，朝鲜不肯，心附楼船：以故两将不相能。左将军心意楼船前有失军罪，今与朝鲜私善而又不降，疑其有反计，未敢发。天子曰："将率不能[⑩]，前乃使卫山谕降右渠，右渠遣太子，山使不能剸决[⑪]，与左将军计相误，卒沮约。[⑫]今两将围城，又乖异，以故久不决。使济南太守公孙遂往正之，有便宜得以从事。[⑬]"遂至，左将军曰："朝鲜当下久矣，不下者有状[⑭]。"言楼船数期不会，具以素所意告遂，[⑮]曰："今如此不取，恐为大害，非独楼船，又且与朝鲜共灭吾军。[⑯]"遂亦以为然，而以节召楼船将军入左将军营计事，即命左将军麾下执捕楼船将军，并其军。以报天子，天子诛遂。

左将军已并两军，即急击朝鲜。朝鲜相路人、相韩阴、尼谿相参、将军王唊相与谋曰[⑰]："始欲降楼船，楼船今执，独左将军并将，战益急，恐不能与[⑱]，王又不肯降。"阴、唊、路人皆亡降汉，路人道死。元封三年夏，尼溪相参乃使人杀朝鲜王右渠来降。王险城未下，故右渠之大臣成巳又反，复攻吏[⑲]。左将军使右渠子长降、相路人之子最告谕其民，[⑳]诛成巳，以故遂定朝鲜，为四郡。封参为澅清侯，阴为荻苴侯，唊为平州侯，长降为幾侯。最以父死颇有功，为温阳侯。

左将军征至，坐争功相嫉，乖计，弃市。[21]楼船将军亦坐兵至列口[22]，当待左将军，擅先纵，失亡多，当诛，赎为庶人。

（以上为第二段，写朝鲜从自立到被汉朝所灭的经过。）

①拥阏——壅塞，阻塞。 ②涉何——姓涉名何。 谯（qiào）谕——责备，警告。谯：同“诮”。责备。 ③何去至界上——涉何离开王险回国，到达国境线上。 使御刺杀送何者朝鲜裨王长——御：车夫。也可泛指仆从。裨（pí）王：小王，偏裨之王。 ④左将军卒正多——荀彘部下的“卒正”名多。“卒正”是中级军官名，古时百人为一“卒”，“卒正”即“卒长”。 先纵——先自己率兵出击。 ⑤未能破自前——文字较生涩，“自前”二字可删。 ⑥信节——即指节，皇帝使者的信物。 ⑦素侍中——一向在宫廷服务。即以车技取悦武帝，为武帝侍从官。 幸——受皇帝的宠爱。 将燕代卒——所统领的是从燕国、代郡征调来的士兵。代：汉朝的郡国名，郡治在今河北蔚县东北，一说在今河北阳原东。 军多骄——荀彘有五万人，杨仆仅七千人，故荀彘一方的将军与士兵皆骄。 ⑧楼船将齐卒——齐卒早在战国时就被他国视为“怯懦”。 入海，固已多败亡——自从上船，在海上就有了不少损失。败亡：此未必指战斗中之伤亡。 ⑨持和节——希望通过谈判解决问题。按：杨仆吸收了在南越作战时由于自己猛攻，而将欲降者都赶入了伏波帐下的教训，也想学当时伏波之所为。 ⑩将率不能——将领之间彼此不和。 ⑪山使不能剸决——卫山作为朝廷的使者，没有当机立断的能力。剸：同“专”。 ⑫与左将军计相误——与荀彘共同谋划失误。 卒沮约——终致败坏了让朝鲜人投降的事情。沮：败坏，毁坏。 ⑬往正之——即前往调停、解决。正：纠正，匡正。

有便宜得以从事——看着怎么办好就怎么办。即授予其临时处置之权。 ⑭不下者有状——下：攻下，或使之投降。有状：有情况。 ⑮数期不会——多次与之约定，他都不来。 素所意——平时对杨仆的种种怀疑。 ⑯非独楼船——意谓其祸害将不只是杨仆一个人造反而已。 且——将。 ⑰朝鲜相路人——姓路名人。 尼谿相参——尼谿相名参，“尼谿”的意思不详，有人说是地名。 唊——音 jiá。

⑱恐不能与——恐不能敌。王念孙曰:"'与'犹'敌'也。" ⑲复攻吏——复攻汉朝之吏荀彘等。 ⑳右渠子长降——右渠的儿子,名曰"长降"。 路人之子最——路人的儿子,其名曰"最"。 ㉑征至——被召到朝廷。 乖计——出荒谬的主意。乖:悖谬。 弃市——古者刑人于市,以示与国人共弃之,故云。 ㉒列口——在今朝鲜殷栗。

太史公曰:右渠负固,国以绝祀。[①]涉何诬功,为兵发首。[②]楼船将狭,及难离咎。[③]悔失番禺[④],乃反见疑。荀彘争劳,与遂皆诛。两军俱辱,将率莫侯[⑤]矣。

(以上为第三段,是作者的论赞,作者对朝鲜王右渠的负固反汉与汉朝的讨灭朝鲜,都进行了批评,但主要方面是批评汉王朝,体现了司马迁的正义感。)

①负固——谓负隅以抗汉军。负:依托,倚恃。 绝祀——指国家灭亡,断绝香火。 ②诬功——谎报"杀将"之功。 为兵发首——为战争的始作俑者。 ③将狭——言杨仆为将,度量狭小。 及难离咎——指初战被朝鲜打败。及难:遭受灾难。离咎:遭受祸患。离:通"罹"。遭受。 ④悔失番禺——汲取自己在番禺之战的教训,此次遂一心想招诱朝鲜投降。 ⑤将率莫侯——在朝鲜之役中,没有一个汉将被封侯。

[**简评**] 本篇记述了燕人卫满于汉初在朝鲜自立为王,传国三世,至武帝时被消灭,朝鲜被设为四个郡的过程。作品对卫满经营、发展朝鲜地区的贡献是热情肯定的;对卫满能放下架子,能入乡随俗地与当地民族友好相处的做法更是由衷敬佩,这很符合司马迁的民族思想。司马迁虽也主张"王者一统",但他反对"以夏变夷"的那种大民族主义。作品对汉武帝的无理扩张是严厉批评的,涉何破坏两国关系不仅没有受到应有的惩治,反而被武帝加官晋爵;迨至朝鲜攻杀了涉何,武帝遂又大张旗鼓地进行讨伐,其性质显然是非正义的,司马迁毫不含糊地谴责这种

战争。作品对汉朝使者、将领间的愚蠢褊狭，勾心斗角，以及他们的可悲结局都作了明确交代。本文中出现的汉朝方面的人物，如涉何、杨仆、荀彘、卫山、公孙遂，不论是人品还是才干，没有一个不令人厌恶，这本身就是一种很有力的批判。

［**集评**］《太史公自序》："燕丹散乱辽间，满收其亡民，厥聚海东，以集真藩，葆塞为外臣，作《朝鲜列传》第五十五。"

班固曰："殷道衰，箕子去之朝鲜，教其民以礼义田蚕织作。乐浪、朝鲜民犯禁八条：相杀以当时偿杀，相伤以谷偿，相盗者男没入为其家奴，女子为婢，欲自偿者人五十万。虽免为民，俗犹羞之。嫁娶无所雠，是以其民终不相盗，无门户之闭，妇人贞信不淫辟。其田民饮食以笾豆，都邑颇放效吏及内郡贾人，往往以杯器食……可贵哉，仁贤之化也！"（《汉书·地理志》）

鱼豢曰："昔箕子之后朝鲜侯，见周衰，燕自尊为王，欲东略地，朝鲜侯亦自称为王，欲兴兵逆击燕以尊周室。其大夫礼谏之，乃止。使礼西说燕，燕止之，不攻。后子孙稍骄虐，燕乃遣将秦开攻其西方，取地二千余里，至满番汗（距鸭绿江入海口不远处）为界，朝鲜遂弱。及秦并天下，使蒙恬筑长城，到辽东。时朝鲜王否立，畏秦袭之，略服属秦，不肯朝会。否死，其子准立。二十余年而陈、项起，天下乱，燕、齐、赵民愁苦，稍稍亡往准，准乃置之于西方。及汉以卢绾为燕王，朝鲜与燕界于浿水（今清川江）。及绾反，入匈奴，燕人卫满亡命，为胡服，东渡浿水，诣准降，说准求居西界，故（收）中国亡命为朝鲜藩屏。准信宠之，拜为博士，赐以圭，封之百里，令守西边。满诱亡党，众稍多，乃诈遣人告准，言汉兵十道至，求入宿卫，遂还攻准。准与满战，不敌也。"（《魏略》）

柯维骐曰："朝鲜乃周封殷太师之国，太师教以礼义田蚕，作八条之教，无门户之蔽，而人不为盗。战国时，朝鲜准僭（僭）称王,属于燕。其后燕人卫满破王准有其地,至汉武遂拔朝鲜内属,其后风俗稍薄。太史公盖善满能收亡民聚海东,以保塞外诸夷,修臣节也。”(《史记考要》)

钟惺曰:“朝鲜右渠诱汉亡人,不入见,汉使涉何诱谕右渠,终不肯奉诏。何去至界上,临浿水,使御刺杀送何者朝鲜裨王长,即渡驰入塞,归报天子曰‘杀朝鲜将’。边吏朦胧,免罪要功,失外夷心。开衅生事,从来如此。且以‘诱谕右渠’往,而以杀其将归报,已失奉使之指矣,况所杀非其将,罪可胜诛乎?上为其‘名美’即不诘,盖知而故纵之,自欺欺人,实‘名美’二字误之,此大病痛也。及遣楼船将军杨仆、左将军荀彘出讨右渠,楼船丧师,所谓‘名美’者安在?‘楼船困辱,卒皆恐,将惭,其围右渠,常持和节’,千古边将依违情形写出如见。右渠始终以约降之说啖楼船,左将军以战持之,阴欲降右渠,以夺楼船之功。公孙遂入左将军之说,执捕楼船,夺之军,左将军之计得矣。右渠已诛,论功行赏,及于朝鲜之降人,而左将军诛死,楼船赎为庶人,误国妒功,卒致两败,左将军之得祸甚于楼船,差强人意,可为为将不和之戒。”(《史怀》)

郭嵩焘曰:“《后汉书·朝鲜传》:‘朝鲜自周封箕子,传国四十余世,至朝鲜侯准始称王。汉初,其国大乱,燕人卫满击破准而自王。’史公于《宋微子世家》虽云‘武王封箕子于朝鲜而不臣也’,但不详其后世,于朝鲜立国原始又复阙如,班史仍之,遂令朝鲜与真番分合之际,皆不能明。”(《史记札记》)

江应梁曰:“东北地区的少数民族大致可分三个系统:一是秽貊系统,包括朝鲜、夫餘、高句丽、沃沮、秽貊;二是东胡系统,包括乌桓和鲜卑;三是肃慎系统,包括挹娄诸部。”“秽貊又作秽貉,是我国东北地区和朝鲜半岛诸部的总称。……秽、貉原为两个民族,秽原为游牧部落,貉则为游猎部落,后来逐渐融合为一个民族,称为秽貊。秽貊活动的范围较为宽广:东至松花江流域,北至嫩江流域,西至松辽分水岭,南至河北、陕西北部。”“战国时,秽貊属燕。秦灭燕后属于秦。秦汉之际,中原大乱,燕、齐、赵人到此避难者达数万口。当时,箕子后四十余世,至朝鲜侯准自称为王,皆收纳中原到此避难者,势力颇振。汉高祖统一中国,以卢绾治理燕,与朝鲜以浿水为界。卢绾叛汉,逃入匈奴,燕人卫满聚众千余人,椎结蛮夷服,东渡浿水,击破侯准而自立朝鲜,定都王险(今平壤)。”(《中国民族史》)

西南夷列传第五十六

西南夷君长以什数，夜郎最大[①]；其西靡莫之属以什数，滇最大；[②]自滇以北君长以什数，邛都[③]最大：此皆魋结，耕田，有邑聚。[④]其外西自同师以东，北至楪榆，名为巂、昆明，[⑤]皆编发[⑥]，随畜迁徙，毋常处，毋君长，地方可数千里。自巂以东北，君长以什数，徙、筰都最大；[⑦]自筰以东北，君长以什数，冉、駹最大。[⑧]其俗或土箸，或移徙，在蜀之西。[⑨]自冉、駹以东北，君长以什数，白马最大，皆氐类也。[⑩]此皆巴蜀西南外蛮夷也[⑪]。

（以上为第一段，总述巴、蜀二郡以西、以南境外的各少数民族的分布形势。）

①西南夷君长以什数，夜郎最大——"南"上"西"字应削。夜郎：古族名、古国名，其地约当今之贵州西部、北部以及与之邻近的云南东北部、广西北部、四川南部一带，首府在今贵州关岭。　②靡莫——古族名，其地在今云南寻甸一带。　滇——古族名、古国名，其地约在今云南滇池附近。　③邛都——古族名，其地约在今四川凉山一带。　④魋结——头发盘在头顶，其状如椎。魋：通"椎"。　有邑聚——有村落，住房子。　⑤其外——指滇与邛都之外。　同师——地名，方位诸说不一，总之应以靠近云南西部边境者为是。　楪（yè）榆——地名，也作"叶榆"，在今云南大理北。　巂——古族名，亦作"叟"，广泛

分布于今四川西昌,云南昭通、曲靖一带。 昆明——古族名,主要分布在今云南中部和西部。一说其分布地区曾东至贵州西部,北及四川西南部。 ⑥编发——梳发辫。此指男人发式。 ⑦徙——也作"斯""斯榆""徙榆",古族名,其地约当今之四川天全一带。 筰都——古族名,其地约当今之四川汉源一带。按:徙与筰都的主体少数民族都属氐羌族群。 ⑧筰——即上文之"筰都"。 冉、駹(máng)——古族名,其地约当今四川茂县一带。冉、駹区域的主体民族属于氐羌族群。 ⑨土箸——也作"土著",固定于土地,指居住房屋,有固定处所的居民。 移徙——即上文之所谓"随畜迁徙",居无常处。 蜀——汉郡名,郡治在今四川成都。 ⑩白马——古族名,其地约在今甘肃南部和四川西北部。 皆氐类也——谓白马一带的居民,大体上都是氐羌一类。氐:氐羌族群的一支,主要活动在今陕、甘、川等省交界处。 ⑪此皆巴蜀西南外蛮夷也——以上所讲都是巴、蜀二郡以西、以南两方境外所分布的少数民族部落。巴:汉郡名,郡治江州,在今重庆北。按:以"巴、蜀"为立脚点,按方位划分"南夷""西夷",这是司马迁当时使用的标准之一。至于"滇""嶲""昆明"是属"南夷"还是属"西夷"呢?司马迁未作明确划分。

始楚威王时,使将军庄蹻将兵循江上,[①]略巴、黔中以西[②]。庄蹻者,故楚庄王苗裔也。蹻至滇池,方三百里,旁平地,肥饶数千里,以兵威定属楚[③]。欲归报,会秦击夺楚巴、黔中郡,道塞不通,因还,以其众王滇[④],变服,从其俗,以长之。秦时常頞略通五尺道,诸此国颇置吏焉。[⑤]十余岁,秦灭。及汉兴,皆弃此国而开蜀故徼[⑥]。巴蜀民或窃出商贾,取其筰马、僰僮、髦牛,[⑦]以此巴蜀殷富。

(以上为第二段,写楚将庄蹻率军入滇,以及秦朝一度置吏于西南夷的情形。)

①楚威王——战国中期的楚国诸侯,名商,公元前339—前329年在位。 庄蹻(jué)——其人始末众说不一,有说是楚成王(前671—

前626年在位)时的大盗;有说是楚庄王(前613—前591年在位)时的大盗;《史记》《汉书》皆以为是"楚庄王苗裔",生当楚威王时;《后汉书》则以为生当楚顷襄王(前298—前263年在位)时。有人以为有两个庄蹻。　循江上——沿长江逆流而上。有人说"循江上"的当事人是"庄毫",并以为是溯"沅江"而上。　②略巴、黔中以西——略:攻取。巴:原为古代小国名,都城在今重庆北,前316年被秦所灭,改设巴郡。黔中:古地区名,相当于今湖南沅水、澧水流域,湖北清江流域,重庆黔江流域和贵州东北部。该地区原来属楚,后被秦国所占,设黔中郡,郡治在今湖南常德。　③以兵威定属楚——蒙文通认为就楚国当时被秦国攻击的情势而言,不可能有庄蹻率兵入滇之事。但今时的多数历史学家尚多承认有庄蹻入滇之举,杨宽《战国大事年表》将其系于楚顷襄王二十年(前279)。　④以其众王滇——蒙文通认为可能是前代少数民族的滇王其名曰"毫",自号"庄王",其家族王滇已数百岁。司马迁将此滇王与传说中的楚国"庄蹻"混而为一,于是生出了"庄蹻入滇""庄蹻王滇"的故事,其实是子虚乌有。但多数历史学家至今仍依《史记》言之。　⑤秦时——此指秦灭六国,天下统一的时期(前221—前207年)。　常頞(è)——人名,事迹不详。有说是秦国的蜀郡郡守。　略通——开拓地盘,修路以通之。　五尺道——自今四川宜宾经云南昭通,南达云南曲靖的道路。　诸此国——指前述的夜郎、滇、靡莫诸部落。　颇置吏焉——有些地方已经设县、筑道,委任了地方官。颇:略微,有些。　⑥开蜀故徼(jiào)——"开"字似应依《汉书》作"关",意即关闭巴、蜀南侧的旧国境,而将庄蹻时拓展,秦时已"设吏"的夜郎、滇池一带都抛弃不要了。徼:边塞。　⑦窃出商贾——偷偷地越过国境,到云南、贵州一带做买卖。　筰马——筰都一带出产的马。　僰(bó)僮——从僰道(在今四川宜宾)贩卖来的小奴隶。　髦牛——同"牦牛"。

建元六年,大行王恢击东越,东越杀王郢以报,恢因兵威使番阳令唐蒙风指晓南越。[①]南越食蒙蜀枸酱[②],蒙问所从来,曰:"道西北牂柯。[③]牂柯江广数里,出番禺城下。[④]"蒙归至长安,问蜀贾人，贾人曰："独蜀出枸酱，多持窃出市夜郎。夜郎者，临牂柯江，江广百余步，足以行船。南越以财物役属夜郎，西至同师，然亦不能臣使也。[5]"蒙乃上书说上曰："南越王黄屋左纛，[6]地东西万余里，名为外臣，实一州主也。今以长沙、豫章往[7]，水道多绝，难行。窃闻夜郎所有精兵，可得十余万，浮船牂柯江，出其不意，此制越一奇也。诚以汉之强，巴蜀之饶，通夜郎道，为置吏，[8]易甚。"上许之。乃拜蒙为郎中将，将千人，食重万余人[9]，从巴蜀笮关[10]入，遂见夜郎侯多同[11]。蒙厚赐，喻以威德，约为置吏，使其子为令[12]。夜郎旁小邑皆贪汉缯帛，以为汉道险，终不能有也，乃且听蒙约。还报，乃以为犍为郡[13]。发巴蜀卒治道，自僰道指牂柯江。[14]蜀人司马相如亦言西夷邛、笮可置郡[15]。使相如以郎中将往喻，皆如南夷，为置一都尉，十余县，属蜀[16]。

当是时，巴蜀四郡通西南夷道，戍转相饷。[17]数岁，道不通，士罢饿离湿死者甚众；[18]西南夷又数反，发兵兴击，秏[19]费无功。上患之，使公孙弘往视问焉。还对，言其不便。及弘为御史大夫，是时方筑朔方以据河逐胡，弘因数言西南夷害，可且罢，专力事匈奴。上罢西夷，独置南夷夜郎两县一都尉，[20]稍令犍为自葆就[21]。

（以上为第三段，写汉王朝第一次通西南夷，因客观条件不利而中途停止。）

①番阳令——番阳县县令。番阳县治在今江西鄱阳东北。　风指——吹风示意。　晓南越——意谓使南越知道汉王朝的厉害。　②南越食蒙蜀枸(jǔ)酱——南越王招待唐蒙吃枸酱。按：此时的南越王为赵佗之孙赵胡。枸：果树名，果实味酸，可以为酱。　③道——由。　牂柯(zāng kē)——地区名，即夜郎国之所在，详见前注，因其地有牂柯江而得名。　④牂柯江——古水名。一说即今北盘江，一说即今都江。此外还有今蒙江、沅江、乌江等说。　出——流经。　番禺——在今广东广州，当时南越国的都城。　⑤以财物役属夜郎——用财物利诱收买，使之听使唤。　西至同师——谓南越王的势力、影响，向西一

直达到同师(方位不确。大致在今云南西部边境)。　臣使——像臣民一样地听使唤。　⑥黄屋——以黄绫做车的篷顶。　左纛(dào)——在车驾左骖马的头上插有牦牛尾或雉尾制的饰物。按:“黄屋左纛”指皇帝的车驾。　⑦今以长沙、豫章往——以:从,自。长沙:汉代诸侯国名,都城临湘在今湖南长沙市。豫章:汉郡名,郡治在今江西南昌市。　⑧夜郎道——由蜀郡经由夜郎,前往番禺的通道。　为置吏——在夜郎一带设郡县、置官吏。　⑨食重万余人——意谓运送食物及各种物资的有上万人。按:物多人众,物用以收买,人用以示威。⑩巴蜀筰关——王念孙认为“蜀”字衍文,“巴筰关”应作“巴符关”。符关在符县,在今四川合江县。　⑪夜郎侯多同——夜郎侯名多同。⑫使其子为令——任多同的儿子为夜郎县的县令。　⑬乃以为犍为郡——在夜郎及其邻近的北部地区设犍为郡,犍为郡初治鳖县(在今贵州遵义西),其后改治僰道(在今四川宜宾西南)。　⑭治道——修筑道路。　自僰道指牂柯江——意即从今四川宜宾直通夜郎。　⑮西夷邛、筰——属于“西夷”的邛都、筰都地区。邛:也称邛都,在今四川西昌东南。筰:也称筰都,在今四川汉源东北。邛、筰一带的少数民族主要属氐羌族系。　⑯为置一都尉,十余县,属蜀——意即在邛都、筰都一带设立了十多个县,派一个都尉对这新设立的十多个县进行管理,该都尉与其所管的十多个县都上属蜀郡。都尉:军官名,也是军官兼行政长官名,其爵秩相当于郡尉。汉代常在边境地区设立都尉,类似郡守的特派官员。按:司马相如为使者在西夷地区设县、设都尉事详见《司马相如列传》。　⑰巴蜀四郡通西南夷道——汉王朝经营西南夷,巴、蜀地区是其前沿阵地,征徭役、筹粮款,都首先从巴、蜀开始征收。巴蜀四郡:指巴郡、蜀郡、广汉郡(郡治雒县在今四川金堂东)、汉中郡(郡治西城在今陕西安康西北)。　戍转相饷——派兵驻守与运送粮食供应前方所需。饷:供应粮食。　⑱罢饿——疲惫饥饿。罢:通“疲”。离湿——受湿气的熏蒸。离:通“罹”。遭受。　⑲秏——同“耗”。⑳上罢西夷——即停止司马相如所建议的对“西夷”邛、筰地区的经营活动,撤消已经设立的“一都尉,十余县”。　独置南夷夜郎两县一都尉——单在南夷地区设立了两个县,令一个都尉统领之。两县:一为夜郎县,另一失考。夜郎都尉的驻地在今贵州关岭。 ㉑稍令犍为自葆就——让犍为郡自力更生地逐步谋求生存与发展。稍:逐渐。

及元狩元年,博望侯张骞使大夏来,[①]言居大夏时见蜀布、邛竹杖,[②]使问所从来,曰"从东南身毒国,可数千里,得蜀贾人市"[③]。或闻邛西可二千里[④]有身毒国。骞因盛言大夏在汉西南,慕中国,患匈奴隔其道,诚通蜀,身毒国道便近,[⑤]有利无害。于是天子乃令王然于、柏始昌、吕越人等,使间出西夷西,指求身毒国。至滇,滇王尝羌乃留,为求道西十余辈。岁余,皆闭昆明[⑥],莫能通身毒国。

滇王与汉使者言曰:"汉孰与我大?"及夜郎侯亦然。以道不通故,各自以为一州主,不知汉广大。使者还,因盛言滇大国,足事亲附[⑦]。天子注意焉。

及至南越反,上使驰义侯因犍为发南夷兵。且兰君[⑧]恐远行,旁国虏其老弱,乃与其众反,杀使者及犍为太守。汉乃发巴蜀罪人当击南越者八校尉击破之。会越已破,汉八校尉不下,即引兵还,行诛头兰。头兰,常隔滇道者也。[⑨]已平头兰,遂平南夷为牂柯郡。夜郎侯始倚南越,南越已灭,会还诛反者,夜郎遂入朝。上以为夜郎王。

南越破后,及汉诛且兰、邛君,并杀筰侯,冉、駹皆振恐,请臣置吏[⑩]。乃以邛都为越巂郡,筰都为沈犁郡,冉駹为汶山郡,广汉西白马为武都郡。[⑪]

上使王然于以越破及诛南夷兵威风喻滇王入朝。滇王者,其众数万人,其旁东北有劳浸、靡莫,[⑫]皆同姓相扶,未肯听。劳浸、靡莫数侵犯使者吏卒。元封二年,天子发巴蜀兵击灭劳浸、靡莫,以兵临滇。滇王始首善[⑬],以故弗诛。滇王离难西南夷,举国降[⑭],请置吏入朝。于是以为益州郡,赐滇王王印,复长其民。[⑮]

西南夷君长以百数,独夜郎、滇受王印。滇小邑,最宠焉。

（以上为第四段，写汉王朝平定西南夷，在西南夷设郡置吏的经过。）

①博望侯张骞——武帝时代的大探险家与军事将领。 使大夏——通使西域。大夏：当时的西域国名，其地约当今阿富汗之北部地区。 ②蜀布——蜀郡所产之布。 邛竹杖——邛都（在今四川西昌东南）所产的竹制手杖。 ③身毒国——也称“天竺”，即今印度。 得蜀贾人市——从到身毒国做买卖的蜀地商人的手中买来。 ④邛西可二千里——邛都以西大约两千里。 ⑤患匈奴隔其道——如果大夏经由北路（即通过河西走廊的所谓“丝绸之路”）与中国相通，则须经由当时被匈奴占领的地区，其间有匈奴人作梗。 诚通蜀，身毒国道便近——如果大夏能与蜀郡相通，则前往身毒国的道路就很近便。 ⑥岁余，皆闭昆明——用了一年的时间，都被昆明拦阻。 ⑦足事亲附——值得花点力气招纳之，令其归附。足：值，值得。 ⑧且（jū）兰君——“南夷”地区且兰部落的头领。且兰：其地说法不一，谭其骧《中国历史地图集》标且兰于今贵州黄平西南。 ⑨行诛头兰——按：此处行文似有脱误，寻前后文义，似是八校尉回师首先灭掉了且兰，而后又顺势西进灭掉了头兰。 头兰，常隔滇道者也——常：通“尝”。曾经。隔滇道：阻挡汉军通往滇国之道。头兰的位置应在“南夷”之西侧的夜郎与滇国之间。 ⑩请臣置吏——请求归汉为臣，请朝廷在其地设郡县、置官吏。 ⑪以邛都为越嶲（xī）郡——郡治邛都，在今四川西昌东南。 筰都为沈犁郡——郡治筰都，在今四川汉源东北。 冉駹为汶山郡——汶山郡的郡治汶江在今四川茂县北。 广汉西白马为武都郡——“西”字应作“北”。武都郡的郡治武都在今甘肃西和西南。

⑫劳浸——古族名，有说其地在今云南宜良、陆良一带。 靡莫——古族名，有说其地在今云南寻甸一带。 ⑬始首善——最早带头归附朝廷。首善：带头为善。 ⑭滇王离难西南夷，举国降——泷川资言曰：“‘西南夷’三字涉下文而衍，‘离难’，滇王名。” ⑮益州郡——郡治在今云南昆明晋宁区东。 复长其民——使其仍为滇国臣民之君长，位同一县，上属汉之益州郡。

太史公曰:楚之先岂有天禄[1]哉?在周为文王师,封楚[2]。及周之衰,地称五千里。秦灭诸侯,唯楚苗裔尚有滇王[3]。汉诛西南夷,国多灭矣,唯滇复为宠王。然南夷之端,见枸酱番禺,大夏杖邛竹;[4]西夷后揃,剽分二方,卒为七郡。[5]

(以上为第五段,是作者的论赞,写了楚国对西南夷地区的影响,以及西南夷被汉平定为郡县。)

①天禄——老天爷赐给的福禄。 ②在周为文王师,封楚——《楚世家》熊通有所谓"吾先鬻熊,文王之师也,蚤终。成王举我先公,乃以子男田令居楚"云云。 ③唯楚苗裔尚有滇王——即前文所谓庄蹻王滇。 ④南夷之端——南夷与汉王朝发生矛盾,以致最后被灭的战端。 见枸酱番禺——是由于唐蒙在番禺吃到了蜀郡枸酱。 大夏杖邛竹——是由于张骞在大夏见到了蜀布与邛竹杖。 ⑤西夷后揃——西夷后来被削平。揃:剪灭。 剽分二方——邛都、筰都因不服汉而被诛灭。 七郡——指越嶲、牂柯、汶山、武都、益州、沈黎、犍为。

[**简评**] 本篇记述了今四川西部、南部,以及云南、贵州一带少数民族的地理分布,社会风俗,与中原地区的渊源,以及汉武帝开拓这一地区的全过程。由于司马迁专程到过这一带,所以文章记载的资料翔实,态度也比较公正。汉武帝开拓西南夷,从历史的发展上看,对促进多民族国家的统一,对这一地区的经济发展是起了进步作用的。而在设郡置吏的过程中,汉武帝还"将建立地区政府正规机构的直接统治和确认本土统治者的地位及其权力两者结合在一起"(《剑桥中国秦汉史》),这也极有眼光。但司马迁认为汉武帝通西南夷,从主观上看是出于扩张欲望;从客观上看劳民伤财。这和司马迁写《大宛列传》《匈奴列传》《朝鲜列传》等篇的思想是一样的。司马迁主张民族友好,赞成相安无事,反对彼此间的战争、掠夺,因此他对造端生事的唐蒙、张骞、司马相如等都持批判态度,这一点我们如果能和《大宛列传》《司马相如列传》《平准书》参照阅读,当会有更深切的体

会。司马迁笔下的庄蹻，和《南越列传》中的尉佗、《朝鲜列传》中的卫满情况相似，他们都是入乡随俗地把自己变成了少数民族的一员，而不是以救世主的姿态去改造人家的传统风俗和习惯，这些都和司马迁进步的民族观有直接联系。

［**集评**］《太史公自序》："唐蒙使略通夜郎，而邛、筰之君请为内臣受吏。作《西南夷列传》第五十六。"

白寿彝曰："《西南夷列传》，总的说来，材料并不丰富，但提供了一个研究西南少数民族古代史的线索，是很可珍贵的。像《西南夷列传》这种按照地区分别表述民族历史的方法，特别对于民族复杂的地区，很适用。这种办法对于后来的民族史撰述有很大的影响。"（《中国通史》第一卷导论）

徐朔方曰："《西南夷列传》这个题目容易使人误会，好像它全是我国西南地区兄弟民族的历史。其实，它同《南越列传》《东越列传》一样，分成'西夷''南夷'两个部分。'南夷'主要指牂柯、夜郎（今贵州）一带；'西夷'包括现在四川西部、云南以及甘肃省东南地区。甘肃省东南可以包括在西部，把它说成西南就不确切了。"（《史汉论稿》）

江应梁曰："西南夷大体上分为三个类型：夜郎、滇、邛都三个区域，是耕田，有邑聚的农业部族；巂唐、昆明两个区域，是随畜迁徙，无固定居处的游牧民族；而徙、筰、冉駹等区域，是或土著、或移徙的半农半牧民族。而西南夷的居民按其族属又可分为三个部分：自蜀郡西部至金沙江南、北一带的偏北地区，其居民与古代的羌人有关，亦即羌人南徙后分散居住之地；南、北盘江流域的偏南地区，其族属与古代越人有关，此乃越人西徙后分别居住之地；澜沧江以西的偏西地区，其土著之人与孟高棉人有关，为孟高棉人向北移居的处所。这三支人从三个方向移入西南，尽管他们渊源不同，但不是各自孤立地发展，而是相互依存、

相互交流、相互影响,有许多共同之处,并与巴蜀有着密切联系。”(《中国民族史》)

张大可曰:“从建元六年(前135)唐蒙通西南夷到元封二年(前109)王然宇(于)抚定滇国止,汉朝前后经营了二十七年,才告成功。唐蒙、司马相如、公孙弘、司马迁、王然宇(于)等人都参与了抚定工作。司马迁通西南夷设郡置吏,这对于他首创匈奴、南越、东越、朝鲜、西南夷等民族史传,倡导民族一统思想有着直接的影响。司马迁将五个民族史传与名臣将相的列传交错等列,视各民族为中国版图之内的天子臣民,是不凡的史识。班固作《汉书》宣称‘西南外夷,种别域殊’,把民族史传侧于列传之末,比起司马迁的思想是一种后退。”(《史记新注》)

司马相如列传第五十七

司马相如者,蜀郡成都人也,字长卿。少时好读书,学击剑,故其亲名之曰“犬子”[①]。相如既学,慕蔺相如之为人,更名“相如”。以资为郎[②],事孝景帝,为武骑常侍[③],非其好也。会景帝不好辞赋,是时梁孝王来朝,从游说之士齐人邹阳、淮阴枚乘、吴庄忌夫子之徒,相如见而说之。因病免,客游梁。梁孝王令与诸生同舍,相如得与诸生游士居数岁,乃著《子虚之赋》。

会梁孝王卒,相如归,而家贫,无以自业[④]。素与临邛令王吉相善,吉曰:“长卿久宦游不遂,而来过我。[⑤]”于是相如往,舍都亭。[⑥]临邛令缪为恭敬,日往朝相如。[⑦]相如初尚见之,后称病,使从者谢吉,吉愈益谨肃。临邛中多富人,而卓王孙家僮八百人,程郑亦数百人,[⑧]二人乃相谓曰:“令有贵客,为具召之。[⑨]”并召令。令既至,卓氏客以百数。至日中,谒司马长卿,长卿谢病不能往。临邛令不敢尝食,自往迎相如。相如不得已,强往,一坐尽倾[⑩]。酒酣,临邛令前奏琴曰:“窃闻长卿好之,愿以自娱。”[⑪]相如辞谢,为鼓一再行[⑫]。是时卓王孙有女文君新寡,好音,故相如缪与令相重,而以琴心挑之。[⑬]相如之临邛,从车骑,雍容闲雅甚都;[⑭]及饮卓氏,弄琴,文君窃从户窥之,心悦而好之,恐不得当也。[15]既罢,相如乃使人重赐文君侍者通殷勤,文君夜亡奔相如。相如乃与驰归成都,家居徒四壁立。卓王孙大怒曰:"女至不材[16],我不忍杀,不分一钱也!"人或谓王孙,王孙终不听。文君久之不乐,曰:"长卿第俱如临邛,从昆弟假贷犹足为生,[17]何至自苦如此!"相如与俱之临邛,尽卖其车骑,买一酒舍酤酒,而令文君当炉[18]。相如身自著犊鼻裈,与保庸杂作,[19]涤器于市中。卓王孙闻而耻之,为杜门不出。昆弟诸公更谓王孙曰:"有一男两女,[20]所不足者非财也。今文君已失身于司马长卿,长卿故倦游,虽贫,其人材足依也,且又令客[21],独奈何相辱如此!"卓王孙不得已,分予文君僮百人,钱百万,及其嫁时衣被财物。文君乃与相如归成都,买田宅,为富人。

(以上为第一段,写司马相如娶卓文君的故事,是整篇文章的开场。)

①名之曰"犬子"——盖犹农村之号其子曰"阿猫""阿狗"。据说称名贱则易活。　②以资为郎——向有关部门交纳钱财而得为郎官。郎:帝王的侍从人员,上属郎中令。　③武骑常侍——皇帝的骑兵侍卫。　④家贫,无以自业——按:司马相如原"以赀为郎",下文称其赴临邛亦"从车骑,雍容闲雅甚都",今乃云"家贫,无以自业",下文又称其"家居徒四壁立",似贫穷之极甚者,史公行文殊欠统一。无以自业:没有自谋生计的手段。　⑤宦游——周游四方找官做。　不遂——未成,不顺心。　而来过我——可以到我这里来。过:访,探望。⑥邛——武英殿本中多作"卭"字,今并改作"邛"。　于——武英殿本中"于""於"两字多混用,今并作"于"字。　舍都亭——住在县城的客馆里。都亭:古代城郭附近的亭舍。　⑦缪为恭敬——故意做出一种恭敬的样子。缪:假装。　日往朝相如——每天都去拜见司马相如。朝:拜访。　⑧卓王孙——以冶铁发家的大富商。　程郑——也是以冶铸起家的富商。　⑨令——指临邛县令王吉。　为具——设筵,备办酒食。具:原指盛放酒肴之具。后用以指酒食。　⑩一坐尽倾——所有来客皆为司马相如的品貌人才所倾倒。倾:钦佩,倾慕。　⑪奏

琴——捧上一张琴。奏:进,奉上。 愿以自娱——"请为大家演奏一曲"的客气说法。周寿昌曰:"不敢云'娱客',故以'自娱'为言。" ⑫为鼓一再行——弹奏了一两支曲子。鼓:弹奏。一再行:《索隐》曰:"谓一两曲。"行:以称乐曲,如《长歌行》《东门行》等。 ⑬好音——爱好音乐,精通音乐。 缪与令相重——表面上看抚琴是为了县令王吉,其实是为了户外窃听的卓文君。 以琴心挑之——师古曰:"寄心于琴声,以挑动之也。" ⑭从车骑——跟从着许多车马。 雍容闲雅——从容大方,举止文雅。闲:通"娴"。 甚都——很漂亮。 ⑮好——爱慕。 恐不得当——担心配不上。当:相当,相配。 ⑯至不材——没出息到了家。至:极。 ⑰第俱如临邛——尽管大胆地回到临邛去。第:但,尽管。 从昆弟假贷犹足为生——即使向卓家的哥们弟兄借钱也完全可以过活。昆弟:兄弟。假贷:两字都是"借"的意思。 ⑱当炉——犹今之所谓"站柜台",给顾客打酒。 ⑲犊鼻裈(kūn)——犹今之所谓围裙,因其形如犊鼻,故名。 与保庸杂作——和雇来的伙计们一道跑堂打杂。 ⑳诸公——指卓王孙的长辈以及临邛县里的头面人物。 更——交替,轮番。 有一男两女——意谓就有这么一个儿子、两个女儿。 ㉑令客——县令的贵客。

居久之,蜀人杨得意为狗监,侍上。[①]上读《子虚赋》而善之,曰:"朕独不得与此人同时哉!"得意曰:"臣邑人司马相如自言为此赋。"上惊,乃召问相如。相如曰:"有是。然此乃诸侯之事,未足观也。请为天子游猎赋,赋成奏之。"上许,令尚书给笔札。相如以"子虚",虚言也,为楚称;[②]"乌有先生"者,乌有此事也,为齐难;[③]"无是公"者,无是人也,明天子之义,[④]故空借此三人为辞,以推天子诸侯之苑囿。[⑤]其卒章归之于节俭,因以风谏。奏之天子,天子大说。其辞曰:

楚使子虚使于齐,齐王悉发境内之士,备车骑之众,与使者出田[⑥]。田罢,子虚过诧乌有先生[⑦],而无是公在焉。坐定,乌有先生问曰:"今日田乐乎?"子虚曰:"乐。""获多乎？”曰：“少。”“然则何乐？”曰：“仆乐齐王之欲夸仆以车骑之众，而仆对以云梦之事也。[8]”曰：“可得闻乎？”

子虚曰：“可。王驾车千乘，选徒万骑，田于海滨。列卒满泽，罘罔弥山[9]。揜兔辚鹿，射麋脚麟。[10]骛于盐浦，割鲜染轮。[11]射中获多，矜而自功。顾谓仆曰：‘楚亦有平原广泽游猎之地饶乐若此者乎？楚王之猎何与寡人？’仆下车对曰：‘臣，楚国之鄙人也，幸得宿卫十有余年，时从出游，游于后园，览于有无，然犹未能遍睹也，又恶足以言其外泽者乎！’齐王曰：‘虽然，略以子之所闻见而言之。’

“仆对曰：‘唯唯。臣闻楚有七泽，尝见其一，未睹其余也。臣之所见，盖特其小小者耳，名曰云梦。云梦者，方九百里，其中有山焉。其山则盘纡茀郁，隆崇嵂崒；[12]岑岩参差，日月蔽亏[13]；交错纠纷，上干青云；罢池陂陁，下属江河。[14]其土则丹青赭垩，雌黄白坿，锡碧金银，众色炫耀，照烂龙鳞。[15]其石则赤玉玫瑰，琳瑉琨珸，瑊玏玄厉，碝石武夫。[16]其东则有蕙圃衡兰，芷若射干，穹穷昌蒲，江离麋芜，诸蔗猼且。[17]其南则有平原广泽，登降陁靡，案衍坛曼，[18]缘以大江，限以巫山。[19]其高燥则生葴菥苞荔，薛莎青薠。[20]其卑湿则生藏莨蒹葭，东蔷雕胡，莲藕菰芦，菴蔄轩芋，[21]众物居之，不可胜图[22]。其西则有涌泉清池，激水推移；外发芙蓉菱华，内隐巨石白沙。其中则有神龟蛟鼍，玳瑁鳖鼋。其北则有阴林巨树，楩楠豫章，桂椒木兰，蘗离朱杨，樝梸梬栗，[23]橘柚芬芳。其上则有赤猿蠷蝚，鹓雏孔鸾，腾远射干。[24]其下则有白虎玄豹，蟃蜒貙豻。兕象野犀，穷奇獌狿。[25]

“‘于是乃使专诸之伦[26]，手格此兽。楚王乃驾驯驳之驷，乘雕玉之舆，靡鱼须之桡旃，曳明月之珠旗，建干将之雄戟，[27]左乌嗥之雕弓，右夏服之劲箭；[28]阳子骖乘，纤阿为御，案节未舒，即陵狡兽。[29]辚邛邛，蹴距虚，轶野马而轊騊駼，乘遗风而射游骐。[30]倏眒凄浰，雷动熛至，星流霆击。[31]弓不虚发，中必决眦，洞胸达腋，绝乎心系。[32]获若雨兽[33]，掩草蔽地。于是楚王乃弭节裴回，翱翔容与，[34]览乎阴林，观壮士之暴怒，与猛兽之恐惧。徼䣺受诎，殚睹众物之变态。[35]

"'于是郑女曼姬，被阿锡，揄纻缟，杂纤罗，垂雾縠；[36]襞积褰绉，纡徐委曲，郁桡溪谷；[37]衯衯裶裶，扬袘恤削，蜚纖垂髾；[38]扶舆猗靡，噏呷萃蔡，[39]下靡兰蕙，上拂羽盖。[40]错翡翠之威蕤，缪绕玉绥；[41]缥乎忽忽，若神仙之仿佛。

"'于是乃相与獠于蕙圃，媻珊勃窣。上金堤，[42]掩翡翠，射鵕鸃，微矰出，纤缴施。[43]弋白鹄，连驾鹅[44]，双鸧下，玄鹤加。[45]怠而后发，游于清池[46]，浮文鹢，扬桂枻，[47]张翠帷，建羽盖，罔玳瑁，钓紫贝；摐金鼓，吹鸣籁，榜人歌，声流喝，[48]水虫骇，波鸿沸，涌泉起，奔扬会[49]，礧石相击，硠硠礚礚，[50]若雷霆之声，闻乎数百里之外。

"'将息獠者，击灵鼓，起烽燧，车案行，骑就队，[51]纚乎淫淫，班乎裔裔[52]。于是楚王乃登阳云之台，泊乎无为，澹乎自持，勺药之和具而后御之。[53]不若大王终日驰骋而不下舆，脟割轮淬，[54]自以为娱。臣窃观之，齐殆不如。'于是王默然无以应仆也。"

乌有先生曰："是何言之过也！足下不远千里，来况[55]齐国。王悉发境内之士，而备车骑之众以出田，乃欲戮力致获，以娱左右也，何名为夸哉！[56]问楚地之有无者，愿闻大国之风烈，先生之余论也。今足下不称楚王之德厚，而盛推云梦以为高，奢言淫乐而显侈靡，窃为足下不取也。必若所言，固非楚国之美也。有而言之，是章君之恶；无而言之，是害足下之信。章君之恶而伤私义，二者无一可，而先生行之，必且轻于齐而累于楚矣。[57]且齐东陼巨海，南有琅邪，观乎成山，射乎之罘，[58]浮勃澥，游孟诸，邪与肃慎为邻，右以汤谷为界。[59]秋田乎青丘，彷徨乎海外，[60]吞若云梦者八九，其于胸中曾不蒂芥。[61]若乃俶傥瑰伟，异方殊类，珍怪鸟兽，万端鳞萃，充仞其中者，不可胜记，禹不能名，契不能计[62]。然在诸侯之位，不敢言游戏之乐，苑囿之大；先生又见客，是以王辞而不复，何为无用应哉！[63]”

无是公听然而笑曰：“楚则失矣，齐亦未为得也。[64]夫使诸侯纳贡者，非为财币，所以述职也；封疆画界者，非为守御，所以禁淫[65]也。今齐列为东藩，而外私肃慎，捐国逾限，越海而田，[66]其于义故未可也。且二君之论，不务明君臣之义而正诸侯之礼，徒事争游猎之乐，苑囿之大，欲以奢侈相胜，荒淫相越，此不可以扬名发誉，而适足以贬君自损也。且夫齐楚之事又焉足道邪！君未睹夫巨丽也，独不闻天子之上林[67]乎？

“左苍梧，右西极，丹水更其南，紫渊径其北；[68]终始霸浐，出入泾渭；[69]酆鄗潦潏，纡余委蛇，经营乎其内。[70]荡荡兮八川分流，相背而异态。东西南北，驰骛往来，出乎椒丘之阙，行乎洲淤之浦，径乎桂林之中，过乎泱莽之野。汩乎浑流，顺阿而下，[71]赴隘陕之口。触穹石，激堆埼，沸乎暴怒，汹涌滂濞，[72]滭浡滵汩，湢测泌瀄。[73]横流逆折，转腾潎洌，[74]澎濞沆瀣，穹隆云挠，蜿灗胶戾，[75]逾波趋浥，莅莅下濑，[76]批岩冲壅，奔扬滞沛，[77]临坻注壑，瀺灂霣坠，[78]湛湛隐隐，砰磅訇礚，[79]潏潏淈淈，湁潗鼎沸，[80]驰波跳沫，汩濦漂疾，[81]悠远长怀，寂漻无声，肆乎永归。[82]然后灏溔潢漾[83]，安翔徐徊，翯乎滈滈，东注大湖，衍溢陂池。[84]于是乎蛟龙赤螭，鲑鳛蜥离[85]，鰅鳙鰬魠，禺禺魼鳎，[86]揵鳍擢尾，振鳞奋翼，潜处于深岩；[87]鱼鳖讙声，万物众夥，[88]明月珠子，玓瓅江靡，[89]蜀石黄碝，水玉磊砢，[90]磷磷烂烂，采色澔汗[91]，丛积乎其中。鸿鹄鹔鸨，鴐鹅鸀鳿，鵁鶄鹮目，烦鹜鷛鸔，鱵䴔鵁鸬，[92]群浮乎其上。泛淫泛滥，随风澹淡，与波摇荡，掩薄草渚。[93]唼喋菁藻，[94]咀嚼菱藕。

于是乎崇山巃嵸，崔巍嵯峨，深林巨木，崭岩嵾嵳，九嵏嶻嶭，南山峨峨，[95]岩陁甗锜，摧崣崛崎。[96]振溪通谷，蹇产沟渎。[97]谽呀豁閜，阜陵别岛，[98]崴磈嵔瘣，丘虚崛礨，[99]隐辚郁壘，登降施靡，陂池貏豸。[100]沇溶淫鬻，散涣夷陆。[101]亭皋千里，靡不被筑。[102]掩以绿蕙，被以江离，糅以蘪芜，杂以流夷。[103]尃结缕，攒戾莎，揭车衡兰，稿本射干。[104]茈姜蘘荷，葴橙若荪。[105]鲜枝黄砾，蒋芧青薠。[106]布濩闳泽，延曼太原。[107]丽靡广衍，应风披靡。[108]吐芳扬烈，郁郁斐斐。众香发越，肸蠁布写，晻暧苾勃。[109]

于是乎周览泛观，瞋盼轧沕，芒芒恍忽。[110]视之无端，察之无崖。日出东沼，入于西陂[111]。其南则隆冬生长，踊水跃波[112]；兽则㺎旄貘犛，沈牛麈麋，赤首圜题，穷奇象犀。[113]其北则盛夏含冻裂地，涉冰揭河[114]；兽则麒麟角端，騊駼橐驼，蛩蛩驒騱，駃騠驴骡。[115]

"于是乎离宫别馆，弥山跨谷[116]。高廊四注，重坐曲阁。[117]华榱璧珰，辇道纚属，步櫩周流，长途中宿。[118]夷嵕筑堂，累台增成。[119]岩突洞房，俯杳眇而无见，仰攀橑而扪天。[120]奔星更于闺闼，宛虹拖于楯轩。[121]青虬蚴蟉于东箱，象舆婉蝉于西清。[122]灵圄燕于闲观，偓佺之伦暴于南荣。[123]醴泉涌于清室，通川过乎中庭[124]。槃石裖崖，嵚岩倚倾，嵯峨磼礏，刻削峥嵘。[125]玫瑰碧琳，珊瑚丛生。[126]瑉玉旁唐，玢豳文鳞。[127]赤瑕驳荦，杂臿其间，垂绥琬琰，和氏出焉。[128]

"于是乎卢橘夏孰，黄甘橙楱，枇杷橪柿，楟奈厚朴，[129]梬枣杨梅，樱桃蒲陶，隐夫郁棣，榙㯨荔枝，[130]罗乎后宫，列乎北园。貤丘陵，下平原，扬翠叶，杌紫茎，发红华，秀朱荣，煌煌扈扈，[131]照曜巨野。沙棠栎槠，华氾檘栌，留落胥余，仁频并间,[132]欃檀木兰,豫章女贞,长千仞,大连抱,夸条直畅,实叶葰茂,[133]攒立丛倚,连卷累佹,崔错癹骫,坑衡閜砢,[134]垂条扶于,落英幡纚,纷容萧蔘,旖旎从风,[135]浏莅卉吸[136],盖象金石之声,管籥之音。柴池茈虒,旋环后宫,杂遝累辑,被山缘谷,循阪下隰,[137]视之无端,究之无穷。

"于是玄猿素雌,蜼玃飞鸓,蛭蜩蠼蝚,螹胡豰蛫,[138]栖息乎其间;长啸哀鸣,翩幡互经,夭蟜枝格,偃蹇杪颠。[139]于是乎隃绝梁,腾殊榛,捷垂条,踔稀间,牢落陆离,烂曼远迁。[140]

"若此辈者[141],数千百处。嬉游往来,宫宿馆舍,庖厨不徙,后宫不移,[142]百官备具。

"于是乎背秋涉冬,天子校猎[143]。乘镂象,六玉虬,拖蜺旌,靡云旗,前皮轩,后道游;[144]孙叔奉辔,卫公骖乘,[145]扈从横行,出乎四校之中[146]。鼓严簿,纵猎者,江河为阹,泰山为橹,[147]车骑靁起,隐天动地,先后陆离,离散别追,淫淫裔裔,缘陵流泽,云布雨施。[148]

"生貔豹,搏豺狼,手熊罴,足野羊,[149]蒙鹖苏,绔白虎,被豳文,[150]跨野马。陵三嵏之危,下碛历之坻;径陖赴险,越壑厉水。[151]推蜚廉,弄解豸[152],格瑕蛤,鋋猛氏,罥騕褭,射封豕。[153]箭不苟害,解脰陷脑;[154]弓不虚发,应声而倒。于是乎乘舆弥节裴回,翱翔往来,睨部曲之进退,览将率之变态。然后浸潭促节,倏敻远去。[155]流离轻禽,蹴履狡兽,轊白鹿,捷狡兔,[156]轶赤电,遗光耀,追怪物,出宇宙。[157]弯蕃弱,满白羽,射游枭,栎蜚虡。[158]择肉后发,先中命处,弦矢分,艺殪仆。[159]

"然后扬节而上浮,陵惊风,历骇飚,乘虚无,[160]与神俱。轥玄鹤,乱昆鸡,遒孔鸾,促鵔鸃,[161]拂翳鸟,捎凤皇,捷鸳雏,掩焦明。[162]

"道尽途殚,回车而还。招摇乎襄羊,降集乎北纮,率乎直指,闇乎反乡。[163]蹷石关,历封峦,过鳷鹊,望露寒[164]。下棠梨,息宜春,西驰宣曲,濯鹢牛首。[165]登龙台,掩细柳,观士大夫之勤略,钧獠者之所得获。[166]徒车之所辚轹,乘骑之所蹂若,人民之所蹈躏。[167]与其穷极倦𠭥,惊惮慑伏,不被创刃而死者,佗佗籍籍,[168]填坑满谷,掩平弥泽。

"于是乎游戏懈怠,置酒乎昊天之台,张乐乎轇輵之宇;[169]撞千石之钟,立万石之钜[170];建翠华之旗,树灵鼍之鼓。奏陶唐氏之舞,听葛天氏之歌。[171]千人唱,万人和,山陵为之震动,川谷为之荡波。巴俞宋蔡,淮南于遮,文成颠歌,族举递奏,金鼓迭起,铿鎗闛鞈,[172]洞心骇耳。荆吴郑卫之声,《韶》《濩》《武》《象》之乐,阴淫案衍之音,鄢郢缤纷,《激楚》《结风》,[173]俳优侏儒,狄鞮之倡,所以娱耳目而乐心意者,丽靡烂漫于前,[174]靡曼美色于后。

"若夫青琴宓妃之徒,绝殊离俗,姣冶娴都。[175]靓庄刻饬,便嬛绰约,柔桡嬛嬛,妩媚姌袅;[176]抴独茧之褕袘,眇阎易以戌削,媥姺徶循,[177]与世殊服;芬香沤郁,酷烈淑郁;[178]皓齿粲烂,宜笑的皪[179];长眉连娟,微睇绵藐;色授魂与,心愉于侧。[180]

"于是酒中乐酣,天子芒然而思,似若有亡。[181]曰:'嗟乎,此泰奢侈!朕以览听余闲,无事弃日,顺天道以杀伐,时休息于此,恐后世靡丽,遂往而不反,非所以为继嗣创业垂统也。'于是乃解酒罢猎,而命有司曰:'地可以垦辟,悉为农郊,以赡萌隶[182];隤墙填堑,使山泽之民得至焉。实陂池而勿禁,虚宫观而勿仞。[183]发仓廪以振贫穷,补不足,恤鳏寡,存孤独。出德号,省刑罚,改制度,易服色,更正朔,与天下为始。[184]'

"于是历吉日以齐戒,袭朝衣,乘法驾,建华旗,鸣玉鸾,游乎六艺之囿,骛乎仁义之途,览观《春秋》之林,[185]射《狸首》,兼《驺虞》,弋玄鹤,建干戚,载云罕,掩群《雅》,悲《伐檀》,乐乐胥,[186]修容乎《礼》园,翱翔乎《书》圃,述《易》道,放怪兽,登明堂,坐清庙,恣群臣,奏得失,四海之内,靡不受获。于斯之时,天下大说,向风而听,随流而化,喟然兴道而迁义,刑错而不用,德隆乎三皇,功羡于五帝。若此,故猎乃可喜也。

"若夫终日暴露驰骋,劳神苦形,罢车马之用,抏士卒之精,费府库之财,而无德厚之恩,务在独乐,不顾众庶,忘国家之政,而贪雉兔之获,则仁者不由也。从此观之,齐楚之事,岂不哀哉! 地方不过千里,而囿居九百,是草木不得垦辟,而民无所食也。夫以诸侯之细,而乐万乘之所侈,仆恐百姓之被其尤[187]也。"

于是二子愀然改容,超若自失,逡巡辟席曰[188]:"鄙人固陋,不知忌讳,乃今日见教,谨闻命矣。"

赋奏,天子以为郎。无是公言天子上林广大,山谷水泉万物,及子虚言楚云梦所有甚众,侈靡过其实,且非义理所尚,故删取其要归正道而论之。

(以上为第二段,写司马相如因进《上林赋》被武帝任为郎。)

①狗监——官名,为皇家掌管猎犬。　侍上——侍奉皇上。按:此所谓"上"者指汉武帝。　②"子虚",虚言也——"子虚"是一个捏造的人物。　为楚称——代表楚国一方,以夸大楚国的富饶强大与楚国诸侯狩猎之排场。　③"乌有"——同"无有"。　为齐难——代表齐国立场,为齐国责难楚国的代表"子虚",以矜夸齐国的富饶强大与齐国诸侯狩猎之排场。　④"无是公"——也写作"亡是公"。亡:通"无"。无是人——无此人。是:此。　明天子之义——站在天子之立场,以阐发天子至高无上,诸侯无与伦比之意。　⑤借此三人为辞——借着三个虚拟人物的相互辩难称说。　以推天子诸侯之苑囿——以描写天子与诸侯的狩猎场面。苑囿:蓄养动物,以供帝王贵族狩猎的场所。⑥田——后作"畋",打猎。　⑦过诧乌有先生——到乌有先生处吹夸楚国的田猎之盛大。诧:夸耀。　⑧夸仆——向我夸耀。仆:用以自称的谦辞。　云梦之事——指楚王在云梦泽的狩猎。　⑨罘(fú)罔弥

山——罘罔:这里泛指捕捉禽兽的罗网。罘:捕兽的网。罔:同“网”。弥山:满山。 ⑩揜——捕取。 辚——车轮。这里指用车轮碾轧。 脚麟——捕捉大母鹿。脚:用作动词,谓掎其脚而获之。 ⑪骛(wù)于盐浦——骛:奔,驰骛。盐浦:盐滩。此指齐国的海边。割鲜染轮——因割生肉而血染车轮。鲜:生肉。 ⑫盘纡——盘回纡曲。 茀(fú)郁——山势曲折不通貌。 隆崇嵂崒(lǜ zú)——山峰耸起貌。 ⑬日月蔽亏——日月被山峰遮蔽。极言山势之高。蔽:指全遮。亏:指半掩。 ⑭罢池(pí tuó)陂陁(pō tuó)——山形倾斜而下的样子。 下属江河——言山形自极高而下,山脚与江河相连。属:连。 ⑮雌黄——矿物名。可制黄颜料。 白坿——白石英。 碧——青绿色的玉石。 照烂龙鳞——师古曰:“言采色相耀若龙鳞之间杂也。”以上五句极言土壤中所含的珍贵矿物之多。 ⑯玫瑰——一种玉石,或谓珍珠。 琳瑉(mín)——琳:玉名。瑉:一种似玉之石。 琨珸——也作“昆吾”,原为山名,出美石,因以为美石名。瑊玏(jiān lè)——石之次玉者。 玄厉——一种黑色的石头,可用以磨刀。 瑌(ruǎn)石武夫——皆石之次玉者。瑌石白者如冰,半有赤色;武夫赤地白采。 ⑰衡兰——杜衡与兰草。 芷若射(yè)干——白芷、杜若、射干,皆香草名。射干:一名“扁竹”,根可入药。 穹穷——即川芎,状似芹菜的香草。 昌蒲——香草名,其味辛,根可入药。 江离蘪芜——皆水生香草名。 诸蔗——即甘蔗。 猼且——有谓指蘘荷,也有谓即芭蕉。 ⑱登降陁(yǐ)靡——指地势的辽阔与高低不平。登降:升降。指地势的高低。陁靡:山势绵延貌,指地势的宽广绵延。 案衍坛曼——案衍:形容地势低下不平。坛曼:平博,平坦而宽广。 ⑲缘以大江——谓云梦泽南以长江为边沿。 限以巫山——谓云梦泽东以巫山为界限。 ⑳葴(zhēn)菥苞荔——葴:即马蓝。菥:似燕麦。苞:即席草。荔:似蒲而小,根可以制刷子。 薛莎——二草名。薛:藾蒿。莎:又名香附子,根可入药。 青薠——似莎而大者。 ㉑藏(zāng)莨——俗名狗尾巴草。 蒹葭(jiān jiā)——即芦苇。 东蘠(qiáng)——似蓬草,实如葵子,十一月熟。 雕胡——即菰米。 菰芦——即葫芦。 菴藺——艾蒿一类的草。 轩芋——一名蕕子。 ㉒不可胜图——无法完整描绘。 ㉓阴林——茂密幽深的大森林。 楩楠(pián nán)——二树名。“楩”即黄楩木。“楠”即楠木。 豫章——二树名。“豫”即枕木。“章”乃樟木。二树相似,故常并称。 桂椒——桂:江南木,有木桂、菌桂之分。椒:即花椒树。 木兰——树名,皮、花均可入药。 蘗(bò)离——二树名。蘗:俗称黄蘗,落叶乔木,树皮厚且可入药。离:即山梨。 朱杨——师古曰:“赤茎柳也,生水边。” 樝(zhā)梸梬(yǐng)栗——四种树名。樝:即山楂树。梸:同“梨”。梬:亦称“软枣”“君迁子”。栗:即今之栗树。也有谓“梬栗”指一种树,即梬枣,亦称“羊矢枣”“黑枣”。 ㉔赤猿蠷猱(qú náo)——两种猿类动物。蠷猱:即猕猴。 鹓雏(yuān chú)——传说中的与鸾凤同类的鸟。 孔鸾——孔雀与鸾鸟。 腾远——指一种善于跳跃超腾的猿类,“远”为“猿”之误写。一说即指腾蛇。 射干——又名野干,似狐而小,能缘木。 ㉕蟃蜒(wàn yàn)——兽名,似狸而长。 貙犴(chū àn)——貙:兽名,似狸而大。犴:古代北方的一种野狗。也有说貙虎为大者曰貙犴。 兕象野犀,穷奇獌狿——按:《汉书》《文选》皆无此八字。 ㉖专诸之伦——专诸之类的人。专诸:春秋末期的著名刺客,曾为公子光刺杀吴王僚,此处用以泛称勇士。伦:类,辈。 ㉗靡——当作“麾”。麾:通“挥”,指挥。 鱼须之桡旃(náo zhān)——以大鱼之须为旒穗的大旗。桡旃:曲柄旗。 干将之雄戟——像干将一样锋利的长戟。干将:春秋时吴国(一说楚国)的铸剑师,其所铸之剑名“干将”“莫邪”,皆以锋利著称。 ㉘乌嗥——又作“乌号”,良弓名。 夏服之劲箭——夏服:夏朝后羿佩带过的箭袋。服:箭袋。 ㉙阳子骖乘,纤阿为御——阳子、纤阿均古之善御者。 案节未舒——即案辔徐行。并未挥鞭驱马,即有如下之效果,则楚王之勇力威武可以想见。 陵狡兽——陵:欺侮。引申为攻击,践踏。狡兽:轻捷矫健之兽。 ㉚蹸(lín)邛邛——车轧邛邛。邛邛:一种似马而色青的野兽。 蹴(cù)距虚——践踏距虚。距虚:一种似骡而小的野兽。一说“邛邛”与“距虚”为一兽。 轶(yì)——超越。 轊騊駼(táo tú)——以车轴头撞击騊駼。轊:应作“轊”,车轴头,这里用作动词。騊駼:北方生长的良种野马。 遗风——千里马名,言其速度比风速快。 游骐——一种似马的迅猛之兽。 ㉛倏眒(shū shēn)凄浰——形容车马之快。倏眒、凄浰:皆迅疾貌。 雷动熛(biāo)至——喻车马之疾至,如雷声火光之传。熛:闪动。 星流霆击——如流星、如闪电,亦喻车马之迅疾。 ㉜决眦(zì)——眼眶绽裂。 绝乎心系——断其心脏的要害之处。 ㉝获若雨兽——射获禽兽如天之降雨。极言其多而不费力。 ㉞弭节——犹曰"案节""低节",意即"放慢速度"。 裴回——亦作"徘徊"。 翱翔——意同"徘徊"。 容与——安逸自得貌。 ㉟徼䢪(jiǎo jí)受诎——师古曰:"言战有倦极者,要而取之;力尽者,受而有之。"䢪:倦。诎:尽。 殚睹——尽观。殚:尽。 众物之变态——指勇士之豪迈喧呼与禽兽之惊惧畏慑。 ㊱郑女——美女的代称。 曼姬——美女。曼:美。 被阿锡——被:通"披"。阿:细缯。锡:通"緆"。细布。此处皆谓细而薄的织品。 揄纻缟——揄:曳,披。纻:麻。缟:白绢。此处亦皆谓细而薄的织品。 杂纤罗——杂:诸色相间,这里用作动词,也是"身披"的意思。纤罗:细而薄的绮罗。 垂雾縠(hú)——垂:这里也指"身披"。雾縠:像烟雾一样轻而薄的丝织品。 ㊲襞(bì)积褰(qiān)绉——极言衣衫皱褶之纡曲繁多。襞积:衣褶。褰绉:缩蹙。 纡徐委曲——言衣衫的线条柔和优美。 郁桡溪谷——衣衫线条之美有如纡曲之溪谷。郁桡:深曲貌。 ㊳衯(fēn)衯裶(fēi)裶——皆衣衫长大美好的样子。 扬袘(yì)恤削——师古曰:"扬,举也;袘,曳也。或举或曳,则戌(恤)削然见其降杀之美也。"恤削:裁制整齐的样子。 蜚襳——指飘飞的上衣饰物。蜚:通"飞"。襳:古代妇女上衣上用作装饰的长带。 垂髾——古时妇女上衣的装饰,形如燕尾。 ㊴扶舆猗靡——扶车婉顺之貌。 翕(xī)呷萃蔡——皆象声词,形容"郑女曼姬"行走时衣服发出的摩擦声。一说翕呷指衣服张起貌,萃蔡为衣声。 ㊵下摩兰蕙——谓"郑女曼姬"的衣裙下拂地上的香草。摩:抚、摸。此处指拂。 上拂羽盖——谓众女飘扬的巾饰上与楚王的车盖相交连。羽盖:用羽毛缀饰的车盖。 ㊶错翡翠之威蕤(ruí)——意谓这些女人身上都装饰着许多翡翠鸟的羽毛。错:杂错。威蕤:色彩绚丽的样子,华丽之貌。 缪绕玉绥——谓这些女子颈上披戴着许多美丽的璎珞。缪绕:

同“缭绕”。纠结回旋貌。玉绥:用玉缀饰的璎珞。 ㊷獠(liáo)于蕙圃——《索隐》引《尔雅》曰:“宵猎曰獠。”这里指狩猎。 媻珊勃窣(sū)——《索隐》曰:“匍匐上下也。” 金堤——坚固的堤堰。 ㊸微矰(zēng)——射鸟的小箭。 纤缴(zhuó)——系在箭上的细丝绳。 ㊹连驾鹅——连:这里指“射”。驾鹅:师古曰:“野鹅也。” ㊺双鸧(cāng)下——双鸧:鸟名。大如鹤,青苍色,亦有黑色者。下:被射下。 玄鹤加——玄鹤:黑颜色的鹤。加:指被箭射中。 ㊻怠而后发,游于清池——意即倦于宵猎后,又到清池荡舟。 ㊼浮文鹢——意即乘坐着绘有鹢鸟的船。 扬桂枻(yì)——摇着桂木制成的桨。枻:船桨。 ㊽摐(chuāng)——撞击。 籁——古代乐器名,即箫。 榜人——船夫。 声流喝(yè)——因连续高唱而变得幽咽、噎塞。 ㊾奔扬会——中井积德曰:“奔扬,涛也。”此指波涛相互撞击。 ㊿礧石相击——波涛卷动的石块相互碰撞。 硠(láng)硠礚(kē)礚——水中石块的相互撞击声。 (51)息獠——停止宵猎。 起烽燧——燃起火把。 案行——按次序排列成行。 就队——各按部伍。 (52)纚(xǐ)乎淫淫,班乎裔裔——言队伍罢归途中之行进有序。纚:若丝织相连属。淫淫:行进貌。班:班次,排列。意指依次而行。裔裔:四散流布貌。 (53)阳云之台——即宋玉《高唐赋序》之所谓“阳台”。 泊乎无为,澹乎自持——皆恬淡、逸乐之状。 勺药之和具而后御之——膳夫送上五味调和之肴馔,而后楚王用之。 (54)脟割——将鲜肉切成碎块。脟:同“脔”,将肉切成小块。 轮淬——淬:义为烤炙。即割取一脔,就轮间炙而食之。 (55)来况——谦辞,犹今所谓“光临”。况:通“贶”,给人好处。 (56)以娱左右——让你高兴高兴。左右:谦称对方,犹言“阁下”“执事”。 何名为夸——怎么能说是向你夸耀呢? (57)章君之恶而伤私义,二者无一可——而:读如“与”,言“章君之恶”与“伤自己之信”皆不足取。 轻于齐——被齐国所轻。 累于楚——将被楚王所加罪。 (58)东陼(zhǔ)巨海——东临大海。陼:同“渚”,水中的小洲,这里用为“濒临”之义。 琅邪——山名,在今山东青岛黄岛区琅邪台西北。 观乎成山——观:游览。成山:在今山东荣成东北。 之罘(fú)——山岛名,在今山东烟台北。 (59)勃澥(xiè)——即“渤海”。

澥:伸入陆地的海湾。　孟诸——古薮泽名,约在今河南商丘东北,当时为齐国的西南边境,金、元以后渐渐淤塞,故迹已不可复考。　邪——通“斜”,旁,侧。　肃慎——古国名,汉代的肃慎约当今之黑龙江与吉林之北部地区。　右以汤(yáng)谷为界——右:当作“左”,指齐国东侧。汤谷:即“旸谷”,传说为日出之地。　⑥⓪青丘——王先谦引郭嵩焘以为即今“蓬莱诸岛在海中者”。　彷徨——意同“逍遥”,肆意周游。　⑥①吞若云梦者八九——意谓齐国的游猎场所之大可以将八九个云梦泽包含于其中。　其于胸中曾不蒂芥——胸中毫无梗塞之感。蒂芥:指细小的梗塞物。　⑥②契不能计——契曾为舜的司徒,主天下之会计,故这里被视为最善计算的人。　⑥③先生又见客——先生你现在又是齐国的客人。见:同“现”。“见客”也可以理解为被看作客人,故齐王不与之争竞。　辞而不复——让着你,不和你一般见识。辞:辞让。复:回答。　何为无用应哉——怎么能说是没有办法回答你!无用应:无以应。按:以上即通常之所谓《子虚赋》,前文所谓相如作于梁国,为武帝之所先读之者。　⑥④听(yǐn)然——张口笑貌。　楚则失矣,齐亦未为得也——子虚的说法固然是错的,乌有的说法也不对。　⑥⑤禁淫——禁止诸侯国肆意侵占他国疆土。淫:放纵。此指过度的欲求,即上文侵越他国疆界事。　⑥⑥私肃慎——与肃慎国私相勾结。　捐国逾限——离开本土,越过边境。限:指国界。　越海而田——跨过大海,到海上诸岛去游猎。　⑥⑦天子之上林——谓天子在上林苑狩猎的情景。上林:秦汉时代的皇家宫苑名,其地约当今陕西西安西及周至、鄠邑区等大片地区。　⑥⑧左苍梧,右西极——苍梧:汉郡名,郡治在今广西梧州。西极:《正义》以为指“豳国”,在今陕西旬邑西。按:“苍梧”“豳国”皆不在上林苑的区域内,故高步瀛《文选李注义疏》引吴汝纶曰:“此皆上林中所为以象苍梧、西极者,犹昆明也。”　丹水更其南——丹水在上林苑的南侧流过。更:经过。　紫渊径其北——紫渊水在上林苑的北部穿流而过。径:经过。　⑥⑨终始霸浐(chǎn)——谓霸水、浐水的源头与归宿都在上林苑内。　出入泾渭——谓泾水、渭水皆从外部流入上林苑,又从苑中流出。　⑦⓪酆鄗潦潏(fēng hào lào jué)——四水名。酆水:源出陕西西安长安区西南秦岭山中,汇入渭水。鄗水:在今陕西西安西。上承镐池,北入渭水。潦水:亦作“涝水”,今陕西西安鄠邑区西渭河支流涝峪河。下游屡改。潏水:亦作“泬水”。上游即今陕西西安长安区东南的潏河上游。自区南皇子陂以下,汉晋时故道大致即今皂河。唯古潏水在汉长安城西南分为三:正流北流入渭;支流一东流注漕渠,称泬水支渠;另一北流折东北绕流入渭,称泬水支津。 纡余委蛇——水流曲折的样子。 经营乎其内——经营:犹言“周旋”,谓以上诸水皆曲折穿流于上林苑中。

⑪汩(gǔ)乎浑流——浑水疾流的样子。汩:水疾流貌。 阿——大丘陵。 ⑫穹石——犹言“大石”。 堆埼(qí)——沙堆构成的曲岸。 滂濞——象声词,《汉书》作“彭湃”,波涛撞击发出的声音。 ⑬滭浡(bì bó)滵汩——水流盛大迅疾的样子。 湢(bì)测泌瀄(bì zhì)——水流迫蹙又互相撞击的样子。 ⑭横流逆折——指激流受阻横出,形成漩涡。 转腾潎洌(piē liè)——波涛翻腾之声,形容水流疾貌。 ⑮澎濞沆瀣——波涛撞击声。 穹隆云挠——形容水势一会儿像天一样高起,一会儿如云一般弯曲。穹:天。隆:高。挠:曲。 蜿蟺(shàn)胶戾——水流曲折萦绕的样子。 ⑯逾波趋浥(yà)——指后浪凌越前浪争相流往低处。浥:低下之处。 莅(lì)莅下濑——水流沙石之上发出清脆声响。 ⑰批岩冲壅——拍击岩岸,冲击阻塞之处。 奔扬滞沛——水流翻滚,水珠迸散的样子。 ⑱临坻(chí)注壑——谓河水流经小洲,注入山谷。坻:水中小沙洲。 瀺灂(chán zhuó)霣坠——水流下注的声音。霣:通“陨”。 ⑲湛湛隐隐——声音沉重的样子。 砰磅訇礚(pēng páng hōng kē)——指水流激荡所发出的洪大声响。 ⑳潏(jué)潏淈(gǔ)淈——皆水涌出貌。 湁潗(chì jí)鼎沸——波涛汹涌,状如开锅。 ㉑驰波跳沫——水波急驰,白沫飞溅。 汩急(xī)漂疾——水流猛烈迅疾貌。 ㉒悠远长怀——谓八川之水皆从远地而来。怀:来。 寂漻无声,肆乎永归——指河水流入平原之后的样子。肆乎永归:安然长往。 ㉓灏溔(hào yǎo)潢(huàng)漾——皆水无涯际貌。 ㉔翯(hè)乎滈(hào)滈——水泛着白光的样子。翯:白而有光泽。 东注大湖,衍溢陂(bēi)池——谓河水流入大湖,湖面涨满溢出,又旁入于其他小池。 ㉕䱭鳗(gèng méng)蝤

(jiàn)离——四种鱼名,形状不详。 ⑧⑥鰅鳙鰬魠(yú yōng qián tuō)——皆鱼名。 禺禺鱋魶(qū nà)——禺禺:传说中的一种怪鱼。鱋:比目鱼。魶:娃娃鱼。 ⑧⑦揵鳍擢尾——有时露出背鳍,有时露出尾巴。揵、擢:扬起。 振鳞奋翼,潜处于深岩——意谓以上众鱼诸兽有时浮出水面,振动鳍尾,随后又潜入水底,藏入深穴。 ⑧⑧讙声——发出喧闹之声。 夥(huǒ)——多。 ⑧⑨明月——指明月珠。 珠子——指生于蚌胎内的珍珠。 玓瓅(dì lì)——珠发光貌。 江靡——江边。靡:通"湄"。水边。明月珠子生于江中,其光耀乃照于江边也。 ⑨⓪蜀石黄碝(ruǎn)——两种次于玉的石头。 水玉磊砢(luǒ)——水晶石众多。 ⑨①澔旰(hào hàn)——玉石光彩四照的样子。 ⑨②鸿鹔鹄鸨(bǎo)——四种鸟名。"鸿"谓大雁。"鹔"谓天鹅。"鹄"谓鹔鷞,长颈羽绿。"鸨"似雁而大,无后趾,虎纹。 駕鹅(gē é)——雁的一种,形大于鸭而嘴小。 鸀鳿(zhú yù)——水鸟名。即鸑鷟。 鵁鶄(jiāo jīng)——水鸟名,即池鹭。 鹮(xuán)目——水鸟,大如鹭而短尾,色红白,深目,目旁毛长而旋。 烦鹜——鸭的一种。 鷛𪇂——水鸟名,似鸭而鸡足,毛呈灰色,俗名水鸡。 鱵鹚(zhēn cí)——水鸟名,似鱼虎而苍黑色。 玄鸼——水鸟名。 ⑨③泛淫泛滥,随风澹淡——谓鸟之随风漂游貌。 掩薄草渚——有些水鸟覆盖了汀洲。掩:遮盖。薄:通"泊"。此处指水鸟停泊之貌。 ⑨④唼喋(shà zhá)——水鸟吮咂食物声。 菁藻——皆水草名。 ⑨⑤九嵕(zōng)——山名,在今陕西礼泉东北,处于当时上林苑的北侧。 巀嶭(jié niè)——山名,在今陕西淳化、泾阳、三原交界处,今名嵯峨山。

南山——即终南山,在今陕西西安南,处于当时上林苑的东南侧。峨峨——高耸貌。按:此句既曰"南山峨峨",则上句"九嵕巀嶭"之"巀嶭"二字照理应解释作险峻貌。 ⑨⑥岩陁(yǐ)——险峻倾斜。岩:险峻。陁:倾斜。 甗锜(yǎn qí)——容器。谓山形奇特如此类器物,喻山岩上大下小,欹斜倾侧。 摧崣——高险貌。 崛(jué)崎——陡峭貌。 ⑨⑦振溪通谷——指蓄水的山坳与流水的山谷。振溪:谓山石收敛溪水而不分泄。振:郑玄注:"犹收也。" 蹇(jiǎn)产沟渎——指渠道弯曲纵横。蹇产:曲折貌。渎:小沟渠。 ⑨⑧谽(hān)呀豁閜

(xiǎ)——皆谓山谷之空阔广大。　阜陵别岛——师古曰:"言阜陵居在水中,各别为坞也。"　⑲崴磈(wēi kuǐ)嵔廆(wěi huì)——皆高峻貌。　丘虚堀礨——皆堆垄不平貌。　⑩隐辚郁𡼏——皆山高低不齐之貌。　登降施(yí)靡——山形起伏连绵的样子。　陂池——亦作"陂陀(pō tuó)",山势倾斜貌。　貏豸(bǐ zhì)——山势渐平貌。　⑪沇(wěi)溶淫鬻(yù)——水盛流于溪谷之间的样子。沇溶、淫鬻:皆状水流之盛。　散涣夷陆——指水散流于广阔的平野之上。散涣:水流分散貌。夷陆:平坦的陆地。　⑫亭皋千里——犹言"平皋千里"。皋:近水处的高地。　靡不被筑——言岸边土沙被水冲积得又平又硬,如同夯实。　⑬掩——覆盖,长满。　糅——混杂。　流夷——即"留夷",香草名。有说即芍药。　⑭尃——徐广曰:"古'布'字。"分布。这里指遍地生长。　结缕——草名,结缕似白茅,蔓联而生。　攒(cuán)——聚集,丛生。　戾莎(lì suō)——黄绿色的莎草。戾:应作"莀"。即荩草,可作黄绿色染料。莎:草名。　揭车——香草名,高达数尺,黄叶白花。　稿(gǎo)本——香草名,茎叶有细毛,叶呈羽状,夏开白花。　射干——多年生草本,叶剑形,夏季开花,花被橘红色,有深红斑点,根可入药。　⑮茈(zǐ)姜——即子姜。　蘘(ráng)荷——多年生草本,根状茎淡黄色具辛辣味,可入药。　葴橙若荪——皆香草名。　⑯鲜枝——即"燕支",也作"焉支",香草名,可染红色。　黄砾(lì)——草名,可染黄色。　蒋苎青薠——三种草名。蒋:即茭白。苎:荆三棱。青薠:似莎而大者。　⑰布濩闳泽——意即长满大泽。布濩:遍布。　延曼太原——意即遍布平原。　⑱丽靡——应作"离靡"。相连不绝的样子。　广衍——广布。　应风披靡——意即随风起伏。　⑲发越——散发。　肸蠁(xī xiǎng)——分布,散布。指声响、气体的传播。　布写——犹言"四溢"。写:同"泻",水往下直注。

晻暧(ǎn ài)苾(bì)勃——皆谓香气馥郁的样子。　⑩瞋盼轧沕(wù)——《集解》引郭璞曰:"皆不可分貌。"　芒芒恍忽——意即眼花缭乱。　⑪日出东沼,入于西陂——东沼:上林苑东边的池沼。西陂:上林苑西边的陂池。按:二句极言上林苑之广大。　⑫隆冬生长,踊水跃波——严冬而草木生长,水不结冰,以见地势之因靠南而气候温暖。

踊水跃波:意即波浪翻滚。 ⑬牅旄貘犛(yōng máo mú máo)——四种兽名。牅:一名封牛,颈上有肉堆。旄:即牦牛。貘:疑作貘(mò),似指大熊猫。犛:也读作 lí,牦牛之一种,体小,毛长而色黑。 沈牛麈(zhǔ)麋——沈牛:即水牛。麈麋:角似鹿,蹄似牛,尾似驴,颈背似骆驼,故俗称"四不象"。魏晋清谈之士常以其尾为拂尘。 赤首——传说中的兽名,其状如龟,白身而赤首。 圜题——王先谦认为此处"题"字应作"蹄",指麟,因为麟的特征是"麕身,牛尾,马足,黄色,圜蹄,一角"。 穷奇——传说中的兽名。张揖曰:"穷奇,状如牛而猬毛,其音如嗥狗,食人。" 象犀——大象与犀牛。 ⑭盛夏含冻裂地,涉冰揭河——盛夏犹严寒裂地,践冰渡河。极言其地势偏北,与上林苑南侧的温差之大。揭河:原指提起衣襟涉水过河。这里指踏着坚冰走过河去。 ⑮麒麟角端——传说中的两种兽名。麒麟:古代的瑞兽。其状如鹿,独角,全身生鳞甲,尾像牛。角端:又作"角觿(duān)",似猪,角在鼻上。 橐驼——即骆驼。 蛩蛩——同前文之"邛邛",一种似马的野兽。 驒骒——畜名。似马而小。 駃騠(jué tí)——良马名。 ⑯弥山跨谷——弥:满、遍。跨谷:谓栈道、阁道跨越山谷。⑰高廊四注——高廊:高高的游廊。四注:四通八达,相互通连。注:连属。 重坐曲阁——"重坐"指上下两层的游廊、阁道,与上句"高廊"相对为文。"曲阁"主要谓迤逦蜿蜒之状,与上句之"四注"相对为文。⑱华榱(cuī)——雕绘有花纹的屋椽。华:同"花",花纹。榱:椽子。 壁珰——屋椽头的玉饰。 辇道——可乘辇往来的阁道。辇:帝王乘坐的车子。 纚(lǐ)属——连绵不断,以喻阁道之多如织丝般回环连属。 步櫩——檐下的走廊。櫩:同"檐"。 周流——周游。 长途中宿——极言走廊之长,一天也难走遍。 ⑲夷嵏筑堂——铲平高山,修筑殿堂。 累台增成——沿着山势修造的亭台楼阁看上去重重叠叠。累台:重重叠叠的楼台。增:师古曰:"重也。" ⑳岩窔(yào)洞房——盖谓山下有一条黝黑的孔道,可以直通山顶的宫殿。盖犹今华山之千尺幢。岩窔:深邃黝黑的样子。洞房:洞穴一样的通道。 俯杳眇而无见——谓从上述黝黑通道的顶端向下看,黝黑一片,什么也看不见。杳眇:悠远、渺茫貌。 仰攀橑(liáo)而扪天——攀着峰顶亭台的檐椽向上看,就高得几乎可以摸到苍天了。橑:屋椽。 ⑫奔星更于闺闼(tà)——流星从峰顶殿阁的门户中穿过。更:经,穿过。闺闼:这里皆泛指门。 宛虹拖于楯(shǔn)轩——弯曲的彩虹就像挂在空中游廊的栏杆边。拖:牵引。楯轩:窗户外面的栏杆。 ⑫青虬——青龙。此指神仙骑乘的马。虬:传说中有角的龙。 蚴蟉(yǒu liú)——此处意同"盘桓",屈折行进的样子。 东箱——即"东厢"。正殿的东厢房。 象舆——大象拉的车子,此处指仙人乘坐的车。 婉蝉——或作"蜿蝉",即蚯蚓,引申为弯曲行进之貌。 西清——西厢清静之处。 ⑫灵圄——仙人名。 燕于闲观——燕:通"宴"。安闲,休息。闲观(guàn):幽静的楼台。 偓佺(wò quán)——仙人名。 暴于南荣——暴:"曝"的古字。晒。南荣:屋的南檐两头翘起的翼角。 ⑫通川过乎中庭——师古曰:"言于室中涌出,而通流为川,从中庭而过也。" ⑫槃石裖(zhěn)崖——用大石块垒起的池塘的堤岸。裖:师古曰:"重密而累积。" 嵚(qīn)岩——险峻的山岩。 倚倾——敧侧倾斜的样子。 嵯(cuó)峨磼碟(zá yè)——山石高峻貌。 刻削——谓岩石之棱角分明,有如人工斧削。 ⑫玫瑰——美玉名。 碧琳——青绿色的玉。 珊瑚——本是海洋动物。这里借指山石的形状。 ⑫瑉(mín)玉——似玉的一种美石。 旁唐——广大貌。 瑸斒(bīn bān)——玉的花纹。 文鳞——光彩斑斓的样子。 ⑫赤瑕——赤色玉石。 驳荦(luò)——原指杂色的牛和马。此处是说山石的色彩斑驳。 杂臿——错综交杂。臿:通"插"。穿插。 垂绥——美玉名。也称"朝采",即夜光之璧。 琬琰——美玉名。 和氏——即和氏璧,春秋时楚人卞和所得的美玉。 ⑫于是——在此。 卢橘——橘之一种,核呈黑色。一说为枇杷。 夏孰——夏天成熟。孰:"熟"的古字。 黄甘——即黄柑,似橘而圆大,霜后始熟。 橙楱(còu)——皆橘属果名。 枇杷橪(rǎn)柿——三种果名。橪:酸枣。 楟柰(tíng nài)厚朴——三种果木名。楟:即山梨。柰:李时珍曰:"树、实皆似林檎而大……有白、赤、青三色。"厚朴:木名,以其皮厚而得名,皮、花均可入药。 ⑬梬(yǐng)枣——又称软枣。 蒲陶——即葡萄。 隐夫郁棣——隐夫:即夫移,也称"棠棣"。郁棣:即郁李。

椺褟(dá tà)——果名,似李。 ⑬⑪貤(yì)丘陵——谓诸种果木从“后宫”“北园”一直向丘陵、平原延伸生长开去。貤:同“貤”。貤:通“迤”,延伸。 扬翠叶,杌(wù)紫茎——皆谓蓬勃生长的样子。杌:摇动。 发红华,秀朱荣——华:同“花”。秀:指禾类植物开花。荣:《尔雅》曰:“木谓之华,草谓之荣。” 煌煌扈扈——极言其光彩之盛。 ⑬⑫沙棠栎槠(lì zhū)——沙棠:形似棠,黄花红果,形似李而无核。栎:木名。有“麻栎”“白栎”等。槠:乔木。 华氾檘栌——华:即桦树。氾:应作“枫”,即枫树。檘:应作“枰”,即今之银杏。栌:落叶灌木,初夏开花。 留落胥余——留落:即今之石榴。胥余:即今之椰子。 仁频并闾——仁频:即槟榔树。并闾:即棕榈树。 ⑬⑬欃(chán)檀——即今之檀树。 夸条直畅——乃“夸畅条直”之倒装,意即花朵畅开而枝条直伸。夸:“荂”之省文。荂:同“华”,即花。 实叶葰茂——乃“实葰叶茂”之倒装,意即果实硕大而枝叶繁茂。葰:通“峻”。大。 ⑬⑭攒立丛倚——指各种树木或聚集而直立,或丛聚而相倚。攒:聚集。 连卷累佹(guǐ)——皆谓众树枝干蜷曲盘结的样子。连卷:同“连蜷”,树枝蜷曲貌。累佹:枝干聚集支撑貌。累:聚集。佹:背离。此处引申为相背生长。 崔错——众多而交错的样子。 癹骫(bá wěi)——屈曲盘结的样子。 坑衡閜砢(ě kē)——“坑衡”意即“抗衡”,谓干条相互支拄;“閜砢”亦为相扶持之貌。 ⑬⑮扶于——应作“扶疏”,枝叶繁茂纷披的样子。 幡纚——飞舞飘落的样子。 纷容——繁盛貌。 萧蔘——草林茂盛貌。 旖旎——轻盈柔顺的样子。 ⑬⑯浏莅(líu lì)卉吸(huì xī)——皆谓风吹草木之声。卉吸:犹言“呼吸”。 ⑬⑰柴池茈虒(cǐ sī)——皆谓众木之高低不齐。“柴池”“茈虒”之音义与“差池”“参差”相同。 杂遝(tà)累辑——皆谓众木之繁多茂盛。杂遝:同“杂沓”。累辑:犹“累积”。 循阪下隰(xí)——顺着山坡一直向下生长到低凹之处。隰:低湿地。 ⑬⑱玄猿素雌——黑色的雄猿,白色的雌猿。 蜼玃(wèi jué)飞鸓(lěi)——三种猿类动物。蜼:长尾猿。玃:大猕猴。飞鸓:即鼯鼠。 蛭蜩(zhì tiáo)蠼蝚——四种善攀缘的异兽。蛭:传说中的生物,也称蜚蛭,有四翼。蜩:传说中的生物,大如驴,状如猴,善缘木。 螹(chán)胡縠蛫(hù guǐ)——三种善攀缘的异兽。蟖胡：似猴，腰以前黑。蛫：犬属，腰以后黄。蛫：其状如龟，白身赤首。 ⑬⑨翩幡——此处指猿属腾跃之矫捷。

互经——指猿属在树上相互窜跳。 夭蟜(yāo jiǎo)枝格——众猕猴在树上的嬉戏之态。 偃蹇杪(miǎo)颠——偃蹇：屈曲宛转貌。形容舞姿。以言猿属相互周旋嬉戏之灵活。杪颠：梢头。 ⑭⓪隃绝梁——隃：李善曰："'隃'字与'踰'同。"越过之意。绝梁：断桥。此指无桥梁可渡的山涧。 腾殊榛——从这棵树跳到那棵树。榛：丛生之林。 捷垂条——捷：义如"接"字，连接。指猿属扯着下垂的枝条嬉戏。 踔(chuō)稀间——在丛林的枝条稀疏处跳来跳去。间：空隙。

牢落陆离，烂曼远迁——以言其聚散不恒，杂乱迁徙之状。牢落：野兽奔走貌。陆离：分散、参差不齐貌。烂曼远迁：形容兽群任意奔走的样子。 ⑭①若此辈者——类似以上大段所描写的四周具有繁多植物、动物的离宫别馆。 ⑭②庖厨不徙——意谓各个离宫别馆中均经常备有厨师及一应饮食之物，不须临时调集。 后宫不移——意谓各个离宫别馆中均经常住有嫔妃，以备天子临幸，无须让京城皇宫里的妃嫔们出来跟着。 ⑭③背秋涉冬，天子校(jiào)猎——古代统治者例以秋末冬初为狩猎季节。涉：进入。校猎：周围设立障蔽，将禽兽驱赶入内，以供猎者之射获。校：栅栏。 ⑭④乘镂象——主语指"天子"。镂象：以象牙疏镂其车。 六玉虬——以六匹蛟龙一般的马拉着车子。 靡云旗——靡：与上句"拖"为对文，谓随风倾斜，亦摇曳、飘扬之意。云旗：《正义》曰："画熊虎于旌似云气也。" 前皮轩——前有蒙以虎皮的车子为天子的车驾作前驱。 后道游——紧跟在"皮轩"之后的是"导车"和"游车"。导车：为天子的车驾作前导。游车：为天子的车驾维持秩序、充当警卫。道：泷川资言曰："读曰导。" ⑭⑤孙叔奉辔——孙叔：古代的著名驭手孙阳，即所谓"伯乐"。一说为太仆公孙贺。奉辔：执辔。意即赶车。 卫公骖乘——卫公：一说指卫庄公，泷川资言曰："卫公，即《国语》所谓卫庄公为右，曰'吾九上九下，击人尽殪'者是也。"一说为大将军卫青。骖乘：亦作"参乘"，立于帝王之右，一者陪乘，同时也兼充警卫之职。 ⑭⑥扈从横行，出乎四校之中——意即天子的车驾在猎场上任意纵横，穿行于按部就班的其他各陪猎的警卫部队之中。

⑭⑦鼓严簿——鼓：击鼓。簿：卤簿，即帝王的仪仗队。纵獠者——即下令让陪猎官兵一齐出动。獠：原指夜间打猎，这里指狩猎。江河为阹（qū）——以苑里的现有大河作为圈拦禽兽的栅栏。阹：猎者利用天然地形围猎野兽。泰山为橹（lǔ）——让苑中的现成高山作为观察禽兽、指挥狩猎的望台。泰山：这里指上林苑中的高山。橹：战场上用以瞭望敌方动静的望楼。⑭⑧淫淫裔裔——形容参加狩猎的人员之多，漫山遍野，无边无际。缘陵流泽，云布雨施——意谓参加狩猎的将士上满丘陵，下遍沼泽，多如云之布满天空，雨之普降大地。⑭⑨生——活捉。貔（pí）豹——两种猛兽名。貔：似虎。搏——空手搏击。手——空手捕捉。足——用脚踢。⑮⓪蒙鹖（hé）苏——谓猎者多头戴鹖尾之冠。鹖苏：鹖鸟之尾。鹖鸟似雉，生性猛悍，斗死不却，故勇士常取其尾以饰冠，或将冠制成鹖形。绔白虎——《索隐》引张揖曰："著白虎之绔。"绔：同"袴"，此处用作动词。被豳文——被：通"披"。豳文：即斑纹之衣，指画有各种猛兽图案的衣服。⑮①陵三嵏（zōng）之危——向上登到了三层峰峦的顶处。陵：升，登。三嵏：犹言"三重""三叠"。极言猎者攀登之高。危：指山之最高处。下碛（qì）历之坻（dǐ）——向下达到了坎坷不平的山坡。碛历：不平貌。坻：山坡。径陖赴险——抄近直过险处，不怕危殆。径：直过，不绕弯。越壑（hè）厉水——越过深沟，渡过河水。⑮②推蜚廉，弄解（xiè）豸——推、弄：皆耍弄、戏耍之义。蜚廉：异禽名，长毛有翼。解豸：神兽名，似鹿而一角。⑮③格瑕蛤——格：空手搏斗。瑕蛤：猛兽名，形性不详。鋋（chán）猛氏——鋋：铁柄短矛，这里用作动词，意即刺杀。猛氏：兽名，如熊而小。罥（juàn）騕褭（niǎo）——罥：用绳索绊取。騕褭：神马名，日行万里。封豕——大猪。⑮④箭不苟害——意即不射禽兽的非关键部位。苟：草率，随意。害：伤。解脰（dòu）陷脑——斩断脖子，刺入脑壳。脰：脖子。陷：刺入。⑮⑤浸潭（xún）——逐渐。促节——加快速度，与上文之"弭节"相对成文。倏敻（shù xiòng）——疾速远去貌。⑮⑥流离轻禽——捕捉轻疾的飞鸟。流离：指用网捕捉飞禽。师古曰："流离，困苦之也。"蹴履——踢、踏。捷——疾取，轻取。⑮⑦轶赤电，遗光耀——轶：超

过。赤电:赤色的电光。遗:抛之于后。光耀:指闪电的光亮。　怪物——指各种异禽猛兽。　出宇宙——谓猎车因追逐禽兽而仿佛跑出了天地之外。　⑱弯繁弱——弯:开弓。繁弱:传说中的良弓名。　满白羽——满:指把弓拉圆。白羽:饰有白色羽毛的箭。　游枭——四处飞窜的枭羊。枭羊似人,长唇披发,食人。　栎蜚虡——栎:搏击。蜚虡(jù):怪兽名,鹿头龙身。　⑲择肉后发——看准肥美的禽兽,而后才放箭。　先中命处——意即先指明将射之处,然后放箭,果然中之。

弦矢分,艺殪仆——意即箭一离弦,禽兽就应声而倒死。艺:徐广曰:"射准的曰艺。"殪:死亡。　⑯扬节——挥动旌节。　陵惊风——陵:升、登。惊风:暴风。　历骇飚——历:越,冲过。骇飙:与"惊风"对文,意思相同。　乘虚无——乘:升,登上。虚无:指天空。　⑯轔——轮子,此处指用车轮碾轧,以见猎者诸车之高。　乱昆鸡——乱:扰乱昆鸡的行列。昆鸡:形似鹤,黄白色。　遒孔鸾,促鵕鸃——遒、促:都是"迫近"的意思,这里指捕捉。孔鸾:孔雀与鸾鸟。鵕鸃:似山鸡而小冠。　⑯拂鹥鸟,捎凤皇——拂、捎:在这里都是"捕捉"的意思。鹥鸟:凤凰的别名。　捷鸳雏,掩焦明——捷、掩:这里也都是"捕捉"的意思。鸳雏:又作"鵷雏",传说中的一种生性高洁的凤类之鸟。焦明:亦凤类鸟名。　⑯招(sháo)遥乎襄羊——招遥:逍遥。襄羊:同"徜徉"。　降集乎北纮(hóng)——停留在上林苑最北的地方。纮:犹"维"。　率乎直指——疾速地径直向前。　闇(yǎn)乎反乡(xiàng)——突然拐弯。闇:通"奄"。突然。反乡:即"反向",掉转方向。　⑯蹷石关,历封峦,过鳷(zhī)鹊,望露寒——蹷:踏,登览。石关、封峦、鳷鹊、露寒:皆台观名,建于武帝建元六年(前135),位于甘泉宫外。　⑯棠梨——宫名,在今陕西淳化东北。　宜春——宫名,在今陕西西安雁塔区东南。　宣曲——宫名,在今陕西西安长安区西北。

濯鹢牛首——在牛首池划船。濯:通"棹",桨。此指划船。　⑯龙台——观名,在今陕西西安长安区西北。　掩细柳——在细柳观休息。掩:休息。细柳:在今陕西西安长安区西北。　勤略——劳绩与智谋。略:智谋。　钧獠者之所得获——将捕获的禽兽平均分配给众人。钧:通"均",均分。　⑯徒车之所轔轹——步兵车兵所捕获的禽兽。徒:

步卒。辚轹:车轮碾轧。 蹂若——践踏。 人民——《文选》作“人臣”。 蹦(jí)——同“藉”。践踏,这里也指捕获。 ⑯穷极倦谻——穷极:困厄至极,走投无路。倦谻:犹言“疲惫”。皆指被追赶的禽兽。 慑伏——亦作“慴服”,因畏惧而屈服。 创刃——指被刀剑之类的兵器所伤。 佗佗籍籍——形容禽兽的尸体纵横交错地堆积在地上的样子。 ⑯昊天之台——喻台极高,似乎与天空相接。昊天:此指天空。 轇轕(jiāo gé)——广阔深远貌。 ⑰钜——《文选》作“虡”,悬挂钟、磬的座架。 ⑰陶唐氏之舞——即唐尧的舞乐。 葛天氏——传说中的远古帝王名。 ⑰巴俞——古乐舞。 于遮——歌曲名。 文成——西汉辽西县名。在今辽宁建昌东。 颠——即“滇”,西南夷地区的古国名,在今云南滇池附近。 族举——众乐齐奏。族:众。 铛鼟(tāng tà)——鼓声。 ⑰阴淫案衍——指淫靡放纵之声。 鄢郢——楚地名,在今湖北宜城。 《激楚》——楚地歌曲名。 《结风》——歌舞曲名。 ⑰狄鞮之倡——来自狄鞮地区的倡伎。狄鞮:古地名,在今河南黄河以北地区。一说为西方种族名。倡:从事歌舞技艺的人。 丽靡烂漫——皆指色彩艳丽。 ⑰青琴——古神女名。 宓(fú)妃——雒水女神。 绝殊离俗——意即与众不同。殊:异。 姣冶娴都——都是美丽的意思。 ⑰靓(jìng)庄刻饬——意即极好的梳妆打扮。靓:装扮、修饰。饬:通“饰”。 便嬛(pián yuān)绰约——轻盈柔美。 柔桡嫚嫚——指女人身材柔曲,姿态动人。桡:曲。 妩媚孅(rǎn)袅——姿容美好,身形细长柔弱。 ⑰抴(yè)独茧之褕(yú)袘——意即身穿色彩极其纯正的外衫。抴:亦作“拽”,拖。独茧:指绸衣颜色纯正,如同出于一茧。褕:即襜褕,罩在外面的直襟单衣。袘:裳、裙下端的边缘。 眇阎易以戌削——意谓衣衫之长短肥瘦极度合身。眇:细看。阎易:指衣裙下垂四周斜出平直貌。戌削:言如刻画之作。 媥姺(piān xiān)徶循(bié xiè)——衣服轻盈飘舞貌。 ⑰沤(ōu)郁——香气浓烈。 酷烈淑郁——香气浓厚而清醇。 ⑰的皪(dì lì)——明亮鲜艳貌。 ⑱连娟——细长貌。 微睇绵藐——目送秋波,眼含情意。 色授魂与——意即可以使人失魂落魄。 心愉于侧——意谓她们在身边使人满心喜悦。 ⑱酒中——酒饮到酣畅之时。

乐酣——音乐也正演奏得起劲。　芒然——同“茫然”，犹惘然，失意貌。　似若有亡——犹言“若有所失”。亡：丧失。　⑱以赡萌隶——以作为养育黎民的资本。赡：供养。萌隶：亦作“氓隶”。百姓。　⑱实陂池——指为了种地而填平上林苑里的一些池塘。　虚宫观而勿仞——意即废弃其中的离宫别馆，不再修整建设。　⑱出德号——发布有恩于百姓的诏令。　与天下为始——即一切都重新开始。　⑱历吉日——选择好日子。　齐戒——即“斋戒”。　袭——穿戴。　法驾——天子的车驾。　玉鸾——侍从的佩玉与车马所饰之铃。　游乎六艺之囿，骛乎仁义之途——按：用“游”“骛”，盖仍用狩猎的语气言之，而所猎取的对象已变。前后数句皆如此。六艺：儒家的六种经典，也称“六经”，指《诗》《书》《礼》《乐》《易》《春秋》。　览观《春秋》之林——即吸收《春秋》中所总结的成功经验与失败教训。　⑱射《狸首》，兼《驺虞》——指儒家所崇尚的大射礼。《狸首》是古逸诗篇名，《驺虞》是《诗经·召南》篇名。古代诸侯行射礼时奏《狸首》之诗，天子行射礼时奏《驺虞》之诗。　弋玄鹤，建干戚——按：古有舞玄鹤以为瑞之说；又说当年舜执干戚而舞，竟使反叛的有苗归服云云。此处指奏古乐，演古舞。　载云罕（hǎn）——车上插着画有毕宿的旌旗。罕：同“罕”。　揜群雅——搜罗天下英才。　悲《伐檀》——读《伐檀》而生悲。　乐乐胥——意即天子读到“乐胥”句，为朝廷多才智之士而感到高兴。《诗经·小雅·桑扈》有所谓“君子乐胥，受天之祜”。　⑱被其尤——犹言“受其祸”。　⑱超若——犹言“怅然”。超：怅惘，若有所失。　逡（qūn）巡——徘徊，不知所措的样子。

相如为郎数岁，会唐蒙使略通夜郎西僰中，发巴蜀吏卒千人，郡又多为发转漕万余人，用兴法诛其渠帅，[1]巴蜀民大惊恐。上闻之，乃使相如责唐蒙，因喻告巴蜀民以非上意。檄曰：

告巴蜀太守：蛮夷自擅[2]不讨之日久矣，时侵犯边境，劳士大夫。陛下即位，存抚天下，辑安中国。然后兴师出兵，北征匈奴，单于怖骇，交臂受事，诎膝请和。康居西域，重译请朝,稽首来享。[3]移师东指,闽越相诛。右吊番禺,太子入朝[4]。南夷之君,西僰之长,常效贡职,不敢怠堕,延颈举踵,喁喁然皆争归义,欲为臣妾,道里辽远,山川阻深,不能自致。夫不顺者已诛,而为善者未赏,故遣中郎将往宾之,发巴蜀士民各五百人,以奉币帛,卫使者不然,[5]靡有兵革之事,战斗之患。今闻其乃发军兴制,惊惧子弟,忧患长老,郡又擅为转粟运输,皆非陛下之意也。当行者或亡逃自贼杀,亦非人臣之节也。

夫边郡之士,闻烽举燧燔,皆摄弓而驰,荷兵而走,流汗相属,唯恐居后,触白刃,冒流矢,义不反顾,计不旋踵,人怀怒心,如报私仇。彼岂乐死恶生,非编列[6]之民,而与巴蜀异主哉?计深虑远,急国家之难,而乐尽人臣之道也。故有剖符之封,析圭而爵,位为通侯,居列东第,[7]终则遗显号于后世,传土地于子孙,行事甚忠敬,居位甚安佚,名声施于无穷,功烈著而不灭。是以贤人君子,肝脑涂中原,膏液润野草而不辞也。今奉币役至南夷,即自贼杀,或亡逃抵诛[8],身死无名,谥为至愚,耻及父母,为天下笑。人之度量相越[9],岂不远哉!然此非独行者之罪也,父兄之教不先,子弟之率不谨也;寡廉鲜耻,而俗不长厚也。其被刑戮,不亦宜乎!

陛下患使者有司之若彼,悼不肖愚民之如此,故遣信使晓喻百姓以发卒之事,因数之以不忠死亡之罪,让三老孝弟以不教诲之过。[10]方今田时,重烦百姓,已亲见近县,恐远所溪谷山泽之民不遍闻,檄到,亟下县道,[11]使咸知陛下之意,唯毋忽也。

相如还报。唐蒙已略通夜郎,因通西南夷道,发巴、蜀、广汉卒,作者数万人。治道二岁,道不成,士卒多物故,费以巨万计。蜀民及汉用事者多言其不便。是时邛筰之君长闻南夷与汉通,得赏赐多,多欲愿为内臣妾,请吏,比南夷。[12]天子问相如,相如曰:“邛、筰、冉、駹者近蜀,道亦易通,秦时尝通为郡县,至汉兴而罢。今诚复通,为置郡县,愈于南夷。”天子以为然,乃拜相如为中郎将,建节[13]往使。副使王然于、壶充国、吕越人驰四乘之传[14],因巴蜀吏币物以赂西夷。至蜀,蜀太守以下郊迎,县令负弩矢先驱[15],蜀人以为宠。于是卓王孙、临邛诸公皆因门下献牛酒以交欢。卓王孙喟然而叹,自以得使女尚司马长卿晚,而厚分与其女财,与男等同。司马长卿便略定西夷,邛、筰、冉、駹、斯榆之君皆请为内臣。除边关,关益斥,西至沫、若水,[16]南至牂柯为徼,通零关道,桥孙水以通邛都。[17]还报天子,天子大说。

相如使时,蜀长老多言通西南夷不为用[18],唯大臣亦以为然。相如欲谏,业已建之,不敢,乃著书,籍以蜀父老为辞,而己诘难之,以风天子,且因宣其使指,[19]令百姓知天子之意。其辞曰:

汉兴七十有八载,德茂存乎六世,威武纷纭,湛恩汪濊,群生澍濡,洋溢乎方外。[20]于是乃命使西征,随流而攘[21],风之所被,罔不披靡。因朝冉从駹,定筰存邛,略斯榆,举苞满,结轶还辕,东乡将报,[22]至于蜀都。

耆老大夫荐绅先生之徒二十有七人,俨然造焉[23]。辞[24]毕,因进曰:“盖闻天子之于夷狄也,其义羁縻勿绝而已。今罢三郡之士,通夜郎之途,三年于兹,而功不竟,士卒劳倦,万民不赡,[25]今又接以西夷,百姓力屈,恐不能卒业,此亦使者之累也,窃为左右患之。且夫邛、筰、西僰之与中国并也,历年兹多,不可记已。仁者不以德来,强者不以力并,意者其殆不可乎!今割齐民以附夷狄,弊所恃以事无用,[26]鄙人固陋,不识所谓。”

使者曰:“乌谓此邪?必若所云,则是蜀不变服而巴不化俗[27]也。余尚恶闻若说。然斯事体大,固非观者之所觏也。[28]余之行急,其详不可得闻已,请为大夫粗陈其略。

“盖世必有非常之人,然后有非常之事;有非常之事,然后有非常之功。非常者,固常人之所异也。故曰非常之原[29],黎民惧焉;及臻厥成,天下晏如也。[30]

“昔者鸿水浡出,泛滥衍溢,民人登降移徙,陭隔而不安。夏后氏戚之,乃堙鸿水,决江疏河,漉沈赡灾,[31]东归之于海,而天下永宁。当斯之勤,岂唯民哉。心烦于虑而身亲其劳,躬胝无胈[32],肤不生毛。故休烈显乎无穷,声称浃乎于兹。[33]

“且夫贤君之践位也。岂特委琐握龊,拘文牵俗,循诵习传,当世取说云尔哉![34]必将崇论闳议,创业垂统,为万世规。故驰骛乎兼容并包,而勤思乎参天贰地[35]。且《诗》不云乎:‘普天之下,莫非王土;率土之滨,莫非王臣。’是以六合之内,八方之外,浸浔衍溢,怀生之物有不浸润于泽者,[36]贤君耻之。今封疆之内,冠带之伦,咸获嘉祉,[37]靡有阙遗矣。而夷狄殊俗之国,辽绝异党[38]之地,舟舆不通,人迹罕至,政教未加,流风犹微。内之则犯义侵礼于边境,外之则邪行横作,放弑其上。[39]君臣易位,尊卑失序,父兄不辜,幼孤为奴,系累号泣,内向而怨,[40]曰‘盖闻中国有至仁焉,德洋而恩普,物靡不得其所,今独曷为遗己’。举踵思慕,若枯旱之望雨。盭夫为之垂涕,况乎上圣,又恶能已?[41]故北出师以讨强胡,南驰使以诮[42]劲越。四面风德,二方之君鳞集仰流,愿得受号者以亿计。[43]故乃关沬、若,徼牂柯,镂零山,梁孙原。[44]创道德之途,垂仁义之统。将博恩广施,远抚长驾[45],使疏逖不闭,阻深暗昧得耀乎光明[46],以偃甲兵于此,而息诛伐于彼。遐迩一体,中外提福,[47]不亦康乎?夫拯民于沈溺,奉至尊之休德,反衰世之陵迟,继周氏之绝业,[48]斯乃天子之急务也。百姓虽劳,又恶可以已哉?

“且夫王事固未有不始于忧勤,而终于佚乐者也。然则受命之符,合在于此矣。方将增泰山之封,加梁父之事,鸣和鸾,扬乐颂,上咸五,下登三。[49]观者未睹指,听者未闻音,犹鹪明已翔乎寥廓,而罗者犹视乎薮泽。[50]悲夫!"

于是诸大夫芒然丧其所怀来而失厥所以进,[51]喟然并称曰:"允哉汉德[52],此鄙人之所愿闻也。百姓虽怠,请以身先之。"敞罔靡徙,因迁延而辞避。[53]

(以上为第三段,写司马相如首次在武帝朝为郎时的政治活动与文学创作。)

①唐蒙——原为鄱阳令,因上书请通夜郎道以制南越,被武帝任为郎中将使夜郎。　略通——开拓,打通。　夜郎西僰(bó)中——夜郎国都在今贵州关岭,西僰中在今云南滇池附近,因其居西部,故称。　转漕——指运输粮草,用车曰转,用船曰漕。　兴法——即紧急军事动员令。　渠帅——大首领。　②自擅——自做主张。指不服从中原地区皇帝的约束。　③康居——古代西域小国名。　重译——经过几道翻译。　享——献。指献其珍宝。　④右吊番禺,太子入朝——指建元六年(前135)闽越攻南越,汉派兵攻闽越以救南越,南越王感汉恩,派太子入朝宿卫。吊:慰问。　⑤宾——以礼相待、安抚招纳。　不然——指意外之事。　⑥编列——指名在户籍。　⑦剖符——与下文之"析珪",都是分封王侯时给受封者的信物,以表示永远互相信赖的意思。　东第——皇帝为王侯们所修的府宅,因其在帝城之东,故曰东第。　⑧抵诛——犯罪被诛。　⑨相越——相差,相距。　⑩使者有司——指唐蒙与巴、蜀太守等人。　数——列其罪过而责之。　让——指责。　三老孝弟——都是当时县、乡两级主管教化的官吏。　⑪重烦——不好烦扰。意即不全部接见。重:《索隐》:"重犹难也。"　亟下县道——迅速向下属各县各道传达。当时没有少数民族的地方称县,有少数民族的地方称道。　⑫内臣妾——即内臣,中国国内的臣僚。　请吏——请朝廷委派郡县官吏。　比——等同。　⑬建节——执持符节。　⑭四乘之传——四匹马拉的传车。传:驿车。　⑮负弩矢先驱——古时大臣出行的一种仪仗,四人持矢前行,道引传坐,行者止,坐者起,违者射之。这里是县令所作的一种尊崇姿态。　⑯斥——

远也。　沫、若水——沫水：古水名。《索隐》引张揖曰：“沫水，出蜀广平徼外，与青衣水合也。”若水：今之雅砻江。　⑰牂柯（zāng kē）——武英殿本中或作“牂牁”，今并改作“牂柯”。水名，即今贵州境内之北盘江。　徼（jiào）——边界。　零关道——古道路名，“零”亦作“灵”。汉武帝时建，自今四川大渡河南岸通向西昌平原。　桥孙水——在孙水上架桥。孙水：即今安宁河，源于今四川冕宁，注入雅砻江。　邛都——在今四川西昌东南。　⑱不为用——没有用处。　⑲建——倡议，提出。　宣其使指——说明其出使的意旨。指：通“旨”。　⑳六世——指高祖、惠帝、吕后、文帝、景帝、武帝。　威武纷纭——指武功盛多。　湛恩汪濊——犹言皇恩浩荡。　群生澍（shù）濡——雨水滋润万物。多用于比喻承受恩泽。　方外——中国以外的四方之地。　㉑随流而攘——意即一面前进，一面开拓。流：行。攘：开拓。　㉒朝冉从駹——意即使冉、駹等小国归附汉朝。　略——开辟、略取。　举——攻克。　苞满——又作“苞蒲”，即靡莫，汉时少数民族部落，在今云南昆明以北。　结轨还辕——“结轨”“还辕”同义词叠用，犹言“回车”。　东乡（xiàng）将报——东返长安以报武帝。乡：通“向”。

㉓俨然造焉——盛气凌人地来了。造：来到。　㉔辞——这里指刚见面时的寒暄客套。　㉕罢三郡之士——罢：通“疲”。三郡：指前文所说的巴郡、蜀郡、广汉郡。　不赡——不能自养，衣食不足。赡：充足。　㉖齐民——平民。　所恃——指上文所说的“齐民”。　无用——指应当“羁縻勿绝”的夷狄。　㉗变服而巴不化俗——指巴蜀民改变固有的服饰习俗归附了中原国家。　㉘恶闻若说——讨厌听到你的这些说法。恶：讨厌。若：你，你的。　固非观者之所觏（gòu）也——这些本来就不是一般人所能看明白的。觏：遇见。这里指看懂。

㉙非常之原——重大事件的开端。　㉚及臻厥成——等到事情已经办成。　天下晏如——天下太平。以上四句即法家所谓“民者不可与虑始，可与乐成”。　㉛夏后氏戚之——大禹很为此忧虑。戚：忧虑，同情。　漉沈赡（dàn）灾——分导洪水，消除灾害。漉：分。沈：深水。赡：通“澹”。安定。　㉜躬胝（zhī）无胈（bá）——身上的皮都磨得厚厚的，看不到一点嫩肉。胈：人身上的细毛。　㉝休烈——盛美的功

业。 浃——浸润，透彻。 ㉞委琐握龊(chuò)——拘拘束束，无所作为的样子。握龊：同“龌龊”。 拘文牵俗——拘泥于条条框框。循诵习传——意即墨守成规，不求创新。 当世取说——取悦于当前世俗。说：“悦”的古字。 ㉟参天贰地——指其功德可与天地并列。参天：与天同高。贰地：与地同大。 ㊱六合——指上下和东西南北四方。 浸浔衍溢——雨露满布的样子。 怀生之物——指一切动植物。 ㊲冠带之伦——指汉王朝治下的文明人类。 嘉祉——犹言“洪福”。 ㊳异党——犹言“异类”，是对少数民族的蔑称。 ㊴内之——将其接纳进来。 外之——将其抛弃不管。 放弑——驱逐或杀害。 ㊵系累——捆绑、拘囚。 内向而怨——内心向往汉朝而埋怨地说。 ㊶盭(lì)夫——狠戾之人。盭：通“戾”。凶狠；暴戾。 恶(wū)能已——怎么能放弃不管。恶：怎么。已：止。 ㊷诮(qiào)——责备、问罪。 ㊸四面风德——四周诸番都沐浴着汉朝的恩泽。风：吹拂、蒙受。 二方——指西夷和南夷诸部。 鳞集仰流——群鱼并列迎着水流。喻人心归向。 受号——接受爵号。㊹关沬、若——以沬、若二水为边关。 徼牂柯——以牂柯江为边界。 镂零山——在零山上凿山通道。零山：即“灵山”。《汉书》“零关”作“灵山”。 梁孙原——在孙水上架桥。孙原：孙水的源头，在今四川西昌附近。 ㊺远抚长驾——安抚、控制边远地区的人民。驾：驾驭，控制。 ㊻使疏逖(tì)不闭，阻深暗昧得耀乎光明——使疏远之国不被壅闭，黑暗幽深之处得见光明。疏逖：边远。暗昧：昏暗。 ㊼遐迩一体——远近一样。 提福——安宁幸福。“提”应作“禔”，安宁。㊽陵迟——衰败。 继周氏之绝业——汉朝有些人不承认秦朝是一个朝代，说汉朝是直接继承周朝。 ㊾增泰山之封——到泰山顶筑台祭天。 加梁父——在梁父山下拓场祭地。以上二事即所谓“封禅”，是当时的“盛典”。 咸五——与五帝之德相同。咸：同。 登三——超过三王之治。 ㊿鷦(jiāo)明——类似凤凰的一种鸟。 罗者——捕鸟人。 薮泽——草泽。 51芒然——同“茫然”。 所怀来——来时所怀有的思想、观点。 52允哉汉德——汉朝的威德的确如此。允：诚然、实在。 53敞罔靡徙——怅惘不已而不知所措的样子。敞罔：同

“怅罔”。失意貌。靡徙:举止失措貌。 因迁延而辞避——徘徊了一会就辞别而去。

其后人有上书言相如使时受金,失官。居岁余,复召为郎。

相如口吃而善著书。常有消渴疾[1]。与卓氏婚,饶于财。其进仕宦,未尝肯与[2]公卿国家之事,称病间居,不慕官爵。常从上至长杨猎,是时天子方好自击熊彘,驰逐野兽,相如上疏谏之。其辞曰:

臣闻物有同类而殊能者,故力称乌获,捷言庆忌,勇期贲、育。[3]臣之愚,窃以为人诚有之,兽亦宜然。今陛下好陵阻险,射猛兽,卒然遇轶材之兽,骇不存之地,犯属车之清尘,舆不及还辕,人不暇施巧,虽有乌获、逢蒙之伎,[4]力不得用,枯木朽株尽为害矣。是胡越起于毂下,而羌夷接轸也,[5]岂不殆哉!虽万全无患,然本非天子之所宜近也。

且夫清道而后行,中路而后驰,犹时有衔橛之变,[6]而况涉乎蓬蒿,驰乎丘坟,前有利兽之乐而内无存变之意,其为祸也不亦难矣!夫轻万乘之重不以为安,而乐出于万有一危之途以为娱,臣窃为陛下不取也。

盖明者远见于未萌而智者避危于无形,祸固多藏于隐微而发于人之所忽者也。故鄙谚曰“家累千金,坐不垂堂”。此言虽小,可以喻大。臣愿陛下之留意幸察。

上善之。还过宜春宫,相如奏赋以哀二世行失也。其辞曰:

登陂陁之长阪兮,坌入曾宫之嵯峨。[7]临曲江之隑州[8]兮,望南山之参差。岩岩深山之谾谾[9]兮,通谷豁兮谽谺[10]。汩淢噏习[11]以永逝兮,注平皋之广衍。观众树之蓊薆兮,览竹林之榛榛。[12]东驰土山兮,北揭石濑。[13]弥节容与兮,历吊二世。[14]持身不谨兮,亡国失势[15]。信谗不寤兮,宗庙灭绝。呜呼哀哉!操行之不得兮,坟墓芜秽而不修兮,魂无归而不食[16]。敻邈绝而不齐兮，弥久远而愈佅。[17]精罔阆而飞扬兮，拾九天而永逝。[18]呜呼哀哉！

相如拜为孝文园令[19]。天子既美子虚之事，相如见上好仙道，因曰："上林之事未足美也，尚有靡[20]者。臣尝为《大人赋》，未就，请具而奏之。"相如以为列仙之传居山泽间，形容甚臞[21]，此非帝王之仙意也，乃遂就《大人赋》。其辞曰：

世有大人兮，在于中州。[22]宅弥万里兮，曾不足以少留[23]。悲世俗之迫隘兮，朅轻举而远游[24]。垂绛幡之素蜺兮，载云气而上浮。[25]建格泽之长竿兮，总光耀之采旄[26]。垂旬始以为幓兮，抴彗星而为髾[27]。掉指桥以偃蹇兮，又旖旎以招摇[28]。揽欃枪以为旌兮，靡屈虹而为绸。[29]红杳渺以眩湣兮，[30]猋风涌而云浮。驾应龙象舆之蠖略逶丽兮，骖赤螭青虬之蚴蟉蜿蜒。[31]低卬夭蟜据以骄骜兮，诎折隆穷蠼以连卷。[32]沛艾赳螑仡以佁儗兮，放散畔岸驤以孱颜。[33]跮踱輵辖容以委丽兮，绸缪偃蹇怵臬以梁倚。[34]纠蓼叫奡蹋以艐路兮，蔑蒙踊跃腾而狂进。[35]莅飒卉翕熛至电过兮，[36]焕然雾除，霍然云消。

邪绝少阳而登太阴兮，与真人乎相求。[37]互折窈窕以右转兮，横厉飞泉以正东。[38]悉征灵圉而选之兮，部乘众神于瑶光。[39]使五帝先导兮，反太一而从陵阳。[40]左玄冥而右含靁兮，前陆离而后潏湟。[41]厮征伯侨而役羡门兮，属岐伯使尚方。[42]祝融惊而跸御兮，清氛气而后行。[43]屯余车其万乘兮，綷云盖而树华旗。[44]使勾芒其将行兮，[45]吾欲往乎南嬉。

历唐尧于崇山兮，过虞舜于九疑。[46]纷湛湛其差错兮，杂遝胶葛以方驰。[47]骚扰冲苁其相纷挐兮，滂濞泱轧洒以林离。[48]钻罗列聚丛以茏茸兮，衍曼流烂坛以陆离。[49]径入靁室之砰磷郁律兮，洞出鬼谷之崫礨嵬磈。[50]遍览八纮而观四荒兮，朅渡九江而越五河。[51]经营炎火而浮弱水兮，杭绝浮渚而涉流沙[52]。奄息总极泛滥水嬉兮，使灵娲鼓瑟而舞冯夷。[53]时若薆薆将混浊兮，召屏翳诛风伯而刑雨师。[54]西望昆仑之轧沕洸忽兮，直径驰乎三危。[55]排阊阖[56]而入帝宫兮，载玉女而与之归。舒阆风而摇集兮，亢乌腾而一止。[57]低回阴山翔以纡曲兮，[58]吾乃今目睹西王母皬然白首。载胜而穴处兮，亦幸有三足乌为之使。必长生若此而不死兮，虽济万世不足以喜。[59]

回车朅来兮，绝道不周，会食幽都。[60]呼吸沆瀣兮餐朝霞，噍咀芝英兮叽琼华。[61]嬐侵浔而高纵兮，纷鸿涌而上厉。[62]贯列缺之倒景兮，涉丰隆之滂沛。[63]驰游道而修降兮，骛遗雾而远逝。[64]迫区中之隘陕兮，舒节出乎北垠。[65]遗屯骑于玄阙兮，轶先驱于寒门。[66]下峥嵘而无地兮，上寥廓而无天[67]。视眩眠而无见兮，听惝恍而无闻[68]。乘虚无而上假兮，超无友而独存[69]。

相如既奏《大人之颂》，天子大说，飘飘有凌云之气，似游天地之间意。

（以上为第四段，写司马相如在武帝朝第二次为郎时的活动与其文学创作。）

①消渴疾——古代病名，包括糖尿病、尿崩症等。 ②与——参与。 ③殊能——才能不同。 乌获——战国时秦国的勇士。 庆忌——春秋末吴王僚之子，以勇力闻名。 贲、育——孟贲、夏育，都是战国时期的著名勇士。 ④轶材——本事超群。 骇不存之地——在意想不到的地方跳出来。骇：惊吓。不存：没想到。 属车之清尘——婉指皇帝。属车：古代帝王出行时的从车、副车。 乌获、逢（páng）蒙——都是古代的善射者。 ⑤胡越——泛指各种敌人。下文“羌夷”同此。 毂（gǔ）下——天子车乘之下。毂：车轮中间轴贯入处的圆木。此处指天子的车乘。 接轸——紧挨着天子的车乘。轸：车后横木。此处指天子的车乘。 ⑥清道——戒严，禁止行人往来。 中路而后驰——天子行驰道之正中以保安全。 衔橛之变——指马的缰绳嚼子出问题，以造成突然灾祸。衔橛：都是嚼子，形状不同。 ⑦陂

陁——倾斜貌。 长阪——长坡。 坌(bèn)入——并入。 曾宫——重重叠叠的宫殿。曾:通"增",层叠。 ⑧曲江之陁(qí)州——曲江池中的长洲。陁:同"碕"。曲岸。 ⑨谾(hōng)谾——空深貌。 ⑩豁(huò)兮谽谺(hān xiā)——山谷空大貌。 ⑪汩淢(yù)噏(xī)习——水势迅疾翻滚的样子。 ⑫蓊薆(wěng ài)——茂密多荫貌。 榛榛——草林丛生貌。 ⑬揭(qì)——撩起衣服以涉浅水。 石濑——水流沙石之上。 ⑭容与——前进舒缓的样子。 历吊——跟随汉武帝凭吊。历:随。 ⑮势——权势。 ⑯不食——不能享受祭祀。 ⑰敻(xiòng)邈绝——远远的隔绝。 不齐——不被尊敬。 愈佅——越来越不被人所知。佅:泷川资言认为佅、昧,同。 ⑱精罔阆——精魂恍惚。 拾(shè)——上升。 ⑲孝文园令——汉文帝陵邑的行政长官,位同县令。 ⑳靡——美好。 ㉑形容甚臞(qú)——形容:容貌。臞:瘦。 ㉒大人——喻指天子。 中州——中国。 ㉓少留——稍稍停留。 ㉔悲世俗之迫隘兮,朅(qiè)轻举而远游——迫隘:局促、狭窄。朅:离去。轻举:轻身飞举。 ㉕绛幡——赤色旗帜。 素蜺——即白虹。 载云气而上浮——载:处,置身。 ㉖建格泽之长竿兮,总光耀之采旄——意谓将格泽星当作旗杆竖起来,系上光芒闪耀的彩色旌旗。建:竖起。格泽:星名。 ㉗垂旬始以为幓(shān)兮,抴(yè)彗星而为髾——意谓悬挂起用旬始星做成的飘带,拖曳着用彗星做成的旗帜。旬始:星名。幓:旌旗的飘带。抴:拖曳。髾:旌旗上所垂的羽毛。 ㉘掉指桥以偃蹇兮,又旖旎以招摇——状旌旗随风飘动之态。掉:摇摆。指桥:轻柔貌。偃蹇:曲折辗转貌。旖旎:轻盈柔顺貌。招摇:摇动貌。 ㉙欃(chán)枪(chēng)——指天欃、天枪两星。 靡屈虹而为绸(tāo)——靡:缠绕。屈虹:断虹。绸:指旗杆的护套。 ㉚红——指红色云。 眩湣——混沌不清的样子。 ㉛应龙——传说中的有翼之龙。 蠖(huò)略逶丽——行进曲折蜿蜒貌。 蛐蟉(yōu liú)——屈曲行动貌。 ㉜低卬夭蟜(jiǎo)据以骄骜兮,诎折隆穷蠼(jué)以连卷——自此句以下十句状赤螭、青虬的各种姿态。卬:同"昂"。夭蟜:屈伸貌。隆穷:隆起貌。蠼:卷曲貌。连卷:屈曲貌。 ㉝沛艾赳螑(xiù)——群龙摇头、伸头时高时低的样子。

仡(yì)以佁儗(chì yì)——壮勇而凝滞不动貌。 畔岸——放纵任性貌。 骧(xiāng)以孱颜——马齿参差不齐貌。 ㉞跮踱(chì duó)輵辖(è xiá)——忽进忽退、摇目吐舌的样子。 容以委丽——急步趋行,摇摇摆摆的样子。 绸缪——即"蜩蟉"。《汉书》注引张揖曰:"掉头也。" 怵臭(chuò)以梁倚——奔走迅疾的样子。 ㉟纠蓼(liǎo)叫奡(ào)——纠缠喧呼的样子。 艐(zōng)——又读 jiè。至。 蔑蒙踊跃腾而狂进——飞快奔跑。 ㊱莅飒卉翕(xī)——《汉书》注引张揖曰:"莅飒,飞相及也。卉翕,走相追也。" 熛(biāo)至电过——奔跑疾速,如火焰飞至,雷电闪过。 ㊲邪绝少阳——斜渡东极。 太阴——指北极。 真人——指长生久视的仙人。 ㊳窈窕——深远貌。 厉飞泉——渡过飞泉谷。 ㊴灵圉——仙人名。 部乘——《汉书》作"部署"。 瑶光——同"摇光",星名。《集解》引《汉书音义》曰:"摇光,北斗杓头第一星。" ㊵五帝——五方天帝。 太一而后陵阳——太一:天神名。陵阳:指仙人陵阳子明。 ㊶玄冥——一名雨师,水神;又说为北方天帝颛顼之佐神。 含雷——《集解》引《汉书音义》曰:"含雷,黔嬴也,天上造化神名也。或曰水神。" 陆离而后潏湟——陆离、潏湟皆神名,或曰皆灵鸟名。 ㊷厮征伯侨而役羡门——厮、役:用为动词,奴役。征伯侨、羡门:皆仙人名。羡门名高。 属岐伯——使岐伯归属。岐伯:古名医,相传为黄帝臣。 尚方——主管方药。 ㊸祝融惊而跸(bì)御兮——祝融:相传为南方炎帝之佐。惊:应作"警",警戒。跸:清道。 氛气——浊恶之气。 ㊹屯——聚集。 綷云盖——杂合五彩云以为车盖。綷:五彩杂合。 ㊺勾芒——相传为东方青帝之佐。 将行——引路。 ㊻崇山——尧的坟墓之所在,在今山西临汾西南。 九疑——舜的坟墓之所在,在今湖南宁远南。这里指过访唐尧,又拜会虞舜。 ㊼湛湛——积厚貌。 差错——交错。 杂遝——即"杂沓",众多杂乱貌。 方驰——并驾而驱。 ㊽冲苁(cōng)——纠结貌。 纷挐(rú)——纷乱。 滂(pāng)濞泱轧——众盛无际貌。 ㊾钻罗列聚丛——钻:集聚。聚丛:聚集。 茏(lóng)茸——聚集貌。 衍蔓流烂——蔓延遍布的样子。 坛以陆离——坛:平广貌。陆离:参差散乱貌。以上几句皆写部从仪仗之众多。 ㊿靁室——即雷渊，传说中的水名。 砰磷郁律——深峻貌。 洞出鬼谷——从鬼谷中穿出。 崫礨(kū lěi)嵬磈(huái)——错落不平貌。 ⑤¹八纮(hóng)——犹“八极”。 九江——长江的众多支流。师古引张揖曰：“九江在浔阳县南，皆东合为大江者。” 五河——师古曰：“五河，五色之河也。” ⑤²炎火——传说中的火焰山。 弱水——传说中的西方水名。 杭绝浮渚——乘船渡过浮渚。杭：渡船。绝：渡过。浮渚：露出水面的小块陆地。 流沙——传说中的河水名。 ⑤³奄息总极——在总极休息。总极：山名，即葱岭，是古时中国西部界山。 泛滥——浮沉。 灵娲——即女娲。 冯夷——即河伯。 ⑤⁴薆薆——昏暗不明貌。 屏翳——天神的使者。 ⑤⁵轧沕洸忽——隐约不明貌。 三危——神话中的山名。 ⑤⁶阊阖——传说中天宫的南门。 ⑤⁷舒阆(làng)风——舒：从容登上。阆风：在昆仑山之巅。相传为仙人所居。 集——栖止，停息。 亢乌腾——《集解》引《汉书音义》曰：“亢然高飞，如乌之腾也。” ⑤⁸阴山——在内蒙古自治区中部及河北省北部。东西走向。 纡曲——回旋。 ⑤⁹载胜——佩戴首饰。胜：指古代妇女的首饰。 不足以喜——言西王母的艰苦生活不值得夸耀。 ⑥⁰不周——传说中的山名，在昆仑东南两千三百里。 幽都——《正义》：“山名，在北方。” ⑥¹沆瀣(hàng xiè)——夜间的水汽、露水。 噍(jiào)咀——咀嚼。 叽(jī)琼华——叽：稍稍吃一点。琼华：即玉英。相传昆仑西流沙滨有此树，食其花可长生。 ⑥²嬐(yǐn)侵浔——渐渐向上升起。嬐：《汉书》“嬐”作“僸”。仰望。侵浔：逐渐。 纷鸿涌——奋然腾起的样子。鸿涌：跃起。 上厉——向上飞升。 ⑥³贯列缺之倒景——贯：穿过。列缺：闪电。 丰隆——传说中的云师，司行云布雨。 滂沛(pāng pèi)——雨水盛多貌。 ⑥⁴游道——游车和道车。此处泛指天子出游之车乘。 修降——指从高处向低下处奔驰。 骛遗雾——冲出迷雾。 ⑥⁵区中——人世间，尘世。 隘陕——同“狭隘”。 北垠——北部的边际。 ⑥⁶屯骑——指天子的随从诸骑。 玄阙——高诱注：“玄阙，北极之山也。” 轶——超越，甩在后面。 寒门——北极之门。 ⑥⁷下峥嵘而无地兮，上寥廓而无天——峥嵘：深远貌。寥阔：旷远貌。 ⑱视眩眠而无见兮，听惝恍而无闻——眩眠：目不安貌。惝恍：迷迷糊糊。 ⑲乘虚无而上假兮，超无友而独存——虚无：指天空，亦指道家虚空的境界。上假：指道家的遐举飞升。假：通“遐”。超：超然，离世脱俗貌。无友：无尘世俗友。

相如既病免，家居茂陵。天子曰：“司马相如病甚，可往从悉取其书；若不然，后失之矣。”使所忠[①]往，而相如已死，家无书。问其妻，对曰：“长卿固未尝有书也。时时著书，人又取去，即空居。长卿未死时，为一卷书，曰有使者来求书，奏之。无他书。”其遗札书言封禅事，奏所忠。忠奏其书，天子异之。其书曰：

伊上古之初肇，自昊穹兮生民，历撰列辟，[②]以迄于秦。率迩者踵武，逖听者风声。[③]纷纶葳蕤，堙灭而不称者，[④]不可胜数也。续《昭》《夏》，崇号谥，略可道者七十有二君。[⑤]罔若淑而不昌，畴逆失而能存？[⑥]

轩辕之前，遐哉邈乎，其详不可得闻也。五三《六经》载籍之传[⑦]，维见可观也。《书》曰：“元首明哉，股肱良哉。”因斯以谈，君莫盛于唐尧，臣莫贤于后稷。后稷创业于唐，公刘发迹于西戎，文王改制，爰周郅隆，大行越成，而后陵夷衰微，千载无声，[⑧]岂不善始善终哉。然无异端，慎所由于前，谨遗教于后耳。[⑨]故轨迹夷易[⑩]，易遵也；湛恩濛涌，易丰也；[⑪]宪度著明，易则也；[⑫]垂统理顺[⑬]，易继也。是以业隆于襁褓而崇冠于二后。[⑭]揆厥所元，终都攸卒，[⑮]未有殊尤绝迹可考于今者也。然犹躡梁父，登泰山，建显号，施尊名。[⑯]大汉之德，逢涌原泉，沕潏漫衍，旁魄四塞，云尃雾散，上畅九垓，下溯八埏。[⑰]怀生之类，沾濡浸润，协气横流，武节飘逝，迩陕游原，迥阔泳沫，首恶湮没，暗昧昭晢，昆虫凯泽，回首面内。[⑱]然后囿驺虞之珍群，徼麋鹿之怪兽，[⑲]㯕一茎六穗于庖，牺双觡共抵之兽，获周余珍收龟于岐，招翠黄乘龙于沼。[20]鬼神接灵圉,宾于间馆。奇物谲诡,俶傥穷变。[21]钦哉,符瑞臻兹,犹以为薄[22],不敢道封禅。盖周跃鱼陨杭,休之以燎,微夫斯之为符也,以登介丘,不亦恧乎![23]进让之道,其何爽与[24]?

于是大司马进曰[25]:"陛下仁育群生,义征不憓,诸夏乐贡,百蛮执贽,德侔往初,功无与二,休烈浃洽,符瑞众变,期应绍至,不特创见。[26]意者泰山、梁父设坛场望幸,盖号以况荣,上帝垂恩储祉,将以荐成,[27]陛下谦让而弗发也。挈三神之欢[28],缺王道之仪,群臣恧焉。或谓且天为质暗,珍符固不可辞[29];若然辞之,是泰山靡记而梁父靡幾也。[30]亦各并时而荣,咸济世而屈[31],说者尚何称于后,而云七十二君乎?夫修德以锡符,奉符以行事,不为进越。[32]故圣王弗替,而修礼地祇,谒款天神,勒功中岳,以彰至尊,舒盛德,发号荣,受厚福,以浸黎民也。[33]皇皇哉斯事!天下之壮观,王者之丕业,不可贬也。[34]愿陛下全之。而后因杂荐绅先生之略术,使获耀日月之末光绝炎,以展采错事,[35]犹兼正列其义,校饬厥文,作《春秋》一艺,[36]将袭旧六为七,摅之无穷,俾万世得激清流,扬微波,蜚英声,腾茂实。[37]前圣之所以永保鸿名而常为称首者用此,宜命掌故悉奏其义而览焉。[38]"

于是天子沛然[39]改容,曰:"愉[40]乎,朕其试哉!"乃迁思回虑,总公卿之议,询封禅之事,诗大泽之博,广符瑞之富。[41]乃作颂曰:

自我天覆,云之油油。[42]甘露时雨,厥壤可游[43]。滋液渗漉[44],何生不育;嘉谷六穗,我穑[45]曷蓄。

非唯雨之,又润泽之;非唯濡之,氾尃濩之[46]。万物熙熙,怀而慕思。名山显位[47],望君之来。君乎君乎,侯不迈哉[48]!

般般之兽,乐我君囿;白质黑章,[49]其仪可嘉;旼旼睦睦,君子之能。[50]盖闻其声，今观其来。厥途靡踪[51]，天瑞之征。兹亦于舜，虞氏以兴[52]。

濯濯之麟，游彼灵畤。[53]孟冬十月，君徂[54]郊祀。驰我君舆，帝以享祉。[55]三代之前，盖未尝有。

宛宛黄龙，兴德而升；采色炫耀，熿炳[56]辉煌。正阳显见，觉寤黎烝。[57]于传载之，云受命所乘。

厥之有章，不必谆谆[58]。依类托寓，谕以封峦。[59]

披艺观之，天人之际已交，上下相发允答。[60]圣王之德，兢兢翼翼[61]也。故曰"兴必虑衰，安必思危"。是以汤武至尊严，不失肃祗；[62]舜在假典，顾省厥遗[63]：此之谓也。

司马相如既卒五岁，天子始祭后土。八年而遂先礼中岳，封于太山，至梁父禅肃然。[64]

相如他所著，若《遗平陵侯书》《与五公子相难》《草木书》篇不采，采其尤著公卿者[65]云。

（以上为第五段，写司马相如病免家居，临死尚写《封禅文》的情景。）

①所忠——武帝的近臣。 ②初肇——初始。 昊穹——泛指天。 历撰列辟——历数各代帝王。撰：数也。辟：此指天子。 ③率迩——依循近世。率：依循。迩：近。 踵武——继承前人遗业。踵：追随。武：足迹。 逖听——远听。 风声——指前代帝王的传闻。 ④纷纶葳蕤——众多貌。 堙灭——埋没。 ⑤续《昭》《夏》——王先谦曰："《昭》，舜乐；《夏》，禹乐。续《昭》《夏》谓继舜、禹而起。" 七十有二君——《史记·封禅书》引管仲曰："古者封泰山、禅梁父者七十有二家。" ⑥罔若淑而不昌——没有一个行善事而不昌盛。罔：无。若淑：顺善。 畴逆失而能存——也没有谁行暴逆而能长存。畴：谁。 ⑦五三"六经"载籍之传——五帝三王的事情，见于六经与其他诸书。 ⑧爰周郅（zhì）隆——到周朝兴盛到顶点。爰：及。郅：通"至"。 大行越成——王念孙曰："大道于是始成也。"越：发语词。 无声——无恶声，未招人骂。 ⑨无异端——泷川资言曰："犹言无他

故。” 遗教——给后人遗留下来的教训。 ⑩轨迹夷易——周王朝所制定的制度平易。轨迹:指法则、制度。夷、易:都是“平”的意思。 ⑪湛恩濛涌——恩泽深厚。 易丰——容易让人感到满足。 ⑫宪度——典章、法度。 易则——容易效法。 ⑬垂统理顺——世代相继之皇统通畅和谐。按:此指父死子继。 ⑭业隆于襁褓——指周公辅佐年幼的成王得使天下太平。 崇冠于二后——崇冠:超越。二后:二王。 ⑮揆(kuí)厥所元——意即察其所始。揆:度量。元:始。 终都攸卒——直至其最后结束。卒:结束。 殊尤绝迹——特别突出、让别人无法企及。 ⑯蹑梁父,登泰山——指举行封禅大典。蹑:登。 施尊名——给予显贵的名称。 ⑰逢涌原泉——喻其盛德若泉源之流。原:“源”的古字。 沕(mì)潏漫衍——泉流衍溢的样子。 旁魄四塞——洪流盛大的样子。旁魄:即“磅礴”。四塞:充塞四方。 云尃(fū)——如云之四布。尃:分布。 九垓(gāi)——犹言“九天”。垓:台阶的级次。 八埏(yán)——八方的边际。埏:大地的边界。 ⑱怀生——有生之物。 协气——祥和之气。 武节飘逝——威名远震。武节:兵符。此处指军威。 迩陕游原,迥阔泳沫——迩陕:近狭之地。陕:通“狭”。迥阔:广远之地。泳:浮。 首恶湮没——罪魁都已消灭。 暗昧昭晢——愚昧者都已明白。 昆虫凯泽,回首面内——连昆虫也都蒙受恩泽,归依汉王朝。 ⑲囿驺虞——将驺虞养进苑囿。驺虞:传说中的瑞兽,白虎黑文,不食生物。 徼(yāo)——拦截。 ⑳䆃(dào)——珍奇植物,一茎六穗,被视为“嘉禾”。 牺双觡(gé)共抵之兽——牺:以之作供品。双觡共抵之兽:指麟。双觡共抵:双角之根并而为一,如同独角。觡:角。抵:根。 获周余珍收龟于岐——文颖曰:“周放畜余龟于沼池之中,至汉得之于岐山之旁,龟能吐故纳新,千载不死。” 招翠黄乘龙于沼——指元狩三年(前120)余吾水中出神马事。招:来。翠黄、乘龙:皆神马名,黄帝乘之而登仙。 ㉑灵圉——仙人名。 倜傥(tì tǎng)——卓异不凡。 穷变——穷尽万物的变化。 ㉒钦哉,符瑞臻兹,犹以为薄——意谓汉天子谦虚谨慎,虽符瑞迭出,但仍以为德薄。钦:敬慎。臻兹:至此。 ㉓跃鱼陨杭——相传武王伐纣渡河时,白鱼跳入王舟,王取以祭。陨杭:落入船中。杭:渡船。 休之以燎(liǎo)——泷川资言曰:“颜师古曰:‘燎,祭天也。’”用此鱼祭天。 微夫斯之为符——这是多么小的一点祥瑞呀。 以登介丘——因此而登泰山封禅。介丘:指泰山。介:大。 不亦恧(nǜ)乎——不感到惭愧吗。恧:惭愧。 ㉔进让之道,其何爽与——这不该封而封与该封而不封,差别是多么鲜明啊。进:苟进,勉强行事。让:谦让。指汉武帝当封禅却不封禅。爽:相差。 ㉕于是大司马进曰——此句以下司马相如假借大司马向汉武帝建议封禅。大司马:官职名,武帝元狩四年(前119)置加于将军之号上,任此职者是卫青。 ㉖不憓(huì)——不顺从。憓:顺服。 诸夏——原指周代分封的各诸侯国。此处指汉时的各诸侯国。 执贽——指少数民族持礼物以享天子。贽:聘享的礼物。 侔往初——与往古的五帝三王相等。 休烈浃(jiā)洽——美好的事业遍及各地。 符瑞众变——符瑞众多且种类不断变化。 期应绍至——师古曰:“言符瑞众多,应期相续而至。”期应:即“应期”。 不特创见——不光出现一次。 ㉗意——想,想来是。 坛场——举行祭祀等大典的场所。 望幸——盼望汉家天子临幸。 盖号——加以尊号。 况荣——赐予荣耀。况:通“贶”,赐予。 垂恩储祉(zhǐ)——准备好恩泽吉祥。 将以荐成——正准备协助你完成以上诸事。荐:进,助。 ㉘挈(qì)三神之欢——惹得上帝与泰山、梁父三神的不高兴。挈:通“契”,断绝。 ㉙或谓且天为质暗,珍符固不可辞——师古曰:“言天道质昧,以符瑞见意,不可辞让也。”质暗:质直幽微。 ㉚靡记——没法得到表彰。 靡幾(jì)——没法得到祭祀。幾:通“冀”。希望。 ㉛亦各并时而荣,咸济世而屈——如果古代帝王都只顾他当世的荣宠,终世之后无所闻。济世:毕世。屈:绝,尽。 ㉜锡符——希望上天赐与符瑞。锡:赐。 行事——行封禅之事。 进越——苟进逾礼。 ㉝弗替——不废封禅之事。替:废。 谒款——真诚拜见。 勒功中岳——在区中太岳刻石记功。勒功:刻石记功。中岳:区中太岳,即指泰山。有人称此“中岳”为嵩山,寻绎上下文,此处似与嵩山无关。 舒——宣扬。 发号荣——给泰山之神以荣耀的称号。 以浸黎民——以求让上天降福泽于万民。浸:沾润。 ㉞丕业——大事业。丕:大。 不可贬——不可减损。 ㉟杂荐绅先生之略术——杂:杂取,兼收并蓄。王先谦曰:“犹言重积,总萃之也。”略术:谋略、法术。 使获耀日月之末光绝炎——让他们显示一点微薄的才能。获耀:发出光芒。日月:指皇帝。末光绝炎:使他们获得日月的余光照耀,提升官职。 展采错事——施展才能,办好诸事。错:通“措”,安排。 ㊱正列其义——正天时、列人事以阐述封禅大义。 校饬厥文——校对修饰其文字。厥:其。 作《春秋》一艺——指草拟一部与《春秋》相似的封禅大典。 ㊲袭旧六为七——与旧有的“六经”合起来称为“七经”。 摅(shū)之无穷——传之永久。摅:传布。 蜚英声,腾茂实——《索隐》引胡广曰:“飞扬英华之声,腾驰茂盛之实也。”蜚:通“飞”。 ㊳称首——首称,最受称道。 掌故——太常的属官,掌管礼乐制度等方面的故实。 悉奏其义——起草一套封禅的仪式呈上来。义:“仪”的古字。指封禅之仪式。 ㊴沛然——感动貌。 ㊵愉——《汉书》《文选》“愉”作“俞”。泷川资言引师古曰:“俞者,然也。” ㊶迁思回虑——犹言“回心转意”。 总——汇总。 诗大泽之博——意谓作诗以歌颂汉朝的恩泽。泽:恩泽。 广——宣扬。 ㊷天覆——犹言“普天之下”。 油油——云行貌。 ㊸厥壤可游——李善《文选》注:“言祥瑞屡臻,故可游遨也。” ㊹滋液渗漉(lù)——时雨普降的样子。 ㊺穑——收获的庄稼。 ㊻泛尃濩之——大雨下得普遍广泛。 ㊼名山显位——名山:指泰山。显位:应有显耀的名位,指封禅之事。 ㊽侯不迈哉——为何还不来呢?《索隐》:“小颜云侯,何也。迈,行也。言君何不行封禅。” ㊾般般之兽——指驺虞。般般:犹“斑斑”,文彩貌。 乐我君囿——愿意生活到我们天子的苑囿里。 白质黑章——其皮毛的颜色是白地黑纹。 ㊿旼(mín)旼睦睦——温和恭谨貌。 君子之能——有君子的仪表。能:通“态”,情态。 51厥途靡踪——它来自何方没有踪迹。 52兹亦于舜,虞氏以兴——驺虞在舜时也出现过,舜的事业从此兴盛起来。虞:舜的国号。 53濯(zhuó)濯——肥泽貌。 游彼灵畤(zhì)——《集解》引《汉书音义》曰:“武帝祠五畤,获白麟,故言游灵畤。”灵畤:祭台名,当时的祭祀天地五帝之处。 54徂(cú)——往,到。 55驰我君舆——跑到天子的车旁。 享祉——天帝享用祭品而答以福祉。 ㊻熿炳——明亮的样子。 ㊼正阳显见——龙体显见。《索隐》引文颖曰:"阳,明也。谓南面受朝也。"此处指龙。 觉寤黎烝——提醒天下万民。 ㊽厥之有章,不必谆谆——天命显示是很清楚的,用不着反复地说。厥:指天命符瑞。章:明白。谆谆:教诲不倦貌。 ㊾依类托寓——依此类推。寓:含义。 谕以封峦——告诉我们应该封泰山。 ㊿披艺观之——打开儒家经典翻阅。 天人之际已交——天道和人事已经贯通。 上下相发允答——上下相互启发应答。 61兢兢翼翼——戒慎恭敬貌。 62至尊严——至高无上。 不失肃祗——永远保持恭敬的态度。 63假典——高位、重位。一说为祭天大典。 顾省厥遗——总是反省自己的缺失。顾:反。 64始祭后土——事在元鼎四年(前113)。后土:土地神。亦指祀土地神的社坛。 礼中岳——祭祀中岳嵩山,事在元封元年(前110)三月。 封于太山——在泰山顶筑台祭天。 至梁父禅肃然——梁父、肃然:皆泰山附近的小山名。梁父山在泰山东南麓,肃然山在泰山东北麓。禅:拓土而祭地神。 65尤著公卿者——尤为公卿所传诵者。

太史公曰:《春秋》推见至隐①,《易》本隐之以显②,《大雅》言王公大人而德逮黎庶③,《小雅》讥小己之得失,其流及上④。所以言虽外殊,其合德一也。相如虽多虚辞滥说,然其要归引之节俭,此与《诗》之风谏何异?扬雄以为"靡丽之赋,劝百风一,犹驰骋郑卫之声,曲终而奏雅"⑤,不已亏乎?余采其语可论者著于篇。

(以上为第六段,是作者的论赞,是司马迁对司马相如辞赋的评价。)

①《春秋》推见至隐——《春秋》是从具体的事实中推究出抽象深奥的道理。隐:精微深奥。一说隐讳。 ②《易》本隐之以显——《易经》是通过探讨精微深隐的道理来把握明显具体的事情。本:推究,探源。 ③《大雅》言王公大人而德逮黎庶——《大雅》讲王公大人之事,使他们的德行普及于黎民百姓。 ④《小雅》讥小己之得失,其流及

上——《小雅》是从个人得失讲起,以达到对上讽谏的目的。 ⑤"扬雄以为'丽靡之赋,劝百风一,犹驰骋郑卫声,曲终而奏雅'"数句——此数句均为衍文。王应麟曰:"雄后迁甚久,迁得引雄辞,何哉?盖后人以《汉书》赞附益之。"

［**简评**］ 作品记述了汉代杰出的文学家司马相如的家庭生活、文学活动和他在官场上的进退升沉,以及他晚年的穷愁潦倒。司马相如在汉武帝眼里等同俳优,但司马迁对他的文学活动却非常重视,为此,他在传记中收录了《子虚赋》《上林赋》《大人赋》《哀二世赋》《上疏猎赋》《喻巴蜀檄》《难蜀父老》《封禅文》,使之成了《史记》中收文章最多的篇章,而司马迁也成了我国古代第一个为文学家在正史中立传的人,这个意义实在不小。司马相如与卓文君的故事,类似市井小说,司马迁以赞颂口吻写入正史,也独具慧眼。司马相如一生穷愁,晚年受人谗谤,尤其冷落,司马迁同情一代才人,而司马相如的遭遇同时也是司马迁自己悲苦命运的写照。

［**集评**］ 《太史公自序》:"《子虚》之事,《大人》赋说,靡丽多夸,然其指风谏,归于无为,作《司马相如列传》第五十七。"

吴见思曰:"长卿赋才,一代巨丽,所云綦组宫商,包括总览,夫岂易及! 史公偏出一头地,成此大篇,将其三赋、一疏、一檄、两书,网罗组织,驱遣运旋,真所谓'吞云梦八九于胸中,曾不芥蒂'者也,则长卿又在史公囿中矣。《子虚》《上林》两赋,以侈丽胜;告蜀一檄一书,以层叠胜;《谏猎疏》,以格法胜;《哀二世赋》,以丰韵胜;《大人赋》,以瑰奇胜;《封禅书》,以古奥胜。一篇一样,几与史公匹敌,故史公独载其文,连篇不厌也。诸文赋俱侈丽浓郁,略指其章法,其用事处,用字处,用韵处,具有音释,不及细注。史公写文君一段,浓纤宛转,为唐人传奇小说之祖。"(《史

记论文》)

章学诚曰:“马班二史,于相如、扬雄诸家之著赋,俱详著于列传。自刘知幾以还,从而抵排非笑者,盖不胜其纷纷矣,要皆不为知言也。盖为后世文苑之权舆,而文苑必致文采之实迹,以视范史而下,标文苑而止叙文人行略者为远胜也。然而汉廷之赋,实非苟作;长篇录入于全传,足见其人之极思,殆与贾疏董策,为用不同,而同主于以文传人也。”(《文史通义》)

李景星曰:“《史记》列传,于诸家之文多不滥登。屈、贾文辞之士,只载其骚辞数篇;即贾生《治安》一疏,关系治乱得失,为千古推重之作,犹从割爱,他可知已。独于司马相如之文采之最多,连篇累牍,不厌其繁,可谓倾服之至。而所载之文,又复各呈其妙,不拘一体。《上林》两赋,以侈丽胜;《告蜀》一檄一书,以层迭胜;《谏猎疏》以格法胜;《哀二世赋》以风韵胜;《大人赋》以瑰奇胜;《封禅书》以古奥胜。一篇一样,不复不板,而又以‘好读书’三字作通篇之根,以前后三为郎作眼目,以‘下而见知女子,上而见知天子’作照应。驱相如之文以为己文,而不露其痕迹;借相如之事为己写照,并为天下后世怀才不遇者写照,而不胜其悲叹。洋洋万余言,一气团结,在《史记》中为一篇最长文字,亦为一篇最奇文字。赞语极本《易》《春秋》《大小雅》以立言,极有根据,亦正为相如之文抬高身分(份),‘然其要归引之节俭’云云,评相如之文,亦得要领。”(《四史评议》)

鲁迅曰:“中国的开国的雄主,是把‘帮忙’和‘帮闲’分开来的,前者参与国家大事,作为重臣,后者却不过叫他献诗作赋,‘俳优蓄之’,只在弄臣之列。不满于后者的待遇的是司马相如,他常常称病,不到武帝面前去献殷勤,却暗暗的作了关于封禅的文章,藏在家里,以见他也有计画大典——帮忙的本领,可惜等到大家知道的时候,他已经‘寿终正寝’了。然而虽然并未实际上参与封禅的大典,司马相如在文学史上也还是很重要的作家。

为什么呢？就因为他究竟有文采。”(《从帮忙到扯淡》)

又曰:“武帝时文人,赋莫若司马相如,文莫若司马迁,而一则寥寂,一则被刑。盖雄于文者,常桀骜不欲迎雄主之意,故遇合常不及凡文人。”(《汉文学史纲要》)

姜书阁曰:“用奇丽的辞句,闳大的体制,来写空虚无多实意、又缺乏作者内心情感的‘大赋’,实倡自司马相如。虽云‘宋玉、景差,夸饰始盛’,其渊源有自;而‘相如凭风,诡滥愈甚’,他却是汉兴以后,专以宋玉为师,推波助澜,变本加厉,把骚赋导向汉‘大赋’的首要作者。自是以后,赋家便以相如为仪则,尤而效之,每作一赋,‘必类推而言,极丽靡之辞,闳侈巨衍,竞于使人不能加也’。因而终西汉之世,大赋这种体裁遂至成为文学的主要形式,拘絷了不知多少有才能的文学家,使他们靡其心力于此而少所成就,这是多么可惜的啊!”(《汉赋通义》)

淮南衡山列传第五十八

淮南厉王长者，高祖少子也，其母故赵王张敖美人。[1]高祖八年，从东垣过赵，赵王献之美人[2]。厉王母得幸焉，有身[3]。赵王敖弗敢内宫，为筑外宫而舍之。[4]及贯高等谋反柏人事发觉[5]，并逮治王，尽收捕王母兄弟美人，系之河内[6]。厉王母亦系，告吏曰："得幸上，有身。"吏以闻上，上方怒赵王，未理厉王母[7]。厉王母弟赵兼因辟阳侯[8]言吕后，吕后妒，弗肯白，辟阳侯不强争。及厉王母已生厉王，恚[9]，即自杀。吏奉厉王诣上[10]，上悔，令吕后母之，而葬厉王母真定。真定，厉王母之家在焉，父世县[11]也。

高祖十一年七月，淮南王黥布反，立子长为淮南王，王黥布故地，凡四郡。上自将兵击灭布，厉王遂即位。厉王蚤失母，常附吕后，孝惠、吕后时以故得幸无患害，[12]而常心怨辟阳侯，弗敢发。及孝文帝初即位，淮南王自以为最亲[13]，骄蹇，数不奉法。上以亲故，常宽赦之。三年，入朝，甚横。从上入苑囿猎，与上同车，常谓上大兄。厉王有材力[14]，力能扛鼎。乃往请[15]辟阳侯。辟阳侯出见之，即自袖铁椎椎辟阳侯，令从者魏敬刭之。厉王乃驰走阙下，肉袒谢曰："臣母不当坐赵事，其时辟阳侯力能得之吕后[16]，弗争，罪一也。赵王如意子母无罪，吕后杀之，辟阳侯弗争，罪二也。吕后王诸吕，欲以危刘氏，辟阳侯弗争，罪三也。臣谨为天下诛贼臣辟阳侯，报母之仇，谨伏阙下请罪。”孝文伤其志，为亲故，[17]弗治，赦厉王。当是时，薄太后及太子诸大臣皆惮厉王，[18]厉王以此归国益骄恣，不用汉法，出入称警跸，称制，自为法令，拟于天子。

六年，令男子但等七十人与棘蒲侯柴武太子奇谋，以辇车四十乘反谷口，[19]令人使闽越、匈奴。事觉，治之，使使召淮南王。淮南王至长安。

“丞相臣张仓、典客臣冯敬、行御史大夫事宗正臣逸、廷尉臣贺、备盗贼中尉臣福昧死言[20]：淮南王长废先帝法，不听天子诏，居处无度，为黄屋盖乘舆[21]，出入拟于天子，擅为法令，不用汉法。及所置吏，以其郎中春为丞相[22]，聚收汉诸侯人及有罪亡者，匿与居，为治家室，赐其财物爵禄田宅，爵或至关内侯，奉以二千石，所不当得，欲以有为。[23]大夫但、士五开章等七十人与棘蒲侯太子奇谋反，[24]欲以危宗庙社稷。使开章阴告长，与谋使闽越及匈奴发其兵。[25]开章之淮南见长，长数与坐语饮食，为家室娶妇，以二千石俸奉之。开章使人告但，已言之王。春使使报但等。吏觉知，使长安尉奇[26]等往捕开章。长匿不予，与故中尉蕑忌[27]谋，杀以闭口。为棺椁衣衾，葬之肥陵[28]邑，谩吏[29]曰‘不知安在’。又详聚土，树表其上，[30]曰‘开章死，埋此下’。及长身自贼杀无罪者一人；令吏论杀无罪者六人；为亡命弃市罪诈捕命者以除罪[31]；擅罪人，罪人无告劾，系治城旦、舂以上十四人；[32]赦免罪人[33]，死罪十八人，城旦、舂以下五十八人；赐人爵关内侯以下九十四人。前日长病，陛下忧苦之，使使者赐书、枣脯。长不欲受赐，不肯见拜使者。南海民处庐江界中者反，淮南吏卒击之。[34]陛下以淮南民贫苦，遣使者赐长帛五千匹，以赐吏卒劳苦者。长不欲受赐，谩言曰‘无劳苦者’。南海民王织上书献璧皇帝[35]，忌擅燔其书，不以闻。[36]吏请召治忌，长不遣，谩言曰‘忌病’。春又请长，愿入见，[37]长怒曰‘女欲离我自附汉’。长当弃市，臣请论如法。”

制曰：“朕不忍致法于王，其与列侯二千石议。”

“臣仓、臣敬、臣逸、臣福、臣贺昧死言：臣谨与列侯吏二千石臣婴等四十三人议[38]，皆曰‘长不奉法度，不听天子诏，乃阴聚徒党及谋反者，厚养亡命，欲以有为’。臣等议论如法。”

制曰：“朕不忍致法于王，其赦长死罪，废勿王。”

“臣仓等昧死言：长有大死罪，陛下不忍致法，幸赦，废勿王。臣请处蜀郡严道邛邮，遣其子母从居，[39]县为筑盖家室，皆廪食给薪菜盐豉炊食器席蓐。臣等昧死请，请布告天下。”

制曰：“计食长给肉日五斤、酒二斗，令故美人才人得幸者十人从居，他可。”尽诛所与谋者。

于是乃遣淮南王，载以辎车，令县以次传。[40]是时袁盎谏上曰：“上素骄淮南王，弗为置严傅相，以故至此。且淮南王为人刚，今暴摧折之，臣恐卒逢雾露病死，陛下为有杀弟之名，奈何！”上曰：“吾特苦之耳，今复之。[41]”县传淮南王者皆不敢发车封。淮南王乃谓侍者曰：“谁谓乃公勇者？吾安能勇[42]！吾以骄故不闻吾过至此。人生一世间，安能邑邑如此[43]！”乃不食死。至雍，雍令发封[44]，以死闻。上哭甚悲，谓袁盎曰：“吾不听公言，卒亡淮南王。”盎曰：“不可奈何[45]，愿陛下自宽。”上曰：“为之奈何？”盎曰：“独斩丞相、御史以谢天下乃可。”上即令丞相、御史逮考诸县传送淮南王不发封馈侍者，[46]皆弃市。乃以列侯葬淮南王于雍，守冢三十户。

（以上为第一段，写淮南王刘长因骄纵不法被流放及其自杀的事迹。）

①淮南厉王长——名长，“厉”字是谥。淮南国的都城寿春，即今安徽寿县。　美人——帝王嫔妃的封号名，在汉代仅低于皇后。②献之美人——将自己的一些姬妾送去侍候刘邦。　③有身——怀了身孕。　④弗敢内宫——不敢再收为自己的嫔妃。内：“纳”的古字，

收。　为筑外宫而舍之——另在外面盖了一所房子让她住。　⑤贯高等谋反柏人事发觉——贯高是赵国的丞相，看不惯刘邦过赵时对赵王张敖的傲慢无礼，和赵午等图谋在柏人县（今河北隆尧西）袭杀刘邦，结果刘邦没有住宿，事变遂未发动。一年后，事情被人告发。　⑥系之河内——关押在河内郡。河内郡的郡治怀县在今河南武陟西南。⑦未理厉王母——未将厉王母开释出来。理：搭理。　⑧因辟阳侯——因：通过，借助。辟阳侯：审食其（yì jī），吕后的相好。高祖六年（前201）被封为辟阳侯。　⑨恚（huì）——恼怒。　⑩吏奉厉王诣（yì）上——奉：捧，抱着。诣：到，送给。　⑪父世县——父祖世代所居的县份。　⑫蚤——通"早"。　得幸无患害——指刘邦的其他儿子多被吕后所杀，而刘长得以幸免。　⑬自以为最亲——时高帝子唯二人在。　⑭有材力——指身高力大。　⑮请——求见。　⑯力能得之吕后——他完全有能力说动吕后让吕后为我母亲讲情。　⑰伤其志——同情他的主观动机。　为亲故——文帝与刘长是手足兄弟。⑱薄太后——文帝之母。　太子——名启，即日后的汉景帝。　⑲男子但——名但，史失其姓。　棘蒲侯柴武——也作"陈武"，刘邦的开国功臣。　太子奇——柴奇。汉初时各王、侯的嫡长子都称作"太子"。　輂（jú）车——马拉的大车。　谷口——汉县名，县治在今陕西礼泉县东北。　⑳丞相臣张仓——张苍。仓：应作"苍"。　典客——也叫大行令，主管少数民族事务。　行御史大夫事——代理御史大夫。　宗正——九卿之一，主管皇族事务。　臣逸——刘逸。　廷尉臣贺——廷尉是全国最高的司法长官，九卿之一，其人名贺，史失其姓。　中尉臣福——中尉是主管京城治安的长官，其人名福，史失其姓。㉑黄屋盖乘舆——词语不顺。大意谓其车驾以黄绫做顶盖，与皇帝的车子相同。　㉒以其郎中春为丞相——据汉初法令规定，各诸侯国的丞相、太傅等主要长官都由朝廷派遣，现在刘长擅自任命其郎中令为丞相，是胆大妄为。　㉓所不当得——言诸侯王不当有此事。　欲以有为——想达到其不可告人的目的。意即篡取皇帝位。　㉔大夫但——前云"男子但"，此又云"大夫但"，殊失统一。大夫：爵位名，秦汉时期二十级爵位中由下而上的第五级。　士五开章——士五名开章。士五:即“士伍”,士兵五人为伍。这里指普通士兵。 ㉕使开章阴告长——主语为太子奇。 与谋——与淮南王刘长商量。 ㉖长安尉奇——长安县尉名奇,史失其姓。县尉是主管缉捕盗贼等事的武官。 ㉗中尉蕑(jiān)忌——淮南国的中尉,名蕑忌。诸侯国的中尉相当于郡尉,是其国内的最高武官。 ㉘肥陵——汉县名,在今安徽寿县东南。 ㉙谩吏——欺骗前往逮捕的官吏。谩:哄骗。 ㉚详——通“佯”,假装。 树表——竖立碑碣以示其所在。按:此数句关系不清。 ㉛为亡命弃市罪诈捕命者以除罪——大概意思即为了掩藏真正的亡命徒,杀害不是亡命者而污之曰“亡命徒”。 ㉜擅罪人——随随便便地判人为罪犯。 罪人无告劾,系治城旦、舂以上十四人——判人为罪时又无原告,未经审核,就将十四人判了城旦、舂以上的罪名。城旦、舂:刑罚名,当时五年徒刑的犯人,都要做三年苦工,男人的任务是白天巡逻放哨,夜间筑城,此称“城旦”;女人则是舂米。 ㉝赦免罪人——任意赦免罪犯。所赦者即下列死罪十八,与城旦、舂以下五十四。 ㉞南海——汉郡名,郡治在今广东广州。 淮南吏卒击之——因庐江郡属淮南国,其地面有叛乱,故淮南吏卒往击平之。 ㉟南海民王织上书献璧皇帝——“民”字衍。南海王织:南海王名织。盖南海郡北部丛山中所屯聚之少数民族部落头领,未被南越王赵佗所剪灭者。因其邻近淮南国的豫章郡,故被刘长派兵击降,迁之于豫章郡之上淦。后又反,故刘长二次派兵讨之,牺牲甚大;今则欲上书献璧于皇帝。 ㊱忌——即上文之“故中尉蕑忌”。 不以闻——不向朝廷报告。 ㊲请长——向刘长请求。 入见——指入朝拜见皇帝。 ㊳臣婴——有人说是夏侯婴,但夏侯婴已于文帝四年(前176)卒。 ㊴严道——县名,县治在今四川荥经。 邛邮——地名,在今四川荥经西南大相岭。 遣其子母从居——令其子与其子之母皆随之前往。师古曰:“子母者,所生子之姬妾。” ㊵辎车——有厢篷的大车。 县以次传——沿途各县依次传递着向下押送。 ㊶特苦之——只不过是暂时让他尝点苦头。特:只不过。 今复之——很快就将让他回来。今:即将,马上。 ㊷吾安能勇——我要是好汉能像今天这个样子吗? ㊸安能邑邑如此——怎能受这种窝囊气!邑邑:同“悒悒”,痛苦抑郁的样子。 ㊹雍令发封——雍县县令打开了封条。 ㊺不可奈何——犹今所谓“这已经是无可挽回的事情了”。 ㊻逮考——逮捕，拷问。 馈(kuì)侍——进献饮食，侍候起居。馈：以食物送人。

孝文八年，上怜淮南王，淮南王有子四人，皆七八岁，乃封子安为阜陵侯，子勃为安阳侯，子赐为阳周侯，子良为东成侯。

孝文十二年，民有作歌歌淮南厉王曰：“一尺布，尚可缝；一斗粟，尚可舂。兄弟二人不能相容[①]。”上闻之，乃叹曰：“尧舜放逐骨肉，周公杀管、蔡，[②]天下称圣。何者？不以私害公。天下岂以我为贪淮南王地邪！”乃徙城阳王王淮南故地[③]，而追尊谥淮南王为厉王，置园复如诸侯仪。

孝文十六年，徙淮南王喜复故城阳。上怜淮南厉王废法不轨，自使失国蚤死，乃立其三子：阜陵侯安为淮南王，安阳侯勃为衡山王，阳周侯赐为庐江王，皆复得厉王时地，参分之[④]。东城侯良前薨，无后也。

孝景三年，吴楚七国反，吴使者至淮南，淮南王欲发兵应之。其相曰：“大王必欲发兵应吴，臣愿为将。”王乃属相兵。淮南相已将兵，因城守，不听王而为汉；汉亦使曲城侯将兵救淮南，淮南以故得完。吴使者至庐江，庐江王弗应，而往来使越[⑤]。吴使者至衡山，衡山王坚守无二心。孝景四年，吴楚已破，衡山王朝，上以为贞信，乃劳苦之曰：“南方卑湿。”[⑥]徙衡山王王济北[⑦]，所以褒之。及薨，遂赐谥为贞王。庐江王边越，数使使相交，故徙为衡山王，王江北[⑧]。淮南王如故。

(以上为第二段，写文帝复立刘长之诸子为王，与此诸子在景帝时期的表现。)

①兄弟二人不能相容——《集解》引《汉书音义》曰：“尺布斗粟犹尚不弃，况于兄弟而更相逐乎！”又引臣瓒曰：“一尺布尚可缝而共衣，一斗粟尚可舂而共食也，况以天下之广而不能相容。” ②尧舜放逐骨肉——指尧放其子丹朱，舜放其弟象。 周公杀管、蔡——《管蔡世

家》:"管叔、蔡叔疑周公为之不利于成王,乃挟武庚以作乱。周公旦承成王命伐诛武庚,杀管叔而放蔡叔。" ③城阳王——名喜,其父刘章因除诸吕有功,被封为城阳王,国都在今山东莒县。刘章死后,其子喜继位为城阳王,今则将其改封为淮南王,以承继对淮南王的祭祀。④参分之——将原来淮南王刘长的旧地(共四个郡)分成了三份,以封其三子。 ⑤往来使越——谓与闽越、南越暗中勾结。 ⑥劳苦——慰问。 南方卑湿——衡山国的都城邾县在今湖北黄冈西北,其地湖泊众多,至今犹然,故曰"卑湿"。 ⑦济北——诸侯国名,国都卢县(在今山东济南长清区)。 ⑧王江北——庐江王的领地原包括今南昌一带的豫章郡,故东与东越、闽越相连,南与南越相接。现将刘赐移封至江北的衡山,豫章地区设为郡县,遂斩断其与诸越的勾连。

淮南王安为人好读书鼓琴,不喜弋猎狗马驰骋,亦欲以行阴德拊循百姓,流誉天下。时时怨望厉王死,时欲畔逆,未有因也。及建元二年,淮南王入朝。素善武安侯[①],武安侯时为太尉,乃逆王霸上[②],与王语曰:"方今上无太子,大王亲高皇帝孙,行仁义,天下莫不闻。即宫车一日晏驾,非大王当谁立者!"淮南王大喜,厚遗武安侯金财物。阴结宾客,拊循百姓,为畔逆事。建元六年,彗星见,淮南王心怪之。或说王曰:"先吴军起时[③],彗星出长数尺,然尚流血千里。今彗星长竟天,天下兵当大起。"王心以为上无太子,天下有变,诸侯并争,愈益治器械攻战具,积金钱赂遗郡国诸侯游士奇材。诸辨士为方略者,妄作妖言,谄谀王,王喜,多赐金钱,而谋反滋甚。

淮南王有女陵,慧,有口辩。王爱陵,常多予金钱,为中诇长安,约结上左右。[④]元朔三年,上赐淮南王几杖,不朝。淮南王王后荼,王爱幸之。王后生太子迁,迁取王皇太后外孙修成君女为妃。王谋为反具,畏太子妃知而内泄事,乃与太子谋,令诈弗爱,三月不同席。王乃详为怒太子,闭太子使与妃同内三月,[⑤]太子终不近妃。妃求去,王乃上书谢归去之。王后荼、太子迁及女陵得爱幸王,擅国权,侵夺民田宅,妄致系人。[6]

元朔五年,太子学用剑,自以为人莫及,闻郎中雷被巧[7],乃召与戏。被一再辞让,误中太子。太子怒,被恐。此时有欲从军者辄诣京师,被即愿奋击匈奴。太子迁数恶被于王,王使郎中令斥免,欲以禁后[8],被遂亡至长安,上书自明。诏下其事廷尉、河南[9]。河南治,逮淮南太子。王、王后计欲无遣太子,遂发兵反,计犹豫,十余日未定。会有诏,即讯[10]太子。当是时,淮南相怒寿春丞留太子逮不遣,劾不敬。[11]王以请相[12],相弗听,王使人上书告相。事下廷尉治,踪迹连王[13]。王使人候伺汉公卿[14],公卿请逮捕治王。王恐事发,太子迁谋曰:"汉使即逮王,王令人衣卫士衣,持戟居庭中。王旁有非是[15],则刺杀之;臣亦使人刺杀淮南中尉[16],乃举兵,未晚。"是时上不许公卿请,而遣汉中尉宏即讯验王。[17]王闻汉使来,即如太子谋计。汉中尉至,王视其颜色和,讯王以斥雷被事耳,王自度无何,不发。[18]中尉还,以闻。公卿治者曰:"淮南王安拥阏奋击匈奴者雷被等,废格明诏,[19]当弃市。"诏弗许。公卿请废勿王,诏弗许。公卿请削五县,诏削二县。使中尉宏赦淮南王罪,罚以削地。中尉入淮南界,宣言赦王。王初闻汉公卿请诛之,未知得削地,闻汉使来,恐其捕之,乃与太子谋刺之如前计。及中尉至,即贺王,王以故不发。其后自伤曰:"吾行仁义见削,甚耻之。"然淮南王削地之后,其为反谋益甚。诸使道从长安来,为妄妖言,言上无男,汉不治,即喜;[20]即言汉廷治,有男,王怒,以为妄言,非也[21]。

王日夜与伍被、左吴等案舆地图[22],部署兵所从入。王曰:"上无太子,宫车即晏驾,廷臣必征胶东王,不即常山王。诸侯并争,吾可以无备乎!且吾高祖孙,亲行仁义[23],陛下遇我厚,吾能忍之;万世之后,吾宁能北面臣事竖子乎!"

王坐东宫,召伍被与谋,曰:"将军上[24]。"被怅然曰:"上宽赦大王,王复安得此亡国之语乎![25]臣闻子胥谏吴王,吴王不用,乃曰'臣今见麋鹿游姑苏之台也'。[26]今臣亦见宫中生荆棘,露沾衣也。"王怒,系伍被父母,囚之三月。复召曰:"将军许寡人乎?"被曰:"不,直来为大王画耳。[27]臣闻聪者听于无声,明者见于未形,故圣人万举万全。昔文王一动而功显于千世,列为三代,此所谓因天心以动作者也,故海内不期而随。[28]此千岁之可见者。夫百年之秦,近世之吴楚,亦足以喻国家之存亡矣。臣不敢避子胥之诛,愿大王毋为吴王之听。昔秦绝圣人之道,杀术士,燔诗书,弃礼义,尚诈力,任刑罚,转负海之粟致之西河。[29]当是之时,男子疾耕不足于糟糠,女子纺绩不足于盖形。[30]遣蒙恬筑长城,东西数千里,暴兵露师常数十万,死者不可胜数,僵尸千里,流血顷亩[31],百姓力竭,欲为乱者十家而五。又使徐福入海求神异物,还为伪辞曰:臣见海中大神,言曰:'汝西皇之使邪?'臣答曰:'然。''汝何求?'曰:'愿请延年益寿药。'神曰:'汝秦王之礼薄,得观而不得取。'即从臣东南至蓬莱山,见芝成宫阙[32],有使者铜色而龙形,光上照天。于是臣再拜问曰:'宜何资以献[33]?'海神曰:'以令名男子若振女与百工之事,[34]即得之矣。'秦皇帝大说,遣振男女三千人,资之五谷种种百工而行。[35]徐福得平原广泽,止王不来[36]。于是百姓悲痛相思,欲为乱者十家而六。又使尉佗逾五岭攻百越。尉佗知中国劳极,止王不来,使人上书,求女无夫家者三万人,以为士卒衣补,秦皇帝可其万五千人。于是百姓离心瓦解,欲为乱者十家而七。客谓高皇帝曰:'时可矣。'高皇帝曰:'待之,圣人当起东南间。'不一年,陈胜吴广发矣。高皇始于丰沛,一倡天下不期而响应者不可胜数也。此所谓蹈瑕候间[37],因秦之亡而动者也。百姓愿之,若旱之望雨,故起于行陈之中而立为天子,功高三王,德传无穷。今大王见高皇帝得天下之易也,独不观近世之吴楚乎?夫吴王赐号为刘氏祭酒,复不朝,王四郡之众,[38]地方数千里。内铸消铜以为钱[39],东煮海水以为盐,上取江陵木以为船,一船之载当中国数十两车,[40]国富民众。行珠玉金帛赂诸侯宗室大臣，独窦氏不与。[41]计定谋成，举兵而西。破于大梁，败于狐父，奔走而东，至于丹徒，越人禽之，身死绝祀，为天下笑。夫以吴越之众不能成功者何？诚逆天道而不知时也。方今大王之兵众不能十分吴楚之一，天下安宁有万倍于秦之时，愿大王从臣之计。大王不从臣之计，今见大王事必不成而语先泄也。臣闻微子过故国而悲，于是作《麦秀之歌》，是痛纣之不用王子比干也。故孟子曰'纣贵为天子，死曾不若匹夫'。是纣先自绝于天下久矣，非死之日而天下去之。今臣亦窃悲大王弃千乘之君，必且赐绝命之书，为群臣先，死于东宫也。"于是王气怨结而不扬，涕满匡而横流，即起，历阶而去[42]。

王有孽子不害，最长，王弗爱，王、王后、太子皆不以为子兄数。不害有子建，材高有气，常怨望太子不省其父；[43]又怨时诸侯皆得分子弟为侯，而淮南独二子，一为太子，建父独不得为侯。建阴结交，欲告败太子，以其父代之。太子知之，数捕系而榜笞建。建具知太子之谋欲杀汉中尉，即使所善寿春庄芷[44]以元朔六年上书于天子曰："毒药[45]苦于口利于病，忠言逆于耳利于行。今淮南王孙建，材能高，淮南王王后荼、荼子太子迁常疾害建。建父不害无罪，擅数捕系，欲杀之。今建在，可征问，具知淮南阴事。"书闻，上以其事下廷尉，廷尉下河南治。是时故辟阳侯孙审卿善丞相公孙弘，怨淮南厉王杀其大父，[46]乃深购[47]淮南事于弘。弘乃疑淮南有畔逆计谋，深穷治其狱。河南治建，辞引淮南太子及党与。淮南王患之，欲发，问伍被曰："汉廷治乱[48]？"伍被曰："天下治。"王意不说，谓伍被曰："公何以言天下治也？"被曰："被窃观朝廷之政，君臣之义，父子之亲，夫妇之别，长幼之序，皆得其理，上之举错遵古之道，风俗纪纲未有所缺也。重装富贾，周流天下，道无不通，故交易之道行。[49]南越宾服，羌僰入献，东瓯入降，广长榆，开朔方，[50]匈奴折翅伤翼，失援不振。虽未及古太平之时，然犹为治也。"王怒，被谢死罪。王又谓被曰："山东即有兵，汉必使大将军将而制山东，[51]公以为大将军何如人也？”被曰：“被所善者黄义，从大将军击匈奴，还，告被曰：‘大将军遇士大夫有礼，于士卒有恩，众皆乐为之用。骑上下山若蜚，材干绝人。[52]’被以为材能如此，数将习兵，未易当也。[53]及谒者曹梁使长安来，言大将军号令明，当敌勇敢，常为士卒先；休舍，穿井未通，须士卒尽得水，[54]乃敢饮；军罢，卒尽已度河，乃度；皇太后所赐金帛，尽以赐军吏，虽古名将弗过也。”王默然。

淮南王见建已征治[55]，恐国阴事且觉；欲发，被又以为难，乃复问被曰：“公以为吴兴兵[56]是邪非也？”被曰：“以为非也。吴王至富贵也，举事不当，身死丹徒，头足异处，子孙无遗类。臣闻吴王悔之甚。愿王孰虑之，无为吴王之所悔。”王曰：“男子之所死者，一言耳[57]！且吴何知反[58]？汉将一日过成皋[59]者四十余人，今我令楼缓先要成皋之口，[60]周被下颍川兵塞轘辕、伊阙之道，[61]陈定发南阳兵守武关，[62]河南太守独有雒阳耳[63]，何足忧！然此北尚有临晋关、河东、上党与河内、赵国。[64]人言曰‘绝成皋之口，天下不通’。据三川之险，招山东之兵，[65]举事如此，公以为何如？”被曰：“臣见其祸，未见其福也。”王曰：“左吴、赵贤、朱骄如皆以为有福，什事九成，公独以为有祸无福，何也？”被曰：“大王之群臣近幸素能使众者，皆前系诏狱[66]，余无可用者。”王曰：“陈胜、吴广无立锥之地，千人之聚，起于大泽，奋臂大呼而天下响应，西至于戏而兵百二十万。今吾国虽小，然而胜兵者可得十余万，非直適戍之众，钒凿棘矜也，[67]公何以言有祸无福？”被曰：“往者秦为无道，残贼天下。兴万乘之驾[68]，作阿房之宫，收太半之赋，发闾左之戍，[69]父不宁子，兄不便弟，[70]政苛刑峻，天下熬然若焦[71]，民皆引领而望，倾耳而听，[72]悲号仰天，叩心而怨上，故陈胜大呼，天下响应。当今陛下临制天下，一齐海内，泛爱蒸庶，[73]布德施惠。口虽未言，声疾雷霆，令虽未出，化驰如神[74]，心有所怀，威动万里，下之应上，犹影响也。而大将军材能不特章邯、杨熊也。[75]大王以陈胜、吴广谕之[76]，被以为过矣。”王曰：“苟如公言，不可徼幸邪？”被曰：“被有愚计。”王曰：“奈何？”被曰：“当今诸侯无异心，百姓无怨气。朔方之郡田地广，水草美，民徙者不足以实其地。臣之愚计，可伪为丞相、御史请书，徙郡国豪桀任侠及有耐罪以上，赦令除其罪，[77]产五十万以上[78]者，皆徙其家属朔方之郡。益发甲卒，急其会日。[79]又伪为左右都司空、上林中都官诏狱书，[80]逮诸侯太子幸臣。如此则民怨，诸侯惧，即使辩武随而说之，傥可徼幸什得一乎？[81]”王曰：“此可也。虽然，吾以为不至若此[82]。”于是王乃令官奴入宫，作皇帝玺，丞相、御史、大将军、军吏、中二千石、都官令丞印，及旁近郡太守、都尉印，汉使节法冠，欲如伍被计。使人伪得罪而西，事大将军、丞相。一日发兵，使人即刺杀大将军青，而说丞相下之，如发蒙耳。[83]

王欲发国中兵，恐其相、二千石不听，王乃与伍被谋，先杀相、二千石。伪失火宫中，相、二千石救火，至即杀之。计未决。又欲令人衣求盗衣，持羽檄，从东方来，呼曰“南越兵入界”，欲因以发兵。[84]乃使人至庐江、会稽为求盗[85]，未发。王问伍被曰：“吾举兵西乡，诸侯必有应我者；即无应，奈何？”被曰：“南收衡山以击庐江，有寻阳之船，守下雉之城，[86]结九江之浦，绝豫章之口，[87]强弩临江而守，以禁南郡[88]之下；东收江都、会稽，南通劲越，屈强江淮间，犹可得延岁月之寿。[89]”王曰：“善，无以易此。急则走越耳。”

于是廷尉以王孙建辞连淮南王太子迁闻，上遣廷尉监因拜淮南中尉逮捕太子。[90]至淮南，淮南王闻，与太子谋召相、二千石，欲杀而发兵。召相，相至；内史以出为解[91]。中尉曰：“臣受诏使，不得见王。”王念独杀相而内史、中尉不来，无益也，即罢相[92]。王犹豫，计未决。太子念所坐[93]者谋刺汉中尉，所与谋者已死，以为口绝，乃谓王曰：“群臣可用者皆前系，今无足与举事者。王以非时发，恐无功，臣愿会逮。[94]”王亦偷欲休[95]，即许太子。太子即自刭,不殊[96]。伍被自诣吏,因告与淮南王谋反,反踪迹具如此。

吏因捕太子、王后,围王宫,尽求捕王所与谋反宾客在国中者,索得反具以闻。上下公卿治,所连引与淮南王谋反列侯二千石豪杰数千人,皆以罪轻重受诛。[97]衡山王赐,淮南王弟也,当坐收,有司请逮捕衡山王。天子曰:"诸侯各以其国为本,不当相坐[98]。与诸侯王列侯会肄丞相诸侯议[99]。"赵王彭祖、列侯臣让等四十三人议,[100]皆曰:"淮南王安甚大逆无道,谋反明白,当伏诛。"胶西王臣端议曰:"淮南王安废法行邪,怀诈伪心,以乱天下,荧惑百姓,倍畔宗庙,妄作妖言。《春秋》曰:'臣无将,将而诛[101]。'安罪重于'将',谋反形已定。臣端所见其书节印图及他逆无道事验明白,甚大逆无道,当伏其法。而论国吏二百石以上及比者[102],宗室近幸臣不在法中者,不能相教,当皆免官削爵为士伍,[103]毋得宦为吏;其非吏他,赎死金二斤八两,[104]以章臣安之罪,使天下明知臣子之道,毋敢复有邪僻倍畔之意。"丞相弘、廷尉汤等以闻,天子使宗正以符节治王。未至,淮南王安自刭杀,王后荼、太子迁诸所与谋反者皆族。天子以伍被雅辞多引汉之美,欲勿诛。廷尉汤曰:"被首为王画反谋,被罪无赦。"遂诛被。国除为九江郡。

(以上为第三段,写淮南王刘安因谋反事发自杀国灭。)

①武安侯——田蚡,武帝之舅,武帝母王太后的同母异父弟。②逆王霸上——到霸上迎接淮南王刘安。逆:迎,迎接。霸上:地名,即霸水之西的白鹿原。 ③吴军起时——即前述吴楚七国之乱。 ④为中诇(xiòng)长安——住在长安以刺探朝中的动态。诇:刺探,侦察。中:指朝中、宫中。 约结上左右——收买、拉拢武帝身边的人。⑤详——通"佯",假装。 同内——同在一间内室。 ⑥得爱幸王——受淮南王的宠幸。 妄致系人——词语不顺。意即随便地拘捕人。 ⑦雷被巧——雷被精于剑术。 ⑧欲以禁后——想通过罢斥雷被以禁止人们随意离开淮南到长安应募从军。 ⑨下其事廷尉、河南——将雷被的诉状交由廷尉与河南郡守共同处理。廷尉:九卿之一,

国家的最高司法长官。河南:汉郡名,郡治雒阳,在今河南洛阳。⑩即讯——到淮南就地审问。这是一种表示客气、优待的做法。⑪淮南相——此时的淮南相不知是何人,总之为朝廷所派,是站在朝廷立场的。 寿春丞——寿春县的县丞,县令的助手。寿春是淮南国的都城,其县丞乃淮南王自己所任,故而站在淮南王立场。 留太子逮不遣——意即听任太子逗留,不立即逮送雒阳。 劾不敬——弹劾寿春丞对皇帝的意旨不恭敬,因为河南守是秉承皇帝之命办案的。 ⑫请相——请求淮南相不要举劾寿春丞。 ⑬踪迹连王——逐步追查,遂牵连到了淮南王。踪迹:用如动词,即追查。 ⑭候伺汉公卿——打听文武群臣对此事的看法。候:刺探。公卿:三公九卿。指群臣。 ⑮有非是——有紧急情况。 ⑯淮南中尉——七国之乱后,诸侯国的中尉也已由朝廷派任,对朝廷负责,是诸侯国里的最高武官。 ⑰汉中尉宏——汉王朝的中尉,是九卿之一,主管首都的治安。 即讯验王——到寿春来对刘安进行盘问、调查。 ⑱自度无何——自己估计没有什么大问题。 不发——没有动手袭杀汉中尉。 ⑲拥阏(è)——即"壅遏",压制,拦阻。 废格明诏——意即对抗皇帝的诏令。废格:搁置,不执行。 ⑳诸使道从长安来——从长安来的使者。 为妄妖言,言上无男,汉不治,即喜——凡是编造谣言,说皇上不可能有儿子,以及朝廷政治局势不稳的,刘安听了就高兴。 ㉑即言汉廷治,有男,王怒,以为妄言,非也——谁要是说朝廷的政治稳定,武帝有了儿子,刘安就生气,就说这是瞎说,是没有的事。 ㉒王日夜与伍被、左吴等案舆地图——按:《汉书》无"伍被"二字,只作"与左吴等",疑是。 ㉓吾高祖孙,亲行仁义——王先谦认为:"亲"字当在"高祖孙"上,后人传写误倒耳。上文"王亲高皇帝孙,行仁义"是其证。 ㉔将军上——犹言"将军请过来"。 ㉕怅然——不高兴的样子。 亡国之语——汉制,诸侯王国只有中尉掌武职,无将军。将军,天子之官。淮南王僭呼伍被,故被以"亡国"言之。 ㉖子胥谏吴王——伍子胥谏吴王夫差,劝其不要醉心于北伐齐国,应警惕心腹之患的越王句践。 麋鹿游姑苏之台——言吴国破灭、宫苑丘墟之状。姑苏台旧址在今江苏苏州灵岩山上。 ㉗直——只,只不过。 画——谋划,出主意。 ㉘因天心——

顺着上天的心意。 海内不期而随——据说武王的伐纣大军东进至盟津(在今河南洛阳孟津区东)时,不期而会者八百诸侯。 ㉙杀术士——即通常所说的“坑儒”。据《秦始皇本纪》,被坑者多是方术之士。 负海之粟——东部沿海地区生产的粮食。 西河——指今宁夏一带由南向北流的那段黄河,是秦朝的西部前线。 ㉚不足于糟糠——指挨饿。不足于盖形——指没衣穿。 ㉛流血顷亩——语略生涩。顷亩:百亩曰顷。这里指大片土地。 ㉜芝成宫阙——由灵芝长成的城墙与宫阙。成:应作“城”。 ㉝何资以献——带什么东西来献给你。资:应作“赍(jī)”,携带。 ㉞令名男子——词语生涩,“令名”即“好名声”。若——与,及。 振女——可以受孕的少女。 百工——各种工匠,手艺人。 ㉟振男女——已有生育能力的青年男女。 资之——令其带着。资:奉。 五谷种种——似应依《汉书》作“五种”,即五谷之种。 ㊱止王不来——住在那里称王,不再回来。 ㊲蹈瑕候间——即应机而动。瑕、间:指缝隙、机遇。 ㊳为刘氏祭酒——意谓吴王刘濞在刘氏皇族活着的人里辈分最高,年龄最大,并非真为祭酒官。祭酒:如淳认为:祭祀时,唯尊长者以酒沃酹。 复不朝——特别允许刘濞可以不进京朝拜皇帝。复:免除。 四郡——指东阳、鄣、吴、会稽。 ㊴内铸消铜以为钱——不成话,有说“消”字当作“鄣”。吴属之鄣郡的确产铜。 ㊵中国——中原地区。 两——同“辆”。 ㊶窦氏——指景帝母窦太后的兄弟子侄,如窦长君、窦广国、窦婴等,是皇帝最近的亲戚。 不与——不在其贿赂之内。 ㊷于是王气怨结而不扬,涕满匡而横流,即起,历阶而去——黄本原文如此,中华本删“王”字,非。四句写淮南王听伍被言罢之表情。匡:通“眶”。历阶:指快步入后宫而去。历:一步一磴。 ㊸材高有气——资质好,有血性。 不省(xǐng)其父——眼里没有刘建的父亲。省:视,理睬。 ㊹寿春庄芷——寿春人姓庄名芷。 ㊺毒药——烈性的药物。 ㊻故辟阳侯孙审卿——被老淮南王刘长所杀的辟阳侯审食其的孙子审卿。 大父——祖父,即审食其。 ㊼深购——极力构成其罪。购:应作“构”,罗织罪名。 ㊽汉廷治乱——朝廷的政局是稳定呢?还是不稳定呢? ㊾重装富贾——满载货物的大商人。 交易——贸易。 ㊿广长榆——将北部边界扩展到了长榆。长榆:塞名,在今内蒙古鄂尔多斯东胜区一带。开朔方——开拓今内蒙古河套一带,并在那里设立朔方郡。 ㊿山东——古地区名,战国与秦汉通称崤山或华山以东为山东,与当时所谓关东含义相同。一般专指黄河流域,有时也泛指战国时秦以外六国领土。 即有兵——假如出现动乱。 大将军——指卫青,以伐匈奴功封长平侯,官为大将军。 52蜚——通“飞”。 材干——即今之所谓“才干”。 53数将——多次统领军队。 未易当——不好对付。当:敌。 54休舍——扎营住宿。 须——待,等候。 55已征治——已被召至京城审问。 56吴兴兵——吴王刘濞的兴兵叛乱。 57男子之所死者,一言耳——盖犹江湖之所谓“人活一口气”“大丈夫说到做到”云云。 58吴何知反——吴王哪里懂得造反? 59成皋——控制东西方往来的军事要地,在今河南荥阳。 60楼缓——刘安的部将。要——拦截。 61周被——刘安的部将。 下颍川兵——意即率兵经颍川西下。颍川:汉郡名,郡治在今河南禹州。 轘辕——关隘名,在今河南洛阳偃师区东南。 伊阙——关隘名,在今河南洛阳南伊阙山上。 62陈定——刘安的部将。 南阳——汉郡名,郡治在今河南南阳。 武关——在今陕西丹凤东南,是河南南部进入陕西的交通要道。 63河南太守独有雒阳耳——意谓经过上述一番运作,那朝廷的河南太守所能管辖的就只剩下雒阳一座孤城了。 64临晋关——在今陕西大荔东,靠近黄河,是陕西通往山西的重要渡口。 河东——郡名,郡治安邑(今山西夏县西北)。 上党——汉郡名,郡治长子(今山西长子西南)。 河内——汉郡名,郡治怀县(今河南武陟西南)。 赵国——当时为景帝子,武帝异母弟刘彭祖的封国,国都在今河北邯郸。 65三川之险——三川地区的险要之处,即成皋城,其地有黄河、伊水、雒水三水。 招山东之兵——号召东方的各郡、各诸侯国。 66前系诏狱——上次已被朝廷逮捕下狱。诏狱:关押朝廷命犯的监狱。按:上文未交代淮南何人被系诏狱。 67胜兵——可以拿起武器从军。 適戍——指陈涉等被发配戍守边城的人。適:通“谪”。 钒凿棘矜——指陈胜等初起时使用的武器。钒为大镰,凿为锤斧之类。棘矜:即锄柄荆棍。 68兴万乘之驾——极言调动车辆之多。指伐匈奴而言。

⑲收太半之赋——指将劳动人民收入的绝大部分都作为赋税收走。太半:三分之二。　发闾左之戍——调发大量的役夫去防守边关。发闾左:凡居里门之左者,一律发之。　⑳不宁子——不能使儿子得到安宁。　不便弟——不能给弟弟提供方便。　㉑熬然若焦——被煎熬得像是要糊了。　㉒引领——伸长脖子,盼望有人前来救助的样子。　倾耳而听——就希望能听到风吹草动的消息。　㉓一齐——统一。　泛爱蒸庶——普遍地爱护黎民百姓。蒸:通"烝",众。　㉔化驰如神——极言百姓们受感化,改心向善的速度之快。　㉕大将军——指卫青,当时国家的最高军事长官。　不特——不止。意即还要更强得多。　章邯、杨熊——都是秦朝的将军,陈涉、项梁等就都是死在章邯手下。　㉖谕之——比喻自己。　㉗伪为丞相、御史请书——诈为丞相、御史奏请徙人之书。　耐——比"髡"轻一等的刑罚,即剃其须鬓。　赦令除其罪——意即凡耐刑以上之人而迁往朔方者即除其罪。　㉘产五十万以上——家产值五十万钱以上的富人。按:伍被等造言所强制搬往朔方的共三种人,即"豪桀任侠""耐罪以上""产五十万以上"者。　㉙益发甲卒——增派兵丁以督促、押解。　急其会日——将搬迁的期限规定得很急。会日:期限。　㉚左右都司空——左右司空属少府,都司空属宗正,都是查办犯罪与管理犯人的官员。而宗正更是专门管理刘氏皇族事务的长官。　上林中都官——设在上林苑里的主管查办犯罪与管理犯人的官府。　诏狱书——皇帝下令查办重大案件的文书。　㉛辩武——辩口且有武才。　傥可徼幸什得一乎——或者也许能有十分之一获胜的可能。傥:或许。　㉜不至若此——没有像你所说的那么艰难。　㉝一日——犹言"一旦"。连下句意谓淮南王一旦发兵造反,派进长安的人则立刻暗杀卫青。　说丞相下之——劝说公孙弘投降淮南王。　发蒙——揭去物上所蒙之布,以喻不用费力。或曰蒙应作"萌",发萌是以种子萌芽的突然张开,以喻事物发展之自然。　㉞求盗——亭长手下的小吏名,主缉捕盗贼。　羽檄——征兵之书插羽毛以示事态紧急。　因以发兵——以此作为调兵的借口。　㉟为求盗——假装为"求盗"小吏,到会稽郡、庐江郡去惊扰当地官民。　㊱收衡山——与其弟衡山王刘赐的兵力相合。收:收合,吞并。　寻

阳——汉县名，县治在今湖北武穴东北。　下雉——汉县名，县治在今湖北阳新东南。　⑧⑦结九江之浦——集结兵力于九江一带的江边。九江：指上面所说的寻阳一带。　绝豫章之口——掐断由豫章（郡治在今江西南昌）北入长江的口岸，即今江西九江的湖口。　⑧⑧南郡——汉郡名，郡治在今湖北荆州市荆州区。　⑧⑨屈强——同“倔强”。　犹可得延岁月之寿——意谓即使在西北战场被朝廷打败，仍可以在江淮之间坚守一阵子。　⑨⓪廷尉监——廷尉的属官。　因拜——二字略生涩，意即“会同”。　⑨①以出为解——令人代说“不在家”，以推托不来。　⑨②罢相——自己罢手，放淮南相走了。　⑨③所坐——真正的罪名。　⑨④以非时发——以不合宜的时机发动叛乱。　会逮——接受逮捕。　⑨⑤偷欲休——欲苟且地结束此事。偷：苟，能罢就罢。　⑨⑥不殊——伤势甚重而尚未死。　⑨⑦上下公卿治——皇上将此案交给公卿们讨论裁决。　皆以罪轻重受诛——都按照罪行大小受到了惩处。诛：讨，惩治，未必都是杀死。　⑨⑧不当相坐——当时武帝尚不知刘赐也正准备造反，他不想仅因为亲缘关系将其“株连”进来。　⑨⑨与诸侯王列侯会肄丞相诸侯议——按：句子繁复不顺，《汉书》将其简化作“与诸侯王列侯议”，主语是“有司”。会肄：这里犹言“会同”。　⑩⓪赵王彭祖——景帝之子，武帝的异母兄弟。　列侯臣让——“让”字应作“襄”，即曹襄，曹参的后代。　⑩①臣无将，将而诛——二语见《春秋公羊传》，原文作“君亲无将，将而诛焉”。意即臣子不得私自聚兵，私自聚兵者诛。　⑩②论国吏二百石以上及比者——意谓凡淮南国秩比二百石以上的各级官吏均应给予各种不同的惩罚。二百石以上及比者：谓真二百石及比二百石以上的官吏。　⑩③宗室近幸臣不在法中者——与刘安有关系的“宗室近幸”，但没有卷入这次谋反的。　不能相教——由于平时不能对刘安尽规劝教导之责。　⑩④其非吏他——即今所谓“其他非吏”者，因其无爵禄可削，故而罚款。　赎死——指交钱赎其平时“不能相教”之罪。

衡山王赐，王后乘舒生子三人，①长男爽为太子，次男孝，次女无采。又姬徐来生子男女四人，美人厥姬生子二人。衡山王、淮南王兄弟相责望礼节，间不相能。[2]衡山王闻淮南王作为畔逆反具，亦心结宾客以应之，[3]恐为所并。

元光六年，衡山王入朝，其谒者卫庆有方术，欲上书事天子，王怒，故劾庆死罪，强榜服之[4]。衡山内史以为非是，却其狱。[5]王使人上书告内史，内史治，言王不直。[6]王又数侵夺人田，坏人冢以为田。有司请逮治衡山王，天子不许，为置吏二百石以上[7]。衡山王以此恚，与奚慈、张广昌谋，求能为兵法、候星气者，日夜从容王密谋反事。[8]

王后乘舒死，立徐来为王后。厥姬俱幸，两人相妒。厥姬乃恶王后徐来于太子曰："徐来使婢蛊道杀太子母。"太子心怨徐来。徐来兄至衡山，太子与饮，以刃刺伤王后兄。王后怨怒，数毁恶太子于王。太子女弟无采，嫁弃归[9]，与奴奸，又与客奸。太子数让无采，无采怒，不与太子通。[10]王后闻之，即善遇无采。无采及中兄孝少失母，附王后，王后以计爱之，与共毁太子，王以故数击笞太子。元朔四年中，人有贼伤王后假母[11]者，王疑太子使人伤之，笞太子。后王病，太子时称病不侍。孝、王后、无采恶太子："太子实不病，自言病，有喜色。"王大怒，欲废太子，立其弟孝。王后知王决废太子，又欲并废孝[12]。王后有侍者，善舞，王幸之，王后欲令侍者与孝乱[13]以污之，欲并废兄弟而立其子广代太子。太子爽知之，念后数恶己无已时，欲与乱以止其口。王后饮，太子前为寿，因据王后股，[14]求与王后卧。王后怒，以告王。王乃召，欲缚而笞之。太子知王常欲废己立其弟孝，乃谓王曰："孝与王御者奸，无采与奴奸，王强食，请上书。[15]"即倍[16]王去。王使人止之，莫能禁，乃自驾追捕太子。太子妄恶言[17]，王械系太子宫中。孝日益亲幸。王奇孝材能，乃佩之王印，号曰"将军"，令居外宅，多给金钱，招致宾客。宾客来者，微知淮南、衡山有逆计，日夜从容劝之。王乃使孝客江都人救赫、陈喜作輣车镞矢，[18]刻天子玺，将相军吏印。王日夜求壮士如周丘等，数称引吴楚反时计画,以约束。[19]"衡山王非敢效淮南王求即天子位,畏淮南起并其国。以为淮南已西,发兵定江淮之间而有之,望如是。[20]"

元朔五年秋,衡山王当朝,过淮南[21]。淮南王乃昆弟语,除前郤,约束反具。[22]衡山王即上书谢病,上赐书不朝[23]。

元朔六年中,衡山王使人上书请废太子爽,立孝为太子。爽闻,即使所善白赢之长安上书,言孝作輣车镞矢,与王御者奸,欲以败孝。白赢至长安,未及上书,吏捕赢,以淮南事系[24]。王闻爽使白赢上书,恐言国阴事,即上书反告太子爽所为不道弃市罪事[25]。事下沛郡治[26]。元朔七年[元狩元年]冬,有司公卿下沛郡求捕所与淮南谋反者未得,得陈喜于衡山王子孝家。吏劾孝首匿喜。孝以为陈喜雅数与王计谋反,恐其发之;[27]闻律先自告除其罪[28],又疑太子使白赢上书发其事,即先自告,告所与谋反者救赫、陈喜等。廷尉治,验,公卿请逮捕衡山王治之。天子曰:"勿捕。"遣中尉安、大行息即问王,王具以情实对。[29]吏皆围王宫而守之。中尉、大行还,以闻,公卿请遣宗正、大行与沛郡杂治[30]王。王闻,即自刭杀。孝先自告反,除其罪;坐与王御婢奸,弃市。[31]王后徐来亦坐蛊杀前王后乘舒,及太子爽坐王告不孝,皆弃市。诸与衡山王谋反者皆族。国除为衡山郡。

(以上为第四段,写衡山王刘赐因谋反事发被杀的过程。)

①王后乘舒——王后名乘舒。　生子三人——生子女共三人。②相责望礼节——彼此怪罪对方对自己失礼。　间不相能——有隔阂,彼此合不来。间:隙,隔阂。不相能:即"不相得"。　③作为——二字同义连用,意即制造。　心结——用心交结。　以应之——指防备刘安的侵袭,而并非想与其合伙。应:对,对付。　④强榜服之——痛打强逼其认罪。榜:用棍棒打人。　⑤衡山内史——衡山国的内史,主管该国民事,由朝廷派来。　却其狱——拒绝接受刘赐对卫庆的指控。　⑥内史治——指衡山内史在被朝廷查办时。　不直——无理。指刘赐诬陷卫庆事。　⑦为置吏二百石以上——汉初诸侯国的丞相、太傅由朝廷派任,两千石则由诸侯自己委任;吴楚七国之乱后,诸侯国

的两千石以上全部由朝廷委派。武帝此令更降至二百石,乃为惩治刘赐而设。 ⑧恚(huì)——恼怒。 从容——同"怂恿",最后一句缺少主语。 ⑨嫁弃归——嫁人后被夫家休弃而归。 ⑩让——责备。 通——往来。 ⑪假母——继母。 ⑫又欲并废孝——以图使其自己所生之子得立。 ⑬乱——私通。 ⑭为寿——敬酒。 据——坐。 ⑮御者——侍女。御:侍。 强食——努力加餐,犹今所谓"请多保重"。 请上书——意谓我将给皇帝上书。 ⑯倍——通"背",离开。 ⑰妄恶言——说了一些更恶毒的话,即衡山国中诸不法事。 ⑱救赫——姓救名赫。 輣(péng)车——兵车。 ⑲求壮士如周丘等——寻求像周丘那样的壮士。周丘:吴王刘濞的部下,在吴楚之乱中曾为刘濞夺取了下邳县,打败城阳国的军队,拥众三万人。 以约束——以组织、部署自己的人马。 ⑳以为淮南已西——准备着等淮南王率兵杀向长安后。 望如是——所希望的就是如此。以上五句应为衡山王语,或是其亲信转述衡山王之意。 ㉑过淮南——到淮南国访问。过:过访。 ㉒乃昆弟语——以亲兄弟的身份进行了畅谈。 除前郤——消除了以往的隔阂。郤:通"隙",隔阂,过节。 约束反具——意谓约定共同制造谋反的器具。 ㉓赐书不朝——给予回信,允许其不必入朝。 ㉔以淮南事系——因当时正在审理淮南王谋反的事情,衡山王与淮南王是亲兄弟,故因牵连将衡山的来人扣押。 ㉕所为不道弃市罪事——所做的一切大逆不道罪该弃市的事情。 ㉖事下沛郡治——朝廷将此事交由沛郡审理,因沛郡与淮南国、衡山国相近。 ㉗雅——平素,一向。 恐其发之——怕他坦白交代出来。 ㉘闻律先自告除其罪——听说汉律规定,先告发别人就可以免除自己之罪。 ㉙中尉安——司马安,当时的酷吏之一。中尉:九卿之一,主管首都治安。 大行息——李息。大行:即大行令,也称典客,主管少数民族事务。 即问王——到衡山国来查问刘赐。即:靠近。 具以情实对——按实际情况做了回答。 ㉚杂治——协同查办。 ㉛除其罪——免除其谋反之罪。 坐与王御婢奸,弃市——引另一条别的罪,将其弃市。王御婢:与其父有过性关系的婢女。

太史公曰:《诗》之所谓"戎狄是膺,荆舒是惩①",信哉是言也。淮南、衡山亲为骨肉,疆土千里,列为诸侯,不务遵蕃臣职以承辅天子,而专挟邪僻之计,谋为畔逆,仍父子再亡国,②各不终其身,为天下笑。此非独王过也,亦其俗薄,臣下渐靡③使然也。夫荆楚僄勇轻悍,好作乱,乃自古记之矣。

(以上为第五段,是作者的论赞,作者从社会风俗的角度对淮南、衡山二国的被灭作了解释。)

①戎狄是膺,荆舒是惩——二句见《诗经·鲁颂·闷宫》。戎狄:指北方少数民族。膺:迎击。荆舒:指南方少数民族,荆即楚,舒为楚的盟国。惩:惩创,打击。　②仍——乃。　再亡国——两次招致国家灭亡。　③渐靡——意即逐渐浸染。渐:浸染。

［**简评**］　作品记述了刘长、刘安、刘赐父子三人相继谋为叛乱,终致丧身失国的过程,暴露了汉代统治集团内部为争权夺利而相互残杀的事实。本文应与《吕太后本纪》《吴王濞列传》《梁孝王世家》等一并思考。司马迁之所以喜欢尧、舜、吴太伯、伯夷、季札,正与现实中的这类问题有关。作品写伍被,前后欠统一;赞语归罪于风俗,又似乎漏掉了祸根,历代读者都曾对此提出过疑问。"孔氏著《春秋》,隐、桓之间则章,定、哀之际则微",也许这是司马迁的一种特殊笔法吧。从后代流传的材料看,当时社会上有不少人是同情刘安的。文章通过伍被的嘴,对武帝时的政治与卫青的为人有所肯定,这是《史记》其他篇章中难以见到的,应该引起读者重视。

［**集评**］　《太史公自序》:"黥布叛逆,子长国之,以填江淮之南,安剽楚庶民,作《淮南衡山列传》第五十八。"

方苞曰:"备著淮南、衡山二王逆节,见汉法非过也。厉王反迹皆于狱辞具之,故安之事既毕叙,乃曰'伍被自诣吏,告与淮南王谋反踪迹如此'，而狱辞则甚略。观此传益信淮阴之枉，始则诈而禽之，而告反者无闻也；既则诈而斩之宫中，而上变者无征也。使果有踪迹，何难具狱而明征其辞哉！著以传著，疑以传疑，俾百世下可以寻迹推理而得其情，此之谓实录也。"(《归方评点史记合笔》)

董份曰："被实为淮南画反，而《史记》所录被诣吏自告之文，其间不无饰辞，而太史公具载之，所以微见被之冤状，而恶汤之专杀也。然被以人臣，亲教其主诈为奏书徙逮，以激下反上，固汉法所必诛矣。汤论杀之是也。"(《史记评林》引)

陈仁子曰："士欲忠爱其主，当执义以力争，不当遁词以中变。被论吴楚之得失，援引秦汉之兴亡，其论甚正。若执此不变，安知淮南之心不有所思而不敢发。被乃转为必不得已之论，既欲诈为丞相御史书徙豪杰以激民怨，又诈为诏狱书逮诸侯太子及幸臣以惧诸侯，与前之说真为二人，被诛宜哉！"(《史记评林》引)

郭嵩焘曰："全传仅叙与伍被往复之辞，终告反迹具者伍被也，未尝发一兵遣一将，故知两淮南狱之终不免于诬也。"(《史记札记》)

李景星曰："《淮南衡山传》只写一家变乱：淮南王长为高帝之子，淮南王安、衡山王赐则又淮南王长之子也。传写此三人，却用三样写法：淮南王长是一味刚狠，淮南王安是一味狐疑，衡山王赐是一味鹘突。《淮南王长传》曰'不用汉法'，曰'出入骄恣'，曰'贼杀不辜'，其枭凌之状如见。而又备录奏辞、狱辞，凡传之所不详者，皆于此补之。叙次之高，是太史公独擅，他人无此手笔也。《淮南王安传》其犹豫处，全在心上写，故用'欲'字、'畏'字、'恐'字、'念'字及'亦欲时'、'欲偷'、'欲计'、'欲等'字，摹拟入微。而又以伍被与安问答及谋为叛逆等语详细列入，遂觉文笔异常曲折。《衡山王赐传》写其家庭龃龉不能解决，忽与淮南构隙，忽与淮南连和；而赐以一身应接其间，随波逐流，毫无断制，令读之者怒不得，笑不得，惟有拍案叫绝，谓史公善于写生而已。赞语归过于臣下，归罪于地势，为三王出脱，正是为三王怜惜。盖史公于淮南衡山之事，殆有以深悲其致罪之由，而其反迹之虚实隐见，亦有含蓄吞吐而不欲明言者矣。”（《四史评议》）

循吏列传第五十九

太史公曰:法令所以导民也,刑罚所以禁奸也。文武不备,[1]良民惧然身修者,官未曾乱也。奉职循理,亦可以为治,何必威严哉?

(以上为第一段,是作者的小序,表达了作者对理想法治的追求和对武帝时严刑峻法的反感。)

①文武——指统治者的“文治”与“武功”。　不备——不齐全。

孙叔敖者,楚之处士也。虞丘相进之于楚庄王,以自代也。[1]三月为楚相,施教导民,上下和合,世俗盛美,政缓禁止,[2]吏无奸邪,盗贼不起。秋冬则劝民山采,春夏以水,[3]各得其所便,民皆乐其生。

庄王以为币轻,更以小为大,[4]百姓不便,皆去其业。市令[5]言之相曰:“市乱,民莫安其处,次行不定[6]。”相曰:“如此几何顷[7]乎?”市令曰:“三月顷。”相曰:“罢,吾今令之复矣。[8]”后五日,朝,相言之王曰:“前日更币,以为轻。今市令来言曰‘市乱,民莫安其处,次行之不定’。臣请遂令复如故。”王许之,下令三日而市复如故。

楚民俗好庳车，王以为庳车不便马，[9]欲下令使高之。相曰："令数下[10]，民不知所从，不可。王必欲高车，臣请教闾里使高其梱[11]。乘车者皆君子，君子不能数下车。"王许之。居半岁，民悉自高其车。

此不教而民从其化，近者视而效之，远者四面望而法之。故三得相而不喜，知其材自得之也；三去相而不悔，知非己之罪也。

（以上为第二段，写孙叔敖为楚相的善于教化，不扰民。）

①虞丘相——虞丘地区的人在楚庄王驾前为相。　自代——接替自己为令尹。　②政缓——法令宽缓。　禁止——有禁则止，以见吏民的顺从。　③山采——采伐山中的竹木。　春夏以水——趁多水时将竹木放出。　④以为币轻——嫌钱币的个小量轻；也有说是嫌钱币的面值小。　更以小为大——有说指废除小型钱，改铸大型钱；一说指钱的大小分量不变，而单提高其面值，似以后者为是。　⑤市令——管理市场的官员。　⑥次行不定——意即市场上的秩序乱套。次行：摊位、铺面的行列、次序。　⑦几何顷——多长时间了。顷：时间。⑧罢——意即"你先回去吧"。　吾今令之复——我很快令其恢复正常。今：将，很快。　⑨好庳（bì）车——好乘底盘矮的车。庳：低矮。　不便马——马拉着不得劲。　⑩令数下——连续不断地下令改这改那。　⑪高其梱（kǔn）——升高里门的门槛。梱：门槛。

子产者，郑之列大夫也。郑昭君之时，以所爱徐挚为相，[1]国乱，上下不亲，父子不和。大宫子期言之君，以子产为相。[2]为相一年，竖子不戏狎，斑白不提挈，僮子不犁畔。[3]二年，市不豫贾[4]。三年，门不夜关，道不拾遗。四年，田器不归[5]。五年，士无尺籍，丧期不令而治。[6]治郑二十六年而死，丁壮号哭，老人儿啼，曰："子产去我死乎！民将安归？"

（以上为第三段，写子产为郑相受百姓拥戴的情形。）

①郑昭君——春秋时代只有"郑昭公"，无"郑昭君"。　徐挚为相——子产未事郑昭公，亦无徐挚作相事。　②大宫子期——《左传》

无其人。 以子产为相——据《左传》,推举子产为相者乃子皮,当时郑国的国君为郑简公,本文所叙与《左传》所记无一事相合。 ③竖子——小孩子。 不戏狎(xiá)——不打闹,不开玩笑。 斑白不提挈——头发斑白的老人不再手提重物。意谓年轻人都帮着干了。 僮子不犁畔——连未成年的孩子耕田时也懂得不犯地界。畔:地界。 ④市不豫贾——方苞曰:“言索价一定,无犹豫之虚辞也。”贾:后作“价”。 ⑤田器不归——不用带回家,放在地头也丢不了。 ⑥士无尺籍——言丁男用不着上兵役簿,因为国家不须征兵征役。 丧期不令而治——谁家有了丧事,上头不用管,人们都能自动地把该办的事情办好。丧期:一曰为亲属服丧的期限,一曰指发丧期间应办的事情。

公仪休者,鲁博士也。[①]以高弟为鲁相。[②]奉法循理,无所变更,百官自正。使食禄者不得与下民争利,受大者不得取小。[③]

客有遗相鱼者,相不受。客曰:“闻君嗜鱼,遗君鱼,何故不受也?”相曰:“以嗜鱼,故不受也[④]。今为相,能自给鱼;今受鱼而免,谁复给我鱼者?吾故不受也。”

食茹而美,拔其园葵而弃之。[⑤]见其家织布好,而疾出其家妇,燔其机,[⑥]云:“欲令农士工女安所雠其货乎?[⑦]”

(以上为第四段,写公仪休为官清正并严格管好家属的故事。)

①公仪休——姓公仪,名休。 博士——官名,在帝王身边以备顾问之用。 ②高弟——高等。指顾问工作做得好。 为鲁相——为鲁穆公之相。鲁穆公是战国前期的鲁国国君。 ③受大者——指做官食国家俸禄。 取小——指再争俸禄以外的其他收入,如经营工、商等事。 ④以嗜鱼,故不受也——按:此语极其深刻,古今官吏应书诸身侧。 ⑤茹——蔬菜。 园葵——自己园子种的蔬菜。此处之“葵”与上文“茹”互文见义,所指相同。 ⑥出其家妇——把自家的妻子休弃了。出:逐,休弃。 燔其机——烧掉了织机。 ⑦农士工女——务农的男人,从事手工劳动的女人。 安所雠其货——意谓官吏的家属把菜种得这样好,把布织得这样好,让那些劳动者的产品还去卖给谁

呢？ 雠：售。

石奢者，楚昭王相也。坚直廉正，无所阿避①。行县②，道有杀人者，相追之，乃其父也。纵其父而还自系焉。使人言之王曰："杀人者，臣之父也。夫以父立政③，不孝也；废法纵罪④，非忠也；臣罪当死。"王曰："追而不及，不当伏罪，子其治事矣。⑤"石奢曰："不私其父⑥，非孝子也；不奉主法，非忠臣也。王赦其罪，上惠也；伏诛而死，臣职也。"遂不受令，自刎而死。

（以上为第五段，写石奢执法，纵父后自杀的故事。）

①阿避——回避，绕开矛盾而行。阿：曲。 ②行县——到各县去检查工作。行：视察。 ③以父立政——惩办父亲以维护政令的尊严。 ④废法纵罪——不顾法律而放走罪人。 ⑤追而不及——楚王故意将石奢放走父亲说成是"追而不及"，是想将此事作罢。 子其治事矣——你还是出来继续做你的工作吧。治事：处理公务。 ⑥不私其父——对父亲的事情公事公办。指依法惩处。

李离者，晋文公之理①也。过听杀人，自拘当死。②文公曰："官有贵贱，罚有轻重。下吏有过，非子之罪也。"李离曰："臣居官为长，不与吏让位；受禄为多，不与下分利。今过听杀人，傅其罪下吏③，非所闻也。"辞不受令。文公曰："子则④自以为有罪，寡人亦有罪邪？"李离曰："理有法，失刑则刑，失死则死。⑤公以臣能听微决疑⑥，故使为理。今过听杀人，罪当死。"遂不受令，伏剑而死。

（以上为第六段，写李离因过听杀人而为之抵命的故事。）

①理——法官。 ②过听——听信了错误的口供或错误的意见。 自拘当死——自己把自己逮捕起来，判成死罪。当：判处。 ③傅其罪下吏——把罪过推脱给下属。傅：加，推给。 ④则——若。 ⑤理有法——做法官的有条例规定。 失刑则刑——对别人用刑不当则自己要负相等的法律责任。 失死则死——错误地把别人处死了，则执

法者要为之抵命。 ⑥听微决疑——意即能审理不易查明的案子。微:深隐。

太史公曰:孙叔敖出一言,郢市复[①]。子产病死,郑民号哭。公仪子见好布而家妇逐。石奢纵父而死,楚昭名立。李离过杀而伏剑,晋文以正国法[②]。

(以上为第七段,是作者的论赞,作者对他笔下的五个循吏都表达了深深的敬佩之情。)

①郢市复——郢都市场恢复了正常秩序。 ②晋文以正国法——晋文公的国法得以维持其公正无私。

[**简评**] 本文的中心是歌颂一种宽缓不苛的政治局面,歌颂一批修身正己、奉法循理的爱民官员,言外之意就是不满武帝时的酷吏政治,以及张汤、赵禹等一批为武帝效力的扰民官僚,这方面可与《酷吏列传》参看,前人之述备矣。其次是本文通过公仪休的行为表现了一种反对“与民争利”的思想,而这种思想在《平准书》与《货殖列传》中就成为一个非常重要的问题了。司马迁对经济问题的看法是“善者因之,其次利道之,其次教诲之,其次整齐之,最下者与之争”。本文虽然主要不是讨论这个问题,但它无疑涉及了这个领域,因此必须与《平准书》《货殖列传》的有关思想一起考虑。其三是本文通过孙叔敖制止楚王改铸货币的问题,对武帝时期为掠夺人民而实行的一连串朝令夕改的货币政策进行了尖锐的批评,这也是必须结合《平准书》一道思考的。其四是本文表现了对黄老清静无为思想的一种向往,这一点在孙叔敖、公仪休身上表现得极为突出,对此应该与《曹相国世家》《吕太后本纪》《汲郑列传》等一起思考。子产、石奢、李离,都是法家人物,一般来说,司马迁对法家人物是不喜欢的,但在本文中司马迁赞扬了他们的执法严明,以身示范,也有对汉代

官僚酷吏的警示、教育意义。本文所用的材料,多不见于《左传》,而是取自《韩诗外传》与诸子传说,作为人物传记,不足取信;但作为表达作者思想的一种载体、一种方式,自然也有其独特的成功之处。于是有人说它像“诸子”,有人说它像“小品文”,这就仁者见仁、智者见智了。

［**集评**］《太史公自序》:“奉法循理之吏,不伐功矜能,百姓无称,亦无过行,作《循吏列传》第五十九。”

梁玉绳曰:“史公传循吏无汉时人,传酷吏无秦以前,深所难晓。又所举仅五人,而为相者居其三,吏事不责公卿,何以入此?孙叔、子产、公仪子,当与管、晏并传为允也。《愢闻录》曰:‘循吏五人而不及汉,春秋列国贤臣尚多,而独传叔敖、子产、公仪,不太略乎?石奢、李离以死奉法,岂曰非贤,于循吏未甚当也。’”(《史记志疑》)

黄震曰:“孙叔敖使民自高其车,得诱民之术也。公仪休不受鱼,谨律身之常也。石奢以父杀人,李离以过听杀人,皆自杀,皆难能之节也。”(《黄氏日钞》)

吴见思曰:“所列五人,传循吏耳,而其政迹事实,一概略开,有空序者,有序其逸事者,止写性情气度,而循吏一片恻怛、全副精神,于中现出,与随行数墨者相去万万,是《史记》中一篇极脱胎文字。”(《史记论文》)

有井范平曰:“此传史公笔仗,轻轻若不置意,盖循吏为治也,其政平易,其刑简约,似不甚用意者,文亦肖循吏其人,描写可谓入神矣。……体面甚小,风趣甚大,作小品文者宜祖之。”(《补标史记评林》)

郭嵩焘曰:“史公之传循吏,取其能尽职而已,石奢、李离均以不能尽职而自请死,此其在官能尽职者多矣,所以入之循吏也。”(《史记札记》)

李景星曰:“能导民之谓循吏,能禁奸之谓循吏,能奉职循理之谓循吏。太史公之传循吏,只举孙叔敖、子产、公仪休、石奢、李离五人,盖以五人皆具爱民心肠,其所行事皆可为后世规模,借五人以为循吏榜样,非只为五人作连传也。故于五人之他事皆削去弗录,而择其关于循吏者录之。如孙叔敖,如子产,如公仪休,皆以能导民禁奸而无愧为循吏者;如石奢,如李离,皆以能奉职循理而无愧为循吏者。每人只举其一二轶事,却又以闲淡之笔出之,传神写照正在阿堵中。邓氏以讃谓其语似诸子,别是一种小文字,可谓善读是传者。赞语用韵,参差奇崛,语语入妙。”(《四史评议》)

张大可、梁建邦曰:“循吏,即奉职守法之吏。酷吏,严酷刻深之吏。循吏传叙春秋时五人,不及汉人。酷吏传叙汉十二人,无一先汉人。并非春秋无酷吏,汉时无循吏。司马迁作绝然的分段,意在突出世风之变化,法日益严密,刑治日益严峻。汉武加强中央集权,用法严酷,故酷吏十二人,十人在武帝一朝。”(《史记论赞与世情研究》)

汲郑列传第六十

汲黯字长孺，濮阳[①]人也。其先有宠于古之卫君[②]。至黯七世，世为卿大夫。黯以父任，孝景时为太子洗马，[③]以庄见惮。[④]孝景帝崩，太子即位[⑤]，黯为谒者[⑥]。东越相攻，上使黯往视之。不至，至吴而还，报曰："越人相攻，固其俗然，不足以辱天子之使。"河内[⑦]失火，延烧千余家，上使黯往视之。还报曰："家人[⑧]失火，屋比[⑨]延烧，不足忧也。臣过河南[⑩]，河南贫人伤水旱万余家，或父子相食，臣谨以便宜持节发河南仓粟以振贫民。臣请归节，伏矫制[⑪]之罪。"上贤而释之，迁为荥阳[⑫]令。黯耻为令，病归田里。上闻，乃召拜为中大夫[⑬]。以数切谏，不得久留内[⑭]，迁为东海[⑮]太守。黯学黄老之言，治官理民，好清静，择丞史[⑯]而任之。其治，责大指[⑰]而已，不苛小。黯多病，卧闺阁[⑱]内不出。岁余，东海大治，称之。上闻，召以为主爵都尉[⑲]，列于九卿。治务在无为而已，弘大体，不拘文法。[⑳]

黯为人性倨，少礼，面折[㉑]，不能容人之过。合己者善待之，不合己者不能忍见，士亦以此不附焉。然好学，游侠，任气节，内行修絜，好直谏，数犯主之颜色，常慕傅柏、袁盎之为人也。[㉒]善灌夫、郑当时及宗正刘弃。[㉓]亦以数直谏，不得久居位。

当是时,太后弟武安侯蚡[24]为丞相,中二千石[25]来拜谒,蚡不为礼。然黯见蚡未尝拜,常揖之。天子方招文学儒者,上曰"吾欲"云云[26],黯对曰:"陛下内多欲而外施仁义,奈何欲效唐虞之治乎!"上默然,怒,变色而罢朝。公卿皆为黯惧。上退,谓左右曰:"甚矣,汲黯之戆[27]也!"群臣或数黯,黯曰:"天子置公卿辅弼之臣,宁令从谀承意[28],陷主于不义乎?且已在其位,纵爱身,奈辱朝廷何[29]!"

黯多病,病且满三月,上常赐告[30]者数,终不愈。最后病,庄助为请告。上曰:"汲黯何如人哉?"助曰:"使黯任职居官,无以逾人。然至其辅少主,守城深坚[31],招之不来,麾之不去,虽自谓贲育亦不能夺之矣。[32]"上曰:"然。古有社稷之臣,至如黯,近之矣。"

大将军青侍中,[33]上踞厕而视之[34]。丞相弘燕见,[35]上或时不冠。至如黯见,上不冠不见也。上尝坐武帐[36]中,黯前奏事,上不冠,望见黯,避帐中,使人可其奏。其见敬礼如此。

(以上为第一段,写汲黯因内行修洁,直言敢谏,而被汉廷君臣敬惮的情形。)

①濮阳——汉县名,县治在今河南濮阳西南。当时亦为东郡的郡治所在地。 ②卫君——《集解》引文颖曰:"六国时,卫但称君。"按:战国时期卫已臣属于魏,故其王降而称君,与魏国内的其他封君同。 ③任——保任。汉代给其官吏的一种特权,可以保任自己的子弟为官。 太子洗马——官名,太子的侍从官,出行时为太子当先驱,上属太子太傅。洗马:亦作"先马"。 ④庄——庄重,严肃。 惮(dàn)——畏。这里指敬畏。 ⑤太子即位——即汉武帝,事在公元前141年。 ⑥谒者——官名,上属郎中令,为皇帝掌管收发传达之事。 ⑦河内——汉郡名,郡治怀县(今河南武陟西南)。 ⑧家人——师古曰:"犹言庶人家也。"指平民百姓。 ⑨比——并,挨近。 ⑩河南——汉郡名,郡治雒阳(今河南洛阳)。 ⑪矫制——假传皇帝的命令。制:皇帝的命令。 ⑫荥阳——汉县名,县治在今河南荥阳。 ⑬中大

夫——官名,上属郎中令,掌议论。 ⑭内——指宫廷之内。 ⑮东海——汉郡名,郡治郯县(今山东郯城北)。 ⑯丞史——指郡丞和郡中的其他曹吏。郡丞:太守的僚属。史:指掌管文书的掾吏。这里指除郡丞以外的其他属吏。 ⑰大指——大体,大要。指:通“旨”。 ⑱闺阁——指内室。闺:内室。阁:卧室。 ⑲主爵都尉——官名,掌列侯,秩二千石。 ⑳弘大体——即上之所谓“责大指”。弘:扩充,光大。 不拘文法——不拘泥于规章条文。 ㉑面折——当面驳回人家的主张、见解。折:断,驳回。通常用于以下对上。 ㉒傅柏——《集解》引应劭曰:“梁人,为孝王将,素伉直。” 袁盎——景帝时人,以直谏敢言闻名。按:傅柏事迹无闻,无从议论,至袁盎,诡杀晁错,奸佞小丑,纵有“伉直”虚名,又何足慕! 此亦见汲黯之轻发。 ㉓灌夫——事见《魏其武安侯列传》。 宗正——官名,掌皇帝宗族事务,为“九卿”之一。 ㉔武安侯蚡——即田蚡,武帝母王太后的同母异父弟。

㉕中二千石——汉代官阶名,月俸一百八十斛。当时的九卿都属于这一级。 ㉖“吾欲”云云——意谓武帝刚说“我想……”(想要兴办什么儒家提倡的事业),下文尚未出口,就被汲黯迎头打断了。 ㉗戆(zhuàng)——愚直。 ㉘宁令从谀承意——犹言:“难道是让我顺从阿谀,专门看着皇帝的脸色行事吗?”承意:顺承着皇帝的意旨。 ㉙纵爱身,奈辱朝廷何——意谓即使是自己害怕犯罪,但是对于那种由于自己未尽职责而给朝廷带来的耻辱(指坏事得行)又怎么办呢? ㉚赐告——赐给假期。 ㉛守城深坚——李笠曰:“城,当从《汉书》作‘成’,此涉下‘深坚’字而误为‘城’也。不知深坚者,即‘招之不来,麾之不去’之谓,非谓城之深坚也。”守成:守护已定的事业。 ㉜贲育——孟贲、夏育。古代有名的勇士。 夺——夺志。使之改变主意。

㉝大将军青——即卫青,武帝皇后卫子夫的同母异父弟,以伐匈奴功,官至大将军。 侍中——在帝侧侍应。 ㉞上踞厕而视之——《集解》引如淳曰:“厕,音侧,谓床边。踞床视之。一云溷厕也。”按:后说是,指厕所。 ㉟丞相弘——即公孙弘,以儒生为丞相,是司马迁最反感的人物之一。《史记》有传。 燕见——平常时候的因事求见,与朝会相对而言。燕:通“宴”,安闲,安乐。 ㊱武帐——《集解》引孟康

曰:“今御武帐,置兵阑五兵(矛、戟、钺、楯、弓矢)于帐中。”沈钦韩曰:“帐置五兵,盖以兰绮围四垂,天子御殿之制如此。有灾变,避正殿,寝兵,则不坐武帐也。”

张汤方以更定律令为廷尉[1],黯数质责汤于上前,曰:“公为正卿,上不能褒先帝之功业,下不能抑天下之邪心,安国富民,使囹圄空虚,二者无一焉。非苦就行,放析就功[2],何乃取高皇帝约束纷更之为?[3]公以此无种[4]矣。”黯时与汤论议,汤辩常在文深小苛,黯伉厉守高,不能屈,[5]忿发骂曰:“天下谓刀笔吏不可以为公卿,果然。必汤也[6],令天下重足而立,侧目而视矣!”

是时,汉方征匈奴,招怀四夷。[7]黯务少事,乘上间,常言与胡和亲,无起兵。上方向儒术,尊公孙弘。及事益多,吏民巧弄[8],上分别文法[9],汤等数奏决谳[10]以幸。而黯常毁儒,面触弘等徒怀诈饰智以阿人主取容,[11]而刀笔吏专深文巧诋,陷人于罪,使不得反其真,以胜为功[12]。上愈益贵弘、汤,弘、汤深心疾黯,唯[13]天子亦不说也,欲诛之以事。弘为丞相,乃言上曰:“右内史界部中多贵人宗室,[14]难治,非素重臣不能任,请徙黯为右内史。”为右内史数岁,官事不废。

大将军青既益尊,姊为皇后,然黯与亢礼。人或说黯曰:“自天子欲群臣下大将军,大将军尊重益贵,君不可以不拜。”黯曰:“夫以大将军有揖客,反不重邪?”大将军闻,愈贤黯,数请问国家朝廷所疑,遇黯过于平生。[15]

淮南王谋反,惮黯,曰:“好直谏,守节死义,难惑以非。至如说[16]丞相弘,如发蒙振落[17]耳。”

天子既数征匈奴有功,黯之言益不用。

始黯列为九卿,而公孙弘、张汤为小吏。及弘、汤稍益贵,与黯同位,黯又非毁弘、汤等。已而弘至丞相,封为侯;汤至御史大夫;故黯时丞相史[18]皆与黯同列,或尊用过之。黯褊心[19],不能无少望[20],见上,前言曰:“陛下用群臣如积薪耳,后来者居上。”上默然。有间,黯罢[21],上曰:“人果不可以无学,观黯之言也日益甚[22]。”

居无何,匈奴浑邪王率众来降,汉发车二万乘[23]。县官[24]无钱,从民贳[25]马。民或匿马,马不具。上怒,欲斩长安令。黯曰:“长安令无罪,独斩黯,民乃肯出马。且匈奴畔其主而降汉,汉徐以县次传之[26],何至令天下骚动,罢弊中国而以事夷狄之人乎![27]”上默然。及浑邪至,贾人与市[28]者,坐当死者五百余人。黯请间,见高门,[29]曰:“夫匈奴攻当路塞,绝和亲,中国兴兵诛之,死伤者不可胜计,而费以巨万百数。臣愚,以为陛下得胡人,皆以为奴婢以赐从军死事者家;所卤获,因予之,以谢天下之苦,塞[30]百姓之心。今纵不能,浑邪率数万之众来降,虚府库赏赐,发良民侍养,譬若奉骄子。愚民安知市买长安中物而文吏绳以为阑出财物于边关乎?[31]陛下纵不能得匈奴之资以谢天下,又以微文[32]杀无知者五百余人,是所谓‘庇其叶而伤其枝’者也,臣窃为陛下不取也。”上默然,不许,曰:“吾久不闻汲黯之言,今又复妄发矣。”后数月,黯坐小法,会赦免官。于是黯隐于田园。

(以上为第二段,写汲黯因反对武帝政策的推行者公孙弘和张汤,而屡遭倾陷排挤的情况。)

①廷尉——官名,掌刑狱,是全国最高的司法长官,为“九卿”之一。　②非苦就行,放析就功——按:八字疑有讹误,方苞曰:“明知所行之非,而故为艰苦以成之,如汤为三公,而家产不过五百金,及造请诸公,不避寒暑是也。析言破律,以就其功,如汤兴皮币,造白金,笼盐铁,出告缗令是也。”　③高皇帝约束——指约法三章:杀人者死,伤人及盗抵罪。　纷更——乱改。　④无种——绝灭。　⑤伉厉——亢直峻厉。　不能屈——指不能压倒张汤。有人解释成“不肯为张汤的苛论所屈服”,似与上下文不合。因为汲黯说理说不过张汤,所以才有下面的忿发之骂詈。　⑥“必汤也”三句——“必”字提前,构成一种假定语气。重足而立、侧目而视,皆形容畏惧之甚。　⑦招怀——招纳,怀来。

四夷——指当时的东越、南越、西南夷、大宛、朝鲜等。 ⑧巧弄——指利用各种办法来逃避统治者的诛求。指下层吏民对上而言。 ⑨分别文法——指强调法治、严明法纪。分别:使之有分有别,即“严明”“注重”的意思。 ⑩奏决谳(yàn)——进呈重大的或是有疑难的案件请皇帝裁决。奏:进。谳:定案。 ⑪面触——犹言“面折”。 取容——取得收容,即“讨好”的意思。 ⑫以胜为功——方苞曰:“求胜于民,而自为功。”按:这一段是汲黯对武帝时期的儒学和酷吏的看法,也是司马迁本人的看法,值得注意。 ⑬唯——即使。 ⑭右内史——内史是治理京师的行政长官,景帝时期分为左内史、右内史,分治京师。 界部中——管辖区域内。 ⑮遇——对待。这里指对待人的礼数。 平生——平素,往日。有人解释为“平常往来交游的一切人”,恐非。《汉书》作“平日”,可供参证。 ⑯说——游说,说服。这里指“劝诱”“收买”。 ⑰发蒙振落——《正义》曰:“如发(揭开)蒙覆及振欲落之物,言其易也。”泷川资言曰:“‘发蒙’又见《吴王濞传》《淮南王传》。蒙,物之初生也,故草木之初萌,亦谓之蒙。发萌芽,振落木,皆言其易也。”按:二者皆通。 ⑱丞相史——“相”字衍文,《汉书》无。此处所谓丞史,指汲黯昔日的僚属。汲黯曾为郡太守、主爵都尉等官,这些官职的下属都有丞、史的设置。 ⑲褊心——心胸狭隘而性情急躁。褊(biǎn):狭小。 ⑳少望——稍微有些埋怨。 ㉑有间,黯罢——过了一会儿,汲黯退了出去。 ㉒日益甚——言其愚戆日更甚。

㉓汉发车二万乘——谓发车骑,令霍去病率以往迎浑邪王也。㉔县官——指国家。 ㉕贳(shì)——借贷。 ㉖徐以县次传(zhuàn)之——王先谦曰:“令所过诸县以次给传,徐徐而来也。”给传:为其提供驿车。 ㉗罢弊——劳乏、耗费。 事——侍候。 ㉘与市——与之做买卖,做交易。 ㉙请间——请求皇帝抽空接见。 高门——殿名,《集解》引《三辅黄图》云:“未央宫中有高门殿。” ㉚塞——满足。 ㉛绳——指以法惩治。 阑出财物于边关——应劭曰:“阑,妄也。律:胡市,吏民不得持兵器出关,虽于京师市买,其法一也。”臣瓒曰:“无符传出入为阑。” ㉜微文——犹言“酷法”“苛法”。微:密也,繁细也。

居数年，会更五铢钱[①]，民多盗铸钱，楚地尤甚。上以为淮阳[②]，楚地之郊[③]，乃召拜黯为淮阳太守。黯伏谢不受印，诏数强予，然后奉诏。诏召见黯，黯为上泣曰："臣自以为填沟壑[④]，不复见陛下，不意陛下复收用之。臣常有狗马病，力不能任郡事，臣愿为中郎[⑤]，出入禁闼，补过拾遗，臣之愿也。"上曰："君薄淮阳邪？吾今召君矣[⑥]。顾淮阳吏民不相得，[⑦]吾徒得君之重[⑧]，卧而治之。"黯既辞行，过大行[⑨]李息，曰："黯弃居郡，不得与朝廷议也。然御史大夫张汤智足以拒谏，诈足以饰非，务巧佞之语，辩数之辞，非肯正为天下言，专阿主意。主意所不欲，因而毁之；主意所欲，因而誉之。好兴事，舞文法，内怀诈以御[⑩]主心，外挟贼吏以为威重。公列九卿，不早言之，公与之俱受其僇[⑪]矣。"息畏汤，终不敢言。黯居郡如故治，淮阳政清。后张汤果败，上闻黯与息言，抵[⑫]息罪。令黯以诸侯相秩[⑬]居淮阳，七岁而卒。

卒后，上以黯故，官其弟汲仁至九卿，子汲偃至诸侯相。黯姑姊[⑭]子司马安亦少与黯为太子洗马。安文深巧[⑮]善宦，官四至九卿，以河南太守卒。昆弟以安故，同时至二千石者十人。濮阳段宏始事盖侯信[⑯]，信任[⑰]宏，宏亦再至九卿。然卫人仕者皆严惮汲黯，出其下[⑱]。

（以上为第三段，以汲黯守淮阳的治绩与张汤为政的祸国害事相对比，赞扬了汲黯的原则及其远见。）

①更五铢钱——事在武帝元狩五年（前118），废原来流通的半两钱，而更行五铢钱也。铢：重量名称，为一两的二十四分之一。　②淮阳——汉郡名，郡治陈县（今河南周口淮阳区）。　③楚地之郊——意谓其地乃梁楚间的交通要冲。郊：师古曰："谓交道冲要之处也。"④填沟壑——谦指自己死。　⑤中郎——帝王的侍从人员，上属郎中令。　⑥吾今召君矣——意谓"我很快就会把你调回来。"今：即将。⑦顾——只因。　不相得——不和，闹矛盾。　⑧徒得君之重——意谓"就是要借用你的威名"。徒：但，只。重：威信，威名。　⑨大

行——官名,后改称大鸿胪,掌管少数民族事务。为“九卿”之一。⑩御——迎合。 ⑪僇——通“戮”。辱,刑罚。 ⑫抵——当(dāng),判处。 ⑬诸侯相秩——《集解》引如淳曰:“诸侯王相在郡守上,秩真(中)二千石(郡守为二千石)。律:真二千石奉,月二万(钱);二千石,月万六千(钱)。”《汉书》注引如淳曰:“真二千石,月得百五十斛,岁凡得千八百石耳;二千石,月得百二十斛,岁凡得一千四百四十石耳。” ⑭姑姊——泷川资言曰:“父之姊为姑姊。” ⑮文深巧——指善于玩弄法律条文,属酷吏性质。 ⑯盖侯信——即王信,武帝母王太后之兄。 ⑰任——保任。 ⑱出其下——谓声名皆处于汲黯之下。

郑当时者,字庄,陈[①]人也。其先郑君尝为项籍将。籍死,已而属汉。高祖令诸故项籍臣名籍[②],郑君独不奉诏。诏尽拜名籍者为大夫,而逐郑君。郑君死孝文时。

郑庄以任侠自喜,脱张羽于厄,[③]声闻梁楚之间。孝景时,为太子舍人[④]。每五日洗沐[⑤],常置驿马长安诸郊[⑥],存[⑦]诸故人,请谢[⑧]宾客,夜以继日,至其明旦,常恐不遍。庄好黄老之言,其慕长者如恐不见[⑨]。年少官薄,然其游知交皆其大父行[⑩],天下有名之士也。武帝立,庄稍迁为鲁中尉、济南太守、江都相,[⑪]至九卿,为右内史。以武安侯魏其时议[⑫],贬秩为詹事[⑬],迁为大农令[⑭]。

庄为太史[⑮],诫门下:“客至,无贵贱无留门[⑯]者。”执宾主之礼,以其贵下人。庄廉,又不治其产业,仰奉赐以给诸公。[⑰]然其馈遗人,不过算器食[⑱]。每朝,候上之间,说未尝不言[⑲]天下之长者。其推毂[⑳]士及官属丞史,诚有味其言之也[㉑],常引以为贤于己。未尝名吏[㉒],与官属言,若恐伤之。闻人之善言,进之上,唯恐后。山东士诸公以此翕然[㉓]称郑庄。

郑庄使视决河,[㉔]自请治行[㉕]五日。上曰:“吾闻‘郑庄行,千里不赍粮’,请治行者何也[㉖]?”然郑庄在朝,常趋和承意,不敢甚引当否[㉗]。及晚节[㉘],汉征匈奴,招四夷,天下费多,财用益匮[㉙]。

庄任人宾客为大农僦人[30]，多逋负[31]。司马安为淮阳太守，发其事，庄以此陷罪，赎为庶人。顷之，守长史[32]。上以为老，以庄为汝南太守。数岁，以官卒。

郑庄、汲黯始列为九卿，廉，内行修洁。此两人中废，家贫，宾客益落。及居郡，卒后家无余赀财。庄兄弟子孙以庄故，至二千石六七人焉。

（以上为第四段，叙述并赞扬了郑当时的敬贤下士。）

①陈——汉县名，县治在今河南周口淮阳区，当时为淮阳国的都城。 ②名籍——顾炎武曰："谓奏事有涉项王者，必斥（指）其名曰项籍也。" ③张羽——梁孝王将，于平七国之乱中有大功，见《韩长孺列传》。 厄——灾困。按：张羽有何灾困为郑庄所救脱，不见于史文。 ④太子舍人——太子的侍从人员，属太子太傅。 ⑤洗沐——指休假。时为官吏者每五日休假一天，以供个人的洗沐之用，故云。 ⑥诸郊——《正义》引姚承曰："邑外谓之郊，言长安四面之郊也。" ⑦存——问，慰问。王骏观曰："谓庄自于长安四郊通道置驿马，以存问故人、通候宾客也。" ⑧请谢——请谒拜谢。中井积德曰："设驿马，为庄身奔走候问也，非为招邀宾客。" ⑨如恐不见——言其积极奔谒之状，只怕相见无时。 ⑩大父行——祖父一辈的人。 ⑪鲁——当时的诸侯国名，建都于今山东曲阜。 中尉——在诸侯国内执掌武事的长官，相当于郡里的都尉。 江都相——江都国的相。江都国都广陵（在今江苏扬州西北）。 ⑫武安侯魏其时议——指田蚡与窦婴相互攻讦于武帝与王太后前，武帝让群臣评议，郑庄先是肯定窦婴，而后又不敢坚持主张，以致武帝动怒事。 ⑬詹事——官名，掌皇后与太子家，随其所在以名官。 ⑭大农令——主管全国粮食、货物的官，后改称大司农，为"九卿"之一。 ⑮太史——张文虎怀疑其为"内史"之讹，《汉书》作"大吏"。 ⑯无留门——有来访者立即请入，不使之在门口停留等待。 ⑰奉赐——俸禄与所得的赏赐。 诸公——指宾客。 ⑱算器食——算：竹器。中井积德曰："算器食，如今盒子食品相馈者，谓其物之轻微也，非谓其器之贵贱。" ⑲言——称

道。 ⑳推毂——推车。此处用为“推荐”“推举”之意。 ㉑诚有味其言之也——陈直认为:于此断句为“其推毂士、及官属丞史,诚有味”,“其言之也”下属,并引《张释之冯唐列传》之“冯公之论将率,有味哉,有味哉”为参证,似较现通行本之断句为长。 ㉒未尝名吏——对自己的属下,也从来没有称呼过名字。 ㉓翕然——和同、敬服的样子。 ㉔使——被派遣。 视决河——视察黄河决口。 ㉕治行——收拾行装。 ㉖请治行者何也——按:此下似有缺文。 ㉗不敢甚引当否——不敢明确表示自己的态度,说明事情的对与不对。 ㉘晚节——晚年。 ㉙匮(kuì)——缺乏。 ㉚庄任人宾客为大农僦(jiù)人——意谓郑庄所保任的人和与他熟识的宾客,有给大司农搞运输的。僦:运送。或曰,僦者,赁也,即指雇人。 ㉛逋(bū)负——亏欠。陈直曰:“为郑庄所保举之人,雇人为大农令任输运而不予工值,逋欠甚多也。” ㉜守长史——在丞相属下暂行长史之职。守:权理,未正式任命也。

太史公曰:夫以汲、郑之贤,有势则宾客十倍,无势则否,况众人乎!下邽翟公有言,[①]始翟公为廷尉,宾客阗[②]门;及废,门外可设雀罗[③]。翟公复为廷尉,宾客欲往,翟公乃大署其门曰:“一死一生,乃知交情。一贫一富,乃知交态。一贵一贱,交情乃见。”汲、郑亦云,悲夫!

(以上为第五段,是作者的论赞,作者借着汲黯、郑当时的升沉遭遇,抒发了对世态炎凉的无比愤慨。)

①下邽——汉县名,县治在今陕西渭南东北。 翟公——史失其名。 ②阗——充满。 ③可设雀罗——师古曰:“言其寂静无人行也。”雀罗:捕鸟的网。

[**简评**] 本篇重点在于表彰汲黯敢于对皇帝犯颜直谏,以及对执政大臣敢于面折的行为。但这仅仅只是形式,其核心内容在于展现了汲黯对武帝时期一系列方针政策(如尊崇儒术、征

伐四夷、盐铁官营、任用酷吏),以及一系列当权人物(如公孙弘、张汤)的反对。在这一点上,汲黯可以说是司马迁的代言人。汲黯这个形象也是《史记》中所塑造的理想人物之一。汲黯指斥汉武帝"多欲",指斥公孙弘、张汤"阿谀人主",这些有对的一面,他揭示了统治阶级的"圣君贤相"到底都是些什么货色;但是汲黯的思想又明显地有其片面性与落后性,他对武帝时期的一系列方针政策缺乏应有的客观分析,因而对公孙弘、张汤的评价也未必平允。本篇是司马迁对武帝政治进行评价的一篇重要文字,应与《平准书》《酷吏列传》《儒林列传》《平津侯主父列传》同看。

[**集评**] 《太史公自序》:"正衣冠立于朝廷,而群臣莫敢言浮说,长孺矜焉;好荐人,称长者,壮有溉,作《汲郑列传》第六十。"

杜甫曰:"总戎楚蜀应全未,方驾曹刘不啻过。今日朝廷须汲黯,中原将帅忆廉颇。"(《奉寄高常侍》)

黄震曰:"汲黯论帝多欲,劝帝无起兵,谏帝迎浑邪王,切责张汤苛法,而拳拳愿出入禁闼,补过拾遗,切直忠尽,汉庭(廷)第一,帝稍听之,何至下轮台之诏耶!郑庄委曲礼下,虽少鲠谅之风,然内行修洁,没无余财,与汲黯等,此太史公以之同传欤?"又曰:"黯以纯刚至正之气卓出汉庭(廷)之右,自天子以下皆严惮之。黯言虽不用,汉鼎之增重亦多矣。子曰:'枨也欲,焉得刚?'黯庶几无欲者与(欤)?后世士大夫一为利禄所汩,虽饰以仁义累千万言,岂复有是痛快令人心开目明者哉?呜呼,黯所谓人中龙也!"(《黄氏日钞》)

方苞曰:"汲黯治东海,为九卿,徙内史,居淮阳,不填实一事,止虚言其性情气象,略举其语言及君臣上下之严惮,遂使千载下闻风而兴起,必如此乃与黯之为人相称。又此传伤武帝有社稷臣,先知灼见,而终不能用也。篇首称黯以数切谏不能久留内，则其进言多矣；为右内史，守东海、淮阳，列于九卿，事迹众矣，而见于传者止此，盖非关社稷之计则不著也。其直攻武帝之多欲，社稷臣之所以格君也；矫节发粟以振贫民，奉使东越不至而返，谏征匈奴、迎浑邪、罪民匿马及贾人与市者，社稷臣所以安民也；面诘宏（弘）、汤，责李息，社稷臣所以体国也；始仕为太子洗马，即以庄见惮；及列九卿，与丞相、大将军抗礼；致天子敬礼，不冠不见，社稷臣所以持身也。《史》于萧相国，非万世之功不著；于留侯，非天下所以存亡不著；于黯，非关社稷之计者不著，所谓辞尚体要也。黯之为社稷臣，不独庄助知之，淮南谋逆者惮之，武帝实自发之，而终不能用，则内多欲之故也。黯之为人，不独卫人惮之，大将军贤之，即武安侯亦不闻含怒，而宏（弘）、汤独深心疾之，欲挤之死，则宏（弘）、汤为人又出武安下哉！"（《归方评点史记合笔》）

姚苎田曰："汲长孺，武帝朝第一直臣而不相；李将军，武帝朝第一名将而不得侯。史公盖深惜之，故两传皆用零零碎碎写法，须眉毕著，性情皆活。然黯之为人，几于至诚动物，忌之者不能伤，骄之者不能折，爱之者不能私，短之者不能损。危言危行，如蹈康庄，真西汉第一流人物也。"（《史记菁华录》）

李晚芳曰："太史公作传如化工赋物，各肖其形。汲黯天性朴忠，少文饰，故其传之也，于其爱君处，屡写其诚戆；于爱民处，屡写其肫恳；于忤奸处，屡写其峭直。或叙事，或叙言，亦只朴朴写去，绝不假文饰，已活画出一灌灌老夫，不畏威，不惧祸，不知君之怒，不知人之忌，断断然独岳立于如狂如沸之朝而不少挠，令百世下读之，如亲见招不来麾不去、守城深坚之性情品格。岩岩尺幅间，可以兴廉，可以立懦，真化工笔也。"（《读史管见》）

李景星曰："汲、郑行径，本不相同，太史公以其皆学黄老，内行皆修洁，又皆喜宾客，故合而传之。一路分叙，至篇末合拢，乃曰'汲、郑始列为九卿，廉，内行修洁。此两人中废，家贫，宾客益落’云云，以此数语点明合传之故，令读之者喜其制局之紧。叙汲详，叙郑略；叙汲多用侧笔，叙郑多用括笔，又令读之者喜其行文之变。赞语突引翟公之言，说尽交道炎凉之态，而以一句转到汲、郑，使一篇热闹之文，变成太息之声，真是神妙不测。”(《四史评议》)

儒林列传第六十一

太史公曰:余读功令,至于广厉学官之路,未尝不废书而叹也。[①]曰:嗟乎!夫周室衰而《关雎》作,幽厉[②]微而礼乐坏,诸侯恣行,政由强国。故孔子闵王路废而邪道兴,于是论次《诗》《书》,修起礼乐。适齐闻《韶》,三月不知肉味[③]。自卫返鲁,然后乐正,《雅》《颂》各得其所。世以混浊莫能用,是以仲尼干七十余君无所遇,曰"苟有用我者,期月而已矣[④]"。西狩获麟,曰"吾道穷矣"。[⑤]故因史记作《春秋》,以当王法,[⑥]其辞微而指博,后世学者多录焉。

自孔子卒后,七十子之徒散游诸侯,大者为师傅卿相,小者友教士大夫,或隐而不见。故子路居卫,子张居陈,澹台子羽居楚,子夏居西河,子贡终于齐。如田子方、段干木、吴起、禽滑厘之属,皆受业于子夏之伦,为王者师。是时独魏文侯好学。后陵迟以至于始皇,天下并争于战国,儒术既绌焉,然齐鲁之间学者独不废也。于威、宣之际,孟子、荀卿之列,咸遵夫子之业而润色之,以学显于当世。

及至秦之季世,焚《诗》《书》,坑术士,六艺从此缺焉。陈涉之王也,而鲁诸儒持孔氏之礼器往归陈王。于是孔甲为陈涉博士,卒与涉俱死。陈涉起匹夫,驱瓦合適戍[7],旬月以王楚,不满半岁竟灭亡,其事至微浅,然而缙绅先生之徒负孔子礼器往委质为臣者,何也?以秦焚其业,积怨而发愤于陈王也。[8]

及高皇帝诛项籍,举兵围鲁,鲁中诸儒尚讲诵、习礼乐,弦歌之音不绝,岂非圣人之遗化,好礼乐之国哉?故孔子在陈,曰"归与归与!吾党之小子狂简,斐然成章,不知所以裁之[9]"。夫齐鲁之闲于文学[10],自古以来,其天性也。故汉兴,然后诸儒始得修其经艺,讲习大射乡饮之礼。叔孙通作汉礼仪,因为太常;[11]诸生弟子共定者,咸为选首[12],于是喟然叹兴于学[13]。然尚有干戈,平定四海,亦未暇遑庠序之事也。[14]孝惠、吕后时,公卿皆武力有功之臣。孝文时颇征用[15],然孝文帝本好刑名之言。及至孝景,不任儒者,而窦太后又好黄老之术,故诸博士具官[16]待问,未有进者。

及今上即位,赵绾、王臧之属明儒学,而上亦乡之,[17]于是招方正贤良文学之士。自是之后,言《诗》于鲁则申培公,于齐则辕固生,于燕则韩太傅。言《尚书》自济南伏生,言《礼》自鲁高堂生,言《易》自菑川田生。言《春秋》于齐鲁自胡毋生,于赵自董仲舒。及窦太后崩,武安侯田蚡为丞相,绌黄老、刑名百家之言,延文学儒者数百人,而公孙弘以《春秋》白衣为天子三公,封以平津侯。[18]天下之学士靡然乡风矣。

公孙弘为学官,悼道之郁滞,乃请曰[19]:"丞相御史言:制曰[20]:'盖闻导民以礼,风之以乐。婚姻者,居室之大伦也[21]。今礼废乐崩,朕甚愍焉。故详延天下方正博闻之士,咸登诸朝。[22]其令礼官劝学,讲议洽闻兴礼,以为天下先。[23]太常议,与博士弟子,[24]崇乡里之化,以广贤材焉。[25]'谨与太常臧、博士平等议曰[26]:闻三代之道,乡里有教,夏曰校,殷曰序,周曰庠。其劝善也,显之朝廷;[27]其惩恶也,加之刑罚。故教化之行也,建首善自京师始[28],由内及外。今陛下昭至德,开大明,配天地,本人伦,劝学修礼,崇化厉贤,以风四方,太平之原也。古者政教未洽,不备其礼,请因旧官而兴焉。[29]为博士官置弟子五十人，复其身[30]。太常择民年十八已上，仪状端正者，补博士弟子[31]。郡国县道邑有好文学，敬长上，肃政教，顺乡里，出入不悖所闻者，[32]令相长丞上属所二千石[33]；二千石谨察可者，当与计偕，诣太常，得受业如弟子。[34]一岁皆辄试，能通一艺以上，补文学掌故缺；[35]其高弟可以为郎中者，太常籍奏；即有秀才异等，辄以名闻。[36]其不事学若下材及不能通一艺，[37]辄罢之；而请诸不称者罚[38]。臣谨案诏书律令下者，明天人分际，通古今之义，文章尔雅，训辞深厚，恩施甚美。小吏浅闻，不能究宣，无以明布谕下。治礼次治掌故，以文学礼义为官，迁留滞[39]。请选择其秩比二百石以上，及吏百石通一艺以上，补左右内史、大行卒史；[40]比百石已下，补郡太守卒史，皆各二人，边郡一人。先用诵多者[41]，若不足，乃择掌故补中二千石属，[42]文学掌故补郡属，备员。[43]请著功令，佗如律令。[44]"制曰："可。"自此以来，则公卿大夫士吏斌斌[45]多文学之士矣。

（以上为第一段，写儒家学派自孔子创始至武帝尊儒的发展历史。）

①功令——这里指国家政府所颁布的发展教育以及考核、选拔人才的法令。　广厉学官——扩大国学规模，提高教师素质。厉：通"励"。学官：太学里的教官，即当时的"博士"。　废书而叹——为儒学发展到汉代这种为官方政治作缘饰物的可悲模样而慨叹。　②幽厉——周幽王、周厉王。　③适齐闻《韶》，三月不知肉味——语出《论语·述而》。《韶》：相传为舜时的乐曲名。不知肉味：食肉无味。极言其学乐的用心之专。　④苟有用我者，期(jī)月而已矣——二语见《论语·子路》。意思是谁要是用我，一年之内就能让他们看到效果。期月：十二个月，即一年。　⑤西狩获麟——事在鲁哀公十四年(前481)。据说鲁哀公在城西打猎，捉到一只大家都不认识的兽，派人去找孔子。孔子听人一描述，便说这是麟，并为麟在这种乱世出现而深深悲哀。　吾道穷矣——伤感生不逢时，就如同这只麟出现得不是时候一样。　⑥因史记作《春秋》——在鲁国历史的基础上写成了《春秋》。

史记:当时用以称各国的史书。　以当王法——以当王者的治国大法,这是汉代公羊家的说法,他们把孔子的写《春秋》说成是为了给后来的汉王朝创立建国大纲,因而称孔子为“素王”。　⑦驱瓦合適戍——率领着一群一哄而起的发配之徒。瓦合:犹言“乌合”,毫无关系地凑在一起。　⑧秦焚其业——秦人焚书,砸了他们的饭碗。　积怨而发愤于陈王——积怨于秦,想跟着陈涉出一口恶气。　⑨狂简——狂放简傲。这里实际是称赞他们志大才高。　斐然成章——才情绚丽的样子。　不知所以裁之——我都不知道怎么约束、怎么调理他们啦。裁:剪裁。这里指调教。以上数语见《论语·公冶长》。　⑩闲于文学——熟悉儒家经典。闲:通“娴”。熟悉,熟练。文学:指儒术,儒家的经艺。　⑪叔孙通——原为秦朝博士,入汉后,为刘邦制定了一套严格君臣等级的礼仪,使刘邦真正体会到了做皇帝的乐趣。　因为太常——因此被刘邦任为太常。太常:也叫奉常,九卿之一,主管宗庙与朝廷的礼仪。　⑫诸生弟子共定者,咸为选首——叔孙通的弟子参与定礼者皆被刘邦任为郎。选首:首先被选拔为官。　⑬喟(kuì)然叹兴于学——句意欠明晰。大意谓许多人见到别人由此得官,于是深受触动,便也群起赞叹地兴心学儒、学礼了。喟然:深动感情的样子。⑭未暇遑——来不及,顾不上。按:“暇”“遑”二字同义,应削其一。庠序——泛指学校,殷曰“序”,周曰“庠”。　⑮颇征用——稍稍征用一些儒生。颇:略,稍。　⑯具官——设其职而不用,即所谓“充数”。　⑰今上——即汉武帝。　明儒学——即鼓吹尊儒。　上亦乡之——乡:通“向”,趋向,赞成。建元元年(前140),武帝曾下诏选拔“贤良文学”,但各地推举来的很多不是儒生,于是中途作罢。　⑱白衣——指平民百姓。　封以平津侯——按:汉代建国以来的丞相自身都是列侯,唯有公孙弘,没有侯爵就当了丞相,为解决这种尴尬局面,武帝遂将其封为平津侯。由此开例,以后凡任丞相的非侯者一律封侯。　⑲公孙弘为学官,悼道之郁滞——公孙弘曾当过学官,即博士,他很痛心儒家思想长期以来遭受废弃。　乃请曰——以下是公孙弘给武帝的上书,事在元朔五年(前124),时公孙弘已任丞相。　⑳制曰——以下是引用武帝的诏书,该诏书下于元朔五年(前124)六月。　㉑婚姻者,居室之大伦也——居室：家庭。大伦：重要的人际关系准则。㉒详延——普遍地邀请。咸登诸朝——都把他们请上朝廷。㉓劝学，讲议洽闻兴礼——鼓励人们学习、研讨儒术，以求知识广博，重视礼仪。以为天下先——给天下百姓作出表率。㉔太常议——太常可以找人议论一下。此武帝指令语。与博士弟子——给博士配备弟子。㉕崇乡里之化——提高社会基层的道德水准。以广贤材焉——更加广泛地培养这方面的人才。㉖太常臧——孔臧，孔安国的堂兄。博士平——名平，史失其姓，事迹不详。㉗劝善——表彰好的典型。显之朝廷——即给予官做。㉘首善自京师始——首都要在优化道德风气方面起带头作用。首善：带头为善，为全国作表率。㉙古者——犹言"前者""旧日"。未洽——不周。洽：周密，周备。因旧官而兴——在旧学官的基础上加以扩大、完备。㉚复其身——免除其自身所应给国家负担的劳役、赋税。㉛补博士弟子——此句是说这些博士弟子的来源。㉜肃政教——严格遵守国家法令。出入不悖所闻——即言行一致，一举一动都按照所学的儒书做。㉝上属所二千石——王鸣盛曰："当作'上所属二千石'。"即把符合条件的人名单上报到自己所属郡国的郡守或国相那里。当时的郡守与诸侯王相都属于"二千石"一级。㉞与计偕，诣太常——跟随各郡国"上计"的官吏进京，到太常报到。计：计吏，代表郡国来向朝廷结算并交纳钱粮的官吏。得受业如弟子——可以到太学跟着博士读书，享受博士弟子的待遇。㉟一岁皆辄(zhé)试——每年考试一回。辄：总是。通一艺——精通"六经"中的任何一种。艺：指儒家经典。儒家的"六经"亦称"六艺"。文学掌故——太常属下的小官名，以熟悉儒家经典中的老章程、老惯例即所谓"故事"著称。㊱即——若，假如。秀才异等——即成绩特别优秀者。辄以名闻——随时将其姓名上报朝廷。㊲不事学——不好好学，不以学习为事。若——或者。下材——材质低下。㊳请诸不称者罚——语句生涩。大概意思是请求对办事不力的人员进行惩罚。㊴治礼次治掌故，以文学礼义为官，迁留滞——十六字文意晦涩，旧注亦艰涩难通。泷川资言曰："治礼、掌故，二官名……言治礼、掌故二官以文学礼义为职，其迁徙常多留滞。

若选择其中以补左右内史、大行及郡太守之卒史，不独开选用之路，亦得使郡国小吏究宣诏书律令。” ㊵秩比二百石以上——指秩比二百石以上的“治礼”与“掌故”。秩：官阶。比二百石：略等于二百石。吏百石通一艺以上——各职能部门的百石小吏能通晓一门以上儒家经典者。 补左右内史、大行卒史——意谓让他们去给左、右内史与大行令充当卒史。左右内史：当时首都长安及其郊区的行政长官。大行：即大行令，也称典客，主管少数民族事务。卒史：秩比百石的办事小吏。 ㊶诵多者——指诵习儒书多者。 ㊷掌故——与下文“文学掌故”相对而言，前者指对一般“古事”知道得多；后者特别指对儒家“古事”“故实”知道得多。 中二千石属——指上文所说的“左右内史、大行卒史”。属：僚属，下属。 ㊸郡属——各郡国守相的下属。按当时规定，二千石分中二千石、真二千石、二千石、比二千石四等，左、右内史与大行令都是“中二千石”；郡国守相是“真二千石”或“二千石”。“文学掌故”比一般“掌故”吃香，而公孙弘却故意派他们到级别较低的郡国去，这是因为那些地方更加需要懂得儒术的人。 备员——满员。即按照沿边各郡一人，内地郡国二人的规定把人数配齐。 ㊹请著功令——请求把这一项作为法律条文确定下来。功令：有关教育与选拔人才的法令。 佗如律令——其他事情仍按旧有的章程办。佗：他。 ㊺斌斌——温文尔雅的样子。

申公[1]者，鲁人也。高祖过鲁，申公以弟子从师入见高祖于鲁南宫。吕太后时，申公游学长安，与刘郢[2]同师。已而郢为楚王，令申公傅其太子戊。戊不好学，疾申公。及王郢卒，戊立为楚王，胥靡[3]申公。申公耻之，归鲁，退居家教，终身不出门。复谢绝宾客，独王命[4]召之乃往。弟子自远方至受业者百余人。申公独以《诗经》为训以教，无传，疑者则阙不传。[5]

兰陵王臧既受《诗》，以事孝景帝为太子少傅，免去。今上初即位，臧乃上书宿卫上[6]，累迁，一岁中为郎中令。及代赵绾亦尝受《诗》申公，绾为御史大夫。绾、臧请天子，欲立明堂以朝诸侯,[7]不能就其事,乃言师申公。于是天子使使束帛加璧安车驷马迎申公,弟子二人乘轺传从。[8]至,见天子。天子问治乱之事,申公时已八十余,老,对曰:“为治者不在多言,顾力行何如耳。”是时天子方好文词[9],见申公对,默然。然已招致,则以为太中大夫,舍鲁邸,议明堂事。太皇窦太后好老子言,不说儒术,得赵绾、王臧之过以让上,[10]上因废明堂事,尽下赵绾、王臧吏,后皆自杀。申公亦疾免以归,数年卒。

弟子为博士者十余人:孔安国至临淮太守,周霸至胶西内史,夏宽至城阳内史,砀鲁赐[11]至东海太守,兰陵缪生至长沙内史,徐偃为胶西中尉,邹人阙门庆忌[12]为胶东内史。其治官民皆有廉节,称其好学。学官弟子行虽不备,[13]而至于大夫、郎中、掌故以百数。言《诗》虽殊,多本于申公。

清河王太傅辕固生者,[14]齐人也。以治《诗》,孝景时为博士。与黄生争论景帝前[15]。黄生曰:“汤武非受命,乃弑也。[16]”辕固生曰:“不然。夫桀纣虐乱,天下之心皆归汤武,汤武与天下之心[17]而诛桀纣,桀纣之民不为之使而归汤武,汤武不得已而立,非受命为何?”黄生曰:“冠虽敝,必加于首;履虽新,必关[18]于足。何者,上下之分也。今桀纣虽失道,然君上也;汤武虽圣,臣下也。夫主有失行,臣下不能正言匡过以尊天子,反因过而诛之,代立践南面[19],非弑而何也?”辕固生曰:“必若所云,是高帝代秦即天子之位,非邪?”于是景帝曰:“食肉不食马肝,不为不知味;[20]言学者无言汤武受命[21],不为愚。”遂罢。是后学者莫敢明“受命”“放杀”[22]者。

窦太后好《老子》书,召辕固生问《老子》书。固曰:“此是家人言[23]耳。”太后怒曰:“安得司空城旦书[24]乎!”乃使固入圈刺豕。景帝知太后怒而固直言无罪,乃假固利兵[25],下圈刺豕,正中其心,一刺,豕应手而倒。太后默然,无以复罪,罢之。居顷之,景帝以固为廉直,拜为清河王太傅。久之,病免。

今上初即位,复以贤良征固。诸谀儒多疾毁固,曰"固老",罢归之。时固已九十余矣。固之征也,薛人公孙弘亦征,侧目而视固。[26]固曰:"公孙子,务正学以言,无曲学以阿世!"自是之后,齐言《诗》皆本辕固生也。诸齐人以《诗》显贵,皆固之弟子也。

韩生[27]者,燕人也。孝文帝时为博士,景帝时为常山王太傅。韩生推《诗》之意而为《内外传》数万言,其语颇与齐鲁间殊,然其归一也[28]。淮南贲生受之。自是之后,而燕赵间言《诗》者由韩生。韩生孙商为今上博士。

伏生者,济南人也,故为秦博士。孝文帝时,欲求能治《尚书》者,天下无有,乃闻伏生能治,欲召之。是时伏生年九十余,老,不能行,于是乃诏太常使掌故朝错[29]往受之。秦时焚书,伏生壁藏之。其后兵大起,流亡,汉定,伏生求其书,亡数十篇,独得二十九篇,即以教于齐鲁之间。学者由是颇能言《尚书》,诸山东大师无不涉《尚书》以教矣。

伏生教济南张生及欧阳生,欧阳生教千乘兒宽。[30]兒宽既通《尚书》,以文学应郡举,诣博士受业,受业孔安国。兒宽贫无资用,常为弟子都养,及时时间行佣赁,[31]以给衣食。行常带经,止息则诵习之。以试第次,补廷尉史。[32]是时张汤方乡学,以为奏谳掾,以古法议决疑大狱,[33]而爱幸宽。宽为人温良,有廉智,自持,而善著书、书奏,敏于文,口不能发明也。汤以为长者,数称誉之。及汤为御史大夫,以兒宽为掾[34]。荐之天子,天子见问,说之。[35]张汤死后六年,兒宽位至御史大夫,九年而以官卒。宽在三公位,以和良承意从容得久,然无有所匡谏;于官,官属易之[36],不为尽力。张生亦为博士。而伏生孙以治《尚书》征,不能明[37]也。

自此之后,鲁周霸、孔安国,雒阳贾嘉,颇能言《尚书》事。孔氏有古文《尚书》,而安国以今文读之,因以起其家。[38]逸《书》得十余篇,盖《尚书》滋多于是矣。[39]

诸学者多言《礼》,而鲁高堂生最本。[40]《礼》固自孔子时而其经不具，及至秦焚书，书散亡益多，于今独有《士礼》，高堂生能言之。

而鲁徐生善为容[41]。孝文帝时，徐生以容为礼官大夫[42]。传子至孙徐延、徐襄。襄，其天姿善为容，不能通《礼经》；延颇能[43]，未善也。襄以容为汉礼官大夫，至广陵内史。延及徐氏弟子公户满意、桓生、单次，[44]皆尝为汉礼官大夫。而瑕丘萧奋[45]以《礼》为淮阳太守。是后能言《礼》为容者，由徐氏焉。

自鲁商瞿[46]受《易》孔子，孔子卒，商瞿传《易》，六世至齐人田何，字子庄，而汉兴。田何传东武人王同子仲，子仲传菑川人杨何。[47]何以《易》元光元年征，官至中大夫[48]。齐人即墨成以《易》至城阳相。[49]广川人孟但以《易》为太子门大夫。[50]鲁人周霸，莒人衡胡，临菑人主父偃，皆以《易》至二千石。然要言《易》者本于杨何之家。[51]

董仲舒，广川人也。以治《春秋》，孝景时为博士。下帷讲诵，弟子传以久次相受业，[52]或莫见其面。盖三年董仲舒不观于舍园[53]，其精如此。进退容止，非礼不行，学士皆师尊之。今上即位，为江都相[54]。以《春秋》灾异之变推阴阳所以错行，[55]故求雨闭诸阳，纵诸阴[56]，其止雨反是。行之一国，未尝不得所欲[57]。中废为中大夫，居舍，[58]著《灾异之记》。是时辽东高庙灾，主父偃疾之，[59]取其书奏之天子。天子召诸生示其书，有刺讥[60]。董仲舒弟子吕步舒不知其师书，以为"下愚"。于是下董仲舒吏，当死，诏赦之。于是董仲舒竟不敢复言灾异。

董仲舒为人廉直。是时方外攘四夷，公孙弘治《春秋》不如董仲舒，而弘希世用事，位至公卿。董仲舒以弘为从谀[61]。弘疾之，乃言上曰："独董仲舒可使相胶西王[62]。"胶西王素闻董仲舒有行[63]，亦善待之。董仲舒恐久获罪，疾免居家。至卒，终不治产业，以修学著书为事。故汉兴至于五世之间，唯董仲舒名为明于《春秋》，其传公羊氏也。[64]

胡毋生[65]，齐人也。孝景时为博士，以老归教授[66]。齐之言《春秋》者多受胡毋生，公孙弘亦颇受焉。

瑕丘江生为《穀梁春秋》。[67]自公孙弘得用，尝集比其义，卒用董仲舒。[68]

仲舒弟子遂者：兰陵褚大，广川殷忠，温吕步舒。褚大至梁相。步舒至长史，持节使决淮南狱，于诸侯擅专断不报[69]，以《春秋》之义正之[70]，天子皆以为是。弟子通者，至于命大夫；[71]为郎、谒者、掌故者以百数。而董仲舒子及孙皆以学至大官。

（以上为第二段，是西汉前期各门经艺之著名儒生的小传。）

①申公——即前文所说的申培。 ②刘郢——也作"刘郢客"，刘交之子，刘邦之侄。公元前178—前174年继其父为楚王，国都彭城（在今江苏徐州）。 ③胥靡——披绳带锁地服苦役。 ④王命——指鲁王的命令。当时鲁国在位的是恭王刘馀，景帝之子。 ⑤为训以教——即专门讲解字意词意，不作微言大义上的发挥。训：训诂，解释词意。 无传——不像《韩诗外传》《毛传》等那样讲本事、讲美刺。疑者则阙不传——凡是自己不明白的地方则空下来不讲。 ⑥上书宿卫上——因给武帝上书，被录用为宫廷的警卫官员，即郎中一类。⑦明堂——儒家传说的一种古代圣王讲礼、议政的殿堂，至于建筑体式与其确切功用，诸儒始终争论不一。 朝诸侯——接受诸侯们的朝见。⑧束帛加璧——古代使用的一种聘礼。贾公彦曰："束者，十端，每端丈八尺，皆两端合卷，总为五匹，故云'束帛'。" 安车——车轮裹以软物，以减少颠簸，利于老者乘坐。 轺传（yáo zhuàn）——驿站使用的小马车。 ⑨好文词——爱听花言巧语，夸夸其谈。这里主要是指儒家的谄媚逢迎之说。 ⑩太皇窦太后——当云"窦太皇太后"。皇帝之母称"太后"，皇帝之祖母称"太皇太后"。 不说——即"不悦"。赵绾、王臧之过——指建议武帝有事自己做主，不必向窦太后请示。实际是向窦太后夺权。 让——谴责，责备。 ⑪砀鲁赐——砀县人姓鲁名赐。 ⑫阙门庆忌——姓阙门，名庆忌。 ⑬学官弟子——申公的弟子在太学当博士教出来的弟子。 行虽不备——行为虽不能说

都好得无可挑剔。 ⑭清河王太傅——清河王刘乘的太傅。刘乘是景帝之子,武帝之弟。清河国的国都清阳,在今河北清河县东南。 辕固生——姓辕,名固。 ⑮与黄生争论景帝前——此追叙其早年之事。黄生:姓黄,史失其名,黄老学派的学者。 ⑯非受命——不是接受天命而顺理成章地成为帝王。 乃弑也——乃是通过弑其君长而夺得的,指汤伐桀、武王灭纣而言。 ⑰与天下之心——顺应着普天下的人心。与:因,顺应。 ⑱关——穿。 ⑲践南面——登帝位面南而坐。 ⑳食肉不食马肝——师古曰:“马肝有毒。” 不为不知味——不算你没有吃过好东西。 ㉑无言汤武受命——不辩论汤武算不算“受命”而王。 ㉒莫敢明“受命”“放杀”——没人敢再讨论汤武之称王是算“受命”呢?还是算“放杀其主”。 ㉓家人言——下等人爱讲的玩意。家人:平民百姓。 ㉔司空城旦书——指被秦始皇下令所烧的儒家经典。司空:古代掌管刑法的官。秦始皇下令烧书时曾有所谓“令下三十日不烧,黥为城旦”之语。城旦:指被刺配“昼日伺寇虏,夜暮筑长城”的囚徒。辕固蔑视《老子》为平民所读之书,窦太后则进一步怒骂儒经为囚徒所读之书。 ㉕假固利兵——给了辕固一把锋利的武器。假:给予,提供。利兵:锐利的兵器。 ㉖薛——汉县名,县治在今山东枣庄薛城区。 侧目而视固——谓公孙弘畏惧辕固,不敢正眼相看。 ㉗韩生——名婴。以传《诗》显,且通《易》。《汉书·儒林传》称韩婴“尝与董仲舒论于上前,其人精悍,处事分明,仲舒不能难也”。㉘其归一也——其基本思想是一样的。归:旨归,基本意思。 ㉙朝错——也作“晁错”,景帝时任御史大夫。 ㉚欧阳生——字伯和,千乘郡(在今山东高青)人,史失其名。 兒(ní)宽——姓兒,名宽,后官至御史大夫。 ㉛都养——即给许多同学做饭。 间行佣赁——暗中去给人做短工。 ㉜以试第次——按照考试成绩的名次。 补廷尉史——被分配在廷尉属下任文学卒史。廷尉:国家的最高司法长官,九卿之一,当时的廷尉即酷吏张汤。 ㉝乡学——爱好儒学。乡:通“向”。 以为奏谳掾——让兒宽充当撰写上报材料的小吏。奏谳:法官审判结案后,报请皇帝审批的案卷文书。 以古法议决疑大狱——议:裁决,议定。决疑大狱:判决有疑问的大案。 ㉞以兒宽为掾——

又将兒宽调为御史大夫的僚属。 ㉟天子见问——武帝见到兒宽,向他问起有关司法方面的事务。 说——“悦”的古字。 ㊱官属易之——下属们都瞧不起他。易:轻视。 ㊲不能明——对《尚书》讲不出个道道。 ㊳古文《尚书》——用先秦东方六国文字所写的《尚书》文本。 以今文读之——拿今文《尚书》来和它参照阅读。 因以起其家——从而形成了一个新的门派。 ㊴逸《书》得十余篇——师古曰:“壁中书多,以考见行世二十九篇之外,更得十六篇。” 滋多于是——比现行的《今文尚书》篇数更多起来了。 ㊵多言《礼》——讲《礼》的学者很多。 高堂生——姓高堂,名伯。 最本——最早。 ㊶善为容——善于各种礼仪的实际表演、运作。 ㊷礼官大夫——礼官的僚属。礼官:指太常,也称奉常,掌宗庙礼仪,九卿之一。 ㊸颇能——谓略通一点。颇:略,稍稍。 ㊹公户满意——姓公户,名满意。 桓生——其名不详。 单次——姓单名次。 ㊺瑕丘萧奋——瑕丘人姓萧名奋。瑕丘:汉县名,县治在今山东济宁兖州区。 ㊻商瞿——孔子的弟子,字子木。 ㊼东武——汉县名,县治在今山东诸城。 王同子仲——名同,字子仲。 菑川——汉代诸侯国名,国都剧县(在今山东寿光南)。 杨何——字叔元,司马谈曾从之学《易》。 ㊽中大夫——皇帝的侍从官员,掌议论,上属郎中令。 ㊾即墨成——姓即墨,名成。 城阳——诸侯国名,国都在今山东莒县。 ㊿广川——汉代诸侯国名,都城在今河北景县西南广川镇。 为太子门大夫——为广川王太子掌管宫廷门户。 51要——总之,总而言之。 杨何——应作“田何”,汉初之传《易》者,“杨何”乃其后学。 52下帷讲诵——犹言“设帐授徒”。 传以久次相受业——让老弟子教新弟子。 53不观于舍园——不到自家的后园观看。 54江都相——江都王刘非之相。江都国的国都广陵,在今江苏扬州西北。 55《春秋》灾异之变——《春秋》上所记载的灾异变化,如山崩、日食、星陨等等。 推阴阳所以错行——推算未来的灾异变化。错行:反常。 56求雨闭诸阳,纵诸阴——师古曰:“谓若‘闭南门、禁举火’及‘开北门、水洒人’之类是也。”按:有关求雨、止雨的办法,见其所著《春秋繁露》,这是董仲舒学说中最荒唐的部分之一。 57未尝不得所欲——有个一回两回碰巧是可能的。如说“未尝不得所欲”,就不是科学的语言了。 ㉘中废为中大夫——中途被贬官,降成了中大夫。诸侯相是二千石,中大夫是千石,降得不少。 居舍——在自己家里。 ㊾辽东高庙灾——辽东郡的高祖庙因失火焚毁。辽东:汉郡名,郡治在今辽宁辽阳。高庙:高祖刘邦的庙。 疾之——恨董仲舒。 ⑥0有刺讥——看了此书的诸生们认为书中有对现实政治的讽刺。 ⑥1从谀——看风使舵,看人下菜碟。 ⑥2董仲舒可使相胶西王——盖欲借刀杀人,令胶西王不忍董仲舒之约束,愤而杀之。胶西王:刘端,景帝子,为人残暴,朝廷派到胶西的官吏多被刘端所杀。 ⑥3有行——品德高尚。 ⑥4汉兴至于五世之间——指高祖、惠帝、文帝、景帝、武帝五代。 公羊氏——即《春秋公羊传》,据说战国时由公羊高开始讲习,长期口耳相传,至西汉景帝时始被公羊寿与胡毋子都著之于竹帛。 ⑥5胡毋生——姓胡毋,字子都,史失其名。 ⑥6以老归教授——因年老回到家乡教书。 ⑥7瑕丘江生——瑕丘县人姓江,史失其名。 《穀梁春秋》——即《春秋穀梁传》,相传为战国时人穀梁赤所作,汉代亦被儒生讲习,但不及《公羊传》走红。 ⑥8得用——指因学《公羊春秋》而身居高位。 集比其义——归纳比较《穀梁传》与《公羊传》两部著作的思想义理。 卒用董仲舒——最终还是采用了董仲舒所倡导的《公羊春秋》。 ⑥9于诸侯擅专断不报——对诸侯王那种独断专行,该向朝廷请示而不请示者。于:对。 ⑦0以《春秋》之义正之——引用《公羊春秋》中的义理,来对其进行纠弹、裁定。正:纠,纠弹。 ⑦1弟子通者——此指吕步舒的弟子。通:通显,通达,与上文“遂”字义同。 命大夫——即指“大夫”,因《周礼》有所谓一命为士,再命为大夫,三命为卿之语。

［**简评**］ 儒家学派为何称为“儒”,历来语焉不详,蒋伯潜认为:“儒”字本有二义,其一为“学者”之通称,盖凡有学识道术者皆曰“儒”,故《孟子荀卿列传》曰“鄙儒小拘如庄周等”;《论语》子谓子夏曰“汝为君子儒,毋为小人儒”。其二谓有学识道术,又能教人者,谓之“儒”,犹今言“教育家”耳。私人聚众讲学始于孔

子，其弟子如子游、子夏、曾子等皆尝设教，故称之曰“儒”，其后沿袭，遂成学派名称。此说有一定道理，但是否准确，尚待求正于大方之家。《史记》中叙述先秦之儒学的篇章已有《孔子世家》《仲尼弟子列传》《孟子荀卿列传》，本篇则概述了孔子以来的儒学发展历史，叙述了汉初以来五经儒学大师的学问、师承，而重点则是描述了汉代儒学在汉武帝“罢黜百家、尊崇儒术”这种特定形势下的发展“盛况”，以及儒生在汉代社会受宠用的情形。司马迁对汉武帝的“多欲”政治颇多讽刺，对于这种为“多欲”政治做“缘饰”、做装点的“儒术”也是极其厌恶的。司马迁所尊敬、所喜爱的是先秦时期的那种原始的儒术，以及先秦儒家学者那种有主见、有节操，且又积极入世的人格；而对于被汉武帝所尊起的那种已经变了质的“儒术”和那些专门以阿谀逢迎为事，以追求功名利禄为宗旨的儒生如公孙弘、兒宽之流，则是深恶痛绝的。此文应与《平津侯主父列传》《游侠列传》等参照阅读。

［**集评**］　《太史公自序》：“自孔子卒，京师莫崇庠序，唯建元元狩之间，文辞粲如也，作《儒林列传》第六十一。”

杨慎曰：“太史公《平准书》云‘公孙弘以《春秋》之义绳臣下，取汉相’；《自序》云‘公孙弘以《春秋》白衣为天子三公’，屡书不一，书皆反辞见意，深叹夫儒效不白于天下，而文奸饰诈，为经术之羞也。”（《史记评林》引）

方苞曰：“是书叙儒术至汉兴，首曰‘于是喟然叹兴于学’，继曰‘天下之学士靡然乡风’，终曰‘自此以来公卿大夫士吏斌斌多文学之士’，骤观其辞，若近于赞美，故废书而叹，皆以为叹六艺之难兴也。然其称‘叹兴于学’也，承太常诸生之为‘选首’；称‘学士乡风’，承公孙弘‘以白衣为三公’；称‘斌斌多文学之士’，承‘选择备员’，则迁之意居可知矣。其述诸经师备及弟子、子孙之为大官，而首于申公之门，别其治官民能称所学者不过数人，而复正言以断之曰‘学官弟子行虽不备，而至于大夫、郎中、掌故以百数’，其刺讥痛惜之意不亦深切著明矣乎？……由弘以前，儒之道虽郁滞而未尝亡；由弘以后，儒之途通而其道亡矣，此所以‘废书而叹’也。而习其读者乃以为赞美之辞，噫，失之矣！”（《方望溪先生文集》）

李景星曰：“《儒林传》以传经为主。以孔子为经学源流总汇，以汉武为经学盛衰关头。自孔子而后，其世代则由周而秦，而陈涉、项籍，以至于汉；其传人则由子路、子张、子羽、子夏、子贡而田子方、段干木、吴起、禽滑厘、荀卿、孟子、孔甲以至叔孙通、王臧、赵绾。由汉武以来，则分为五经，列为八传，支分派别，纲举目张，而以曲学阿世之公孙弘附于其间，作为点缀，隐见粉饰经学如公孙弘者，反致通显，而其余无闻焉，则感慨何可胜言。看他叙数千百年事，略无渗漏，是何等力量。至于行文之妙，则总序所载奏议云‘文章尔雅，训辞深厚’，殆不啻自评矣。”（《四史评议》）

范文澜曰：“董仲舒对西汉统一事业的贡献，就在于他把战国以来各家学说以及儒家各派在孔子名义下，在《春秋公羊》学名义下统一起来。经董仲舒这个巨大的加工，向来被看作‘不达时宜，好是古非今’的儒学，一变而成为‘霸（黄老刑名）王（儒）道杂之’合于汉家制度的儒学了。”“董仲舒取《春秋》所记天变灾异广泛地予以附会穿凿，使《公羊》学澈底的阴阳五行化。这在董仲舒学说里，是最重要的、影响最大的部分，儒学蒙上浓厚的迷信色彩，几乎起着宗教的作用了。但是，这个迷信部分，俗儒可以用来对朝廷奉迎取宠，正直的儒生也可以用来进行谏诤，因为在专制政治的朝廷上，臣下议论朝政，是一种冒险的行为。董仲舒创阴阳五行化的儒学，借天变灾异来附会经义，以此为论据，对称为天的儿子的皇帝表示异议，多少起些减轻危险性的作用（当然，天子也利用天变灾异来斥逐大臣）。”“他们拥护封建统治，但希望有德代失德，并不拥护一姓常存。他们同情人民疾苦，但着重在劝告朝廷，并不同情农民起义。所以儒学始终是适合封建统治阶级的政治学说，同情人民是有限度的，拥护封建统治则是绝对的。”（《中国通史简编》）

张大可曰：“序文开宗从孔子叙起，概述他编《六经》，教授七十子的伟大贡献，叙儒学的历史发展及师承，创立了中国第一篇教育史传，从而奠定了孔子的至圣地位。……孔子倡导的儒学，由七十子扩散到了全国各地，他们传播文化，传播道德，为王侯卿相之师，为庶民百姓之表率。凡儒学所及，风教粲然，人民守义。鲁地人民为项羽守城就是生动的证明。所以，在政治上，司马迁批评汉武帝多欲；在思想上，主张兼采百家学说；但在教育事业上却十分推崇儒学。没有儒学，就没有中国古代的教育。尽管公孙弘为人饰诈多巧，司马迁在《平津侯列传》中多所讥评，但他对公孙弘倡导教育却是肯定的。”（《史记新注》）

酷吏列传第六十二

孔子曰："导之以政，齐之以刑，民免而无耻。导之以德，齐之以礼，有耻且格[①]。"老氏称："上德不德，是以有德；下德不失德，是以无德。法令滋章，盗贼多有[②]。"太史公曰：信哉是言也！法令者治之具，而非制治清浊之源也[③]。昔天下之网尝密矣，[④]然奸伪萌起，其极也，上下相遁[⑤]，至于不振[⑥]。当是之时，吏治若救火扬沸，非武健[⑦]严酷，恶能胜其任而愉快乎？言道德者，溺其职矣[⑧]！故曰："听讼，吾犹人也，必也使无讼乎[⑨]。""下士闻道大笑之[⑩]。"非虚言也。汉兴，破觚而为圜，斫雕而为朴[⑪]，网漏于吞舟之鱼，而吏治烝烝[⑫]，不至于奸，黎民艾安[⑬]，由是观之，在彼不在此[⑭]。

高后时，酷吏独有侯封，刻轹[⑮]宗至，侵辱功臣。吕氏已败，遂禽侯封之家。孝景时，晁错以刻深颇用术辅其资，而七国之乱，发怒于错，错卒以被戮[⑯]。其后有郅都、宁成之属。

（以上为第一段，是本传的小序，表现了作者希望恢宏大体，正本清源，而反对繁刑峻法的政治态度。）

①"导之以政"六句——语出《论语·为政》。大意谓单以政刑治人，则人思苟免，不耻为恶；倘以德礼化之，则下知愧辱，而能达到真正

的治平。免:谓希图幸免。格:正也。 ②“上德不德”六句——语出《老子》第三十八章。师古曰:“上德体合自然,是以为德;下德务于修建,更以丧之。法令繁则巧诈益起,故多盗贼也。”上德:上等的德。不德:不讲究德,让人看来像是无德。滋章:繁兴。 ③“法令者治之具”二句——大意谓要治好国家是需要法令的,但法令绝不是治好国家的根本。制治:实现太平。制:应作“致”。清浊:使浊世变清。 ④昔——指秦时。 网——指法网,法令。 ⑤相遁——互相蒙混欺骗。遁:逃避。 ⑥不振——不可救治。 ⑦武健——威猛迅捷。指善于追捕缉拿。 ⑧言道德者,溺其职矣——泷川资言引《正义》曰:“言败乱之时,武健严酷,才能薄快耳;若以道德治,则没溺沈滞于政也。”溺:沉滞,淹没。这里即“不胜任”“办不了”的意思。 ⑨“听讼,吾犹人也,必也使无讼乎”三句——语出《论语·颜渊》。这是孔子说的话。大意为假使让我去听狱讼,那我也只能和一个平常人差不多;而我要做的是立政施德,而使其绝于争讼。讼:打官司。 ⑩下士闻道大笑之——语出《老子》第四十一章。下士:见识浅薄的人。大道玄深,非其所及,故致笑也。 ⑪“破觚(gū)而为圜”二句——泷川资言曰:“言反自然。”觚:方。这里指棱角。雕:雕琢粉饰。朴:质朴无华。 ⑫烝烝——纯正厚道的样子。 ⑬艾(yì)安——治平、安定。艾:通“乂”。治理。 ⑭在彼不在此——《集解》引韦昭曰:“在道德,不在严酷。”彼:谓彼时(汉初)之崇简约。此:谓此时(武帝)之尚酷法。 ⑮刻轹(lì)——侵凌践轧。轹:车轮碾轧。 ⑯“晁错以刻深颇用术辅其资”四句——详见《袁盎晁错列传》。术:法术,法家的治国理论。资:材质。按:晁错公而忘家,为汉代名臣,史公为忌其“刻削”宗室,乃至将其写入《酷吏列传》,《史记》失平,莫甚于此者。

郅都者,杨[①]人也。以郎[②]事孝文帝。孝景时,都为中郎将[③],敢直谏,面折大臣于朝。尝从入上林[④],贾姬如厕,野彘卒[⑤]入厕。上目都,都不行。上欲自持兵救贾姬,都伏上前曰:“亡一姬复一姬进,天下所少宁贾姬等乎?陛下纵自轻,奈宗庙太后何[⑥]!”上还,彘亦去。太后闻之,赐都金百斤,由此重郅都。

济南瞯氏宗人三百余家,[⑦]豪猾,二千石莫能制,于是景帝乃拜都为济南太守。至则族灭瞯氏首恶,余皆股栗。居岁余,郡中不拾遗。旁十余郡守畏都如大府[⑧]。

都为人勇,有气力,公廉,不发私书[⑨],问遗[⑩]无所受,请寄[⑪]无所听。常自称曰:“已倍亲而仕,身固当奉职死节官下,终不顾妻子矣。”

郅都迁为中尉[⑫]。丞相条侯至贵倨也,[⑬]而都揖丞相。是时民朴,畏罪自重[⑭],而都独先严酷,致行法[⑮]不避贵戚,列侯宗室见都侧目而视,号曰“苍鹰”。

临江王征诣中尉府对簿,[⑯]临江王欲得刀笔为书谢上,而都禁吏不予。魏其侯使人以间与临江王。[⑰]临江王既为书谢上,因自杀。窦太后闻之,怒,以危法中都,[⑱]都免归家。孝景帝乃使使持节拜都为雁门太守,而便道之官[⑲],得以便宜从事。匈奴素闻郅都节,居边,为引兵去,竟郅都死不近雁门。匈奴至为偶人象郅都,令骑驰射莫能中,见惮如此,匈奴患之。窦太后乃竟中都以汉法。景帝曰:“都忠臣。”欲释之。窦太后曰:“临江王独非忠臣邪?”于是遂斩郅都。

(以上为第二段,写郅都为官任事的行实始末。)

①杨——汉县名,县治在今山西洪洞。 ②郎——官名,帝王的侍从人员,属郎中令。秩比六百石。 ③中郎将——帝王的侍从武官,属郎中令。 ④上林——即上林苑,秦汉时皇帝的猎场,在今陕西西安西及周至、鄠邑区界。 ⑤卒——后多作“猝”。突然。 ⑥奈宗庙太后何——意谓您本人倘有什么闪失,那将如何向列祖列宗以及家里的太后交代呢? ⑦济南——汉郡名,郡治东平陵(在今山东济南章丘区西)。 瞯(xián)——姓。 ⑧畏都如大府——畏惧郅都如同畏惧自己的上级。大府:指丞相、太尉、御史大夫的官府。下文有所谓“不可以居大府”者,指丞相府。 ⑨不发私书——不拆看私人请托的来信。发:启,开。 ⑩问遗——此指送礼,馈赠。问:劳问,慰劳。 ⑪请

寄——请托。寄：托，代人办事。 ⑫中尉——官名，掌巡徼京师，维持首都治安。后来改名执金吾。 ⑬条侯——即周亚夫，文景时期的名将，绛侯周勃之子。平定七国之乱后，先为太尉，后又任丞相。 贵倨——高傲。 ⑭畏罪自重——害怕犯罪，注意保护自己。按：既然“是时民朴，畏罪自重”，而郅都却又“独先严酷”，见史公之不满处在其故意多事。 ⑮致行法——按：“致”“行”二字同义，疑有一字是衍文。 ⑯临江王——名刘荣，原是汉景帝的太子，栗姬所生。因栗姬性妒，被王夫人（武帝之母）与长公主（武帝之姑）所谮毁，栗姬自杀，刘荣因牵连被废为临江王。 对簿——指接受审问、勘核。《五宗世家》云：刘荣被废为临江王后，又“坐侵庙壖垣为宫，上征荣……诣中尉府（对）簿”。 ⑰魏其侯——名窦婴，《史记》有传。刘荣为太子时，窦婴为太子傅；刘荣被废，窦婴曾极力谏诤。今刘荣又遭诬陷，故窦婴尽力以救之。 以间——私下里，偷偷地。 ⑱危法——师古曰：“谓构成其罪也。”即今所谓“罗织罪名”。 中——陷，伤害。 ⑲便道之官——由家里直接去雁门上任，不必再到朝廷拜谢。

宁成者，穰[①]人也。以郎谒者事景帝[②]。好气[③]，为人小吏，必陵其长吏；为人上，操下如束湿薪[④]。滑贼任威[⑤]。稍迁至济南都尉，[⑥]而郅都为守。始前数都尉皆步入府[⑦]，因吏谒守[⑧]如县令，其畏郅都如此。及成往，直陵[⑨]都出其上。都素闻其声，于是善遇，与结欢。久之，郅都死，后长安左右宗室多暴犯法，于是上召宁成为中尉。其治效郅都，其廉弗如，然宗室豪桀皆人人惴恐。

武帝即位，徙为内史[⑩]。外戚多毁成之短，抵罪髡钳[⑪]。是时九卿罪死即死[⑫]，少被刑，而成极刑[⑬]，自以为不复收[⑭]，于是解脱[⑮]，诈刻传[⑯]出关归家。称曰：“仕不至二千石，贾不至千万，安可比人乎！”乃贳贷买陂田千余顷，假贫民[⑰]，役使数千家。数年，会赦。致产数千金，为任侠，持吏长短[⑱]，出从数十骑。其使民威重于郡守[⑲]。

周阳由者，其父赵兼以淮南王舅父侯周阳，[20]故因称周阳氏。由以宗家任为郎[21]，事孝文及景帝。景帝时，由为郡守。武帝即位，吏治尚循谨[22]甚，然由居二千石中，最为暴酷骄恣。所爱者，挠[23]法活之；所憎者，曲法诛灭之。所居郡，必夷其豪。为守，视都尉如令[24]。为都尉，必陵太守，夺之治[25]。与汲黯俱为忮，司马安之文恶，俱在二千石列，同车未尝敢均茵伏[26]。

由后为河东[27]都尉，时与其守胜屠公[28]争权，相告言罪。胜屠公当[29]抵罪，义不受刑，自杀，而由弃市。

自宁成、周阳由之后，事益多，民巧法[30]，大抵吏之治类多成、由等矣。

（以上为第三段，写宁成、周阳由为官任事的行实始末。）

①穰——汉县名，县治在今河南邓州。　②以郎谒者事景帝——言先为郎，后又为谒者也。　③好气——好使气。指任意而行，不屈人下。　④束湿薪——以喻其顺从服帖之状。《汉书》无“薪”字，作“操下急如束湿”。师古曰：“操，执持也。束湿，言其急之甚也，湿物则易束。”　⑤滑贼任威——狡猾狠毒，专用严刑。贼：阴狠。　⑥稍——渐，逐步地。　都尉——太守的副职，佐太守掌郡中武事。　⑦步入府——步行入太守府门，不得乘车或骑马。　⑧因吏谒守——通过府吏们的禀报来参见太守。极言其敬畏屈节之状。　⑨陵——侵凌，凌驾。　⑩内史——官名，掌治京师。　⑪髡钳——两种刑罚名，髡是给犯人剃去头发，钳是以铁束颈，并要从事苦役劳动。　⑫罪死即死——按：此句疑应作“罪即死”。盖谓凡是犯罪该受刑罚的，不论轻重皆自杀，而不等着受刑罚。非谓只有判处死刑的才自杀。　⑬极刑——谓自愿承受各种刑罚。极：尽。按：宁成为内史，内史非九卿数，其所以连类而言者，以其官阶相近。　⑭不复收——不再被皇帝录用。收：收录，录用。　⑮于是解脱——谓刑满开释之后。　⑯诈刻传（zhuàn）——假造通行证。传：师古曰：“所以出关之符也。”　⑰假贫民——谓租与贫民耕种。　⑱持吏长短——意谓知晓所在官吏们的阴私之事，手中握有他们的把柄。长短：复词偏义。指短处。　⑲其使民

威重于郡守——按：宁成事暂止于此，其后事见下文义纵条下。 ⑳淮南王——指刘长，刘邦之子，文帝之异母弟。《史记》有传。刘长之母为赵兼之姊。 周阳——据《惠景间侯者年表》索隐云："县名，属上郡。"按：上郡有阳周，在今陕西子长北，而无周阳。《正义》曰："周阳故城在绛州闻喜县东二十九里。" ㉑以宗家任为郎——宗家：《索隐》曰："与国家有外戚姻属，比于宗室，故曰宗家也。"任：保任。 ㉒循谨——温循谨慎。循：循循然，有次序的样子。 ㉓挠——曲，枉。 ㉔"为守，视都尉如令"二句——与宁成之"为人小吏，必陵其长吏；为人上，操下如束湿薪"同一气性。令：指县令。 ㉕夺之治——侵夺人家的治郡之权。 ㉖"与汲黯俱为忮（zhì）"四句——意谓即使像汲黯那样地忌刻，像司马安那样地善于以法害人，他们又都和周阳由是同一等级，但是他们与周阳由同车时，也不敢与之平起平坐。忮：忌恨，刻毒。文恶：玩弄条文以害人。《索隐》曰："均，等也。茵，车蓐也。言二人与由同载一车上不敢与之均茵轼也，谓下之也。" ㉗河东——汉郡名，郡治安邑（在今山西夏县西北）。 ㉘胜屠公——胜屠：姓，同"申徒"。史失其名，故泛称"公"。 ㉙当（dāng）——判处。 ㉚巧法——谓巧诈以避法。

赵禹者，斄[①]人。以佐史补中都官，[②]用廉为令史，[③]事太尉亚夫。亚夫为丞相，禹为丞相史[④]，府中皆称其廉平。然亚夫弗任[⑤]，曰："极知禹无害[⑥]，然文深[⑦]，不可以居大府。"今上时，禹以刀笔吏积劳，稍迁为御史。上以为能，至太中大夫[⑧]。与张汤论定诸律令，作见知[⑨]，吏传得相监司[⑩]。用法益刻，盖自此始。

张汤者，杜[⑪]人也。其父为长安丞，出，汤为儿守舍。还而鼠盗肉，其父怒，笞汤。汤掘窟得盗鼠及余肉，劾鼠掠治，[⑫]传爰书[⑬]，讯鞫论报，[⑭]并取鼠与肉，具狱磔堂下。[⑮]其父见之，视其文辞如老狱吏，大惊，遂使书狱[⑯]。父死后，汤为长安吏，久之。

周阳侯始为诸卿时，[⑰]尝系长安[⑱]，汤倾身为之。及出为侯，大与汤交，遍见汤贵人。汤给事内史，为宁成掾[⑲]，以汤为无害，言大府，调为茂陵尉[20]，治方中[21]。

武安侯[22]为丞相，征汤为史，时荐言之天子，补御史，使案事。治陈皇后蛊狱[23]，深竟[24]党与。于是上以为能，稍迁至太中大夫。与赵禹共定诸律令，务在深文，拘守职之吏[25]。已而赵禹迁为中尉，徙为少府[26]，而张汤为廷尉[27]，两人交欢，而兄事禹。禹为人廉倨。为吏以来，舍毋食客。公卿相造请禹，禹终不报谢，务在绝知友宾客之请，孤立行一意而已。见文法辄取，亦不覆案，求官属阴罪[28]。汤为人多诈，舞智以御人。始为小吏干没[29]，与长安富贾田甲、鱼翁叔之属交私。及列九卿，收接天下名士大夫，己心内虽不合，然阳浮慕之。

是时上方乡文学，汤决大狱，欲傅古义[30]，乃请博士弟子治《尚书》《春秋》补廷尉史。[31]亭疑法[32]，奏谳疑事[33]，必豫先为上分别其原。上所是，受而著谳决法廷尉，絜令扬主之明[34]；奏事即谴，汤应谢，乡上意所便，必引正、监、掾史贤者[35]，曰："固为臣议，如上责臣，臣弗用，愚抵于此[36]。"罪常释。闻即奏事，[37]上善之，曰："臣非知为此奏，乃正、监、掾史某为之。"其欲荐吏，扬人之善蔽人之过如此。所治即上意所欲罪，予监史深祸者；即上意所欲释，与监史轻平者[38]。所治即豪，必舞文巧诋；即下户羸弱，时口言，虽文致法，上财察[39]，于是往往释汤所言[40]。汤至于大吏，内行修也。通[41]宾客饮食。于故人子弟为吏及贫昆弟，调护之尤厚。其造请诸公，不避寒暑。是以汤虽文深意忌不专平[42]，然得此声誉。而刻深吏多为爪牙用者，依于文学之士，丞相弘数称其美。[43]及治淮南、衡山、江都反狱[44]，皆穷根本。严助及伍被，[45]上欲释之。汤争曰："伍被本画反谋，而助亲幸出入禁闼[46]爪牙臣，乃交私诸侯如此，弗诛，后不可治。"于是上可论之[47]。其治狱所排大臣自为功，多此类。于是汤益尊任，迁为御史大夫。

会浑邪等降，汉大兴兵伐匈奴，山东水旱，贫民流徙，皆仰给县官[48]，县官空虚。于是丞上指[49]，请造白金及五铢钱[50]，笼天下盐铁[51]，排富商大贾，出告缗令[52]，锄豪强并兼之家，舞文巧诋[53]以辅法。汤每朝奏事，语国家用，日晏，天子忘食[54]。丞相取充位[55]，天下事皆决于汤。百姓不安其生，骚动，县官所兴，未获其利，奸吏並侵渔，[56]于是痛绳以罪。则自公卿以下，至于庶人，咸指汤[57]。汤尝病，天子至自视病，其隆贵如此。

匈奴来请和亲，群臣议上前。博士狄山曰："和亲便。"上问其便，山曰："兵者凶器，未易数动。高帝欲伐匈奴，大困平城，乃遂结和亲。孝惠、高后时，天下安乐。及孝文帝欲事匈奴，北边萧然苦兵矣。孝景时，吴楚七国反，景帝往来两宫[58]间，寒心者数月。吴楚已破，竟景帝不言兵[59]，天下富实。今自陛下举兵击匈奴，中国以空虚，边民大困贫。由此观之，不如和亲。"上问汤，汤曰："此愚儒，无知。"狄山曰："臣固愚忠，若御史大夫汤乃诈忠。若汤之治淮南、江都，以深文痛诋诸侯，别疏骨肉，使蕃臣不自安。臣固知汤之为诈忠。"于是上作色曰："吾使生居一郡，能无使虏入盗乎？"曰："不能。"曰："居一县？"对曰："不能。"复曰："居一障[60]间？"山自度辩穷且下吏，曰："能。"于是上遣山乘鄣。[61]至月余，匈奴斩山头而去。自是以后，群臣震慑。

汤之客田甲，虽贾人，有贤操。始汤为小吏时，与钱通[62]，及汤为大吏，甲所以责汤行义过失[63]，亦有烈士风。

汤为御史大夫七岁，败。

河东人李文尝与汤有郤，已而为御史中丞，恚，数从中文书事有可以伤汤者，不能为地。[64]汤有所爱史[65]鲁谒居，知汤不平，使人上蜚变[66]告文奸事，事下汤，汤治论杀文，而汤心知谒居为之。上问曰："言变事纵迹安起[67]？"汤详惊曰："此殆文故人怨之。"谒居病卧闾里主人[68]，汤自往视疾，为谒居摩足。赵国以冶铸为业，[69]王数讼铁官事[70]，汤常排赵王。赵王求汤阴事。谒居尝案[71]赵王，赵王怨之，并上书告："汤，大臣也，史谒居有病，汤至为摩足，疑与为大奸。"事下廷尉。谒居病死，事连其弟，弟系导官[72]。

汤亦治他囚导官，见谒居弟，欲阴为之，而详不省[73]。谒居弟弗知，怨汤，使人上书告汤与谒居谋，共变告李文。事下减宣。宣尝与汤有郤，及得此事，穷竟其事，未奏也。会人有盗发孝文园瘗钱，[74]丞相青翟[75]朝，与汤约俱谢[76]。至前，汤念独丞相以四时行园[77]，当谢；汤无与也，不谢。丞相谢，上使御史案其事。汤欲致其文丞相见知[78]，丞相患之。三长史皆害汤，[79]欲陷之。

始长史朱买臣，会稽人也。读《春秋》。庄助使人言买臣[80]，买臣以《楚辞》与助俱幸，侍中，为太中大夫，用事；而汤乃为小吏，跪伏使买臣等前。已而汤为廷尉，治淮南狱，排挤庄助，买臣固心望[81]。及汤为御史大夫，买臣以会稽守为主爵都尉，列于九卿。数年，坐法废，守[82]长史，见汤，汤坐床上，丞史遇买臣弗为礼。买臣楚士，深怨，常欲死之[83]。王朝，齐人也。以术至右内史。[84]边通，学长短[85]，刚暴强人也，官再至济南相[86]。故皆居汤右，已而失官，守长史，诎体于汤。汤数行[87]丞相事，知此三长史素贵，常凌折之。以故三长史合谋曰："始汤约与君[88]谢，已而卖君；今欲劾君以宗庙事，此欲代君耳。吾知汤阴事。"使吏捕案汤左田信等，[89]曰"汤且欲奏请，信辄先知之，居物[90]致富，与汤分之"，及他奸事。事辞颇闻。上问汤曰："吾所为，贾人辄先知之，益居其物，是类有以吾谋告之者。"汤不谢。汤又详惊曰："固宜有。"减宣亦奏谒居等事。天子果以汤怀诈面欺，使使八辈簿责汤。[91]汤具自道无此，不服。于是上使赵禹责汤。禹至，让汤曰："君何不知分[92]也。君所治夷灭者几何人矣？今人言君皆有状，天子重[93]致君狱，欲令君自为计，何多以对簿为？"汤乃为书谢曰："汤无尺寸功，起刀笔吏，陛下幸致为三公，无以塞责。然谋陷汤罪者，三长史也。"遂自杀。

汤死，家产直不过五百金，皆所得奉赐，无他业。昆弟诸子欲厚葬汤，汤母曰："汤为天子大臣，被污恶言而死，何厚葬乎！"载以牛车，有棺无椁。天子闻之，曰："非此母不能生此子。"乃尽案诛三长史。丞相青翟自杀。出[94]田信。上惜汤,稍迁其子安世。[95]

赵禹中废,已而为廷尉。始条侯以为禹贼深[96],弗任。及禹为少府,比九卿,禹酷急[97],至晚节,事益多,吏务为严峻,而禹治加缓,而名为平。王温舒等后起,治酷于禹。禹以老,徙为燕相。数岁,乱悖有罪,免归。后汤十余年,以寿卒于家。

(以上为第四段,写赵禹、张汤的为官任事,以及张汤最后被害死的经过。)

①鳌(tái)——汉县名,县治在今陕西武功西。 ②佐史——最低级的小吏。 中都官——《索隐》曰:"谓京师诸官府吏。" ③用——因,以。 令史——掌文书的小吏。 ④丞相史——在丞相府中掌管文书案牍的小吏。 ⑤弗任——不赏识,不称许。 ⑥无害——也称"文无害"。谓通习法令,处理诸事无凝滞也。 ⑦文深——谓执法森严酷苛。 ⑧太中大夫——郎中令的属官,出入于皇帝周围,掌议论。 ⑨作见知——谓制定见知不告的惩办条例。 ⑩吏传得相监司——泷川资言曰:"《汉书》'传'下无'得'字,是也……'传',读为'转';'司',读为'伺'。"何焯曰:"谓互相监察也。" ⑪杜——汉县名,县治在今陕西西安东南。后宣帝筑陵墓于此,遂称杜陵。 ⑫劾(hé)——揭发罪状。此处即今之所谓"起诉"。 掠治——拷问。掠:笞打。 ⑬传(zhuàn)爰书——把犯人口供记录于文簿。传:录写。爰书:记录口供的文簿。 ⑭讯鞫——推问、查究。鞫:穷尽。这里指盘查根究。 论报——判处。《说文》:"报,当(判处)罪人也。" ⑮具狱——成案,定案。 磔(zhé)——碎尸。 ⑯书狱——学习狱律之事。泷川资言曰:"使书狱辞,练习其事也。" ⑰周阳侯——此指田胜。田胜是武帝母王太后的同母弟。武帝即位,封之为周阳侯。 诸卿——指九卿等二千石一类的朝官。 ⑱系长安——谓因罪被系于长安狱。 ⑲掾(yuàn)——属吏的统称。 ⑳茂陵尉——《集解》引如淳曰:"主作陵之尉也。"茂陵为汉武帝的陵墓,在今陕西兴平东南。按:汉代皇帝即位一年后,便开始给自己预造陵墓,故汤有此选。 ㉑治方中——

主管土方工程。 ㉒武安侯——指田蚡,田胜之兄,建元六年(前135)为丞相。 ㉓陈皇后蛊(gǔ)狱——陈皇后,小字阿娇,武帝姑母大长公主之女,为武帝皇后,擅宠十余年。后来卫子夫进幸,陈皇后妒之。蛊狱:据《汉书·外戚传》云:"后又挟妇人媚道,颇觉。元光五年,上遂穷治之。女子楚服等坐为皇后巫蛊祠祭祝诅,大逆无道,相连及诛者三百余人,楚服枭首于市。"陈皇后也因此被废黜。蛊:这里指巫蛊。谓使巫者祠祷鬼神以害人。 ㉔竟——彻底。 ㉕务在深文,拘守职之吏——意指一味地严格执行法律条文,以束缚管制各在职的官吏。 ㉖少府——官名,九卿之一,为皇帝理财。 ㉗廷尉——官名,九卿之一,是全国最高的司法长官。 ㉘"见文法辄取"三句——按:三句文意欠明,方苞曰:"言见狱辞与文法应,辄取之,而不复。按其事,以求官属阴恶也。"辄取:谓"随即应允""随即据以定案"之意。取:采,听用。复按:复查。 ㉙始为小吏干没——《集解》引徐广曰:"随势沈浮也。"钱锺书认为:谓埋没于小吏中,非谓小吏黩货取利。 ㉚决大狱,欲傅古义——意谓在审理、判处重大案件时,要引用古代圣贤的条文,以之作为缘饰。傅:附会,装点。 ㉛博士弟子——即当时太学的学生。博士:官名,以熟悉典章旧事在皇帝周围以备顾问的学者,有的在太学任教。 廷尉史——廷尉手下的书吏。 ㉜亭疑法——平断有疑难的案件。亭:平也。 ㉝奏谳(yàn)疑事——有疑难问题进呈皇帝,请皇帝平断。谳:平议、定罪。 ㉞"上所是"三句——王先谦曰:"言上所允行者,则受而书之于板,著其上请之事,为定法,复举此令以宣布上美。《杜周传》云'后主所是,疏为令'也。"谳决法:《汉书》无"决"字,"谳法"指皇帝的平断意见。絜:一作"挈",举也。 ㉟"奏事即谴"四句——意谓上报的事情如果受到了皇帝的谴责,那么张汤便立刻转到皇帝的见解这边来,将过错完全揽归自己,而将手下属吏洗白出去。按:此处史公极写张汤的伪诈。即:倘若。正、监:指廷尉正、廷尉监,皆廷尉手下的大吏,秩千石。掾史:廷尉手下的一般属吏。 ㊱"固为臣议"四句——意谓他们早就给我出过主意,正和陛下的意思相同。由于我愚蠢,未能采用,所以造成现在的失误。 ㊲闻——应作"间",间或,有时。 即——若。 ㊳"所治即上意所欲罪"四句——意谓所审理的案子如果是皇帝想严办的，张汤就与其僚属狠狠地打击他；如果是皇帝想要释放的，张汤就与其僚属尽量予以轻判。予：通"与"。祸、平：皆用如动词。者：代词。 ㊴"即下户羸弱"四句——师古曰："言下户羸弱，汤欲佐助，虽具文奏之，而又口奏言；虽律令之文，合致此罪，听上裁察，盖为此人希恩宥也。"财：通"裁"。 ㊵释汤所言——师古曰："上得汤言，往往释其人。"凌约言曰："自'上方向文学'至'往往释汤所言'，皆汤多诈舞智以御人处，所谓'知阴阳，人主与俱上下'者也。" ㊶通——谓"供应""供给"。或疑作"同"，谓自己之饮食与宾客相同。 ㊷不专平——胡三省曰："不专于持平。" ㊸丞相弘——即公孙弘，儒生出身。 数称其美——意谓张汤虽然文深意忌，而且又多以酷吏为爪牙，但由于他善于使用儒生为其酷法做粉饰装点，所以深受公孙弘的称赏。 ㊹淮南、衡山、江都反狱——指淮南王刘安、衡山王刘赐谋反及牵连江都王刘建一案。 ㊺严助——本名庄助，后人因避明帝（刘庄）讳，故称曰严助。助善辞令文章，武帝时以对策为中大夫，又曾任会稽守，后还朝留侍中。"淮南王来朝，厚赂遗助，交私论议。及淮南王反，事与助相连"，被杀。事见《汉书·严助传》。 伍被——淮南王刘安的谋臣，先曾谏止刘安谋反，后又极力佐助其反，再之后又告发其反，反复无常，最终被杀。事见《淮南衡山列传》。 ㊻禁闼（tà）——指宫门。闼：门。 ㊼可论之——同意了（张汤的意见）将伍被、严助处死。论：判决。这里指论死。 ㊽仰给县官——谓靠国家养活。县官：此处指国家。 ㊾丞上指——看准了皇帝的心思而带头倡言其事。丞：通"承"。秉受。 ㊿请造白金及五铢钱——造白金在元狩四年（前119）。《平准书》云："又造银锡为白金……其一曰重八两，圜之，其文龙，名曰'白选'，直三千；二曰重差小，方之，其文马，直五百；三曰复小，撱之，其文龟，直三百。令县官销半两钱，更铸三铢钱，文如其重。"至元狩五年（前118），又废三铢钱，行五铢钱。 (51)笼天下盐铁——即以东郭咸阳、孔仅为大农丞，将所有盐铁企业收归国有事。
(52)出告缗令——按：此处疑应作"出算缗令"，算缗令下于元狩四年（前119）；若告缗令，下于元鼎三年（前114），时张汤已死年余，与之无涉矣。算缗：师古曰："有储积钱者，计其缗贯而税之。"即向商人征收资产税。缗:穿钱用的丝绳,即俗所谓"钱串子"。告缗:告发自报资产不实者。法令规定,凡告得者,官以其半与之。 ㊿舞文巧诋——谓玩弄条文、巧做解释以陷害人。诋:陷害中伤。 54日晏,天子忘食——极言张汤的受宠任,及其对天子的蛊惑力量之大。晏:晚。 55丞相取充位——《集解》引徐广曰:"时李蔡、庄青翟为丞相。"充位:徒居其位,而不管事。 56並(bàng)——通"傍"。依傍,紧挨。 侵渔——侵吞公款,捞取财利。 57咸指汤——皆指目而恨怨张汤。 58两宫——指未央宫与长乐宫,未央宫为皇帝所居,长乐宫为太后所居。七国皆宗室,今谋反,景帝有许多事须禀问太后,故往来于两宫之间。 59竟景帝不言兵——谓直到景帝死不再提兵战之事。竟:终,尽。 60障——边境上的塞堡。 61乘——师古曰:"登也,登而守之。" 鄣——与上文"障"字同,塞堡。 62与钱通——与之有钱财上的交往。 63责汤行义过失——谓以行义责汤,有过失则指正之。 64数——多次,每每如此。 不能为地——谓不宽贷,不含容,必欲乘机以害之。 65史——书吏。 66蜚变——凭空而至的告发文状。犹今之所谓匿名信。蜚:通"飞"。 67言变事纵迹安起——意谓李文的这件事情,告发人是怎么知道的?纵:通"踪"。 68病卧闾里主人——谓卧病于自己所租住的房子里。闾里主人:里巷中的房舍主。 69赵国——刘彭祖(景帝子)的封国,都邯郸(在今河北邯郸)。 冶铸——冶铁铸器。

70数讼铁官事——元狩四年(前119)前,盐铁可私营,赵以冶铸为事,利归于己。元狩四年后,盐铁皆归国营,赵王失去冶铸之利,故心怀不满,常挑朝廷派来的铁官的毛病,寻衅以告发之。 71案——验问,查究。 72系导官——被囚禁于导官署。导官:少府的属官。 73不省——不识。 74发——掘。 孝文园——汉文帝的陵园。 瘗(yì)钱——沈钦韩曰:"汉以来丧葬皆有瘗钱……埋墓四隅。传称盗发者,即是四隅所瘗,不在冢藏中也。" 75丞相青翟——即庄青翟,事迹见《张丞相列传》。 76谢——指向皇帝请罪。 77行园——巡查各皇帝的陵园。 78欲致其文丞相见知——想把丞相弄成见知故纵之罪。文:法也。 79长史——丞相的属官,秩千石。三长史为朱买臣、王朝、边通。 害——忌恨。 80庄助使人言买臣——郭嵩焘曰:"当云'庄助为上言买臣'。买臣之贵幸,由庄助之荐也。《史》文传写必有误。" ⑧望——怨恨。 ⑧守——犹如今之所谓"代理"。 ⑧死之——拚死以与之斗。 ⑧术——学术。指诸子百家的学说。 内史——官名,掌治京师。景帝时设左内史、右内史。至武帝太初元年(前104),右内史更名京兆尹,左内史更名左冯翊。 ⑧长短——即战国纵横之术。《集解》引《汉书音义》曰:"长短术兴于六国时,行长入短,其语隐谬,用相激怒。"《汉书》注引张晏曰:"苏秦张仪之谋,趣彼为短,归此为长,《战国策》名短长术也。" ⑧再至济南相——谓两次任济南国相。按:此处"南"字疑误,武帝时有济北国、济东国,无济南国。济南国自景帝时因随吴、楚叛乱而被废,改设济南郡。 ⑧行——代行,代理。 ⑧君——当时僚属称其本官曰君,此指庄青翟。 ⑧汤左——张汤的证人。《集解》引《汉书音义》曰:"左,证左也。" 田信——泷川资言曰:"田信,贾人,盖田甲之族,故下文云'贾人辄先知之'。《通鉴》改作'贾人田信'。" ⑨居物——囤积货物。这里指经商。居:囤,储。 ⑨八辈——八批。 簿责——师古曰:"以文簿次第一一责之。"即按照文簿所记的罪状逐条盘查。 ⑨不知分——不知道自己应如何做,即责备他不及早自杀。分:分内的事,自己应做的事。 ⑨重——师古曰:"犹难也。"即"不愿""不好意思"。 ⑨出——释放。 ⑨稍迁——逐步升迁。 安世——张安世,宣帝时为卫将军,封富平侯,尊贵无比。《汉书》有传。 ⑨贼深——狠毒酷苛。 ⑨比九卿,禹酷急——胡三省曰:"言以当时九卿同列者比之,禹为酷急也。"按:此处行文略不顺。

义纵者,河东人也。为少年时,尝与张次公俱攻剽为群盗。纵有姊姁[①],以医幸王太后。王太后问:"有子兄弟为官者乎?"姊曰:"有弟无行,不可。"太后乃告上,拜义姁弟纵为中郎[②],补上党郡中令[③]。治敢行,少蕴藉[④],县无逋事[⑤],举为第一。迁为长陵及长安令,直法行治,不避贵戚。以捕案太后外孙修成君子仲[⑥],上以为能,迁为河内[⑦]都尉。至则族灭其豪穰氏之属,河内道不拾遗。而张次公亦为郎,以勇悍从军,敢深入,有功,为岸头侯。

宁成家居,上欲以为郡守。御史大夫弘[⑧]曰:“臣居山东为小吏时,宁成为济南都尉,其治如狼牧羊。成不可使治民。”上乃拜成为关都尉[⑨]。岁余,关东吏隶郡国出入关者号曰:“宁见乳虎,无值宁成之怒[⑩]。”义纵自河内迁为南阳太守,闻宁成家居南阳[⑪],及纵至关,宁成侧行送迎[⑫],然纵气盛,弗为礼。至郡,遂案宁氏,尽破碎其家。成坐有罪,及孔、暴之属皆奔亡[⑬],南阳吏民重足一迹[⑭]。而平氏朱彊、杜衍杜周[⑮]为纵牙爪之吏,任用,迁为廷史[⑯]。军数出定襄[⑰],定襄吏民乱败,于是徙纵为定襄太守。纵至,掩[⑱]定襄狱中重罪轻系二百余人,及宾客昆弟私入相视亦二百余人,纵一捕鞠[⑲],曰“为死罪解脱”,是日皆报杀四百余人[⑳]。其后郡中不寒而栗,猾民佐吏为治。

是时赵禹、张汤以深刻为九卿矣,然其治尚宽,辅法[㉑]而行,而纵以鹰击毛挚[㉒]为治。后会五铢钱白金起,民为奸[㉓],京师尤甚,乃以纵为右内史,王温舒为中尉。温舒至恶,其所为不先言纵,纵必以气凌之,败坏其功[㉔]。其治,所诛杀甚多,然取为小治[㉕],奸益不胜,直指[㉖]始出矣。吏之治以斩杀缚束为务,阎奉[㉗]以恶用矣。纵廉,其治放[㉘]郅都。上幸鼎湖[㉙],病久,已而卒起幸甘泉,[㉚]道多不治。上怒曰:“纵以我为不复行此道乎?”嗛[㉛]之。至冬,杨可方受告缗[㉜],纵以为此乱民,部吏捕其为可使者。[㉝]天子闻,使杜式治,以为废格沮事[㉞],弃纵市。后一岁,张汤亦死。

(以上为第五段,写义纵为官任事的行实始末。)

①姁(xū)——安乐温和的样子。此处用为人名。 ②中郎——官名,皇帝的侍从人员,属郎中令。 ③补上党郡中令——《索隐》曰:“谓补上党郡中之令,史失其县名。”上党:汉郡名,郡治长子(今山西长子西南)。 ④少蕴藉——师古曰:“言其无所含容也。”蕴藉:宽和有涵容。 ⑤无逋(bū)事——没有遗漏过去的事情。逋:逃失,脱漏。⑥修成君子仲——修成君是武帝母王太后前嫁金王孙时所生的女

儿,后被武帝接入宫中,号之曰修成君。修成君有子曰仲,为人骄横,“陵折吏民,皆患苦之。”事见《外戚世家》。 ⑦河内——汉郡名,郡治怀县(在今河南武陟西南)。 ⑧御史大夫弘——即公孙弘。 ⑨关都尉——郭嵩焘曰:“贾谊《新书》谓秦建武关、函谷、临晋关,为备山东诸侯。都尉典兵,以关为限,故自秦汉以来谓之关中。宁成为关都尉,近距南阳,当属武关。” ⑩“宁见乳虎”二句——极言宁成的凶狠可怕。乳虎:哺育小虎的母虎。据说哺乳期中的母老虎为护持小虎而特别凶猛。 ⑪宁成家居南阳——宁成是穰县(在今河南邓州)人,穰县属南阳郡,故云。 ⑫宁成侧行迎送——按:“侧行”“倒行”是古时极其虔敬的待人之礼,宁成对他人凶不可言,而对义纵屈节如此,以见义纵的凶狠又过宁成万万。 ⑬成坐有罪,及孔、暴之属皆奔亡——谓宁成及孔、暴二家之豪长皆畏诛而亡逃。孔、暴:二姓大族。 ⑭重足一迹——谓并足而立,所立之处只有一个足迹。极言其谨畏,不敢随意活动之状。或曰,指人们因畏惧犯罪而行动一致,如走路之足迹相重。 ⑮平氏朱强、杜衍杜周——平氏、杜衍:师古曰:“二县名。” ⑯廷史——即廷尉史。 ⑰定襄——汉郡名,郡治成乐(在今内蒙古和林格尔西北土城子)。汉代征伐匈奴,军队多次由此出发。 ⑱掩——袭捕。 ⑲一捕鞫——《汉书》作“一切捕鞫”,谓一概逮捕治罪。鞫:穷,穷治。 ⑳是日皆报杀四百余人——报:判决。这里指判处死刑。《集解》引《汉书音义》曰:“律:诸囚徒私解脱桎梏钳赭,加罪一等;为人解脱,与同罪。纵鞫相赡饷者二百人为‘解脱死罪’,尽杀也。” ㉑辅法——依法,按法。言其即使为非作歹,也得通过法律条文行事,只能在解释条文上下功夫,即所谓“深文”。 ㉒鹰击毛挚——师古曰:“言如鹰隼之击,奋毛羽执取飞鸟也。”中井积德曰:“毛,毛虫也,指虎豹之类。挚,以挚杀他兽而言。”按:中井积德说是。挚在这里也是“搏击”的意思。 ㉓民为奸——指盗铸钱而言。 ㉔“温舒至恶”四句——温舒至恶,尚受义纵之侵凌,借此以形容义纵之恶。 ㉕取为小治——言其志趣只在整治那些细小琐碎的问题,而不知大体。《汉书》注引晋灼曰:“取,音趣。” ㉖直指——也称绣衣直指。官名,朝廷临时派出的执法人员,以讨治奸猾、判决大狱为事。其人官级不高,但权力甚大。

㉗阎奉——曾为水衡都尉,后文有云:"水衡阎奉,朴击卖请。"其为人、治绩更等而下之矣。 ㉘放——通"仿"。仿效。 ㉙鼎湖——地名,在今河南灵宝西。据说黄帝曾于此处采铜铸鼎,鼎成,有龙自天而降,黄帝乃乘龙而去。一说指武帝"鼎湖宫",在今陕西蓝田西南。 ㉚已——谓病愈。 卒——后多作"猝"。 甘泉——山名,上有离宫,在今陕西淳化西北甘泉山。 ㉛嗛——怀恨。 ㉜杨可方受告缗——受:主管。谓当时正实行告缗制度,而杨可主管其事。 ㉝部——布置,派遣。 捕其为可使者——何焯曰:"捕其为可所使者,以气凌之,败坏其功之智,非能为民也。" ㉞废格沮事——抵拒天子的命令,破坏工作的进行。废格:废置抵拒。

王温舒者,阳陵[1]人也。少时椎埋[2]为奸,已而试补县亭长[3],数废。为吏,以治狱至廷史,事张汤[4],迁为御史。督盗贼,杀伤甚多,稍迁至广平[5]都尉。择郡中豪敢任吏[6]十余人,以为爪牙,皆把其阴重罪,而纵使督盗贼。快其意所欲得[7],此人虽有百罪,弗法;即有避,因其事夷之[8],亦灭宗。以其故齐赵之郊[9]盗贼不敢近广平,广平声为道不拾遗。上闻,迁为河内太守。

素居广平时,皆知河内豪奸之家,及往,九月而至[10]。令郡具私马五十匹,为驿[11]自河内至长安,部吏[12]如居广平时方略,捕郡中豪猾,郡中豪猾连坐千余家。上书请,大者至族,小者乃死,家尽没入偿臧。[13]奏行不过二三日,得可事[14],论报[15],至流血十余里。河内皆怪其奏,以为神速。尽十二月,郡中毋声,毋敢夜行,野无犬吠之盗。其颇[16]不得,失之旁郡国,黎来[17],会春,温舒顿足叹曰:"嗟乎,令冬月益展一月[18],足吾事矣!"其好杀伐行威不爱人如此。天子闻之,以为能,迁为中尉。其治复放河内。徙诸名祸猾吏与从事[19],河内则杨皆、麻戊,关中杨赣、成信等。义纵为内史,惮未敢恣治[20]。及纵死,张汤败后,徙为廷尉,而尹齐为中尉。

尹齐者,东郡茌平人。[21]以刀笔稍迁至御史。事张汤,张汤数称以为廉武,使督盗贼,所斩伐不避贵戚。迁为关内都尉[22],声甚于宁成。上以为能[23],迁为中尉,吏民益凋弊。尹齐木强少文[24],豪恶吏伏匿[25]而善吏不能为治,以故事多废,抵罪。上复徙温舒为中尉,而杨仆以严酷为主爵都尉[26]。

杨仆者,宜阳[27]人也。以千夫[28]为吏。河南守案举以为能。迁为御史,使督盗贼关东。治放尹齐,以为敢挚行[29],稍迁至主爵都尉,列九卿[30],天子以为能。南越反,拜为楼船将军,有功,封将梁侯。为荀彘所缚[31]。居久之,病死。

而温舒复为中尉。为人少文,居廷[32]惛惛不辩,至于中尉则心开。督盗贼,素习关中俗,知豪恶吏,豪恶吏尽复为用,为方略[33]。吏苛察盗贼,恶少年投缿购告[34]言奸,置伯格长以牧司奸盗贼。[35]温舒为人谄,善事有势者,即无势者,视之如奴。有势家,虽有奸如山,弗犯;无势者,贵戚必侵辱。舞文巧诋下户之猾,以焄大豪[36]。其治中尉如此。奸猾穷治,大抵尽靡烂狱中,行论无出者。其爪牙吏虎而冠[37]。于是中尉部中[38]中猾以下皆伏,有势者为游声誉[39],称治。治数岁,其吏多以权富。

温舒击东越还,议有不中意者,坐小法抵罪免。是时天子方欲作通天台[40]而未有人,温舒请覆中尉脱卒,[41]得数万人作。上说,拜为少府。徙为右内史,治如其故,奸邪少禁[42]。坐法失官。复为右辅[43],行中尉事,如故操。

岁余,会宛军[44]发,诏征豪吏[45],温舒匿其吏华成。及人有变告温舒受员骑钱[46],他奸利事[47],罪至族,自杀。其时两弟及两婚家亦各自坐他罪而族。光禄[48]徐自为曰:“悲夫,夫古有三族,而王温舒罪至同时而五族乎!”

温舒死,家直累千金。后数岁,尹齐亦以淮阳都尉病死,家直不满五十金。所诛灭淮阳甚多,及死,仇家欲烧其尸,尸亡去归葬[49]。

自温舒等以恶为治,而郡守、都尉、诸侯二千石欲为治者,其治大抵尽放温舒，而吏民益轻犯法[50]，盗贼滋起。南阳有梅免、白政，楚有殷中、杜少，齐有徐勃，燕越之间有坚卢、范生之属。大群至数千人，擅自号[51]，攻城邑，取库兵，释死罪，缚辱郡太守、都尉，杀二千石，为檄告县趣具食，小群以百数，掠卤乡里者，不可胜数也。于是天子始使御史中丞、丞相长史督之。犹弗能禁也，乃使光禄大夫范昆、诸辅都尉及故九卿张德等衣绣衣，持节，虎符发兵以兴击[52]，斩首大部或至万余级，及以法诛通饮食[53]，坐连诸郡，甚至数千人。数岁，乃颇得其渠率[54]，散卒失亡，复聚党阻山川者，往往而群居。无可奈何，于是作"沈命法[55]"，曰群盗起不发觉，发觉而捕弗满品[56]者，二千石以下至小吏主者皆死。其后小吏畏诛，虽有盗不敢发，恐不能得，坐课累府[57]，府亦使其不言。故盗贼寖多[58]，上下相为匿，以文辞避法[59]焉。

（以上为第六段，写王温舒、尹齐为官任事的行实始末。）

①阳陵——汉县名，县治在今陕西咸阳东北。 ②椎埋——《集解》引徐广曰："椎杀人而埋之。或谓发冢。"按：师古同前说。 ③县亭长——县中之亭长。时县下有乡，乡下有亭，亭有长一人。 ④事张汤——余有丁曰："自温舒而下皆张汤故吏也，故太史公每曰'事张汤'，意深至矣。" ⑤广平——汉郡名，郡治在今河北鸡泽东南。 ⑥豪敢任吏——豪横敢于任事之吏。"敢任"二字连读。 ⑦快其意所欲得——意谓只图能使王温舒快意，能抓到王温舒想抓的人。 ⑧即有避，因其事夷之——意谓如果谁不尽心捕捉，而有所避漏的话，那就清算他的老账，杀掉他。 ⑨齐赵之郊——齐赵之间的交通要冲。郊：师古曰："谓交通冲要之处也。" ⑩及往，九月而至——按：六字意不明，《汉书》作："及往，以九月至"，义较明晰。 ⑪为驿——谓自设驿站。 ⑫部吏——意即捕捉盗贼的属吏。 ⑬家——指家产。 偿臧——偿还掠夺霸占的财物。臧：通"赃"。 ⑭得可事——"事"字疑衍。得可：指上报的事情得到了皇帝的批准。 ⑮论报——二字同义，指处决犯人。 ⑯颇——略有。 ⑰黎来——二字不可晓，《汉书》作"追求"，即追捕。 ⑱令冬月益展一月——师古曰："立春之后，不复

行刑,故云然。展,伸也。” ⑲徙诸名祸猾吏与从事——选调那些以奸猾害人出名的恶吏来与之共事。徙:移,选调。 ⑳惮未敢恣治——师古曰:“言温舒惮纵,不得恣其酷暴。” ㉑东郡——汉郡名,郡治濮阳(在今河南濮阳西南)。 茌(chí)平——汉县名,县治在今山东聊城茌平区西南。 ㉒迁为关内都尉——泷川资言曰:“《汉书》无‘内’字,此衍。” ㉓上以为能——凌约言曰:“诸酷吏之迁秩,皆曰‘上以为能’,词婉而意深矣。” ㉔木强少文——朴钝而不善文饰。 ㉕伏匿——谓退避不为其用。 ㉖主爵都尉——官名,掌列侯,秩二千石。 ㉗宜阳——汉县名,县治在今河南宜阳西。 ㉘千夫——武功爵名,相当于秦爵的“五大夫”,自下而上的第九级。 ㉙以为敢挚行——“为”字疑衍。敢挚:果敢猛鸷。挚:通“鸷”,猛禽之搏击。 ㉚列九卿——指与“九卿”同列,非谓列于“九卿”之中。 ㉛为荀彘所缚——按:此句上似有脱文,《汉书》云:“后复与左将军荀彘俱击朝鲜,为彘所缚。”此中上句不能省。 ㉜居廷——按:此疑有误,《汉书》作“居它”。师古曰:“言为余官,则心意蒙蔽,职事不举。” ㉝为方略——为王温舒筹谋划策。 ㉞投缿(xiàng)购告——谓投书以构陷人。缿:《说文解字》曰:“受钱器也(即所谓扑满),从缶后声,古以瓦,今以竹。”按:即今之揭发检举箱。购:一作“构”,构陷,诬害。 ㉟伯格长——乡村的监督长官。《索隐》曰:“‘伯’音‘阡陌’,‘格’音‘村落’,言阡陌村落,皆置长也。” 牧司——监督、伺察。 ㊱以焄大豪——焄:同“熏”。董份曰:“言以大熏逼也……温舒不能即禽有势之家,故巧诋下户,而熏逼大豪,使之知惧耳。” ㊲虎而冠——师古曰:“言其残暴之甚也,非有人情。” ㊳部中——犹言“治下”,管辖范围之内。 ㊴有势者为游声誉——有势者不受王温舒的打击,心念其德,故称扬之。游:游说,称扬。 ㊵通天台——在甘泉山,作于元封三年(前108)。《孝武本纪》云:“乃作通天台,置祠具其下,将招来神仙之属。” ㊶覆——考校钩取。 中尉脱卒——中尉治下的逃避劳役的人。 ㊷少禁——稍稍有所止息。少:稍,略微。 ㊸右辅——即右扶风。官名,其治区在长安西,原为右内史所管。 ㊹宛军——伐大宛之军。大宛是当时建立在今新疆西界一带的小国,汉伐大宛在武帝太初元年(前104)。

㊺征豪吏——谓征发豪吏从军。 ㊻受员骑钱——谓接受员骑的贿赂，使其免于从军。员骑：在册的骑兵。《正义》曰：“置骑有员数。” ㊼他奸利事——“他”上增“及”字读。奸利：谓非法牟利。 ㊽光禄——指光禄勋，原名郎中令，主管宫殿门户。武帝太初元年（前104）改称光禄勋。 ㊾尸亡去归葬——《集解》引徐广曰：“尹齐死，未及敛，恐怨家欲烧之，尸亦飞去。”《正义》曰：“言妻将其尸亡逃而去，归家葬。” ㊿轻犯法——不把犯法当作一回事。 (51)自号——自立名号。 (52)以兴击——以军兴之法调兵讨击之。兴：军兴，犹今之所谓“军事动员”。 (53)通饮食——谓供给“强盗”饮食之需。 (54)颇得其渠率——略微捉到了几个首领。渠率：大头目。渠：大。 (55)沈命法——应劭曰：“沈，没也，敢蔽匿盗贼者，没其命也。” (56)弗满品——犹今之所谓“达不到规定的百分数”。师古曰：“品，率（lǜ）也，以人数为率也。” (57)坐课累府——因个人受检查而上累郡府。课：审查，考核。府：郡府。 (58)寖多——渐多，越来越多。寖：同“浸”。渐。 (59)以文辞避法——《集解》引徐广曰：“诈为虚文，言无盗贼也。”

减宣者，杨人也。以佐史无害给事河东守府。卫将军青使买马河东[①]，见宣无害，言上，征为大厩丞[②]。官事辨，稍迁至御史及中丞。使治主父偃[③]及治淮南反狱，所以微[④]文深诋，杀者甚众，称为敢决疑。数废数起，为御史及中丞者几二十岁。王温舒免中尉，而宣为左内史。其治米盐[⑤]，事大小皆关其手，自部署县名曹实物[⑥]，官吏令丞不得擅摇，痛以重法绳之。居官数年，一切郡中为小治辨，[⑦]然独宣以小致大，能因力行之[⑧]。难以为经[⑨]。中废，为右扶风，坐怨成信[⑩]，信亡藏上林中，宣使郿[⑪]令格杀信。吏卒格信时，射中上林苑门，宣下吏诋罪，以为大逆，当族，自杀。而杜周任用。

杜周者，南阳杜衍人。义纵为南阳守，以为爪牙，举为廷尉史，事张汤，汤数言其无害，至御史。使案边失亡[⑫]，所论杀甚众。奏事中上意，任用，与减宣相编[⑬]，更为中丞十余岁。

其治与宣相放,然重迟[14],外宽,内深次骨[15]。宣为左内史,周为廷尉,其治大放张汤而善候伺[16]。上所欲挤者,因而陷之;上所欲释者,久系待问而微见其冤状。客有让周曰:"君为天子决平,不循三尺法[17],专以人主意指为狱。狱者固如是乎?"周曰:"三尺安出哉?前主所是著为律,后主所是疏[18]为令,当时为是,何古之法乎!"

至周为廷尉,诏狱[19]亦益多矣。二千石系者新故相因,不减百余人。郡吏大府举之廷尉[20],一岁至千余章。章大者连逮证案[21]数百,小者数十人;远者数千,近者数百里。会狱[22],吏因责如章告劾[23],不服,以笞掠定之。于是闻有逮皆亡匿。狱久者至更数赦十有余岁而相告言,大抵尽诋以不道以上。[24]廷尉及中都官[25]诏狱逮至六七万人,吏所增加十万余人[26]。

周中废,后为执金吾[27],逐盗,捕治桑弘羊、卫皇后昆弟子刻深,[28]天子以为尽力无私,迁为御史大夫。家两子,夹河为守,[29]其治暴酷皆甚于王温舒等矣。杜周初征为廷史,有一马,且不全;及身久任事,至三公列,子孙尊官,家訾累数巨万矣。

(以上为第七段,写减宣、杜周为官任事的行实始末。)

①使买马河东——师古曰:"将军卫青充使,而于河东买马也。"使:犹如今之所谓"出差"。 ②大厩丞——大厩令的副官,上属太仆,为皇帝管马。大:通"太"。 ③主父偃——武帝时为中大夫,后为齐相。曾协助武帝打击诸侯王,强化中央集权,颇为有力。后亦因诸侯告讦,而被族灭。《史记》有传。 ④微——细,密。 ⑤米盐——以喻其苛深琐碎也。 ⑥自部署县名曹实物——郭嵩焘曰:"县,即左内史所属之县也。名曹,谓县所属诸曹吏。实物,谓山林、川泽、土地所入,仓储之积也。减宣综核之才,亦殊胜人。" ⑦一切——犹言"其他的""一般的"。 小治辨——勉强办到,低标准地完成任务。 ⑧能因力行之——王念孙曰:"'因'当为'自',言独宣能自力行之,而他人则不能。" ⑨难以为经——泷川资言引《正义》曰:"言不可为常法也。"⑩成信——猾吏,前曾事王温舒,为其作爪牙。 ⑪郿——汉县名,县

治在今陕西眉县东北。 ⑫案边失亡——泷川资言引《正义》曰："谓边郡被寇，失亡人蓄财物甲卒多，故使按之。" ⑬相编——互相穿插交替，即下文之所谓"更"也。更：交互。 ⑭重迟——《汉书》作"少言重迟"。师古曰："迟，谓性非敏速也。" ⑮内深次骨——内心阴沉，残刻至骨。 ⑯候伺——指窥测皇帝的意旨。 ⑰三尺法——指律令。《集解》引《汉书音义》曰："以三尺竹简书法律也。" ⑱疏——师古曰："谓分条也。"按：此处亦"著""录"之意。郭嵩焘曰："秦汉以下人主之势日尊，汉初廷臣犹能有自举其职者，天子弗能夺也。乃使人主一言皆垂为律令，由杜周此言阶之厉也，悲夫！" ⑲诏狱——由皇帝交下来的案件。也指囚禁皇帝要查办的罪犯的监狱。 ⑳郡吏大府举之廷尉——指各郡及丞相府提交到廷尉的案件。 ㉑证案——即今之所谓"证人"。 ㉒会狱——指"过堂""开审"。 ㉓责如章告劾——师古曰："皆令服罪，如所告劾之本章。"即要求犯人和证人都得按照告发状词的口径来说。责：要求。 ㉔不道——即"大逆不道"之省语。上——谓定罪上报。 ㉕中都官——师古曰："凡京师诸官府也。"按：中都官诏狱，谓京师诸官府内所设立的临时诏狱。 ㉖吏所增加十万余人——师古曰："吏又于此外以文致之，更增加也。" ㉗执金吾——官名，原名中尉，太初元年(前104)改。掌巡徼京师，如今之首都公安局局长。 ㉘桑弘羊——武帝时的经济名臣，曾佐武帝施行盐铁国营诸政，官至御史大夫。事见《平准书》。昭帝元凤元年(前80)，因受燕王旦谋反事牵连被迫自杀。 卫皇后——名子夫，陈皇后被废之后，曾擅宠一时。征和二年(前91)，受江充等人陷害，并诬及太子(卫皇后生，名据)。太子怒，发兵讨杀江充。武帝派丞相刘屈氂攻太子，皇后、太子皆自杀。 昆弟——兄弟。按：此处所言乃指杜周捕治"桑弘羊、卫皇后昆弟子"，事在天汉三年(前98)，与桑弘羊之日后自杀，卫皇后之日后被害尚无关系。 ㉙家两子——谓延寿、延考。 夹河为守——谓分别任河内郡与河南郡的太守。

太史公曰：自郅都、杜周十人者，此皆以酷烈为声。然郅都伉直，引是非，争天下大体。张汤以知阴阳，人主与俱上下，[①]时数辩当否，国家赖其便。赵禹时据法守正。杜周从谀[②]，以少言为重。自张汤死后，网密，多诋严，官事寖以秏废。九卿碌碌奉其官，救过不赡，何暇论绳墨之外乎[③]！然此十人中，其廉者足以为仪表，其污者足以为戒，方略教导[④]，禁奸止邪，一切亦皆彬彬质有其文武焉。虽惨酷，斯称其位矣。至若蜀守冯当暴挫，[⑤]广汉李贞[⑥]擅磔人，东郡弥仆锯项，[⑦]天水骆璧推咸，[⑧]河东褚广妄杀，京兆无忌、冯翊殷周蝮鸷[⑨]，水衡阎奉朴击卖请[⑩]，何足数哉！何足数哉！

（以上为第八段，是作者的论赞。作者对十个酷吏作了客观的比较、品评，对于汉代吏治每况愈下的形势表达了极大的感慨。）

①知阴阳——泷川资言引《正义》曰："言知人主意旨轻重。" 人主与俱上下——余有丁曰："谓与人主俱上下也。"意即看着皇帝的脸色行事。 ②从谀——顺从、阿谀。 ③何暇论绳墨之外乎——意指除个人谨小慎微、循规蹈矩外，不敢再管其他。绳墨：木工取直画线的工具。这里借指法律规章。 ④方略教导——指捕治奸盗的办法和训导士民的条教。 ⑤蜀——汉郡名，郡治成都（今四川成都）。 暴挫——猛烈地打击人。 ⑥广汉李贞——广汉郡的太守李贞。广汉：汉郡名，郡治在今四川金堂东。陈直曰："蜀守冯当，以'守'字总括以下四太守姓名，非各人之籍贯。" ⑦东郡——汉郡名，郡治濮阳（在今河南濮阳西南）。 锯项——以锯锯人脖子。 ⑧天水——汉郡名，郡治平襄（在今甘肃通渭西北）。 推咸——泷川资言引《正义》曰："推成，言推掠以成罪也。"应作"椎（chuí）成"。椎：笞击。 ⑨蝮鸷——《索隐》曰："言奇酷比之蝮毒焉。"王念孙曰："蝮，读为愎（bì）。愎、鸷皆很也，言其很戾不仁也。"二说皆通。 ⑩朴击卖请——凌稚隆曰："以朴击致人买免请求。"盖谓用酷刑以求他人之财货。

［**简评**］ 作品记述了武帝时期酷吏横行、严法诛杀，反而使"盗贼"日炽的现实，深恶痛绝地否定了这些酷吏的为人，以及由他们和他们的支持者汉武帝所推行的这种祸国殃民的制度，其

愤激情绪是显而易见的。但是《太史公自序》又云:“民倍本多巧,奸轨弄法,善人不能化,唯一切严削为能齐之,作《酷吏列传》。”仿佛是司马迁又承认酷吏的作用不可少,其矛盾如何统一呢?《平准书》云:“严助、朱买臣等招来东瓯,事两越,江淮之间萧然烦费矣。唐蒙、司马相如开路西南夷,凿山通道千余里,以广巴蜀,巴蜀之民罢焉。彭吴贾灭朝鲜,置沧海之郡,则燕齐之间靡然发动。及王恢设谋马邑,匈奴绝和亲,侵扰北边,兵连而不解,天下苦其劳,而干戈日滋。行者赍,居者送,中外骚扰而相奉,百姓抏弊以巧法,财赂衰耗而不赡。入物者补官,出货者除罪,选举陵迟,廉耻相冒,武力进用,法严令具。”(相同的意思,亦见于《汉书·刑法志》)这就是酷吏政治产生的原因。其根本之处,在于武帝的“多欲”。因为“多欲”,故而外讨四夷,内事兴作;又由于这种劳民伤财,四海凋敝,从而引起了吏民的不满与反抗,因此,酷吏也就应运而生了。这个小的肯定乃是建立在更大、更根本的否定的基础之上的。此文应与《平准书》《汲郑列传》并看。司马迁在这里有他合理、正确的地方,也有他偏激、片面的地方。

汉武帝的政治,人称之为“外儒内法”,或者叫“儒学加酷吏”,这在张汤的为官治事上表现得异常清楚,但对其人不能一概否定。

[**集评**] 《太史公自序》:“民倍本多巧,奸轨弄法,善人不能化,唯一切严削为能齐之,作《酷吏列传》第六十二。”

郭嵩焘曰:“史公传循吏,皆在春秋之世,其时王政已衰,官司皆失其职,百姓张张焉,日入于非辟(邪)而不自知,而有一能举其职者,是即天下所资以为程式者也,故谓之曰‘循吏’。至于战国,穷兵黩武,严刑以劫其民,而能尽职难矣。然其淫刑以逞,一依于国法行之,即商鞅之录囚,犹国法也,无有极法峻刑播恶

以逞其私者，而皆起于汉之盛时，于此可以观世变矣！史公之传酷吏，不上及于战国暴秦之时，其旨微哉！”（《史记札记》）

王鸣盛曰：“《酷吏传》论称十人……而其叙首中又带叙侯封、晁错二人，共十二人。晁错虽刻深，究以文学进，子长不忍抑之与刀笔吏及攻剽为群盗、椎埋为奸者伍，故只用带叙；侯封则于叙首中已明目之为‘酷吏’矣。而不数者，子长意以‘酷吏’惟郅都当景帝时，余皆盛于武帝之世，侯封高后时人，故略而不数。于都传中特提云‘是时民朴畏罪’……则固无所事重法矣，而都‘独先严酷’云云者，深著都实首恶，以为世戒也。次叙甯成、周阳由，皆从景帝入武帝者，而又特提云‘武帝即位，吏治尚循谨甚，然由居二千石中最为暴酷’，末又结之云‘自成、由后，事益多，民巧法，大抵吏之治类成、由等矣’，见酷吏多而吏治坏，在武帝世也。又次赵禹，而言‘禹晚节吏愈严，而禹治反名为平’，其用意如此。后又详述‘盗贼滋起，官事耗废’，皆由酷吏所致。乃又云‘惨酷，斯称其位’，一似自相矛盾者，纡其辞耳。”（《十七史商榷》）

姚苎田曰：“武帝之用酷吏也，皆以为能而任之，而酷吏又实有公廉强干之才。当武帝开边括利之际用之，亦往往有成效。故借亡秦吏治武健严酷之风而赞其胜任愉快，此明是刺讥武帝本旨。下即以‘由是观之，在彼不在此’，缴明尚德之意。”（《史记菁华录》）

李景星曰：“《酷吏传》共叙十人……立格遣辞，以短悍为主，以穿插见长。一篇之中，感慨悲愤，纯是一片肃杀阴惨之气。考其结果，则汉之得于酷吏者，不过曰‘事益多，民巧法’也；‘奸吏侵渔’也；‘取为小治，奸益不胜’也；‘吏民轻犯，盗贼滋起’也；‘上下相匿，以文辞避法’也；‘官事寖以耗废’也。酷吏之自得者，则郅都之斩也；周阳由之弃市也；张汤之自杀也；义纵之弃市也；王温舒之五族也；减宣之自杀也。叙酷吏之所以见用，曰‘上以为能’,曰‘天子以为能’,曰‘天子以为尽力无私’。叙酷吏之转相效法,曰‘治效郅都’,曰‘治效于禹’,曰‘声甚于宁成’,曰‘治放尹齐’,曰‘治与宣相放’,曰‘治大放张汤’,曰‘酷甚于温舒’。开首曰‘酷吏独有侯封’,罪侯封之作俑也。晁错非酷吏,而亦先列之者,以其文法深刻,为用刑者之倡,故推本及之也。《张汤传》独详,以其为酷吏之魁也。叙杨仆,以其严酷不详本末,意不在为仆传也;《杜周传》不终,以周为当时人,未有结束也。或前或后,或分或合,或单说或互见,极行文之乐事,开无限之法门,那能不令人佩服! 赞语与传意义各别:传言酷吏之短,赞取酷吏之长,褒贬互见,最为公允。”(《四史评议》)

大宛列传第六十三

大宛[①]之迹，见自张骞。张骞，汉中[②]人，建元中为郎。[③]是时天子问匈奴降者，皆言匈奴破月氏[④]王，以其头为饮器，月氏遁逃而常怨仇匈奴，无与[⑤]共击之。汉方欲事灭胡，闻此言，因欲通使。道必更匈奴中[⑥]，乃募能使者。骞以郎应募，使月氏，与堂邑氏胡奴甘父俱出陇西。[⑦]经匈奴，匈奴得之，传诣单于[⑧]。单于留之，曰："月氏在吾北，汉何以得往使？吾欲使越，汉肯听我乎？"留骞十余岁，与妻，有子，然骞持汉节不失。

居匈奴中，益宽，骞因与其属亡乡月氏，[⑨]西走数十日至大宛。大宛闻汉之饶财，欲通不得，见骞，喜，问曰："若欲何之？"骞曰："为汉使月氏，而为匈奴所闭道。今亡，唯王使人导送我。诚得至，反汉，汉之赂遗王财物不可胜言。"大宛以为然，遣骞，为发导绎，抵康居，康居传致大月氏。[⑩]大月氏王已为胡所杀，立其太子为王。既臣大夏而居[⑪]，地肥饶，少寇，志安乐；又自以远汉，殊无报胡[⑫]之心。骞从月氏至大夏，竟不能得月氏要领。

留岁余，还，並南山，欲从羌中归，[⑬]复为匈奴所得。留岁余，单于死，左谷蠡王[⑭]攻其太子自立，国内乱，骞与胡妻及堂邑父俱亡归汉。汉拜骞为太中大夫，堂邑父为奉使君。[⑮]

骞为人强力，宽大信人，[16]蛮夷爱之。堂邑父故胡人，善射，穷急射禽兽给食。初，骞行时百余人，去十三岁，唯二人得还。

（以上为第一段，写张骞第一次通西域的艰苦历程。）

①大宛——西域国名，其地在今费尔干纳盆地，首都贵山城（在今塔吉克斯坦的苦盏）。 ②汉中——汉郡名，郡治西城（在今陕西安康西北）。 ③建元——武帝的第一个年号，公元前140—前135年。郎——皇帝的侍从人员，有议郎、中郎、郎中、侍郎之别，官级在比三百石至比六百石之间，上属郎中令。 ④月氏（yuè zhī）——西域国名，最初活动在今甘肃的武威、张掖、敦煌一带，南倚祁连山；后被匈奴击败，西迁至今新疆的伊犁河流域；后又被匈奴、乌孙所驱逐，西迁至今阿富汗北部的喷赤河流域，在当时的大宛西南。 ⑤无与——无同盟合力者。与：结交，联合。 ⑥道必更匈奴中——更：经过，通过。按：武帝初，匈奴强大，占据河西走廊，自长安至西域，路所必经。 ⑦堂邑氏胡奴甘父——堂邑县某家富人的一个匈奴族的奴隶，名叫甘父，后文即简称"堂邑父"。堂邑：汉县名，县治在今江苏南京六合区北。 俱出陇西——事在建元三年（前138）。陇西：汉郡名，郡治狄道（在今甘肃临洮）。 ⑧传诣（zhuàn yì）单于（chán yú）——谓西部地区的匈奴人将张骞等用驿车押送到单于那里。 ⑨益宽——匈奴人对张骞等的看管渐渐宽松起来。 亡乡月氏——向着大月氏的方向逃去。亡：逃。乡：通"向"。 ⑩导绎——向导与翻译人员。绎：疑作"译"。 康居——西域国名，其地约当今巴尔喀什湖与咸海之间，在当时的大宛西北，大月氏之北，国都卑阗城（在今塔什干一带）。 ⑪既臣大夏而居——已经使大夏臣服于己，并在那里住了下来。大夏：西域国名，在当时的月氏以南，今之阿富汗北部，国都蓝氏城（今巴里黑）。 ⑫报胡——找匈奴人报杀父之仇。 ⑬並南山——傍着南山东行。南山：指今新疆塔里木盆地南侧的昆仑山，再东行即阿尔金山，再东行就是甘肃南侧的祁连山。 羌中——羌人居住的地区，此处主要指今新疆东南部的阿尔金山与其西面"南山"北麓居住的羌族部落。 ⑭左谷蠡（lù lí）王——匈奴东部地区的头领，位在左贤王之下，此人是军臣单于之弟，名唤伊稚斜。 ⑮太中大夫——皇帝身边的侍从官员，掌议论，

上属郎中令。 奉使君——封号，享有一定俸禄，但不掌实事。 ⑯强力——坚强勇武。 宽大信人——待人宽厚，能使人信服。

骞身所至者大宛、大月氏、大夏、康居，而传闻其旁大国五六，具为天子言之，[①]曰：

大宛在匈奴西南，在汉正西，去汉可万里[②]。其俗土著，耕田，田稻麦。[③]有蒲陶[④]酒，多善马。马汗血，其先天马子也。[⑤]有城郭屋室。其属邑大小七十余城，众可数十万。其兵[⑥]弓矛骑射。其北则康居，西则大月氏，西南则大夏，东北则乌孙，东则扜罙、于寘。[⑦]于寘之西，则水皆西流，注西海[⑧]；其东水东流，注盐泽[⑨]。盐泽潜行地下，其南则河源[⑩]出焉。多玉石，河注中国。[⑪]而楼兰、姑师邑有城郭，临盐泽。[⑫]盐泽去长安可五千里。匈奴右方居盐泽以东，至陇西长城，[⑬]南接羌，鬲汉道焉。[⑭]

乌孙在大宛东北可二千里，行国[⑮]，随畜，与匈奴同俗。控弦者[⑯]数万，敢战。故服匈奴，及盛，取其羁属，不肯往朝会焉。[⑰]

康居在大宛西北可二千里，行国，与月氏大同俗[⑱]。控弦者八九万人。与大宛邻国。国小，南羁事月氏，东羁事[⑲]匈奴。

奄蔡[⑳]在康居西北可二千里，行国，与康居大同俗。控弦者十余万。临大泽，无崖，盖乃北海[㉑]云。

大月氏在大宛西可二三千里，居妫水北。[㉒]其南则大夏，西则安息[㉓]，北则康居。行国也，随畜移徙，与匈奴同俗。控弦者可一二十万。故时强，轻匈奴[㉔]，及冒顿立，攻破月氏[㉕]。至匈奴老上单于[㉖]，杀月氏王，以其头为饮器。始月氏居敦煌、祁连间，[㉗]及为匈奴所败，乃远去，过宛，西击大夏而臣之，遂都妫水北，为王庭[㉘]。其余小众不能去者，保南山羌[㉙]，号小月氏。

安息在大月氏西可数千里。其俗土著，耕田，田稻麦，蒲陶酒。城邑如大宛。其属小大数百城，地方数千里，最为大国。临妫水，有市，民商贾用车及船，行旁国或数千里。[30]以银为钱，钱如其王面[31]，王死辄更钱，效王面焉[32]。画革旁行[33]以为书记。其西则条枝，北有奄蔡、黎轩。[34]

条枝在安息西数千里，临西海[35]。暑湿。耕田，田稻。有大鸟，卵如瓮[36]。人众甚多，往往有小君长，而安息役属之，以为外国[37]。国善眩[38]。安息长老传闻条枝有弱水、西王母[39]，而未尝见。

大夏在大宛西南二千余里妫水南。其俗土著，有城屋，与大宛同俗。无大君长[40]，往往城邑置小长。其兵弱，畏战。善贾市[41]。及大月氏西徙，攻败之，皆臣畜大夏。[42]大夏民多，可百余万。其都曰蓝市城[43]，有市贩贾诸物。其东南有身毒国[44]。

骞曰："臣在大夏时，见邛竹杖、蜀布。[45]问曰：'安得此？'大夏国人曰：'吾贾人往市之身毒。身毒在大夏东南可数千里，其俗土著，大与大夏同，而卑湿暑热云。其人民乘象以战。其国临大水焉[46]。'以骞度之，大夏去汉万二千里，居汉西南。今身毒国又居大夏东南数千里，有蜀物，此其去蜀不远矣。今使大夏，从羌中，险，羌人恶之；[47]少北，则为匈奴所得[48]；从蜀宜径[49]，又无寇。"天子既闻大宛及大夏、安息之属皆大国，多奇物，土著，颇与中国同业，而兵弱，贵汉财物；[50]其北有大月氏、康居之属，兵强，可以赂遗设利朝也[51]。且诚得而以义属之，则广地万里，重九译，致殊俗，[52]威德遍于四海。天子欣然，以骞言为然，乃令骞因蜀、犍为发间使，四道并出[53]：出駹，出冉，[54]出徙[55]，出邛、僰[56]，皆各行一二千里。其北方闭氐、筰[57]，南方闭嶲、昆明[58]。昆明之属无君长，善寇盗，辄杀略汉使，终莫得通。然闻其西可千余里有乘象国，名曰滇越，而蜀贾奸出物者或至焉，[59]于是汉以求大夏道始通滇国。初，汉欲通西南夷，费多，道不通，罢之。及张骞言可以通大夏，乃复事西南夷。

（以上为第二段，写张骞向武帝陈述出使西域见闻，遂勾起武帝第二次通西南夷事。）

①身所至——亲身到过。　传闻——指从他人之传说中得知。具——逐一地。　②去汉可万里——去汉：距离汉朝。可：大约。③土著——生根于土地。指住房子，有村落。　田——种植。　④蒲陶——即“葡萄”。　⑤马汗血——通常即谓其马出汗呈鲜红色。其先天马子也——孟康曰：“大宛国有高山，其上有马，不可得，因取五色母马置其下与集，生驹，皆汗血，因号曰‘天马子’云。”　⑥兵——兵器。　⑦乌孙——西域国名，其地约当今我国新疆之西北部、塔吉克斯坦的东南部，与吉尔吉斯斯坦的东部地区，首都赤谷城，在今伊塞克湖东南。　扜罙（yū mí）——也作“扜弥”，西域小国名，国都在今新疆于田。　于窴——西域小国名，在今新疆南部的和田县一带，国都西城，在今新疆和田。　⑧于窴之西，则水皆西流，注西海——按：于窴以及其西之蒲犁，其西北之莎车、疏勒，河水都是向东北流；只有到了大月氏、大宛、康居一带，河水才向西流。西海：此指咸海。　⑨盐泽——即今新疆东部的罗布泊。　⑩河源——黄河的源头。按：这是古人的一种说法。经近现代科学考察，探明黄河发源于青海巴颜喀拉山北麓。⑪多玉石——史公之意谓盐泽以南的山区（即今之阿尔金山）盛产玉石。　河注中国——当时人们认为黄河发源于昆仑山，时明时暗地流过来，连通罗布泊，再东行经积石山（在今甘肃临夏）流入中原地区。⑫楼兰——西域小国名，故都旧址在今罗布泊西北；东汉时楼兰改称鄯善，都城迁至扜泥（在今新疆若羌）。　姑师——也叫“车师”，分前后两国，车师前国的国都交河城，在今新疆吐鲁番城西；车师后国在吐鲁番北的天山北侧。　临盐泽——按：就实际情况看，楼兰的确临近罗布泊，而车师则与罗布泊尚有相当距离。　⑬匈奴右方——即匈奴之右贤王所部。　居盐泽以东——武帝反击匈奴以前的右贤王所部，东境占据着今内蒙古河套一带，对着汉王朝的上郡（约当今陕西北部及

内蒙古乌审旗等地);后被卫青、霍去病等猛烈攻击,始大幅度西移。陇西长城——秦汉长城的西南部分,起自陇西郡的临洮(在今甘肃岷县),东北行,经宁夏、陕西,进入内蒙古河套。 ⑭南接羌——此指当时居住在今甘肃河西走廊与青海东部地区的羌族部落。 鬲汉道——隔绝了汉与西域的相通之道。鬲:通“隔”。 ⑮行国——没有定居,随畜迁移之国。与“土著”之国相对而言。 ⑯控弦者——能挽弓骑射的战斗之士。 ⑰故服匈奴——旧曾臣服于匈奴。 取其羁属——与其保持一种大面上受其统属,而内部实独立的局面。羁属:“羁縻”性质的归属,像用一根绳子松松地拢着。 朝会——朝拜、进见,附属国对宗主国应有的礼节。 ⑱大同俗——风俗大致相同。 ⑲羁事——意同“羁属”。 ⑳奄蔡——也称“阖苏”,在今咸海、里海一带。 ㉑北海——此处“北海”指哈萨克斯坦与乌兹别克斯坦交界的咸海及哈萨克斯坦与俄罗斯、阿塞拜疆、伊朗交界的里海。 ㉒大月氏在大宛西——实际在大宛之西南。 妫(guī)水——即今流经乌兹别克斯坦与土库曼斯坦境上,最后流入咸海的阿姆河。 ㉓安息——西域国名,在今伊朗境内,《汉书》记其国都番兜城(在今伊朗德黑兰东部之达姆甘一带)。 ㉔故时强,轻匈奴——战国末年及秦朝统一时,匈奴的头曼单于曾派其太子冒顿到其西邻的月氏国为人质。当时的月氏国居住在今甘肃河西走廊。 ㉕及冒顿(mò dú)立,攻破月氏——冒顿(前209—前175年在位)是使匈奴崛起的关键人物。杀其父自立为单于后,首先击破东胡,其次又向西击退月氏,向南占领河套一带,使匈奴强大起来。晚年,冒顿又命右贤王西击月氏,迫使月氏人大部分向西迁到了今新疆的伊犁河流域;少部分逃入祁连山,与羌族人融合。 ㉖老上单于——冒顿之子,公元前174—前161年在位。 ㉗敦煌——后来的汉郡名,郡治在今甘肃敦煌西。 祁连——山名,在今甘肃河西走廊西南侧。 ㉘遂都妫水北,为王庭——其地约在今乌兹别克斯坦的铁尔梅兹一带。王庭:游牧民族君长的大本营。因其营前宽阔,可供集会,故云。 ㉙保南山羌——投靠并以南山中的羌族人为依托。南山:此指祁连山。 ㉚临妫水——其东北境达到今阿姆河一线。 行旁国——指商人到其他周边国家做买卖。 ㉛钱如其王面——银币上铸有其国王之像。 ㉜王死辄更钱,效王面焉——老国王一死,便要改铸银币,铸上其新国王之像。 ㉝画革旁行——以皮革为纸,横行书写。 ㉞条枝——也作“条支”,其地在今伊拉克境内。 黎轩——大约在今土耳其境内。 ㉟条枝在安息西数千里,临西海——若依上注所说条枝在“伊拉克境内”,则伊拉克不临“西海”,只有很小的一角临近波斯湾,于是遂有人说“条枝”在叙利亚。《辞海》谓条枝在今伊朗西南部布什尔港一带。 ㊱有大鸟,卵如瓮——此即鸵鸟。 ㊲安息役属之,以为外国——据周一良《世界通史》,在张骞到达西域前不久,帕提亚(即安息)的国王向东扩展,强盛一时。条枝之“役属”于安息,即在此时。以为外国:以之为境外的属国。 ㊳国善眩——条枝人善为魔术。眩:指魔术、杂技之类。 ㊴弱水、西王母——皆战国时中原地区人对西方景物的一种想象、臆造,见于《山海经》《穆天子传》等书。随着西域交通的发展,汉朝人又将这些说法加到了条枝的头上。 ㊵无大君长——意即没有太大的部落。 ㊶善贾市——善于经商、做买卖。 ㊷大月氏西徙——指月氏人在伊犁河流域被匈奴打败,其余部越葱岭迁来大夏之时。 臣畜大夏——像对奴仆一样地统治大夏人。畜:养。这里指对待。 ㊸蓝市城——也作“蓝氏城”,今阿富汗北部之巴里黑。 ㊹身毒国——也写作“天竺”,印度河流域的古国名,在今印度、巴基斯坦境内。 ㊺邛竹杖——邛都(在今四川西昌一带)出产的竹制手杖。 蜀布——蜀郡(在今四川成都一带)出产的一种细布。 ㊻其国临大水焉——即临近今之印度洋。 ㊼从羌中——经由今甘肃、青海边界,以及新疆东南部、南部的羌族地区,即当时所说的“南路”。 羌人恶之——羌人憎恶我们从那里通行。 ㊽少北,则为匈奴所得——少北:稍微偏北。指经由当时的所谓“北路”,容易被匈奴人捉住。 ㊾从蜀宜径——从成都一带寻路西出应该是近捷的。径:直捷,近便。 ㊿同业——从事的事业相同。业:事业,劳动项目。 贵汉财物——看重汉朝的东西。 ⑤①可以赂遗设利朝——可以通过物质的利诱、收买,使之来朝。 ⑤②以义属之——指通过收买、劝说使之归附。 重九译,致殊俗——通过多重翻译,把不同风俗国家的使者或君主招到中国来。 ⑤③乃令骞因蜀、犍为发间使,四道并出——因:

就近调派。蜀、犍为：汉代的二郡名，蜀郡的郡治在今四川成都；犍为郡的郡治鳖县在今贵州遵义西。发间使：悄悄地派出秘密使节。四道：张骞、王然于、柏始昌、吕越人各率众出一道。 ㉞駹（máng）——成都西北部的少数民族部落名，其地约在今四川茂县北。 冉——成都西北部的少数民族部落名，其地约在今四川松潘南。 ㉟徙——成都西南部的少数民族部落名，其地约在今四川天全一带，属羌族一系。 ㊱邛、僰（bó）——这里指邛都，在今四川西昌，当时四道出使的出发点之一。因这里也有僰人，故以“邛僰”称之。 ㊲北方闭氐、筰（zuó）——由北路而出的使者被氐族、筰族部落所挡住。氐在这里指与筰族杂居的氐族部落。筰属羌族一系，其集中居住地在筰都。 ㊳嶲（xī）、昆明——都是羌族一系的两个少数民族名，嶲族的住地在今云南西部的保山市一带，昆明族的住地在今云南的洱海一带。 ㊴滇越——少数民族部落名，其地在今云南西部的德宏、腾冲一带。 奸出物——私自携带违禁商品外出交易，即今所谓“走私”。

骞以校尉从大将军[①]击匈奴，知水草处，军得以不乏，乃封骞为博望侯，是岁元朔六年也。其明年，骞为卫尉，与李将军俱出右北平击匈奴。[②]匈奴围李将军，军失亡多；而骞后期当斩，赎为庶人。是岁汉遣骠骑[③]破匈奴西域数万人，至祁连山。其明年，浑邪王率其民降汉，而金城、河西西並南山至盐泽空无匈奴。[④]匈奴时有候者到，而希矣[⑤]。其后二年，汉击走单于于幕北。

是后天子数问骞大夏之属。骞既失侯，因言曰：“臣居匈奴中，闻乌孙王号昆莫，昆莫之父，匈奴西边小国也。匈奴攻杀其父，而昆莫生弃于野[⑥]。乌嗛肉蜚其上[⑦]，狼往乳之。单于怪以为神，而收长之。及壮，使将兵，数有功，单于复以其父之民予昆莫，令长守于西域。昆莫收养其民，攻旁小邑，控弦数万，习攻战。单于死，昆莫乃率其众远徙，中立，不肯朝会匈奴。匈奴遣奇兵击，不胜，以为神而远之，因羁属之，不大攻。今单于新困于汉，而故浑邪地空无人。蛮夷俗贪汉财物，今诚以此时而厚币赂乌孙,招以益东,居故浑邪之地,与汉结昆弟,其势宜听,听则是断匈奴右臂也。既连乌孙,自其西大夏之属皆可招来而为外臣。”天子以为然,拜骞为中郎将,将三百人,马各二匹,牛羊以万数,赍金币帛直数千巨万,多持节副使,道可使,使遣之他旁国。⑧

骞既至乌孙,乌孙王昆莫见汉使如单于礼⑨,骞大惭,知蛮夷贪,乃曰:“天子致赐,王不拜则还赐。⑩”昆莫起拜赐,其他如故。骞谕使指⑪曰:“乌孙能东居浑邪地,则汉遣翁主⑫为昆莫夫人。”乌孙国分⑬,王老,而远汉,未知其大小;素服属匈奴日久矣,且又近之,其大臣皆畏胡,不欲移徙,王不能专制。骞不得其要领。昆莫有十余子,其中子曰大禄,强,善将众,将众别居万余骑。大禄兄为太子,太子有子曰岑娶,而太子蚤死。临死谓其父昆莫曰:“必以岑娶为太子,无令他人代之。”昆莫哀而许之,卒以岑娶为太子。大禄怒其不得代太子也,乃收其诸昆弟,将其众畔,⑭谋攻岑娶及昆莫。昆莫老,常恐大禄杀岑娶,予岑娶万余骑别居,而昆莫有万余骑自备,国众分为三,而其大总取羁属昆莫,昆莫亦以此不敢专约于骞。⑮

骞因分遣副使使大宛、康居、大月氏、大夏、安息、身毒、于窴、扜罙及诸旁国。乌孙发导译送骞还,骞与乌孙遣使数十人,马数十匹报谢,因令窥汉,知其广大。

骞还到,拜为大行⑯,列于九卿。岁余,卒。

乌孙使既见汉人众富厚,归报其国,其国乃益重汉。其后岁余,骞所遣使通大夏之属者皆颇与其人俱来,于是西北国始通于汉矣。然张骞凿空,其后使往者皆称博望侯,以为质于外国,外国由此信之。⑰

(以上为第三段,写张骞的第二次出使西域。)

①大将军:国家的最高军事长官,虽名义在丞相下,但实权在丞相之上。这时的“大将军”指卫青。　②李将军——即李广,当时以郎中

令率军四千人,与张骞俱出右北平,分道北击匈奴。 右北平——汉郡名,郡治平刚(在今内蒙古宁城西南)。 ③骠骑——指霍去病,时为骠骑将军。骠骑将军仅次于大将军,实权也在丞相之上。 ④金城——汉郡名,郡治允吾(在今甘肃永靖西北)。 西並南山——沿着南山一直西行。並:傍,沿着。南山:此指甘肃境内的祁连山。 ⑤时有候者到,而希矣——候者:侦察骑兵。希:稀疏。 ⑥昆莫生弃于野——意谓当时还是婴儿的昆莫,被丢弃在原野上。 ⑦乌嗛肉蜚其上——嗛:衔在口中。蜚:通"飞"。 ⑧多持节副使——给张骞配备了许多副使,这些副使也都"持节",以便临时派往某个地区。持节:手持旌节,以表明皇帝特派的身份。 道可使,使遣之他旁国——半道上如果发现四周有可派往的地方,便当机立断地派这些有身份的副使前去。 ⑨见汉使如单于礼——谓昆莫接见汉朝使者与匈奴单于接见汉朝使者的礼数相同。 ⑩天子致赐——意谓我这里有天子送给你的东西。 王不拜则还赐——如果你不起来拜谢我就将这些东西带回去。 ⑪骞谕使指——张骞向昆莫讲明此次出使的目的。指:通"旨"。 ⑫翁主——诸侯家的女儿。旧说皇帝的女儿出嫁,由公爵为之主婚,故谓之"公主";诸侯的女儿出嫁,则由父亲为之主婚,故谓之"翁主"。按:这里应说"公主",实际上后来汉王朝所派出的刘细君也正是以"公主"的身份前来的。 ⑬乌孙国分——乌孙国现正处于分裂状态。 ⑭收其诸昆弟——将其他兄弟都拘捕起来。收:拘捕。 将其众畔——率其部众谋反自立。畔:通"叛"。 ⑮大总取羁属昆莫——大面上还是归昆莫松散的统管着。 不敢专约于骞——一个人做主与张骞订约。 ⑯大行——即大行令,也称"典客",主管少数民族事务。 ⑰凿空——犹言始凿其孔穴。空:同"孔"。 皆称博望侯——都标榜张骞。 以为质于外国——以取信于外国人。质:信,凭证。

自博望侯骞死后,匈奴闻汉通乌孙,怒,欲击之。及汉使乌孙,若出其南,抵大宛、大月氏相属①,乌孙乃恐,使使献马,愿得尚汉女翁主为昆弟②。天子问群臣议计,皆曰"必先纳聘,然后乃遗女”。初,天子发书,《易》云“神马当从西北来”。[3]得乌孙马好,名曰“天马”。及得大宛汗血马,益壮,更名乌孙马曰“西极”,名大宛马曰“天马”云。而汉始筑令居以西[4],初置酒泉郡以通西北国。因益发使抵安息、奄蔡、黎轩、条枝、身毒国。而天子好宛马,使者相望于道。诸使外国一辈大者数百,少者百余人,人所赍操大放博望侯时[5]。其后益习而衰少焉。[6]汉率一岁中使多者十余,少者五六辈,远者八九岁,近者数岁而反。

是时汉既灭越,而蜀、西南夷皆震,请吏入朝[7]。于是置益州、越巂、牂柯、沈黎、汶山郡,欲地接以前通大夏。[8]乃遣使柏始昌、吕越人等岁十余辈,出此初郡抵大夏,皆复闭昆明,[9]为所杀,夺币财,终莫能通至大夏焉。于是汉发三辅罪人,因巴蜀士数万人,[10]遣两将军郭昌、卫广等往击昆明之遮汉使者,斩首虏数万人而去。其后遣使,昆明复为寇,竟莫能得通。而北道酒泉抵大夏,使者既多,而外国益厌汉币[11],不贵其物。

自博望侯开外国道以尊贵,其后从吏卒[12]皆争上书言外国奇怪利害,求使。天子为其绝远,非人所乐往,听其言,予节,募吏民毋问所从来,为具备人众遣之,以广其道。来还不能毋侵盗币物,及使失指,[13]天子为其习之,辄覆案致重罪,[14]以激怒令赎,复求使。使端无穷,而轻犯法。[15]其吏卒亦辄复盛推外国所有,言大者予节[16],言小者为副,故妄言无行之徒皆争效之。其使皆贫人子,私县官赍物,欲贱市以私其利外国。[17]外国亦厌汉使人人有言轻重[18],度汉兵远不能至,而禁其食物以苦汉使。汉使乏绝积怨,至相攻击[19]。而楼兰、姑师小国耳,当空道[20],攻劫汉使王恢等尤甚。而匈奴奇兵时时遮击使西国者。使者争遍言外国灾害,皆有城邑,兵弱易击。于是天子以故遣从骠侯破奴将属国骑及郡兵数万,至匈河水,[21]欲以击胡,胡皆去。其明年,击姑师,破奴与轻骑七百余先至,虏楼兰王,遂破姑师。因举兵威以困乌孙、大宛之属。还,封破奴为浞野侯。王恢数使,为楼兰所苦,言天子,天子发兵令恢佐破奴击破之，封恢为浩侯。于是酒泉列亭鄣至玉门[22]矣。

乌孙以千匹马聘汉女，汉遣宗室女江都翁主[23]往妻乌孙，乌孙王昆莫以为右夫人。匈奴亦遣女妻昆莫，昆莫以为左夫人。昆莫曰“我老”，乃令其孙岑娶妻翁主。乌孙多马，其富人至有四五千匹马。

初，汉使至安息，安息王令将二万骑迎于东界。东界去王都数千里。行比至，过数十城，人民相属甚多。汉使还，而后发使随汉使来观汉广大，以大鸟卵及黎轩善眩人献于汉。及宛西小国驩潜、大益，宛东姑师、扜罙、苏薤之属，皆随汉使献见天子。[24]天子大悦。

而汉使穷河源，河源出于窴，其山多玉石，采来，[25]天子案古图书，名河所出山曰昆仑云。[26]

是时上方数巡狩海上，乃悉从外国客，大都多人则过之，[27]散财帛以赏赐，厚具以饶给之，以览示汉富厚焉。[28]于是大觳抵，出奇戏诸怪物，[29]多聚观者，行赏赐，酒池肉林，令外国客遍观各仓库府藏之积，见汉之广大，倾骇之[30]。及加其眩者之工，而觳抵奇戏岁增变，[31]甚盛益兴，自此始。

西北外国使，更来更去[32]。宛以西，皆自以远，尚骄恣晏然，未可诎以礼羁縻而使也。[33]自乌孙以西至安息，以近匈奴，匈奴困月氏[34]也，匈奴使持单于一信，则国国传送食，不敢留苦；[35]及至汉使，非出币帛不得食，不市[36]畜不得骑用。所以然者，远汉，而汉多财物，故必市乃得所欲，然以畏匈奴于汉使焉[37]。宛左右以蒲陶为酒，富人藏酒至万余石，久者数十岁不败。俗嗜酒，马嗜苜蓿。汉使取其实来，于是天子始种苜蓿、蒲陶肥饶地。及天马多，外国使来众，则离宫别观旁尽种蒲萄、苜蓿极望[38]。自大宛以西至安息，国虽颇异言，然大同俗，相知言。[39]其人皆深眼，多须髯，善市贾，争分铢。俗贵女子，女子所言而丈夫乃决正[40]。其地皆无丝漆，不知铸钱器[41]。及汉使亡卒降，教铸作他兵器。[42]得汉黄白金，辄以为器，不用为币。[43]

（以上为第四段，写张骞死后的十多年间，汉王朝与西域诸国相互来往的情景。）

①若出其南，抵大宛、大月氏相属——或者是经过它的南侧到大宛、大月氏去的人络绎不断。若：或，与。相属：相连，即今所谓“络绎不绝”。 ②为昆弟——意即结为兄弟之国。 ③发书——打开占卜用的书。 《易》云“神马当从西北来”——今《周易》中无此语，显系当事人为迎合武帝而编造。 ④筑令居以西——在令居以西筑城防守。令居：汉县名，县治在今甘肃永登西北。 ⑤大放博望侯时——即“牛羊以万数，金币帛直数千巨万”。大放：大致相仿。放：此处通“仿”。⑥益习——情况越来越熟悉。 衰少——使团的人数与所携带的东西越来越少。 ⑦请吏入朝——请朝廷在这些地区设郡县，派官吏；而这些少数民族地区的头领则请求入朝拜见皇帝。 ⑧于是置益州、越巂（xī）、牂柯（zāng kē）、沈黎、汶山郡——益州：汉郡名，郡治在今云南昆明晋宁区东。越巂：汉郡名，郡治邛都（在今四川西昌东南）。牂柯：汉郡名，郡治在今贵州黄平、贵定二县间，一说在今贵州凯里西北。沈黎：汉郡名，郡治在今四川汉源东北。汶山：汉郡名，郡治在今四川茂县北。 欲地接以前——意即不断地扩大地盘，直到与大夏相接。 ⑨出此初郡抵大夏——由这些新设立的前沿郡县出发，西通大夏。 闭昆明——被昆明部落所阻挡。闭：阻路。昆明：西南地区的少数民族部落名，其地在今云南西部的洱海以南。 ⑩发三辅罪人——三辅：指京兆尹、左冯翊、右扶风，即首都及其郊区的三个郡级地区。秦汉时代凡征兵、征发徭役，皆首先征调罪犯、苦役犯，其次则是征调工商业者。因——就近调派。 ⑪益厌汉币——对汉使携带的礼品渐渐感到厌烦。益：渐。币：礼品。 ⑫从吏卒——跟从张骞出使过的吏卒。⑬来还——这些出使回来的人。 侵盗币物——指这些出使者自己的贪污盗窃。 使失指——没能正确体现出使的宗旨。 ⑭习之——指熟悉通西域的事情。 覆案致重罪——追查、审问，处之以重罪。⑮使端——请求出使的人们所编出的理由、说法。 轻犯法——不把

犯法当成一回事。 ⑯言大者予节——谁能夸海口、说大话就让谁当正使。 ⑰私县官赍物——将所携带的国家的东西据为私有。县官：这里指国家、公家。 贱市——低价卖给外国人。 以私其利外国——将卖得之钱据为己有。“外国”二字疑衍。 ⑱汉使人人有言轻重——许多事情的轻重利害一人一个说法。 ⑲至相攻击——谓汉朝使者与西域诸国发生纠纷，乃至相互攻击。 ⑳当空道——正对着东西方往来的通道。空：孔。 ㉑从骠侯破奴——赵破奴，因从骠骑将军伐匈奴有功被封从骠侯。 属国——其他民族归降汉朝，汉朝将其按原部落安置在沿边郡县者，称之为“属国”。 匈河水——即流经今蒙古国巴彦洪戈尔省的拜德拉格河。一说即今甘肃疏勒河，一说今蒙古国翁金河，一说今蒙古国鄂尔浑河。 ㉒酒泉列亭鄣至玉门——意谓汉王朝的西北前线又向西推进了一大步。亭鄣：指瞭望台以及碉堡之类。 ㉓江都翁主——江都王刘建的女儿。 ㉔驩潜——西域小国名，其地约在今阿姆河下游，今属乌兹别克斯坦。 大益——西域小国名，其地约在里海东南，今属土库曼斯坦。 苏薤（xiè）——西域小国名，有说在今乌兹别克斯坦的撒马尔罕一带。 献见——献礼朝见。 ㉕穷河源——追溯黄河的源头。 河源出于窴——张骞通西域前，古人都说黄河发源于昆仑山。张骞通西域后，始说黄河发源在于窴（在今新疆和田一带）。 采来——张文虎以为是一种玉石的名称。 ㉖案古图书——根据古书所言。此指《山海经》《穆天子传》《禹贡》之类。 名河所出山曰昆仑——按：称于窴南侧之山为昆仑山，至今犹然；但黄河之源头实不在这里，现有研究证实黄河之源在青海巴颜喀拉山北麓。 ㉗悉从——全部地带上。 大都多人则过之——专门找那种城市大、人口多的地方走。 ㉘厚具——多多地准备东西。 饶给——多给，出手大方。按：以上“散财帛以赏赐，厚具以饶给之”。指赏赐当地的臣民。 览示——夸示。指摆阔给外国人看。 ㉙大觳抵——指大规模地举行摔跤一类的表演。觳抵：同“角抵”，秦汉时某些技艺表演的统称。 奇戏——指各种杂技表演。 诸怪物——各种稀奇百怪的动物。 ㉚倾骇之——令其惊讶怪骇。 ㉛加其眩者之工——谓魔术技巧更加高超。 觳抵奇戏岁增变——各种摔跤、杂技的水平逐年变化翻新。 ㉜更来更去——更加频繁地来来往往。 ㉝骄恣晏然——骄纵傲慢，神态悠闲。晏然：安然、悠闲的样子。 未可诎以礼——不能以礼节约束，使之变得谦卑。诎：谦卑。 羁縻而使——意即加以笼络，予以控制。羁：给其戴上笼头。縻：用绳子拢着。 ㉞匈奴困月氏——“困”上应增“尝”字，即冒顿、老上两次大破月氏事。 ㉟信——信物，凭证。 传送食——辗转供给饮食，即走到哪里都有供应。 不敢留苦——不敢耽搁，不敢为难。 ㊱市——花钱买。 ㊲然以畏匈奴于汉使焉——这是因为他们怕匈奴人更甚于怕汉朝使者。以：因。 ㊳极望——也称“弥望”，一眼望不到边。 ㊴异言——使用的语言不同。 相知言——能明白彼此所说的话。 ㊵决正——决定，以妻子之言作为丈夫判断事物的准则。 ㊶不知铸钱器——不懂得铸钱与铸造工具。 ㊷汉使亡卒——汉朝使者从卒之逃亡者。 他兵器——西域所没有的其他各种兵器。 ㊸黄白金——黄金及白银。 不用为币——不把金银作为货币流通。

而汉使者往既多，其少从率多进熟于天子，[①]言曰：“宛有善马在贰师城[②]，匿不肯与汉使。”天子既好宛马，闻之甘心，使壮士车令等持千金及金马以请宛王贰师城善马。[③]宛国饶汉物，相与谋曰：“汉去我远，而盐水中数败，[④]出其北有胡寇，出其南乏水草。又且往往而绝邑，乏食者多。汉使数百人为辈来，而常乏食，死者过半，是安能致大军乎？无奈我何。且贰师马，宛宝马也。”遂不肯予汉使。汉使怒，妄言，椎金马而去。[⑤]宛贵人怒曰：“汉使至轻我！”遣汉使去，令其东边郁成[⑥]遮攻杀汉使，取其财物。于是天子大怒。诸尝使宛姚定汉等言宛兵弱，诚以汉兵不过三千人，强弩射之，即尽虏破宛矣。天子已尝使浞野侯攻楼兰，以七百骑先至，虏其王，以定汉等言为然，而欲侯宠姬李氏，拜李广利为贰师将军，[⑦]发属国六千骑，及郡国恶少年[⑧]数万人，以往伐宛。期至贰师城取善马，故号“贰师将军”。赵始成为军正，故浩侯王恢使导军，而李哆为校尉，制军事。[⑨]是岁太初元年也。而关东蝗大起，蜚西至敦煌[10]。

贰师将军军既西过盐水，当道小国恐，各坚城守，不肯给食。攻之不能下。下者得食，不下者数日则去。比至郁成，士至者不过数千，皆饥罢。攻郁成，郁成大破之，所杀伤甚众。贰师将军与哆、始成等计："至郁成尚不能举，况至其王都乎？"引兵而还。往来二岁，还至敦煌，士不过什一二。使使上书言："道远多乏食；且士卒不患战，患饥。人少，不足以拔宛。愿且罢兵，益发而复往。"天子闻之，大怒，而使使遮玉门，曰："军有敢入者辄斩之！"贰师恐，因留敦煌。

其夏，汉亡浞野之兵二万余于匈奴[11]。公卿及议者皆愿罢击宛军，专力攻胡。天子已业诛宛[12]，宛小国而不能下，则大夏之属轻汉，而宛善马绝不来，乌孙、仑头易苦汉使矣，[13]为外国笑。乃案言伐宛尤不便者邓光等，赦囚徒材官，益发恶少年及边骑，[14]岁余而出敦煌者六万人，负私从者不与。[15]牛十万，马三万余匹，驴骡橐它[16]以万数。多赍粮，兵弩甚设[17]，天下骚动，传相奉伐宛，凡五十余校尉。[18]宛王城中无井，皆汲城外流水，于是乃遣水工徙其城下水空以空其城[19]。益发戍甲卒十八万，酒泉、张掖北，置居延、休屠以卫酒泉。[20]而发天下七科適，及载糒给贰师，[21]转车人徒相连属至敦煌。[22]而拜习马者二人为执驱校尉[23]，备破宛择取其善马云。

于是贰师后复行，兵多，而所至小国莫不迎，出食给军。至仑头，仑头不下，攻数日，屠之。自此而西，平行至宛城，[24]汉兵到者三万人。宛兵迎击汉兵，汉兵射败之，宛走入葆乘其城[25]。贰师兵欲行攻郁成，恐留行而令宛益生诈，[26]乃先至宛，决其水源，移之[27]，则宛固已忧困。围其城，攻之四十余日，其外城坏，虏宛贵人勇将煎靡[28]。宛大恐，走入中城。宛贵人相与谋曰："汉所为攻宛，以王毋寡匿善马而杀汉使。今杀王毋寡而出善马，汉兵宜解；即不解，乃力战而死，未晚也。"宛贵人皆以为然，共杀其王毋寡，持其头遣贵人使贰师，约曰："汉毋攻我。我尽出善马，恣所取，而给汉军食。即不听，我尽杀善马，而康居之救且至。至，我居内，康居居外，与汉军战。汉军熟计之，何从？"是时康居候视汉兵，汉兵尚盛，不敢进。贰师与赵始成、李哆等计："闻宛城中新得秦人，知穿井，而其内食尚多。所为来，诛首恶者毋寡。毋寡头已至，如此而不许解兵，则坚守，而康居候汉罢而来救宛，破汉军必矣。"军吏皆以为然，许宛之约。宛乃出其善马，令汉自择之，而多出食食给汉军。汉军取其善马数十匹，中马以下牡牝三千余匹，而立宛贵人之故待遇汉使善者名昧蔡以为宛王，与盟而罢兵。终不得入中城，乃罢而引归。

初，贰师起敦煌西，以为人多，道上国不能食，[29]乃分为数军，从南北道。校尉王申生、故鸿胪壶充国等千余人，别到郁成。[30]郁成城守，不肯给食其军。王申生去大军二百里，偩而轻之，[31]责郁成。郁成食不肯出，窥知申生军日少，晨用三千人攻，戮杀申生等，军破，数人脱亡，走贰师。贰师令搜粟都尉上官桀往攻破郁成，郁成王亡走康居，桀追至康居。康居闻汉已破宛，乃出郁成王予桀，桀令四骑士缚守诣大将军。四人相谓曰："郁成王汉国所毒，今生将去，卒失大事。[32]"欲杀，莫敢先击。上邽骑士赵弟最少，拔剑击之，斩郁成王，赍头。弟、桀等逐及大将军[33]。

初，贰师后行，天子使使告乌孙，大发兵并力击宛。[34]乌孙发二千骑往，持两端，不肯前。贰师将军之东，诸所过小国闻宛破，皆使其子弟从军入献，[35]见天子，因以为质[36]焉。贰师之伐宛也，而军正赵始成力战，功最多；及上官桀敢深入，李哆为谋计[37]。军入玉门者万余人，军马千余匹[38]。贰师后行，军非乏食，战死不能多，而将吏贪，多不爱士卒，侵牟之，以此物故众。[39]天子为万里而伐宛，不录过[40]，封广利为海西侯。又封身斩郁成王者骑士赵弟为新畤侯。军正赵始成为光禄大夫，上官桀为少府，李哆为上党太守。军官吏为九卿者三人，诸侯相、郡守、二千石者百余人，千石以下千余人。奋行者官过其望,以适过行者皆绌其劳。[41]士卒赐直四万金[42]。伐宛再反[43],凡四岁而得罢焉。

汉已伐宛,立昧蔡为宛王而去。岁余,宛贵人以为昧蔡善谀[44],使我国遇屠,乃相与杀昧蔡,立毋寡昆弟曰蝉封为宛王,而遣其子入质于汉。汉因使使赂赐以镇抚之[45]。

而汉发使十余辈至宛西诸外国,求奇物,因风览[46]以伐宛之威德。而敦煌置酒泉都尉,西至盐水,往往有亭[47]。而仑头有田卒数百人,因置使者护田积粟,以给使外国者。[48]

(以上为第五段,写李广利讨平大宛。)

①少从——少年时跟从出使者。 进熟——进说其所熟悉的有关西域的事情。 ②贰师城——在大宛首都贵山城之东南,在今吉尔吉斯斯坦西南部的奥什。 ③甘心——此处意即动心,兴心。 壮士车令——壮士姓车名令。 ④盐水——即罗布泊。 数败——指凡欲通过罗布泊者,往往被恶劣的自然气候所摧垮。 ⑤妄言——指骂人。 椎金马——砸碎了带来的礼品。 ⑥东边郁成——东部边境的郁成。郁成:大宛的城镇名,在大宛国都贵山城的东南,贰师城的东北,在今吉尔吉斯斯坦奥什东北。 ⑦欲侯宠姬李氏——欲使其宠姬李夫人之亲属为侯。 李广利——李夫人之兄。 ⑧恶少年——品行恶劣的少年。 ⑨军正——军中的司法官。 故浩侯——王恢于元封四年(前107)被封浩侯,不久因“使酒泉,矫制”,被废,故此称“故浩侯”。 制军事——主管军中事物。 ⑩关东蝗大起,蜚西至敦煌——关东:函谷关以东,泛指今河南、河北、山西、山东等广大地区。蜚:通“飞”。敦煌:汉郡名,郡治在今甘肃敦煌西。 ⑪汉亡浞野之兵二万余于匈奴——太初二年(前103),赵破奴“为浚稽将军,将二万骑击匈奴左贤王。左贤王与战,兵八万骑围破奴,破奴生为虏所得,遂没其军”。 ⑫已业诛宛——既然已经开始讨伐大宛。已业:同今“业已”“既已”。诛:讨伐。 ⑬仑头——西域小国名,其地在今新疆轮台东南玉古尔地。 易苦汉使——似应作“益苦汉使”,更加让汉朝使者吃苦头。 ⑭案言伐宛尤不便者——惩治那些特别反对伐大宛的人。案:惩办。

指处死。 赦囚徒材官——赦免监狱中的囚徒与材官中的犯罪者。材官:以多力善射为长的特种兵。 益发——更多的征调。 边骑——在边疆驻守的骑兵。 ⑮负私从者——自己备办鞍马衣粮随军前去的志愿者。 不与——不计在内。 ⑯橐它——骆驼。 ⑰兵弩甚设——兵器弩弓都很充足。设:齐备,盛多。 ⑱传相奉伐宛——指全国由远及近辗转将物资运送到伐宛前线。 凡五十余校尉——总共有五十多个校尉被编入李广利部下。 ⑲于是乃遣水工徙其城下水空以空其城——徙其城下水空:使流向贵山城的河水改道。水空:水道。“空”的意思同“孔”。以空其城:使其城内无水喝。 ⑳戍甲卒——戍守边疆的披甲士兵。 酒泉、张掖北,置居延、休屠——在酒泉、张掖二郡的北面设置居延、休屠二都尉。居延都尉的驻地在今内蒙古额济纳旗东南;休屠都尉的驻地在今甘肃武威。都尉的级别相当于郡尉,在一些新开拓的地区统兵防守。 以卫酒泉——一方面是为了防守张掖、酒泉,另一方面更是为了防止匈奴从侧翼攻击汉王朝的伐宛大军。㉑七科適——七种罪犯。適:通“谪”。 及载糒(bèi)给贰师——用车拉着干粮以供应李广利的伐宛大军。糒:原指干饭,这里指干粮。又,此句“及”字疑衍。 ㉒转车人徒——指“载糒以给贰师”者。 相连属至敦煌——从大宛前线一直到敦煌的支前供应站沿路络绎不绝。

㉓执驱校尉——师古曰:“一人为执马校尉,一人为驱马校尉。”㉔平行——顺利通行。 宛城——即大宛国都贵山城。 ㉕宛走入葆乘其城——大宛人逃入城内,登其城而防守之。走、入、葆、乘四动词并行连用。葆:通“保”。乘:登。 ㉖欲行攻郁成——原想在行进中首先攻下郁成。 留行——耽误行程。 ㉗决其水源,移之——在水源处掘堤,令河水改道。 ㉘贵人勇将煎靡——既是大宛的亲贵,又是军中的猛将,名唤“煎靡”。 ㉙道上国——道上所经过的各小国。 不能食——无法供应军队食粮。 ㉚鸿胪——即大鸿胪,朝官名,原称典客,主管少数民族事务。壶充国曾任大鸿胪,此时正免官,故称“故鸿胪”。 别到郁成——另统一支部队,离开大队来到郁成。㉛去——距离。 偩而轻之——仗恃有大军作后盾而轻视郁成人。偩:同“负”,仗恃。 ㉜毒——痛恨。 生将去——活着押解而去。

将:持。 卒失大事——如果让他突然逃跑,那事情可就大啦。卒:后多作“猝”。 ㉝逐及大将军——赶上了李广利的大部队。逐:追赶。 ㉞后行——同上文“后复行”,即第二次出征。 大发兵并力击宛——谓令乌孙大量发兵以助贰师击宛。 ㉟东——东归,东行。 从军入献——跟着李广利的军队入汉朝向皇帝献礼。 ㊱因以为质——就势留在汉朝京城当人质。 ㊲赵始成力战,功最多;及上官桀敢深入,李哆为谋计——史公书此,盖谓李广利仅守成而已,实皆三人之力,言外之褒贬甚明。 ㊳军入玉门关者万余人,军马千余匹——按:史公载此与前写出师之盛相比较,对武帝之伐大宛深致批判之意。 ㊴侵牟——侵吞、克扣。牟:取。 物故——指死。此谓牺牲,减员。 ㊵不录过——不计较李广利前次的过失。 ㊶奋行者——志愿前往者,即前文之所谓“负私从者”。 官过其望——所获官位之高超出其意料。 以适过行者皆绌其劳——意即将功折罪,赦为庶人,不再奖赏。适:通“谪”。 ㊷士卒赐直四万金——赏赐士兵的财物总价值为四万金,折铜钱四万万。直:通“值”。 ㊸再反——两次往返。 ㊹善谀——善于讨好汉王朝。 ㊺赂赐以镇抚之——实际是无可奈何,只好承认其所立之新王,无法更行干涉。所谓“镇抚”,亦不过勉强求得其大面承认而已。赂赐:赏赐,收买。 ㊻风览——风喻,炫耀。览:展示。 ㊼亭——亭候,亭燧,用于观测敌情;亦有亭驿,接待过往官员,可充驿站之用。 ㊽田卒——屯田的士兵。 因置使者护田积粟——后来在这里设置了轮台都尉。 给——供应。

太史公曰:《禹本纪》言“河出昆仑。[①]昆仑其高二千五百余里,日月所相避隐为光明[②]也。其上有醴泉、瑶池”。今自张骞使大夏之后也,穷河源,恶睹本纪所谓昆仑者乎?故言九州山川,《尚书》近之[③]矣。至《禹本纪》《山海经》所有怪物,余不敢言之也。

(以上为第六段,是作者的论赞,因黄河源头之妄传而感慨世俗杂说之不可信。)

①《禹本纪》——古代的一本有神话性质的书。　河出昆仑——《山海经》中有所谓"出于昆仑之东北隅,实惟河源"之说。　②日月所相避隐为光明——意谓日月交替着从东方升起,从此处落下,交替发光。　③言九州山川,《尚书》近之——关于全国山川的记载,只有《尚书》说得差不多。此指《尚书》中专门讲地理的《禹贡》。

［**简评**］　本文的前半部分记述了张骞两次出使西域的经过,后半部分着重记述了李广利征伐大宛的过程,作品围绕着记述这两方面的问题介绍了西域地区的二十多个国家,这是我国最早的记载西域问题的文献资料。先有张骞的探险,接着又有李广利的武力讨伐,两次行动的积极结果是第一次打通了东西方交通,也就是著名的"丝绸之路",而本文则是详细记述打通丝绸之路全过程的最原始的珍贵资料,这是非常重要的。张骞作为我国最早的大探险家,其勇敢坚毅,忠于国家、忠于探险事业的精神令人敬佩,就其实际品质与历史贡献而言,应该远远地高过单纯以气节著称的苏武;但由于司马迁讨厌汉武帝的武力扩张,同情被掠夺的少数民族与汉族劳动人民因汉武帝武力扩张所遭受的沉重灾难,所以他从根本上否定汉武帝这种"劳民伤财"活动,这当然也有很大的进步性,表现了他进步的民族观,这点应该与《匈奴列传》《南越列传》《朝鲜列传》《平准书》等一道思考。但也正是从这点出发,司马迁对张骞没有好感,把他列入了"生事之臣"的行列。但司马迁毕竟是伟大的史学家,尽管他从总的情绪上不喜欢张骞,但仍把张骞那种非常人所能及的意志品格充分地表现出来了。汉武帝通西域,事实上也是彻底解决匈奴问题的一个方面,这些后来也的确见到了效果,但司马迁对此也没有给予应有的肯定,这两点都是比较令人遗憾的。

［**集评**］　《太史公自序》:"汉既通使大夏,而西极远蛮,引

领内乡，欲观中国，作《大宛列传》第六十三。”

黄震曰：“甚矣，小人逢君之恶何甚也。汉欲通西南夷，费多道不通，尝罢之矣；张骞言可通大夏，天子复欣然为之。是穷民西南之祸不在汉武，而在张骞。然骞从月氏至大夏，竟不得月氏要领。其后复使乌孙，亦不得其要领。间关万里，困苦终身，骞果何利于此？自是弃骨肉于万里外，以妻乌孙；自是没士马于万里外，以取宛马，天下骚动，耗费巨万万，骞又果何利于汉？呜呼，甚矣，小人逢君之恶者，不可晓也。”（《黄氏日钞》）

王鸣盛曰：“《大宛传》始之以张骞，终之以李广利。叙骞事作结束之笔则云‘于是西北始通汉矣，然张骞凿空’，著其首倡邪谋也；叙广利事作提唱（倡）之笔则云‘欲侯宠姬李氏，拜广利为贰师将军，以往伐宛’，见此举志荒矣。班氏以二人截分两传，体例明整，马不如班；文笔离奇，班不如马。”（《十七史商榷》）

李贽曰：“张骞持汉节入匈奴，十三年而不失，与苏武何异？同时百十人皆没，独骞与堂邑父两人在耳，身所经历者，大夏、大宛、乌孙、康居诸国，不下万余里，所至戎狄皆爱而信之，以故两度得脱，无困迫忧，则其才力固有大过人者。予固略其节而爱其才，益信汉武之能得士也。”（《藏书》）

赵翼曰：“苏武使匈奴，守节不屈，十九年始得归，人皆知之。……张骞先使月氏，道半为匈奴所得，留十年，持汉节不失。后乃逃出，由大宛、康居至月氏、大夏，从羌中归，又为匈奴所得，岁余，乘其国内乱乃脱归。是骞之崎岖险阻更甚于武也。……然至今但称武而已……则有幸有不幸，岂不重可叹哉！”（《廿二史札记》）

梁启超曰：“博望通西域之役，其功在汉种者有三：（一）杀匈奴猾夏之势。自文景以来，匈奴役属西域，结党南羌，地广势强，蒸蒸南下，候骑每至甘泉，屯防及于细柳。非有以挫之，则小之为刘渊、石勒之横行河朔，大之为金源、蒙古之蹂躏神州，左衽之痛,岂俟数百年千年之后哉!其时汉欲制匈奴,则伐谋伐交之策,远交近攻之形,不可不注意于西域。张博望首倡通月氏、结乌孙之议,卒以断匈奴右臂,隔绝南羌,斩其羽翼,及孝武末世,遂至匈奴远遁,幕南无王庭。元成以后,卒俯首帖耳,称藩属于我大国。此数千年历史上最大之名誉也。而发之成之者,实自张博望,自今以往,如有能继博望之精神以对于外种者乎,则世界之历史,安见为阿利安种人所专有也。(二)开亚欧交通之机。秦汉之间,东西民族,皆已成熟涨进,务伸权力于域外。罗马帝国将兴,而阿利安族文明,将驰骤于地中海之东西岸,顾不能越葱岭以求通于我国。……而沟而通之者,实始博望,博望实世界史开幕一大伟人也。(三)完中国一统之业。当时滇黔诸国,皆未内属,汉武初虽尝从事西南夷,然以费多罢之。其后感博望蜀布邛杖之言,卒再兴作,使王然于、柏始昌、吕越人等十余辈,往求身毒国,遂开滇池、达交趾,卒使数千年为国屏藩。虽其事不专成于博望,而创始之功,实博望尸之,博望之有造于汉种者,何如也?"(《张博望班定远合传》)

游侠列传第六十四

韩子[1]曰："儒以文乱法，而侠以武犯禁。"二者皆讥，而学士多称于世云。[2]至如以术取宰相卿大夫，辅翼其世主，功名俱著于春秋[3]，固无可言者[4]；及若季次、原宪[5]，闾巷人也，读书怀独行君子之德，义不苟合当世，当世亦笑之，故季次、原宪终身空室蓬户，褐衣疏食不厌[6]，死而已四百余年，而弟子志之不倦[7]。今游侠，其行虽不轨[8]于正义，然其言必信，其行必果[9]，已诺必诚[10]，不爱其躯，赴士之阸困[11]。既已存亡死生[12]矣，而不矜其能，羞伐[13]其德，盖亦有足多者[14]焉。

且缓急，人之所时有也。太史公曰[15]：昔者虞舜窘于井廪[16]，伊尹负于鼎俎[17]，傅说匿于傅险[18]，吕尚困于棘津[19]，夷吾桎梏[20]，百里饭牛[21]，仲尼畏匡，菜色陈、蔡[22]。此皆学士所谓有道仁人也，犹然[23]遭此灾，况以中材而涉乱世之末流乎？其遇害何可胜道哉[24]！

鄙人[25]有言曰："何知仁义，已飨其利者为有德[26]。"故伯夷丑[27]周，饿死首阳山，而文武不以其故贬王，[28]跖蹻暴戾，[29]其徒诵义无穷。由此观之，"窃钩者诛，窃国者侯，侯之门仁义存"，非虚言也。

今拘学或抱咫尺之义，[30]久孤[31]于世，岂若卑论侪俗[32]，与世沈浮而取荣名哉！而布衣之徒，设取予然诺[33]，千里诵义，为死不顾世[34]，此亦有所长，非苟而已也。故士穷窘而得委命[35]，此岂非人之所谓贤豪间者[36]邪？诚使乡曲之侠，予季次、原宪比权量力[37]，效功于当世，不同日而论[38]矣；要以功见言信，[39]侠客之义又曷可少哉！

古布衣之侠，靡得[40]而闻已。近世延陵[41]、孟尝、春申、平原、信陵之徒，皆因王者亲属，藉于有土卿相之富厚，招天下贤者，显名诸侯，不可谓不贤者矣；比如顺风而呼，声非加疾，其势激也。至如闾巷之侠，修行砥名，声施[42]于天下，莫不称贤，是为难耳。然儒、墨皆排摈不载。自秦以前，匹夫之侠，湮灭不见，余甚恨之。以余所闻，汉兴有朱家、田仲、王公、剧孟、郭解之徒，虽时扞当世之文罔，[43]然其私义廉洁退让，有足称者。名不虚立，士不虚附。至如朋党宗强比周，[44]设财役贫[45]，豪暴侵凌孤弱，恣欲自快，游侠亦丑之。余悲世俗不察其意，而猥[46]以朱家、郭解等令与暴豪之徒同类而共笑之也。

（以上为第一段，是全传的总论，作者以儒侠对举，以儒为侠作反衬，称扬了游侠言必信，行必果，急人之困，不爱其躯的可贵精神。）

①韩子——韩非，战国末期韩国人，为法家学派中集大成的人物。著有《韩非子》。“儒以文乱法”二句，见《韩非子·五蠹》。 ②学士——指儒家学者。 称于世——受称道于汉世。 ③“以术取宰相卿大夫”三句——指公孙弘、张汤等人，公孙弘以儒术为武帝丞相，张汤为御史大夫。皆以阿谀人主，取名当世，深为司马迁所不满。春秋：泛指国史。 ④无可言者——犹言“不必说”“用不着说啦”。反语嘲讽，意实鄙之。 ⑤季次、原宪——皆孔子的学生，事见《仲尼弟子列传》。季次：名公皙哀，字季次，生平未曾出仕。原宪：字子思，曾居于乱草蓬蒿的穷巷，而不以贫为耻。 ⑥褐衣疏食不厌——意谓连最低的生活条件都得不到满足。褐衣：粗布短衣，古代贱者所服。疏食：犹言“粗饭”。疏：粗。厌：后作“餍”，足。 ⑦弟子志之不倦——意指这种

人在汉代也受人称道。志:记,怀念。倦:停止。 ⑧不轨——不遵轨辙,引申为“不合”之意。 ⑨行必果——办事一定办成。果:坚定,不改变。 ⑩已诺必诚——已经答应人家的事情一定要兑现。 ⑪不爱其躯,赴士之阸困——意指为了帮别人脱离困境,而不惜牺牲自己。阸困:灾难,困境。阸:同“厄”。 ⑫存亡死生——指打抱不平,使遇害将亡者得存,使仗势害人者死。 ⑬伐——夸,炫耀,与上句“矜”字同义。 ⑭有足多者——有值得称赞的地方。多:赞美,称道。 ⑮太史公曰——按:四字疑衍,或应移至他处。 ⑯虞舜窘于井廪(lǐn)——据《五帝本纪》云,虞舜未为帝时,曾被其父与其弟多次陷害,舜修廪,其父等自下纵火;舜治井,其父等自上填塞,舜皆得幸逃去。窘:困。廪:仓库。 ⑰伊尹负于鼎俎(zǔ)——伊尹名伊,尹为官名。一说名挚。商汤时的贤臣,曾佐汤灭夏建商。据《殷本纪》云,伊尹最初为了寻机会接近汤,曾经在汤妻有莘氏家做奴隶。后以“媵臣”身份,背着做饭用的锅子板子见汤,以做菜的道理暗示其对于政事的见解,结果被汤重用。鼎:古代用以为煮锅。俎:切东西的案板。按:史公为求整齐,数句中皆用“于”字为介词,他句可,此句不顺。 ⑱傅说(yuè)匿于傅险——傅说:商代武丁时的名臣,据说他在未遇武丁时,是一个苦役犯,在傅险(地名,在今山西平陆东)做苦工。后被武丁发现,任以政事。匿:隐。这里是“埋没”“不得志”的意思。 ⑲吕尚困于棘津——吕尚:即姜尚,周朝的开国名臣,曾辅佐周武王灭商建周,因有大功,被封于齐。据说吕尚原来的命运非常不好,年已七十,尚卖食于棘津,事见《正义》引《尉缭子》。棘津:津渡名,在今河南延津东北,久堙。 ⑳夷吾桎梏(zhì gù)——夷吾:即管仲,春秋时齐桓公的名臣,曾辅佐齐桓公称霸于诸侯。管仲未遇齐桓公时,曾为公子纠臣。公子纠与桓公争位被桓公打败,逃亡鲁国,桓公令鲁国杀死公子纠,而将管仲解回齐国。管仲回齐后,桓公遂用以为相。桎梏:指其兵败被囚事。桎:足械。梏:手械。 ㉑百里饭牛——百里:即百里奚,春秋时秦穆公的贤臣,曾辅佐秦穆公称霸西戎。关于百里奚的出身事迹,各处说法不同。所谓“饭牛”事,不见于《秦本纪》。《孟子·万章》云:“百里奚自鬻于秦养牲者五羊之皮,食(饲)牛以要秦穆公。” ㉒“仲尼畏匡”二句——孔子由卫适陈，路经匡邑（在今河南长垣西南，当时属卫），被当地人误认作曾经侵暴过他们的鲁国阳虎，从而加以包围。后来弄清，才被释放。畏：害怕。这里指受惊。后来孔子又想去楚国，陈蔡两国怕孔子去楚于己不利，于是发兵围之，使之绝粮七日，从人皆不能起。后楚兵来迎，始免此难。菜色：不吃粮食只吃野菜的饥饿面色。 ㉓犹然——尚且。

㉔"况以中材而涉乱世之末流乎"二句——中材：中等才智的人。亦谦辞委婉地包含了自己在内。涉：经历，遭逢。乱世之末流：郭嵩焘曰："秦为乱世，自秦以后皆乱世之末流也。史公值汉盛时而言此，诚亦有伤心者哉。" ㉕鄙人——犹言"下层人"。指平民百姓。 ㉖何知仁义，已飨其利者为有德——意谓管什么仁义不仁义，谁对我有好处，我就说谁是好人。张文虎曰："'已'，当作'己'，'己'，犹身也，谓身受其人之利，即其人为仁义矣。" ㉗丑——耻，瞧不起。 ㉘文武——指周文王、周武王。 贬王——降低他们作为一个王者的声誉。 ㉙跖蹻——盗跖、庄蹻，古代所传说的两个"大盗"。 暴戾（lì）——凶暴残忍。戾：乖张，反常。 ㉚拘学——拘于一偏之见，而顽固不化的学者。

抱咫尺之义——指谨守着他所信奉的狭隘教条。按：这类指季次、原宪那样的人。 ㉛孤——违、背离。 ㉜卑论侪（chái）俗——降低自己的调门儿，和世俗的人们站在一个行列。侪：同类、同辈。这里用如动词。按：从史公本意讲，他对于季次、原宪虽然并不十分崇敬，但对他们也绝无恶感。这里是在说反话，是在表现他对公孙弘、张汤之流的憎恶，和对于游侠悲惨遭遇的愤慨不平。 ㉝设取予然诺——大意为讲究待人接物的义气，不苟取，不苟予，说话算话。设：讲究，重视。《仲尼弟子列传》说澹台灭明"设取予去就，名施乎诸侯"，可与此语互相参证。 ㉞为死不顾世——为急人之难不怕牺牲自己，不顾世人的指点议论。 ㉟委命——托身，依靠。 ㊱贤豪间者——中井积德曰："'间'字疑衍。" ㊲比权量力——比较（儒者和侠者）在社会上的权威和影响力。 ㊳不同日而论——犹言"不可同日而语"。指游侠远远不及季次、原宪。 ㊴要——总之，关键在于。 功见言信——办事见效果，说话能兑现。 ㊵靡得——不得，不能。 ㊶延陵——顾炎武曰："谓季札，以其遍游上国，与名卿相结，解千金之剑而系冢树，有侠士之风也。”梁玉绳曰:“延陵季子非侠,且不可言‘近世’,与四公子相比。……疑衍‘延陵’二字。” ㊷施(yì)——延,传播。 ㊸捍——抵触,抗拒。 文罔——犹今之所谓“法网”,法律规章。罔:同“网”。 ㊹朋党——指为图谋私利而互相勾结起来的官僚帮派。 宗强——犹言“豪族”“豪绅”。 比周——二字皆“依从”“亲密”之义。后世二字常连用为贬义,即犹今之所谓“狼狈为奸”“朋比为奸”。 ㊺设财役贫——倚仗自己的富有而奴役穷人。 ㊻猥——曲。犹今之所谓“错误地”“马马虎虎地”。

鲁[①]朱家者,与高祖同时。鲁人皆以儒教,而朱家用侠闻。所藏活豪士以百数,其余庸人不可胜言。[②]然终不伐其能、歆其德[③],诸所尝施,唯恐见之[④]。振人不赡[⑤],先从贫贱始。家无余财,衣不完采[⑥],食不重味[⑦],乘不过軥牛[⑧]。专趋人之急[⑨],甚己之私。既阴脱季布将军之阸[⑩],及布尊贵,终身不见也。自关以东,莫不延颈愿交焉。

楚田仲以侠闻,喜剑,父事[⑪]朱家,自以为行弗及。田仲已死,而雒阳有剧孟。周人以商贾为资,[⑫]而剧孟以任侠显诸侯。吴楚反时,条侯[⑬]为太尉,乘传车将至河南,得剧孟,喜曰:“吴楚举大事而不求孟,吾知其无能为已矣。”天下骚动,宰相得之若得一敌国云。[⑭]剧孟行大类朱家,而好博,多少年之戏。然剧孟母死,自远方送丧盖千乘[⑮]。及剧孟死,家无余十金之财。而符离[⑯]人王孟亦以侠称江淮之间。

是时济南瞯氏、陈周庸亦以豪闻,[⑰]景帝闻之,使使尽诛此属。其后代诸白、梁韩无辟、阳翟薛兄、陕韩孺纷纷复出焉。[⑱]

(以上为第二段,写了朱家、剧孟等人振人不赡、趋人之急的侠义行为。)

①鲁——汉诸侯国名,都城在今山东曲阜。 ②庸人——普通人,平常人。 不可胜言——犹言“不计其数”。 ③不伐其能、歆其德——不夸耀自己的本事,不沾沾自喜于自己的德行。歆:欣羡、悦服。

德:德行。 ④诸所尝施,唯恐见之——对于那些蒙受过自己好处的人,唯恐再见到他们。因为不愿意让别人感谢自己。 ⑤振人不赡(shàn)——救济别人的困乏。振:救济,"赈"的本字。不赡:不足,衣食缺乏。 ⑥衣不完采——衣服上连一处完整的花纹都没有。极言其破旧。 ⑦食不重味——吃饭时,桌上没有第二个菜。 ⑧軥(qú)牛——郭嵩焘曰:"犹言'驾牛'。"即乘坐牛车。軥:《说文》:"軶(轭)下曲也。"郭嵩焘曰:"轭者,辕端横木,以驾马领,軥以状其下曲也。" ⑨趋人之急——奔救别人的危急。 ⑩阴脱季布将军之阨——季布原是项羽的将领,项羽败死后,季布逃匿于濮阳周氏家。刘邦悬赏捕捉,濮阳难以藏匿,于是周氏将季布髡钳为奴隶模样,转送于朱家处。朱家通过汝阴侯夏侯婴说动刘邦,季布才获赦免,后官至中郎将,河东太守。 ⑪父事——像对待父亲一般对待他。 ⑫周人——指雒阳一带的人。因春秋战国时期周国建都于雒阳,故云。 资——生活资本,谋生之计。 ⑬条侯——即周亚夫,平定吴楚七国之乱的最高统帅。 ⑭宰相——指周亚夫,周亚夫时为太尉,太尉相当于副宰相。 得之若得一敌国——得到这样一个人,就如同获得了一个与自己势均力敌的国家。极言其人的身价地位之重要。 ⑮盖千乘——差不多有千余辆车。盖:约略、推测之词。各地前来送丧者达千余辆车,见剧孟交游之广。 ⑯符离——汉县名,县治在今安徽宿州东北。 ⑰济南——汉郡名,郡治东平陵(在今山东济南章丘区西)。 瞯(xián)——姓。陈——秦县名,县治在今河南周口淮阳区。汉代为淮阳国国都。 ⑱代——汉郡名,郡治代县(在今河北蔚县东北)。 梁——汉国名,都睢阳(在今河南商丘南)。 阳翟——汉县名,县治在今河南禹州,当时亦为颍川郡的郡治所在地。 兄——同"况"。 陕——汉县名,县治在今河南三门峡市陕州区。

郭解,轵[①]人也,字翁伯,善相人者许负外孙也。解父以任侠,孝文时诛死。解为人短小精悍,不饮酒。少时阴贼[②],慨不快意[③],身所杀甚众。以躯借交报仇,藏命作奸剽攻,休乃铸钱掘家,固不可胜数[4]。适有天幸,窘急常得脱,若遇赦[5]。及解年长,更折节为俭[6],以德报怨,厚施而薄望。然其自喜为侠益甚。既已振[7]人之命,不矜其功,其阴贼著于心,卒发于睚眦[8]如故云。而少年慕其行,亦辄为报仇,不使知也。解姊子负[9]解之势,与人饮,使之嚼[10],非其任,强必灌之。人怒,拔刀刺杀解姊子,亡去。解姊怒曰:"以翁伯之义[11],人杀吾子,贼不得。"弃其尸于道,弗葬,欲以辱解。解使人微[12]知贼处。贼窘自归,具以实告解。解曰:"公杀之固当,吾儿不直。"遂去[13]其贼,罪其姊子,乃收而葬之。诸公闻之,皆多解之义,益附焉。

解出入,人皆避[14]之。有一人独箕倨[15]视之,解遣人问其名姓。客欲杀之。解曰:"居邑屋[16]至不见敬,是吾德不修也,彼何罪!"乃阴属尉史曰[17]:"是人,吾所急[18]也,至践更时脱之。[19]"每至践更,数过,吏弗求。怪之,问其故,乃解使脱之。箕踞者乃肉袒谢罪。少年闻之,愈益慕解之行。

雒阳人有相仇者,邑中贤豪居间[20]者以十数,终不听。客乃见郭解。解夜见仇家,仇家曲听[21]解。解乃谓仇家曰:"吾闻雒阳诸公在此间[22],多不听者。今子幸而听解,解奈何乃从他县夺人邑中贤大夫权乎!"乃夜去,不使人知,曰:"且无用,待我去,令雒阳豪居其间,乃听之[23]。"

解执恭敬,不敢乘车入其县廷。之旁郡国,为人请求事,事可出[24],出之;不可者,各厌其意[25],然后乃敢尝酒食。诸公以故严重[26]之,争为用[27]。邑中少年及旁近县贤豪,夜半过门常十余车,请得解客舍养之[28]。

及徙豪富茂陵[29]也,解家贫,不中訾[30],吏恐,不敢不徙[31]。卫将军为言[32]:"郭解家贫不中徙。"上曰:"布衣权至使将军为言,此其家不贫。"解家遂徙。诸公送者出千余万。轵人杨季主子为县掾[33],举[34]徙解。解兄子断杨掾头。由此杨氏与郭氏为仇。

解入关,关中贤豪知与不知,闻其声,争交欢解。解为人短小,不饮酒,出未尝有骑[35]。已[36]又杀杨季主。杨季主家上书,人又杀之阙下[37]。上闻,乃下吏[38]捕解。解亡,置其母家室夏阳[39],身至临晋[40]。临晋籍少公素不知解,[41]解冒[42],因求出关。籍少公已出解,解转入太原[43],所过辄告主人家。吏逐[44]之,迹[45]至籍少公。少公自杀,口绝。久之,乃得解。穷治所犯,为解所杀,皆在赦前。轵有儒生侍使者[46]坐,客誉郭解,生曰:"郭解专以奸犯公法,何谓贤!"解客闻,杀此生,断其舌。吏以此责解,解实不知杀者。杀者亦竟绝,莫知为谁。吏奏解无罪。御史大夫公孙弘议曰:"解布衣为任侠行权,以睚眦杀人,解虽弗知,此罪甚于解杀之。当大逆无道。"遂族郭解翁伯[47]。

自是之后,为侠者极众,敖[48]而无足数者。然关中长安樊仲子,槐里赵王孙,长陵高公子,[49]西河[50]郭公仲,太原卤公孺,临淮[51]兒长卿,东阳[52]田君孺,虽为侠而逡逡有退让君子之风。至若北道姚氏、西道诸杜、南道仇景、东道赵他、羽公子、[53]南阳[54]赵调之徒,此盗跖居民间者耳,曷足道哉!此乃乡者[55]朱家之羞也。

(以上为第三段,记述了郭解生平尚侠的事迹和最后被公孙弘等强加罪名杀害的经过,表达了作者对郭解的无限同情和对汉廷的莫大愤慨。)

①轵(zhǐ)——汉县名,县治在今河南济源南。 ②阴贼——深沉,残忍。 ③慨不快意——意谓"稍有不快""略一动气"。慨:愤激不平。 ④"以躯借交报仇"四句——借:助。藏命:窝藏亡命徒。作奸:犹言"犯科""违法"。剽攻:劫夺。休乃铸钱掘冢:师古曰:"不报仇剽攻,则铸钱发冢也。"按:此四句,他本《史记》皆作"以躯借交报仇,藏命作奸剽攻,不休乃铸钱掘冢,固不可胜数"。中华书局本根据王念孙《读书杂志》说改,其实不改正亦自通。 ⑤"适有天幸"三句——意谓"好像有老天爷保佑似的,每当他遇到危难时总是可以逃脱,不然就是赶上大赦"。若:或。 ⑥折节为俭——改变性行,变成一个谨慎、守礼法的人。节:品性风操。俭:敛也,即"检束""谨慎"的意思。 ⑦振——拔救。 ⑧卒发于睚眦(yá zì)——意指说不定什么时候,因

为别人瞪了他一眼,而突然爆发起来。卒:后多作"猝",突然。睚眦:因发怒而瞪眼。 ⑨负——恃,倚仗。 ⑩嚼——应作"釂"。犹今之所谓"干杯"。 ⑪以翁伯之义——犹言"靠着你的名义人格"。义:道义,名义。 ⑫微——暗中侦察。 ⑬去——放走。 ⑭避——让路,表示尊敬。 ⑮箕踞——叉腿而坐。在古代这是一种傲慢无理的样子。倨:通"踞"。 ⑯居邑屋——犹言"同住一个里巷"。邑屋:犹言街坊。 ⑰属——通"嘱",嘱托。 尉史——县尉手下的小吏,主管征发徭役等事。 ⑱急——犹今之所谓"关心""关切"。 ⑲践更——谓取得人钱,代人往出徭役者。 脱——漏,免。 ⑳居间——谓从中调停。 ㉑曲听——(为尊重调解人而)委屈心意地听从了。

㉒在此间——犹上文之所谓"居间"。 ㉓"且无用"四句——意谓"你们暂时先别听我的话,等我走后,让雒阳诸公们再来调停,那时你们再听"。凌稚隆曰:"应前不矜其功。" ㉔出——出脱,获释。 ㉕各厌其意——(也要尽量)让每个人都感到满意。厌:后作"餍",饱,满足。 ㉖严重——尊重,敬重。 ㉗为用——为之效力。 ㉘请得解客舍养之——意指愿为郭解分其负担,迎其所藏亡命者归而供养之。

㉙徙豪富茂陵——茂陵是汉武帝的坟墓,在今陕西兴平东南。当时地属槐里县(后来改称茂陵县)。建元二年(前139),因建茂陵,故迁各地富豪入居之。元朔二年(前127),又迁郡国富豪于茂陵,郭解之迁即在此时。 ㉚不中訾——家财够不上规定搬迁的数目。按:当时规定家訾三百万以上者迁茂陵。訾:通"资"。 ㉛吏恐,不敢不徙——按:徙郭解盖有朝廷之命,故吏人明知其"不中訾",亦不敢违背上意。 ㉜卫将军——即卫青,以伐匈奴功封大将军。 为言——为郭解说情,想请求不搬。 ㉝县掾(yuàn)——县令手下的曹吏。掾:各种曹吏的统称。 ㉞举——检举,提名。 ㉟"解为人短小"三句——泷川资言曰:"《汉书》无'郭解为人短小不饮酒出未尝有骑'十四字。"中井积德曰:"'解为人短小不饮酒',是复出,误写耳;'出未尝有骑'句,当在前文'不敢乘'上。" ㊱已——后来。 ㊲阙下——指宫门前。古代的王宫正门外,建有双阙,故云。 ㊳下吏——下诏令于主管该事的官吏。 ㊴夏阳——汉县名,县治在今陕西韩城南。 ㊵临晋——汉县

名，县治在今陕西大荔东朝邑镇西南。 ㊶籍少公——姓籍，名少公。 不知——不认识。 ㊷冒——指贸然相投。以自己之真情相告，请其酌量而行。 ㊸太原——汉郡名，郡治晋阳，在今山西太原西南。 ㊹逐——追捕。 ㊺迹——追踪。 ㊻使者——指京城派到轵县来专门查访郭解"恶迹"的人。 ㊼遂族郭解翁伯——梁玉绳引王孝廉曰："'翁伯'二字衍，是处何必复表其字耶？"王韦曰："必字之者，惜之也。"后说为是。 ㊽敖——通"傲"，傲慢。 ㊾槐里——汉县名，县治在今陕西兴平东南。 长陵——汉县名，是刘邦的坟墓所在地，县治在今陕西咸阳东。 ㊿西河——汉郡名，郡治平定（在今内蒙古准格尔旗西南）。 51临淮——汉郡名，郡治徐县（在今江苏泗洪南）。 52东阳——汉县名，县治在今江苏盱眙东南。 53北道姚氏、西道诸杜——北道、西道：犹言"北路、西路""北方、西方"，皆泛指也。 赵他、羽公子——有人认为是两个人的名字；有人认为是一个人，姓赵，名他羽，字公子。 54南阳——汉郡名，郡治宛县（在今河南南阳）。 55乡者——犹言"昔者""前者"。乡：通"向"。

太史公曰：吾视郭解①，状貌不及中人，言语不足采②者。然天下无贤与不肖，知与不知，皆慕其声，言侠者皆引以为名③。谚曰："人貌荣名，岂有既乎④！"於戏，惜哉！

（以上为第四段，是作者的论赞，表达了作者对郭解为人的无限敬慕和其悲惨结局的无限愤慨与同情。）

①吾视郭解——据此可知司马迁是见过郭解的，有助于考订司马迁的生年。 ②不足采——无可取。 ③皆引以为名——都标榜郭解而借以提高自己的名声。 ④人貌荣名，岂有既乎——《集解》引徐广曰："人以颜状为貌者，则貌有衰落矣；惟用荣名为饰表，则称誉无极也。既，尽也。"李笠曰："《方言》六：'既，定也。'此言郭解状貌不取，而得荣名，故以人貌荣名无定为解。徐说委曲难通。"其意盖谓人的相貌好坏，与人的道德名声高低，并没有一定的联系。二说录以备考。

［**简评**］ 作品以儒侠对举，以儒为侠作反衬，歌颂了游侠，特别是那些闾巷布衣之侠的言必信、行必果、急人之难、不爱其躯的高尚品质，对他们的行为活动，表达了无比的钦敬；对他们的不幸结局，表达了极大的愤慨。汉代自武帝尊儒以来，以公孙弘为代表的儒生们皆以猎取功名为目标，以阿谀人主、粉饰酷法为能事。也有少数“拘于咫寸之义”“不苟合于世”的人，这些人虽有高名，但对于国家社会却一无所补，以上两种人布于朝野，都是被社会舆论所称道的。而那些敢怒敢为，敢触世网以济人之困的豪侠之士，却生受迫害打击，死蒙奸盗之名。而杀侠者，又儒者也。司马迁对于这种是非颠倒的极大不公，表达了无比的愤慨。此文应与《儒林列传》《酷吏列传》《平津侯主父列传》并看，其义始明。这是关涉到汉代政治法律、道德风尚等许多社会问题的作品，有人单从司马迁受宫刑无人营救，因而向往游侠的角度着眼，这当然也不算错，但恐失之过狭。

［**集评**］ 《太史公自序》：“救人于厄，振人不赡，仁者有乎；不既信，不倍言，义者有取焉，作《游侠列传》第六十四。”

班固曰：“周室既微，礼乐征伐自诸侯出。桓文之后，大夫世权，陪臣执命。陵夷至于战国，合从连衡，力政争强。……魏有信陵，赵有平原，齐有孟尝，楚有春申，皆借王公之势，竞为游侠，鸡鸣狗盗，无不宾礼。而赵相虞卿弃国捐君，以周穷交魏齐之厄；信陵无忌窃符矫命，戮将专师，以赴平原之急：皆以取重诸侯，显名天下。扼腕而游谈者，以四豪为称首。于是背公死党之议成，守职奉上之义废矣。及至汉兴，禁网疏阔，未之匡改也。是故代相陈豨从车千乘，而吴濞、淮南皆招宾客以千数。外戚大臣魏其、武安之属竞逐于京师，布衣游侠剧孟、郭解之徒驰骛于闾阎，权行州域，力折公侯。众庶荣其名迹，觊而慕之。虽其陷于刑辟，自与杀身成名，若季路、仇牧，死而不悔也。……古之正法：五伯，三王之罪人也；而六国，五伯之罪人也。夫四豪者，又六国之罪人也。况于郭解之伦，以匹夫之细，窃杀生之权，其罪已不容于诛矣。观其温良泛爱，振穷周急，谦退不伐，亦皆有绝异之姿。惜乎不入于道德，苟放纵于末流，杀身亡宗，非不幸也。”（《汉书·游侠传》）

姚苎田曰：“朱家、剧孟一以振人之意为主，郭解则急欲著己之奇，如人杀姊子，必令其窘急自归，然后舍之；箕踞不敬，必使其知感谢罪，然后满志。由此而推，则可知其执恭谨以待人者，皆欲假此以倾动天下，而阴贼剽攻，实其根于性而不可回者矣。夫以上有猜忌之君，下有刻深之相，而一布衣之士，方且任侠行权，风靡海内，此时即无杀人罪过，犹且不免于诛，况一人为侠而为之羽翼者，皆俨然群盗乎？解之族灭，非冤也。史公酷嗜奇烈之士，故次之独详，然予夺在手，瑕瑜并呈，使千古读之，宛如交臂，亦岂真进奸雄也哉？”（《史记菁华录》）

张照曰：“迁意所不满，莫若公孙丞相及卫、霍，观《佞幸传》之阑入卫、霍可见。此言儒不如侠，其所为儒，即指公孙辈言。而班固谓其‘是非颇谬于圣人’，亦不达其旨矣。”（殿本《史记考证》）

李景星曰：“游侠一道，可以济王法之穷，可以去人心之憾。天地间既有此一种奇人，而太史公即不能不创此一种奇传。故传游侠者，是史公之特识，非奖乱也。通篇以‘缓急人所时有’句为关键，以‘儒’‘侠’二字为眼目。开首即曰‘儒以文乱法，而侠以武犯禁’，以侠之犯禁与儒之乱法者比，便非一味推许。以下随（遂）以儒、侠对发，见儒固有以文乱法，而季次、原宪等非其伦也；侠固有以武犯禁，而朱家、郭解等非其伦也。后文又以卿相之侠形出布衣之侠，而更言游侠之士与豪暴之士不同，以终一篇之旨，意思最为深厚，评量极为公允。所举游侠之徒，有朱家、田仲、王公、剧孟、郭解诸人，而叙郭解独详者，以史公亲见其人，深

悲其死之冤,故言之津津,不胜感慨。篇虽简短,纯是一团精神结聚,自是史公极用意文字。”(《四史评议》)

郭预衡曰:“这段文章可以和《伯夷列传》合读,因为‘岩穴之士’‘闾巷之人’,修身洁行而受祸害,暴戾恣睢之徒反而长享安乐,司马迁在《伯夷列传》中发的牢骚不少,而且深感悲愤:现在游侠之士,尤其是乡曲之侠、布衣之侠,却正好能够不顾自身的安危,而‘赴士之厄困’,救人之‘缓急’,这是非常难得的。司马迁认为,古代的贤人君子尚且遭受过各种困难,则当此‘乱世之末流’,中材之人所遭的困难自然更多。那么,‘侠客之义’,使‘士穷(窘)而得委命’,就是非常需要的了。当然,有人也许认为游侠之行‘不轨于正(仁)义’,但是,司马迁在这里却重述了庄周曾经援用的话:‘窃钩者诛,窃国者侯,侯之门,仁义存。’在那个时代,人世间所谓‘仁义’,本来如此!谁有权有势,谁就有仁有义;谁享其利,谁就歌功颂德。”(《中国散文史》)

佞幸列传第六十五

谚曰“力田不如逢年,善仕不如遇合”[1],固无虚言。非独女以色媚,而士宦[2]亦有之。

昔以色幸者多矣[3]。至汉兴,高祖至暴抗也,然籍孺以佞幸;[4]孝惠时有闳孺。[5]此两人非有材能,徒以婉佞贵幸,与上卧起,公卿皆因关说。[6]故孝惠时郎侍中皆冠鵕鸃,贝带,傅脂粉,化闳、籍之属也。[7]两人徙家安陵[8]。

孝文时中宠臣,士人则邓通,宦者则赵同、北宫伯子。[9]北宫伯子以爱人长者;而赵同以星气幸,常为文帝参乘;[10]邓通无伎能。邓通,蜀郡南安人也,以濯船为黄头郎。[11]孝文帝梦欲上天,不能,有一黄头郎从后推之上天,顾见其衣裻带后穿。[12]觉而之渐台,以梦中阴目求推者郎,[13]即见邓通,其衣后穿,梦中所见也。召问其名姓,姓邓氏,名通,文帝说[14]焉,尊幸之日异。通亦愿谨,不好外交,虽赐洗沐,[15]不欲出。于是文帝赏赐通巨万以十数,官至上大夫。[16]文帝时时如邓通家游戏。然邓通无他能,不能有所荐士,独自谨其身以媚上而已。上使善相者相通,曰“当贫饿死”。文帝曰:“能富通者在我也,何谓贫乎!”于是赐邓通蜀严道铜山,得自铸钱,[17]“邓氏钱”布天下。其富如此。

文帝尝病痈，邓通常为帝唶吮之。⑱文帝不乐，从容问通曰："天下谁最爱我者乎？"通曰："宜莫如太子。"太子入问病，文帝使唶痈。唶痈而色难之⑲。已而闻邓通常为帝唶吮之，心惭，由此怨通矣。及文帝崩，景帝立，邓通免，家居。居无何，人有告邓通盗出徼外⑳铸钱。下吏验问，颇有之，遂竟案，尽没入邓通家，尚负责数巨万。㉑长公主赐邓通，吏辄随没入之，一簪不得著身。㉒于是长公主乃令假衣食㉓。竟不得名一钱，寄死人家。㉔

孝景帝时，中无宠臣，然独郎中令周文仁。㉕仁宠最过庸，乃不甚笃㉖。

（以上为第一段，写高祖、文帝、景帝时代的佞幸，重点写了邓通。）

①力田不如逢年——力田：努力从事田间劳动。逢年：指赶上风调雨顺。　善仕不如遇合——善仕：会做官。遇合：遇上赏识自己的帝王或上司。　②士宦——士人与宦者。也有的本子作"仕宦"，即官场中人。就本篇而言，似应取第一义，也就是指凭巧言令色获得皇帝宠爱的男宠。　③昔以色幸者多矣——如春秋时代受晋献公宠爱的梁五、东关嬖五，受卫灵公宠爱的弥子瑕；战国时代受楚襄王宠爱的鄢陵君与寿陵君等。　④暴抗——暴猛伉直，如好骂人、好侮辱人等等。　籍孺——姓籍的男孩。孺：以称男童。　以佞幸——靠着巧言令色取媚于人。佞：巧于辞令。　⑤孝惠——即汉惠帝，刘邦之子，公元前194—前188年在位。　闳孺——姓闳的小男童。　⑥与上卧起——与皇上同卧同起。　皆因关说——都通过闳孺向皇帝报告情况、获得指示。　⑦郎侍中——都是级别不高的帝王身边的侍卫官员。　冠鵕鸃——头戴鵕鸃鸟羽毛为饰的帽子。　贝带——以贝为饰的腰带。　化闳、籍之属也——都是受闳孺、籍孺这种男宠的影响。化：受其影响而成为风气。　⑧安陵——汉惠帝的陵墓。这里指安陵所在的"陵邑"，在今陕西咸阳东北，当时搬往这些皇帝陵墓附近住的多是有钱或有权势的人家。　⑨中——宫中，禁中，帝王身边。　赵同——即赵谈，司马迁为避父讳而改称"同"。　北宫伯子——姓北宫，名伯子。⑩爱人长者——意即慈和忠厚。　星气——指善于观测天文气象。

参乘——原指站在帝王身边为其充当警卫。这里指陪着皇帝坐车。
⑪蜀郡南安——蜀郡所属的南安县。南安县的县治在今四川乐山市。　濯船——即棹船，划船。濯，此处通“棹”。棹(zhào)：船桨，这里用作动词。　黄头郎——头戴黄帽子专管为文帝划船的郎官。
⑫顾见——回头看见。　衣裻(dū)带后穿——裻：上衣的背缝。穿：洞，破了个窟窿。　⑬之渐台——去渐台游玩。未央殿西南有苍池，池中有渐台。　以梦中阴目求——按照梦中所见的样子暗暗四望寻找。
⑭说——“悦”的古字。　⑮愿谨——老实谨慎。愿：老实。　赐洗沐——赐给洗澡、洗头的时间，即今之“放假”“歇班”。　⑯巨万——即今所谓“亿”，单位是铜钱。　上大夫——在卿之下，约当现在中央的司、局级。　⑰严道——汉县名，县治在今四川荥经。　得自铸钱——汉代初期允许私人铸钱，至武帝时始全部收归国营。
⑱痈——毒疮。　唶吮(zé shǔn)——用嘴吸。　⑲唶痈而色难之——“唶痈”上应有“太子”二字，此不可省。色难：有不甚乐意的表情。　⑳徼(jiào)外——边境线之外。徼：立木栅以为界。“盗出徼外铸钱”可以有两种解释，一是指邓通偷着到边界线外去铸造货币；另一种则是拿着邓通所铸的钱币去境外花。　㉑竟案——彻底查办。案：通“按”，查办。　尽没入邓通家——将邓通家的财产全部没收归公。
负责——即“负债”。　㉒长公主——文帝之女，景帝之姊，武帝陈皇后之母。　赐邓通——赐给邓通钱财。　吏辄随没入之——谓随即没收以抵债。　一簪不得著身——意即让其连一点值钱的东西也没有。簪：贵族常以金、银或玉为之，用以绾发。　㉓假衣食——因给钱财则被没收，于是改为送吃的穿的，以维持其生命。假：借。这里指给。
㉔不得名一钱——没有一文钱属于邓通名下。　寄死人家——死在向别人家借的一间房子里。寄：客居。　㉕中无宠臣——皇帝的身边没有男宠，这在西汉诸帝中略显不同。　然独郎中令周文仁——意即只宠爱一位朝臣，此人是郎中令周文。郎中令：当时的“九卿”之一，统领侍卫，守卫宫门。周文仁：周仁，字文。　㉖仁宠最过庸，乃不甚笃——周仁算是最受景帝宠幸的，但与其他皇帝的对待男宠相比，也不是宠爱得多么过分。庸：常，一般人。笃：深厚。

今天子中宠臣，士人则韩王孙嫣，宦者则李延年。[①]嫣者，弓高侯孽孙也。[②]今上为胶东王时，嫣与上学书相爱。[③]及上为太子，愈益亲嫣。嫣善骑射，善佞。上即位，欲事伐匈奴，而嫣先习胡兵[④]，以故益尊贵，官至上大夫，赏赐拟于邓通。时嫣常与上卧起。江都王入朝，有诏得从入猎上林中。[⑤]天子车驾跸道未行，而先使嫣乘副车，从数十百骑，骛驰视兽。[⑥]江都王望见，以为天子，辟从者，伏谒道傍。嫣驱[⑦]不见。既过，江都王怒，为皇太后泣曰："请得归国入宿卫，比韩嫣[⑧]。"太后由此嗛[⑨]嫣。嫣侍上，出入永巷不禁，以奸闻皇太后。[⑩]皇太后怒，使使赐嫣死。上为谢，终不能得，嫣遂死。而案道侯韩说[⑪]，其弟也，亦佞幸。

李延年，中山[⑫]人也。父母及身兄弟及女，皆故倡也。[⑬]延年坐法腐，给事狗中。[⑭]而平阳公主言延年女弟善舞，[⑮]上见，心说之，及入永巷，而召贵延年。[⑯]延年善歌，为变新声，而上方兴天地祠，欲造乐诗歌弦之。[⑰]延年善承意，弦次初诗。[⑱]其女弟亦幸，有子男[⑲]。延年佩二千石印，号协声律[⑳]。与上卧起，甚贵幸，埒如韩嫣[㉑]也。久之，寖与中人乱[㉒]，出入骄恣。及其女弟李夫人卒后，爱弛，则禽诛延年昆弟[㉓]也。

自是之后，内宠嬖臣大底外戚之家，然不足数也。卫青、霍去病亦以外戚贵幸，然颇用材能自进[㉔]。

（以上为第二段，写武帝时的佞幸韩嫣、李延年等。）

①韩王孙嫣——名嫣，因其曾祖父为高祖功臣韩王信，故称嫣为"王孙"。 李延年——武帝宠妃李夫人之兄。 ②弓高侯——韩颓当，封地为弓高县，在今河北阜城南。韩颓当在平定吴、楚七国之乱中立有战功。 孽孙——非嫡子所生的儿子。 ③今上——指武帝刘彻。 为胶东王时——汉景帝的太子原是刘荣，栗姬所生。刘彻原来被封为胶东王，在胶东四年，栗太子被废，刘彻被立为太子。 与上学书——陪着未来的武帝学习写字。 ④先习胡兵——早就熟悉匈奴军队的情况，并且自己也会那一套骑射的本领。 ⑤江都王——刘非，景

帝之子,被封为江都王,都城广陵,在今江苏扬州。 上林——即上林苑,当时的皇家猎场。 ⑥跸道——清道戒严。 从数十百骑——带着差不多近百个骑兵。数十百:几十,近百。 骛(wù)驰——犹言奔驰。骛:马跑。 ⑦驱——此处指奔驰而过。 ⑧请得归国入宿卫,比韩嫣——请让我辞去江都王之位,也像韩嫣一样进宫给皇帝当个卫士。归国:将自己的封国交还中央。比韩嫣:与韩嫣享受同样的待遇。⑨嗛——指含恨在心。 ⑩出入永巷——可以随便到皇帝嫔妃所住的地方。永巷:宫廷里的深巷。泛指嫔妃、宫女居住、出入的地方。奸——指与嫔妃、宫女相淫乱。 ⑪案道侯韩说——韩嫣之弟,以伐东越之功被武帝封为案道侯。 ⑫中山——汉代诸侯国名,国都在今河北定州。 ⑬父母及身兄弟及女——意即全家三代。身:自身,本人。 皆故倡也——都当过乐师或歌舞伎。倡:指从事音乐、歌舞等演艺职业的人。 ⑭坐法腐——因犯罪被处宫刑。坐:因。 给事狗中——在皇家的养狗部门当差。给事:犹今所谓"服务""供职"。狗中:"狗"下应有"监"字。 ⑮平阳公主——武帝之胞姊,同为王太后所生。言延年女弟善舞——此"延年女弟"即日后使汉武帝如醉如痴的"李夫人"。 ⑯入永巷——谓李夫人进入宫廷。 召贵延年——召进延年而贵之。 ⑰方兴天地祠——正在各地建筑祭祀天地的坛台庙宇。歌弦之——即制曲配乐演唱。 ⑱善承意——善于领会、迎合武帝的心思。 弦次初诗——即为新词谱曲配乐。弦次:有说当作"弦歌"。初诗:新写的歌词。 ⑲其女弟亦幸,有子男——按:李夫人生昌邑王刘髆,刘髆之子刘贺于昭帝死后曾一度为帝,后被霍光所废。 ⑳号协声律——《汉书》作"为协律都尉"。 ㉑埒(liè)如韩嫣——受宠的程度与韩嫣相同。埒:相等,相比。 ㉒寖与中人乱——寖:同"浸"。渐,逐渐。中人:犹言"宫人",指一般的妃嫔与宫女等。按:李延年已受腐刑,不可能与宫人乱。《汉书》作"久之,延年弟季与中人乱",盖李延年因牵连受罪。 ㉓诛延年昆弟——将李延年与其兄弟一并处决。昆弟:兄弟。昆:兄。 ㉔颇用材能自进——意即卫、霍之所以不入《佞幸传》,是因为他们有才干、本事。

太史公曰:甚哉爱憎之时[①]!弥子瑕之行,足以观后人佞幸矣。[②]虽百世可知也。

(以上为第三段,是作者的论赞,作者对佞幸的可鄙可怜,表达了深深慨叹。)

①甚哉爱憎之时——意思是当这些人受宠的时候,就可以大富大贵,炙手可热;而一旦失宠,也可以祸灭三族,这就全在帝王的爱憎之间了。时:时机,时宜。 ②弥子瑕之行——据《韩非子·说难》云:当弥子瑕受卫灵公宠幸的时候,他曾偷用卫灵公的车驾,还把他咬过的桃给卫灵公吃,这些都不算回事;后来一旦失宠,卫灵公便旧账重提,对之重重地加以罚治。 观后人佞幸——意思是由此推断后代佞幸的下场。

[**简评**] 所谓佞幸,是指皇帝身边的弄臣,这些人既无功名,又无品德,本不值得立传,但由于这些人生活在皇帝身边,便于察言观色,逢迎拍马,从而取得皇帝信任,甚至掌握大权,操纵政事,因此这里边也埋伏着许多危机。本文之所以要为汉代的几个佞幸立传,就是要揭示出他们的发迹与败亡的过程,以引起人们的警诫。《韩非子》书里有所谓"在旁"一类,就是说的这种人。但话又说回来,如果这些人能够说些好话,做些好事,那就也能对皇帝有不少裨益,试比较《滑稽列传》的情形,便可以得知。可惜在封建皇帝身边,这样的人实在是太少了。佞幸以姿色与柔媚讨人主喜欢,但随着改朝换代,佞幸们的结局又都是很坏的,作者写出了这种人的可鄙与可怜。

[**集评**] 《太史公自序》:"夫事人君能说主耳目和主颜色,而获亲近,非独色爱,能亦各有所长,作《佞幸列传》第六十五。"

王充曰:"孔子曰:'君子有不幸而无有幸,小人有幸而无不幸。'又曰:'君子处易以俟命,小人行险以徼幸。'佞幸之徒,闳、籍孺之辈,无德薄才,以色称媚,不宜爱而受宠,不当亲而得附,非道理之宜,故太史公为之作传。邪人反道而受恩宠,与此同

科，故合其名谓之佞幸。”（《论衡》）

李景星曰：“孔子曰：‘惟女子与小人为难养也，近之则不孙（逊），远之则怨。’孟子一生，最称守正，然于臧仓、王驩、弥子之事，未尝讳言之。千章之木，坏于蛀虫；万丈之堤，溃于蚁穴。物固有之，人亦宜然。故孔子又曰‘远佞人’，曰‘恶利口之覆邦家者’。孟子亦曰‘有事君人者，事是君则为容悦者也’。太史公之传佞幸，即本此意。或以为佞幸不足传，或以为《佞幸传》无深旨，是史公不经意之作，皆非深知史公者也。通篇列许多人，有整叙者，有散叙者，有实叙者，有虚叙者。大旨以籍孺、闳孺等引起邓通，以周文仁引起韩嫣、李延年，而又段段牵挽，处处回合，通首一气，直贯到底。用字既极其清新，措辞又时带调笑。写美人必用簪花格，固其宜也。其尤难堪者，曰‘非独女以色媚，而仕（士）宦亦有之’。曰‘士人则邓通’，曰‘嫣与上学书’，曰‘延年善承意，弦次初诗’。为士君子以才艺邀宠者痛下针砭。篇末以卫、霍结，更是毒笔。史公之意，鄙薄卫、霍极矣！传只叙汉代，不及前世事；赞语却借弥子瑕一证，便自回环变化，勿作等闲视之。”（《四史评议》）

钱锺书曰：“古之女宠多仅于帷中屏后，发踪指示，而男宠均得出入内外，深闱广廷，无适不可，是以宫邻金虎，为患更甚。《史记》创《佞幸列传》之例，开宗明义曰‘非独女以色媚，而士宦亦有之’，亦征心所谓危，故大书特书焉。”（《管锥编》）

滑稽列传第六十六

孔子曰:“六蓺于治一也。[①]《礼》以节人,《乐》以发和,《书》以道事,《诗》以达意,《易》以神化,《春秋》以义[②]。”太史公曰:天道恢恢,岂不大哉[③]!谈言微中[④],亦可以解纷[⑤]。

淳于髡者,齐之赘婿也。长不满七尺。滑稽多辩,数使诸侯,未尝屈辱。齐威王之时喜隐,[⑥]好为淫乐长夜之饮,沈湎[⑦]不治,委政卿大夫。百官荒乱,诸侯并侵,国且危亡,在于旦暮。左右莫敢谏。淳于髡说之以隐曰:“国中有大鸟,止王之庭,三年不蜚[⑧]又不鸣,王知此鸟何也?”王曰:“此鸟不飞则已,一飞冲天;不鸣则已,一鸣惊人。”于是乃朝诸县令长[⑨]七十二人,赏一人,诛一人,奋兵而出。诸侯振惊,皆还齐侵地。威行三十六年。语在《田完世家》中。

威王八年,楚大发兵加齐[⑩]。齐王使淳于髡之赵请救兵,赍金百斤,车马十驷[⑪]。淳于髡仰天大笑,冠缨索绝[⑫]。王曰:“先生少之乎?”髡曰:“何敢!”王曰:“笑岂有说乎?”髡曰:“今者臣从东方来,见道傍有禳田[⑬]者,操一豚蹄,酒一盂,祝曰:‘瓯窭满篝,[⑭]污邪[⑮]满车,五谷蕃[⑯]熟,穰穰[⑰]满家。’臣见其所持者狭而所欲者奢,故笑之。”于是齐威王乃益赍黄金千溢[⑱],白璧十双,车马百驷。髡辞而行，至赵。赵王与之精兵十万，革车千乘[19]。楚闻之，夜引兵而去。威王大说，置酒后宫，召髡赐之酒，问曰："先生能饮几何而醉？"对曰："臣饮一斗亦醉，一石亦醉。"威王曰："先生饮一斗而醉，恶能饮一石哉！其说可得闻乎？"髡曰："赐酒大王之前，执法在傍，御史[20]在后，髡恐惧俯伏而饮，不过一斗径醉矣。若亲有严客，[21]髡帣韝鞠䠊，[22]侍酒于前，时赐余沥[23]，奉觞上寿，数起[24]，饮不过二斗径醉矣。若朋友交游，久不相见，卒然相睹，欢然道故，私情相语，饮可五六斗径醉矣。若乃州闾之会[25]，男女杂坐，行酒稽留[26]，六博投壶[27]，相引为曹[28]，握手无罚，目眙不禁[29]，前有堕珥[30]，后有遗簪，髡窃乐此，饮可八斗而醉二参[31]。日暮酒阑[32]，合尊促坐，[33]男女同席，履舄交错[34]，杯盘狼藉，堂上烛灭，主人留髡而送客[35]，罗襦[36]襟解，微闻芗泽[37]，当此之时，髡心最欢，能饮一石。故曰酒极则乱，乐极则悲。万事尽然，言不可极，极之而衰。"以讽谏焉。齐王曰："善。"乃罢长夜之饮，以髡为诸侯主客[38]。宗室置酒，髡尝[39]在侧。

（以上为第一段，写淳于髡以诙谐的隐语劝齐威王改行善政的故事。）

①六蓺——儒家用以教授学生，并主张用以治理国家的六种教本，即《礼》《乐》《书》《诗》《易》《春秋》，被后代儒生奉为经典。蓺：同"艺"。　于治一也——对于治理国家来说，都是需要的，都有它殊途同归的效果。　②"《礼》以节人"六句——节：节制，规范人的一言一行、一举一动。发和：促进人们的融洽和睦。发：诱导，促进。道事：记述往古的事迹，以供人们效法、借鉴。达意：传达前代圣贤们的感情意旨。神化：使统治者的治理方式神秘化，即"神道设教"的意思。按：《太史公自序》重出此文时作"《易》以道化"。"道化"，即讲述变化。以义：告诉人哪些事情该做，哪些事情不该做。义：宜也。关于这段文字的意思，可参看《太史公自序》。　③"天道恢恢"二句——意谓世上的道理是很多的，解决问题的办法不止一种。恢恢：形容广阔无边。④谈言微中（zhòng）——说话偶尔说到点子上。中：符合，恰好对上。

⑤解纷——解开纠纷，解决问题。冈白驹曰："解纷乱即是治，岂独止六艺耶？天道之所以大也。" ⑥齐威王——名因齐，是战国时齐国最有作为的国君。 喜隐——好听隐语。 ⑦沈湎(miǎn)——沉浸于酒。沈：同"沉"。湎：沉于酒。 ⑧蜚——通"飞"。 ⑨朝诸县令长——让其所属的各个县令、县长皆来朝见。《汉书·百官公卿表》云："县令、长，皆秦官，掌治其县。万户以上为令……减万户为长。"可供参考。 ⑩"威王八年"二句——钱大昕曰："按《世家》及《表》，是年无齐楚交兵事，此传之言，多不足信。"威王八年：公元前349年。 ⑪十驷——犹言十辆。古代一车四马谓之一驷。 ⑫冠缨索绝——言其由于张嘴大笑，把系在下颏下面的帽带绷断了。冠缨：帽带。索：尽。 ⑬穰田——祭祀以求农事无灾害。 ⑭瓯窭——泷川资言曰："盖方言，言高地也。" 篝——筐笼之属。高坡贫瘠之地，尚求收得装满筐笼。 ⑮污邪——《集解》引司马彪曰："下地田也。"盖谓低洼易涝之地。 ⑯蕃——繁盛，繁茂。 ⑰穰穰——众多的样子。 ⑱溢——通"镒"。一镒为二十两，一说为二十四两。 ⑲革车——战车。《孙子·作战》："凡用兵之法，驰车千驷，革车千乘。" ⑳御史——执掌纠察、弹劾的官名。 ㉑亲——指父母。 严客——尊贵庄严的客人。 ㉒帣鞲——《索隐》曰："帣，音卷，纪免反，谓收袖也。"《集解》曰："鞲，臂捍也，音沟。"即挽起衣袖，戴上皮套袖。 鞠䠊——洪颐煊曰："䠊，即卺(jǐn)字……《说文》：'卺，谨身有所承也。'……鞠䠊，谓曲身奉杯。" ㉓余沥——指剩酒。沥：水下滴。 ㉔数起——屡次地上前敬酒侍候。 ㉕州闾之会——指乡里之间的不拘仪法的饮宴。州闾：义同"州里""闾里""邻里"，古代最基层的编制单位。 ㉖行酒稽留——指长时间的饮宴。行酒：依次敬酒。稽留：逗留。稽：停。 ㉗六博投壶——古代的两种游戏。 ㉘相引为曹——自相聚伙。曹：伙，辈。 ㉙握手无罚，目眙(chì)不禁——指男女之间可以任意调情。眙：直视，瞪着眼看。 ㉚珥(ěr)——耳饰。 ㉛醉二参——有二三分醉意。 ㉜酒阑——酒宴临近结束。阑：尽。 ㉝合尊——犹言"并桌"，把剩余的酒、菜归并在一张桌上。尊：古代酒器。 促坐——大家靠近地坐在一起。 ㉞履舄(xì)交错——男人女人的鞋子

错杂地放在一起。履:鞋子。舄:复底鞋,引申为鞋的通称。古人上堂必须脱鞋,故男女促坐时便有所谓“履舄交错”了。 ㉟主人留髡而送客——意指主人送客而出,留下淳于髡一人和妇女在一起。 ㊱罗襦(rú)——薄纱做的短上衣。襦:短衣。 ㊲芗泽——香气。芗:五谷的香气。亦泛指香。 ㊳主客——官名,即后世的“典客”“大鸿胪”,职掌接待外来的宾客、使节等。 ㊴尝——此处相当于“常”。

其后百余年,楚有优孟[①]。优孟,故楚之乐人也。长八尺,多辩,常以谈笑讽谏。楚庄王之时,有所爱马,衣以文绣,置之华屋之下,席以露床,[②]啖以枣脯。马病肥死,使群臣丧之[③],欲以棺椁大夫礼葬之。左右争之,以为不可。王下令曰:“有敢以马谏者,罪至死!”优孟闻之,入殿门,仰天大哭。王惊而问其故。优孟曰:“马者王之所爱也,以楚国堂堂之大,何求不得,而以大夫礼葬之,薄。请以人君礼葬之。”王曰:“何如?”对曰:“臣请以雕玉为棺,文梓[④]为椁,楩、枫、豫章为题凑,[⑤]发甲卒为穿圹[⑥],老弱负土[⑦],齐、赵陪位于前,韩、魏翼卫其后[⑧],庙食太牢[⑨],奉以万户之邑[⑩]。诸侯闻之,皆知大王贱人而贵马也。”王曰:“寡人之过一至此乎!为之奈何?”优孟曰:“请为大王六畜葬之。以垄灶[⑪]为椁,铜历[⑫]为棺,赍以姜枣[⑬],荐以木兰,[⑭]祭以粳稻,衣以火光,葬之于人腹肠。”于是王乃使以马属太官,[⑮]无令天下久闻也。

楚相孙叔敖知其贤人也,善待之。病且死,属其子曰:“我死,汝必贫困。若[⑯]往见优孟,言我孙叔敖之子也。”居数年,其子穷困负薪,逢优孟,与言曰:“我,孙叔敖之子也。父且死时,属我贫困往见优孟。”优孟曰:“若无远有所之[⑰]。”即为孙叔敖衣冠,抵掌谈语[⑱]。岁余,像孙叔敖,楚王左右不能别也。庄王置酒,优孟前为寿。庄王大惊,以为孙叔敖复生也,欲以为相。优孟曰:“请归与妇计之,三日而为相。”庄王许之。三日后,优孟复来。王曰:“妇言谓何?”孟曰:“妇言慎无为,楚相不足为也。如孙叔敖之为楚相,尽忠为廉以治楚,楚王得以霸。今死,其子无立锥之地,贫困负薪以自饮食⑲。必如孙叔敖,不如自杀。”因歌曰:“山居耕田苦,难以得食。起而为吏,身贪鄙者余财,不顾耻辱,身死家室富;又恐受赇枉法,为奸触大罪,身死而家灭,贪吏安可为也!念为廉吏,奉法守职,竟死不敢为非;廉吏安可为也⑳!楚相孙叔敖持廉至死,方今妻子穷困负薪而食,不足为也!”于是庄王谢优孟,乃召孙叔敖子封之寝丘㉑四百户,以奉其祀。后十世不绝。此知可以言时矣㉒。

(以上为第二段,写优孟以诙谐幽默的言语劝导楚庄王改行善政的故事。)

①优孟——优者名孟。 ②席——用如动词,垫着。 露床——没有帷帐的床。 ③丧之——为之治丧。 ④文梓——有纹理的梓木。 ⑤楩、枫、豫章——都是贵重的木料名。 题凑——《集解》引苏林曰:“以木累棺外,木头皆内向,故曰题凑。”题:头。累木为空穴,以保护棺椁。 ⑥穿圹——挖掘坟坑。 ⑦负土——背土修坟陵。 ⑧“齐赵陪位其前”二句——《集解》曰:“楚庄王时,未有赵、韩、魏三国。”《索隐》曰:“此辩说者之词,后人所增饰。” ⑨庙食太牢——为之立庙,并使其享受太牢之礼的祭祀。太牢:牛羊豕各一头,是最高的祭礼。 ⑩奉以万户之邑——以万户之邑的赋税收入,供给它经常祭祀、洒扫的费用。 ⑪垄灶——犹今之所谓灶堂、锅台。泷川资言引《正义》曰:“土垄为灶,居鬲外如椁。” ⑫铜历——铜锅。历:通“鬲”。 ⑬赍以姜枣——《索隐》曰:“古者食肉用姜枣,《礼·内则》云:‘实枣于其腹中,屑桂与姜,以洒诸上而盐之’是也。”赍:泷川资言曰:“当作齐(剂),调也。” ⑭荐——衬垫。这里即“加入”“加进”的意思。 木兰——香料。 ⑮属——交给。 太官——官名,为帝王掌炊膳之事。 ⑯若——尔,汝。 ⑰无远有所之——不要到远处去。《索隐》曰:“谓优孟语孙叔敖之子曰‘汝无远有所之,适他境,恐王(日)后求汝不得者也’。”之:去,往。 ⑱为孙叔敖衣冠,抵掌谈语——即穿戴着孙叔敖的衣帽,模仿着孙叔敖的手势声音。从容自得地谈话的样子。抵

掌:击掌,鼓掌。 ⑲自饮食——犹言“自己养活自己”。 ⑳廉吏安可为也——上数句言贪吏不可为,此数句言廉吏不可为,两节的句式应大体相似。此“廉吏安可为也”六字应与下文“不足为也”四字归并。 ㉑寝丘——楚邑名,在今安徽临泉。 ㉒此知可以言时矣——意谓优孟的这种智慧,可以说是能够抓住时机了。知:“智”的古字。时:及时,恰中时机。

其后二百余年,秦有优旃。优旃者,秦倡朱儒[①]也。善为笑言,然合于大道。秦始皇时,置酒而天雨,陛楯者皆沾寒。[②]优旃见而哀之,谓之曰:“汝欲休乎?”陛楯者皆曰:“幸甚!”优旃曰:“我即呼汝,汝疾应曰诺。”居有顷,殿上上寿呼万岁。优旃临槛大呼曰:“陛楯郎。”郎曰:“诺。”优旃曰:“汝虽长,何益!幸雨立[③]。我虽短也,幸休居。”于是始皇使陛楯者得半相代[④]。

始皇尝议欲大苑囿[⑤],东至函谷关,西至雍、陈仓。[⑥]优旃曰:“善。多纵禽兽于其中,寇从东方来,令麋鹿触之足矣。”始皇以故辍止。二世立,又欲漆其城。优旃曰:“善。主上虽无言,臣固将请之。漆城虽于百姓愁费,然佳哉!漆城荡荡[⑦],寇来不能上。即欲就之,易为漆[⑧]耳,顾难为荫室[⑨]。”于是二世笑之,以其故止。居无何,二世杀死,优旃归汉,数年而卒。

(以上为第三段,写优旃以滑稽幽默的言语劝谏秦始皇、秦二世并收到效果事。)

①朱儒——也作“侏儒”,发育畸形,身材特殊矮小的人。古代统治者常用以为俳优,以供笑乐。 ②陛楯者——在殿陛下面持械侍立的武士。陛:天子宫殿的台阶。楯:同“盾”,这里指武器。 沾寒——犹言“受冻”。 ③幸雨立——泷川资言引王念孙曰:“《初学记》人部,《御览》人事部、乐部引此,‘益’下无‘幸’字,‘雨’下有‘中’字。盖今本‘幸’字涉下文而衍,又脱‘中’字。” ④半相代——一半人侍立,一半人休息,而后相互轮换。 ⑤大苑囿(yòu)——扩大猎场。苑囿:指上林苑,故址在今陕西西安西及周至、鄠邑区界,周遭数百里。

⑥雍——秦县名，县治在今陕西宝鸡凤翔区。 陈仓——秦县名，县治在今陕西宝鸡东。 ⑦荡荡——高大的样子。 ⑧易为漆——容易弄到漆。 ⑨荫室——阳光照射不到的阴暗屋舍。

太史公曰：淳于髡仰天大笑，齐威王横行[①]。优孟摇头而歌，负薪者以封。优旃临槛疾呼，陛楯得以半更[②]。岂不亦伟哉！

（以上为第四段，是作者的论赞，它与作品开头的小序相呼应，称赞了淳于髡等以滑稽幽默的言语匡正君王的事迹。）

①横行——谓无阻、无敌。 ②半更——即上文之所谓“半相代”。更：替代，轮流更替。

褚先生曰：臣幸得以经术为郎，而好读外家传语[①]。窃不逊让，复作故事滑稽之语六章，编之于左。可以览观扬意[②]，以示后世好事者读之，以游心骇耳[③]，以附益上方太史公之三章。

武帝时，有所幸倡郭舍人[④]者，发言陈辞虽不合大道，然令人主和说。武帝少时，东武侯母常养帝。[⑤]帝壮时，号之曰“大乳母”。率一月再朝。[⑥]朝奏[⑦]入，有诏使幸臣马游卿以帛五十匹赐乳母，又奉饮糒飧[⑧]养乳母。乳母上书曰：“某所有公田，愿得假倩[⑨]之”。帝曰：“乳母欲得之乎？”以赐乳母。乳母所言，未尝不听。有诏得令乳母乘车行驰道[⑩]中。当此之时，公卿大臣皆敬重乳母。乳母家子孙奴从者横暴长安中，当道掣顿[⑪]人车马，夺人衣服。闻于中[⑫]，不忍致之法。有司请徙乳母家室，处之于边。奏可。乳母当入至前面见辞。乳母先见郭舍人，为下泣。舍人曰：“即入见辞去，疾步数还顾[⑬]。”乳母如其言，谢去[⑭]，疾步数还顾。郭舍人疾言[⑮]骂之曰：“咄！老女子！何不疾行！陛下已壮矣，宁尚须汝乳而活邪？尚何还顾！”于是人主怜焉悲之，乃下诏止无徙乳母，罚谪谮之者[⑯]。

（以上为褚先生补写的第一段，记述了郭舍人用说反话的方式帮助大乳母的故事。）

①外家传语——《索隐》曰："东方朔亦多博观'外家之语'，则'外家'非止经史，即传记杂说之书。"顾炎武曰："褚少孙以传记杂说为'外家'，盖以六经为内也。"按：后世柳宗元亦称《史记》为"外家书"。②扬意——王伯祥谓此为扩大见闻之意。扬：开张，发扬。意：意志，观念。 ③游心骇耳——愉悦心目，耸动视听。 ④舍人——春秋战国时期称食客之中为其主子掌管某种事务者，地位略高于仆役。后来成了官名。这里是用以代称具有某种技艺的人。 ⑤东武侯——高祖功臣郭家的封号。郭家死，其子郭他袭侯。这里所说的"大乳母"，即郭他之母。 常——通"尝"。 ⑥率（shuài）——大致，一般。 再朝——朝见两次。 ⑦朝奏——指上给皇帝的章表书疏。这里指请求接见的名帖之类。 ⑧奉饮糒飧（sūn）——指供给她喝的吃的。饮：喝的东西。糒：干饭。这里疑应作"备"，动词。飧：熟食。 ⑨假倩——犹言"借用"，其实是绕着弯地讨要。假：借。倩：请。 ⑩驰道——泷川资言集《正义》佚文曰："谓御道也。"天子车马所走的大道。 ⑪掣（chè）顿——掠夺或扣押。掣：拉，扯。顿：拦留。 ⑫闻于中——指消息传到了皇帝那里。中：指宫内。 ⑬疾步数还顾——快步向外走而又连连地回头望。 ⑭谢去——指告别武帝而出。 ⑮疾言——很快地说。有本释"疾言"为"恶言"，恐非。 ⑯罚谪谮之者——《索隐》曰："谓武帝罚谪谮乳母之人也。"罚谪：犹言"惩罚"。谮：说人坏话。

武帝时，齐人有东方生名朔，以好古传书[①]，爱经术，多所博观外家之语。朔初入长安，至公车[②]上书，凡用三千奏牍[③]。公车令两人共持举其书[④]，仅然能胜之[⑤]。人主从上方[⑥]读之，止，辄乙其处[⑦]，读之二月乃尽[⑧]。诏拜以为郎，常在侧侍中[⑨]。数召至前谈语，人主未尝不说也。时诏赐之食于前。饭已，尽怀其余肉持去，衣尽污。数赐缣帛，担揭[⑩]而去。徒用所赐钱帛，取少妇于长安中好女[⑪]。率取妇一岁所者即弃去，更取妇。所赐钱财尽索之于女子[⑫]。人主左右诸郎半呼之"狂人"。人主闻之，曰："令朔在事无为是行者,若等安能及之哉!”朔任其子为郎[13],又为侍谒者[14],常持节出使。朔行殿中,郎谓之曰:“人皆以先生为狂。”朔曰:“如朔等,所谓避世于朝廷间者也。古之人,乃避世于深山中。”时坐席中,酒酣,据地歌曰:“陆沈[15]于俗,避世金马门。宫殿中可以避世全身,何必深山之中,蒿庐之下!”金马门者,宦者署门也,门傍有铜马,故谓之曰“金马门”。时会聚宫下博士诸先生与论议,共难之曰[16]:“苏秦、张仪一当[17]万乘之主,而都[18]卿相之位,泽及后世。今子大夫[19]修先王之术,慕圣人之义,讽诵《诗》《书》、百家之言,不可胜数。著于竹帛,自以为海内无双,即可谓博闻辩智矣。然悉力尽忠以事圣帝,旷日持久积数十年,官不过侍郎[20],位不过执戟[21],意者尚有遗行邪[22]!其故何也?”东方生曰:“是固非子所能备[23]也。彼一时也,此一时也,岂可同哉!夫张仪、苏秦之时,周室大坏,诸侯不朝,力政[24]争权,相禽[25]以兵,并为十二国[26],未有雌雄,得士者强,失士者亡。故说听行通,身处尊位,泽及后世,子孙长荣。今非然也,圣帝在上,德流天下,诸侯宾服,威振四夷,连四海之外以为席[27],安于覆盂[28],天下平均,合为一家,动发举事,犹如运之掌中。贤与不肖,何以异哉!方今以天下之大,士民之众,竭精驰说,并进辐凑[29]者,不可胜数。悉力慕义,困于衣食,或失门户[30]。使张仪、苏秦与仆并生于今之世,曾不能得掌故[31],安敢望常侍侍郎[32]乎!传[33]曰:‘天下无害灾,虽有圣人,无所施其才;上下和同,虽有贤者,无所立功[34]。’故曰‘时异则事异。’虽然,安可以不务修身乎!《诗》曰:‘鼓钟于宫,声闻于外’。‘鹤鸣九皋,声闻于天。’苟能修身,何患不荣!太公躬行仁义,七十二年,逢文王,得行其说,封于齐,七百岁而不绝。此士之所以日夜孜孜,修学行道,不敢止也。今世之处士[35],时虽不用,崛然独立,块然独处[36],上观许由,下察接舆,策同范蠡,忠合子胥,天下和平,与义相扶[37],寡偶少徒[38],固其常也。子何疑于余哉!”于是诸先生默然无以应也。

建章宫后阁重栎中有物出焉，[39]其状似麋。以闻，武帝往临视之。问左右群臣习事通经术者，莫能知。诏东方朔视之。朔曰："臣知之，愿赐美酒粱饭大飧臣，[40]臣乃言。"诏曰："可。"已飧，又曰："某所有公田鱼池蒲苇数顷，陛下以赐臣，臣朔乃言。"诏曰："可。"于是朔乃肯言，曰："所谓驺牙[41]者也，远方当来归义，而驺牙先见。其齿前后若一，齐等无牙[42]，故谓之驺牙[43]。"其后一岁所，匈奴混邪王果将十万众来降汉，乃复赐东方生钱财甚多。至老，朔且死时，谏曰："《诗》云：'营营青蝇，止于蕃。恺悌君子，无信谗言。谗言罔极，交乱四国[44]。'愿陛下远巧佞，退谗言。"帝曰："今顾东方朔多善言[45]？"怪之。居无几何，朔果病死。传曰："鸟之将死，其鸣也哀；人之将死，其言也善。"此之谓也。

（以上为褚先生补写的第二段，记述了东方朔的一些奇闻逸事。）

①好古传书——爱好古代的史传之类。 ②公车——官署名，其长官曰公车司马令，也称公车令，上属卫尉。《汉书·百官公卿表》注引《汉官仪》曰："公车司马掌殿司马门，夜徼宫中。天下上事及四方贡献阙下，凡所征召，皆总领之，令秩六百石。"上事，即上书。 ③奏牍——给皇帝上书所用的木片。当时无纸，字都是写在竹简或木片上。这种写字用的木片就称为牍。 ④公车令两人共持举其书——按："令"字似应重出，此谓公车令派两人搭着这些木牍进呈皇帝。 ⑤仅然能胜之——刚刚能搭动。 ⑥上方——即"尚方"，皇帝居处的地方。 ⑦止，辄乙其处——每读完一段要停下来时，就在刚读完的那句话下面画一个"乚"，作为记号。《通俗编》曰："辄乙其处，谓止绝处黓而记之，如今人读书，以朱识其所止作乚形，亦非'甲乙'之'乙'也。" ⑧读之二月乃尽——陈子龙曰："朔书虽多，不过如今数十卷，武帝以二月读尽，可见人主爱重其书，非以多而难尽也。" ⑨侍中——在宫廷内听候支使。后来侍中又用为官名。 ⑩揭——举。这里指抱着、扛着。 ⑪"徒用所赐钱帛"二句——徒：但、只。取：通"娶"。 ⑫尽索之于女子——全都花在了女人身上。索：尽。 ⑬任其子为郎——以自己的身份保任其子为郎官。按：汉代多有因父兄为官而子弟为郎

者,亦有凭借家有一定资产而进身为郎者,盖制度如此。 ⑭侍谒者——即“谒者”,官名,为皇帝掌传达和收受文书等事。 ⑮陆沈——《庄子·则阳》:“方且与世违,而心不屑与之俱,是陆沈者也。”郭象注:“人中隐者,譬无水而沈也。” ⑯共难之曰——按:以下对话取自东方朔《答客难》。《答客难》中的客难主答,是东方朔自己设计的一种表达方式,并非实有其事。今写入传记,与《屈原贾生列传》把《渔父》一文中所假托的事情写入传记同样荒唐。 ⑰当——遇。⑱都——居,任职。 ⑲子大夫——犹言“先生您”。师古曰:“子者,人之嘉称;大夫,举官称也。” ⑳侍郎——侍奉皇帝的郎官。 ㉑执戟——执戟郎,郎官的一种。 ㉒意者尚有遗行邪——犹言“莫非是还有什么缺点错误吗?”意者:莫非,难道。遗行:操行有缺失。㉓备——详细,具体。这里是“备知”“完全理解”的意思。 ㉔力政——以势力把持政权。一说作“力征”,以武力相征伐。 ㉕禽——通“擒”。 ㉖并为十二国——战国时的十二国是秦、楚、齐、燕、韩、赵、魏、宋、卫、中山、鲁、郑。前七个是所谓“七雄”,后五个已逐渐沦为七国的附庸。 ㉗连四海之外以为席——极言其所辖的地域之广,控制之严。席:坐垫。 ㉘覆盂——叩放钵盂。钵盂之类口大底小,叩放则不会倒翻。 ㉙并进辐凑——指全国各地的人才,从四面八方归向朝廷。辐凑:如辐条之归集于毂。 ㉚或失门户——有的连个进身入仕的大门都没有摸到。失门户:师古曰:“言不得所由入也。” ㉛曾不能得掌故——他会连个“掌故”那样的小官也捞不到。曾:还,根本。掌故:官名。《集解》曰:“百石吏,主故事(先朝及往古事例)。” ㉜常侍侍郎——按:《汉书·东方朔传》作“常侍郎”,即经常在宫内侍奉皇帝的郎官。当时尚无“常侍”之名。 ㉝传——汉代称“六经”以外的其他各家著作皆曰传。 ㉞“天下无害灾”六句——不知引自何处。

㉟处士——隐士,即指自己。 ㊱“崛然独立”二句——言其操行孤高,举止静泊。崛然:如山石之突立。块然:如土地之安卧。 ㊲与义相扶——指终生行义,以义修身。相扶:相依傍。 ㊳寡偶少徒——意即缺少知音,无志同道合者。偶:侣,匹。徒:众,同伙。 ㊴建章宫——汉代宫殿名,建于武帝太初元年(前104)。 重栎(lì)——《索

隐》曰:“栏楯之下,有重栏处也。”栎:栏杆。 ㊵梁饭——黄小米饭,或解作精美的饭食。古代以之为美食。 飧(sūn)——此处用如动词,使食。 ㊶驺牙——兽名,也叫“驺虞”“驺吾”。《毛传》曰:“驺虞,义兽也,白虎黑文,不食生物,有至信之德,则应之。” ㊷齐等无牙——意谓该兽口中的牙齿完全相同,只有门牙,而无犬齿。《本草纲目》曰:“两旁曰牙,当中曰齿。” ㊸故谓之驺牙——因为该兽的牙齿前后相同,又排列得像驺骑一样齐整,所以就叫它“驺牙”。驺:骑兵仪仗队。 ㊹“营营青蝇”六句——见《诗经·小雅·青蝇》。营营:《毛传》曰:“往来貌。”蕃:通“藩”,篱笆。恺悌:和乐平易的样子。罔极:没头儿,没边儿。交乱:犹言“构患”。交:构也,合也。交乱四国,谓构成四方国家与华夏的战乱。 ㊺今顾东方朔多善言——意谓今天东方朔(病到这种程度)反而说起正经话来了。顾:反。

武帝时,大将军卫青者,卫后[①]兄也,封为长平侯。从军击匈奴,至余吾水[②]上而还,斩首捕虏,有功来归,诏赐金千斤。将军出宫门,齐人东郭先生以方士待诏公车[③],当道遮卫将军车,拜谒曰:“愿白[④]事。”将军止车,前[⑤]东郭先生。旁[⑥]车言曰:“王夫人[⑦]新得幸于上,家贫,今将军得金千斤,诚以其半赐王夫人之亲,人主闻之必喜。此所谓奇策便计也。”卫将军谢之曰:“先生幸告之以便计,请奉教[⑧]!”于是卫将军乃以五百金为王夫人之亲寿。王夫人以闻武帝。帝曰:“大将军不知为此。”问之:“安所受计策?”对曰:“受之待诏者东郭先生。”诏召东郭先生,拜以为郡都尉[⑨]。东郭先生久待诏公车,贫困饥寒,衣敝,履不完。行雪中,履有上无下,足尽践地。道中人笑之,东郭先生应之曰:“谁能履行雪中,令人视之,其上履也,其履下处乃似人足者乎?”及其拜为二千石,佩青祸[⑩]出宫门,行谢主人[⑪],故所以同官待诏者,等比祖道于都门外,[⑫]荣华道路,立名当世。此所谓衣褐怀宝[⑬]者也。当其贫困时,人莫省视。至其贵也,乃争附之。谚曰:“相马失之瘦[⑭],相士失之贫。”其此之谓邪!

王夫人病甚,人主至自往问之,曰:“子[15]当为王,欲安所置之?”对曰:“愿居洛阳。”人主曰:“不可。洛阳有武库、敖仓[16],当关口[17],天下咽喉。自先帝以来,传不为置王[18]。然关东国莫大于齐,可以为齐王。”王夫人以手击头[19],呼“幸甚!”王夫人死,号曰“齐王太后薨[20]。”

(以上是褚先生补写的第三段,记述了东郭先生因给卫青画计而自己得到荣宠的情形。事本平淡,且与滑稽无关。)

①卫后——名子夫。卫青是卫子夫的同母异父弟,今云“卫后兄”,殆误。 ②余吾水——即今蒙古国境内的图勒河。 ③待诏公车——在公车署等待皇帝的召见。 ④白——禀告,告述。 ⑤前——使之近前。 ⑥旁——同“傍”。依傍;靠。 ⑦王夫人——武帝的宠妃。《外戚世家》云:“及卫后色衰,赵之王夫人幸,有子,为齐王。王夫人早卒。” ⑧请奉教——意谓请让我按照您的教导去做。奉:奉行。 ⑨郡都尉——官名,协助太守执掌武事,官阶是“比二千石”。 ⑩青纲(guā)——即青绶。纲:紫青色的绶。绶:系印的丝带。《汉书·百官公卿表》:“凡吏秩比二千石以上,皆银印青绶。” ⑪行谢主人——去和自己寄宿的房东告辞。 ⑫等比——依次。这里即“结伙”“一道儿”的意思。 祖道——祭道神。实即今之所谓饯行。 ⑬衣褐怀宝——《老子》云:“知我者希,则我者贵,是以圣人被褐怀玉。”通常用以比喻境遇贫寒而实有才干的人。褐:粗毛布的短上衣,贫者所服。 ⑭相马失之瘦——相马者往往因为马瘦而看错了它的材质。失:过误,看错。 ⑮子——王夫人生的儿子,名闳。 ⑯敖仓——国家的大粮仓,秦时建立,在今河南荥阳东北敖山上。 ⑰当关口——谓由长安出函谷关东行,便会直面洛阳。 ⑱传不为置王——历来不在这个地方封王建国。传:相衍,历来。 ⑲以手击头——因不能起身叩谢,故以此示意。 ⑳齐王太后薨——时齐王尚未封出,葬礼即以齐王太后称之,见其受宠幸之甚。

昔者,齐王使淳于髡献鹄于楚。出邑[1]门,道飞其鹄。徒揭[2]

空笼,造诈成辞,往见楚王曰:"齐王使臣来献鹄,过于水上,不忍鹄之渴,出而饮之,去我飞亡[③]。吾欲刺腹绞颈而死,恐人之议吾王[④]以鸟兽之故令士自伤杀也。鹄,毛物,多相类者,吾欲买而代之,是不信[⑤]而欺吾王也。欲赴佗国[⑥]奔亡,痛吾两主使不通[⑦]。故来服过,叩头受罪[⑧]大王。"楚王曰:"善,齐王有信士若此哉!"厚赐之,财倍鹄在也。

(以上是褚先生补写的第四段,记述了淳于髡以巧妙辞令慰娱人主,从而使自己转祸为福的故事。)

①邑——这里指齐国的都城临菑。 ②揭——举。这里指"托着"。 ③亡——逃失。 ④吾王——我们的大王您。恭称对方。 ⑤不信——不诚实。 ⑥佗国——别国。佗:他。 ⑦痛吾两主使不通——伤心我们两位大王的这次通使半途而废了。 ⑧受罪——接受惩罚。

武帝时,征北海[①]太守诣行在所,有文学卒史[②]王先生者,自请与太守俱[③]:"吾有益于君。"君许之。诸府掾功曹白云[④]:"王先生嗜酒,多言少实,恐不可与俱。"太守曰:"先生意欲行,不可逆。"遂与俱。行至宫下,待诏宫府门。王先生徒怀钱沽酒,与卫卒仆射[⑤]饮,日醉,不视其太守。太守入跪拜[⑥]。王先生谓户郎[⑦]曰:"幸为我呼吾君至门内遥语。[⑧]"户郎为呼太守。太守来,望见王先生。王先生曰:"天子即问君何以治北海令无盗贼,君对曰何哉?"对曰:"选择贤材,各任之以其能,赏异等,罚不肖。"王先生曰:"对如是,是自誉自伐功[⑨],不可也。愿君对言,'非臣之力,尽陛下神灵威武所变化也。'"太守曰:"诺。"召入,至于殿下,有诏问之曰:"何以治北海,令盗贼不起?"叩头对言:"非臣之力,尽陛下神灵威武之所变化也。"武帝大笑,曰:"於呼!安得长者之语而称之![⑩]安所受之?"对曰:"受之文学卒史。"帝曰:"今安在?"对曰:"在宫府门外。"有诏召拜王先生为水衡丞[⑪],以北海太守为水衡都尉。传曰:“美言可以市,尊行可以加人[12]。君子相送以言,小人相送以财。”

(以上是褚先生补写的第五段,写王先生以教人辞令而获荣显的故事。谄媚迎合,无所取义。)

①北海——汉郡名,郡治营陵(在今山东昌乐东南)。 ②文学卒史——掌管文书的府吏。卒史:汉代府吏名,秩百石。 ③俱——同行,随行。 ④府掾(yuàn)——太守府中的吏属。掾:吏属的总称。功曹——也称功曹史,府掾中的一个,主管人事考核。 ⑤卫卒仆射(yè)——卫兵头目。仆射:秦汉时的官名。因秦时重武,多用善射者为官,故曰仆射,各随所掌之事以为号,如军屯仆射、永巷仆射等。⑥入跪拜——谓已入宫将拜见天子。 ⑦户郎——看守宫门的郎官。《汉书·百官公卿表》云:“郎掌守门户,出充车骑。” ⑧吾君——犹言“我的上级”“我的主人”。当时的僚属称其本官如此。 至门内遥语——到门洞处隔着一段距离讲话。 ⑨自伐功——自己夸耀自己的功劳。 ⑩於呼——同“呜呼”,在这里表示赞叹。 长者——厚道人,有修养的人。 ⑪水衡丞——水衡都尉的副职。水衡都尉:武帝时置,掌上林苑。 ⑫“美言可以市”二句——语见《老子》。市:卖。指收到效果,取得报酬。加人:高出别人,受人尊敬。按:《淮南子》引《老子》此语作“美言可以市尊,美行可以加人”,见其《道应训》《人间训》。疑引文为是。

魏文侯[1]时,西门豹为邺令[2]。豹往到邺,会长老[3],问之民所疾苦。长老曰:“苦为河伯[4]娶妇,以故贫。”豹问其故。对曰:“邺三老、廷掾常岁赋敛百姓,[5]收取其钱得数百万,用其二三十万为河伯娶妇,与祝巫[6]共分其余钱持归。当其时,巫行视小家女好者,云是当为河伯妇,即娉取[7]。洗沐之,为治新缯绮縠衣,[8]间居[9]斋戒;为治斋宫河上,张缇绛帷[10],女居其中。为具牛酒饭食,行十余日[11]。共粉饰[12]之,如嫁女床席[13],令女居其上,浮之河中。始浮,行数十里乃没。其人家有好女者,恐大巫祝为河伯取之,以故多持女远逃亡,以故城中益空无人,又困贫[14],所从来久远矣。民人俗语曰:‘即[15]不为河伯娶妇,水来漂没,溺其人民’云。”西门豹曰:“至为河伯娶妇时,愿三老、巫祝、父老送女河上,幸来告语之,吾亦往送女。”皆曰:“诺。”

至其时,西门豹往会之河上。三老、官属、豪长者、里父老皆会,[16]以[17]人民往观之者三二千人。其巫,老女子也,已年七十。从弟子女十人所,[18]皆衣缯单衣,立大巫后。西门豹曰:“呼河伯妇来,视其好丑。”即将[19]女出帷中,来至前。豹视之,顾谓三老、巫祝、父老曰:“是女子不好,烦大巫妪为入报河伯,得更求好女,后日送之。”即使吏卒共抱大巫妪投之河中。有顷,曰:“巫妪何久也?弟子趣[20]之!”复以弟子一人投河中。有顷,曰:“弟子何久也?复使一人趣之!”复投一弟子河中。凡投三弟子。西门豹曰:“巫妪、弟子是女子也,不能白事。烦三老为入白之。”复投三老河中。西门豹簪笔磬折[21],向河立待良久。长老、吏傍观者皆惊恐。西门豹顾曰:“巫妪、三老不来还,奈之何?”欲复使廷掾与豪长者一人入趣之。皆叩头,叩头且破,额血流地,色如死灰。西门豹曰:“诺,且留待之须臾[22]!”须臾,豹曰:“廷掾起矣!状[23]河伯留客之久,若[24]皆罢去归矣!”邺吏民大惊恐,从是以后,不敢复言为河伯娶妇。

西门豹即发民凿十二渠,引河水灌民田,田皆溉。当其时,民治渠少烦苦,不欲也。[25]豹曰:“民可以乐成,不可与虑始。今父老子弟虽患苦我,然百岁后,期令父老子孙思我言。[26]”至今皆得水利,民人以给足富[27]。十二渠经绝驰道,[28]到汉之立,而长吏以为十二渠桥绝驰道,相比近[29],不可。欲合渠水,且至驰道[30]合三渠为一桥。邺民人父老不肯听长吏,以为西门君所为也,贤君之法式,不可更也。长吏终听置之[31]。故西门豹为邺令,名闻天下,泽流后世,无绝已[32]时,幾可[33]谓非贤大夫哉!

传曰:“子产治郑,民不能欺;子贱治单父,民不忍欺;西门豹治邺，民不敢欺[34]。”三子之才能谁最贤哉？辨治者[35]当能别之。

（以上是褚先生补写的第六段，颂扬了西门豹为民除害兴利的事迹，是六段中最好的一段。）

①魏文侯——名斯，战国初期魏国的国君，公元前445—前396年在位。 ②邺令——邺县的县令。邺：也叫邺城，在今河北临漳。③长老——年高有德的人。 ④河伯——河神。 ⑤三老——官名，职掌教化。汉代于县、乡两级皆设之，秦时唯乡有。此处所云乃县廷之三老，或战国实有，或后人以汉制推言之。有人释此为“乡官”者，与文意不合。 廷掾——县廷中的吏属。 常岁——犹言“每年”，年年如此。 ⑥祝巫——以祭祀鬼神为职业者。《说文解字》曰：“祝，祭主赞词者。……巫，女能事无形以舞降神者也。” ⑦即娉取——意即留下聘礼，抢人而去。娉：男家给女家以彩礼，表示订婚。取：通“娶”。⑧缯——丝织品的总称。 绮（qǐ）——有文采的丝织物。 縠（hú）——轻而薄的丝织物。 ⑨间居——与别人分开，单独居住。⑩缇（tí）绛帷——红色丝绸的帐子。缇：丹黄色；浅绛色。绛：大红色。⑪行十余日——过十多天。 ⑫粉饰——指梳妆打扮。 ⑬如嫁女床席——按：此句不顺，缺少谓语。意即置备床席如嫁女者。 ⑭又困贫——意谓这样一来，就把人弄得更加贫困了。又：更加。 ⑮即——假若。 ⑯豪长者——犹后来之所谓“豪绅”，当地有势力的人物。里父老——乡里间有点名望的老人。 ⑰以——义同“与”，连及。⑱弟子女——即女弟子。 十人所——犹言“十来个人”。所：通“许”。 ⑲将——扶持。 ⑳趣（cù）——催促。 ㉑簪笔磬折——描述其故作恭敬之状。《正义》曰：“簪笔，谓以毛装簪头，长五寸，插在冠前，谓之为笔。言插笔备礼也。磬折，谓曲体揖之，若石磬之形曲折也。” ㉒且留待之须臾（yú）——意即暂且再等一会儿。须臾：片刻。㉓状——看样子，估计。 ㉔若——你，你等。 ㉕少——稍，略微。不欲——不愿干。 ㉖期——必，一定。 思我言——想到我今天所说的话。 ㉗民人以给足富——百姓因此够用，并日渐富足。给：供给。得到供给，即“够用”的意思。 ㉘经绝——犹言“横穿”。绝：横穿，横过。 驰道——天子车驾所走的大道。 ㉙比近——靠近，挨

近。 ㉚且至驰道——指渠水快要流到驰道的时候。且:将要。 ㉛听置之——接受了他们的意见,就那样放着了。 ㉜绝已——终了。 ㉝幾可——同“岂可”。幾:通“岂”。 ㉞“子产治郑”六句——子产:春秋后期郑国的贤相,《循吏列传》云:“为相一年,竖子不戏狎,斑白不提挈,僮子不犁畔;二年,市不豫贾;三年,门不夜关,道不拾遗;四年,田器不归;五年,士无尺籍,丧期不令而治。”子贱:姓宓(fú),名不齐,字子贱,孔子的学生。《仲尼弟子列传》云:“子贱为单父宰,反命于孔子,曰:‘此国有贤不齐者五人,教不齐所以治者。’”《孔子家语》曰:“不齐所父事者三人,所兄事者五人,所友事者十一人。”单父(shàn fǔ):春秋鲁邑名,在今山东单县。 ㉟辨治者——明白事理的人。

[**简评**] 《太史公自序》云:“不流世俗,不争势利,上下无所凝滞,人莫之害,以道之用,作《滑稽列传》。”作者在这里评价了该传中三个人的思想品格和他们所起的社会作用。这些赘婿倡优,在当时的地位极其低下,甚至为一般平民所不齿;但是他们的操行见解,以及他们那种批逆鳞、论大事的智慧和勇气,却又往往为衮衮诸公所不及,这是使司马迁极为赞赏而又感慨极深的。《史记》中出现这么一篇《滑稽列传》,这本身就是对汉代上流社会的一种莫大的“滑稽”与讽刺。

[**集评**] 《太史公自序》:“不流世俗,不争势利,上下无所凝滞,人莫之害,以道之用,作《滑稽列传》第六十六。”

刘勰曰:“昔齐威酣乐,而淳于说甘酒;楚襄宴集,而宋玉赋《好色》,意在微讽,有足观者。及优旃之讽漆城,优孟之谏葬马,并谲辞饰说,抑止昏暴。是以子长编史,列传滑稽。以其辞虽倾回,意归义正也。”(《文心雕龙·谐隐》)

姚苎田曰:“《滑稽传》所载三人,一层深一层。髡语劝百而讽一者也,舌辩之雄,而不必有裨于国。孟语笃友谊于死生,明功臣于没世,节侠之流也。旃语惜陛楯之沾寒,警寇机于未至,

忠厚之发也。史公特为讽谏立传，非徒以谈锋调笑见长，褚先生不得其旨而妄续之，则夸而无当矣。”(《史记菁华录》)

吴见思曰：“史公一书，上下千古，三代之礼乐，刘项之战争，以至律历天官，文词事业，无所不有。乃忽而撰出一调笑嬉戏之文，但见其齿牙伶俐，口角香艳，清新俊逸，另用一种笔意，亦取其意思所在而已，正不必论其事之有无也，而已开唐人小说传奇之祖矣。”(《史记论文》)

梁玉绳曰：“少孙续传六章，惟郭舍人、东方生、东郭先生、王先生四章为类，但方朔虽杂诙谐，颇能直言切谏，安可与齐赘优伶比。说卫青者，《青传》是甯乘，此云东郭先生，岂东郭即乘耶？至王生从太守就征，乃宣帝征勃海守龚遂，《汉(书)·循吏传》甚明。而以为武帝征北海太守，王先生请俱，妄矣。且东郭之白卫将军，王生之语太守，皆便计美言，何谓滑稽？其余二章，淳于髡已见本传。……若夫西门豹，古之循吏也，而列于滑稽，尤为不伦。然叙次特妙，非他所续之芜弱，董份疑为旧文，褚生取而编之耳。”(《史记志疑》)

钱锺书曰：“齐威王‘国且危亡，且(在)于旦暮，左右莫敢谏’；楚庄王欲以棺椁大夫礼葬马，下令曰：‘有敢以马谏者，罪至死！’而淳于髡、优孟之流冒主威之不测，言廷臣所不敢，谲谏匡正。《国语·晋语二》优施谓里克曰：‘我优也，言无邮。’韦昭注：‘邮，过也。’《荀子·正论篇》：‘今俳优侏儒狎徒詈侮而不斗者，是岂巨知见侮之为不辱哉？然而不斗者，不恶故也。’盖人言之有罪，而优言之能无罪，所谓‘无邮’‘不恶’者是，亦即莎士比亚所谓‘无避忌之俳谐弄臣’。”(《管锥编》)

陈桐生曰：“外表滑稽可笑而心地正直善良，形式上轻松幽默而主旨严肃深刻，这就是司马迁笔下滑稽人物的形象特征。他们身为弄臣而留意于国家政治大事，以及他们委婉托讽的艺术方式，都与中国古代文化传统密切相关。……滑稽人物之设譬也可以说是当时社会风气的体现。滑稽人物通过言谈合道而使自己的人生境界得到提升。司马迁一再引导读者注意滑稽人物崇高的精神世界,我们在阅读这篇人物传记时尤其要注意由表及里,且不可停留在表面特征之上。”(《〈史记〉名篇述论稿》)

日者列传第六十七

自古受命而王，王者之兴何尝不以卜筮决于天命哉！[1]其于周尤甚，及秦可见[2]。代王之入，任于卜者[3]。太卜之起，由汉兴而有。[4]

司马季主者，楚人也。[5]卜于长安东市。[6]

（以上为第一段，写占卜行业的发展历史与司马季主登场。）

①受命而王——秉承天命而为国家之帝王。　卜筮——以龟甲占卜吉凶曰“卜”，以蓍草占卜吉凶曰“筮”。　②及秦可见——秦国人相信这些玩意儿的记载，偶尔见于《秦本纪》，但为数甚少。秦始皇迷信神仙，祈求长生不老，是其最蠢者。至于占卜的事情，亦仅偶尔为之。③代王之入，任于卜者——代王：指刘邦之子汉文帝刘恒，先是被封为代王，都中都（在今山西平遥西南）。吕后八年（前180），周勃、陈平等消灭诸吕，派人请刘恒入京为帝。刘恒动身前，曾对此事进行了占卜，得“大横之兆”（龟甲上裂出了一道横纹）。占卜者告诉他此事大吉大利，进京就能当皇帝了。任：听信。　④太卜——朝官名，上属于“九卿”之一的太常，专门主管占卜之事。　由汉兴而有——《周礼》即有太卜之官，此云“由汉兴”者，谓汉自文帝卜大横之后，占卜的事情就更兴盛起来。　⑤司马季主——姓司马，名季主，其人最早见于史公此文。　楚——汉初刘氏的诸侯国名，国都彭城（在今江苏徐州）。

⑥卜——谓行卜，以给人占卜为业。 长安东市——长安城之东市场。据《三辅黄图》，当时长安有九市，六市在南北大道之西，三市在南北大道之东。东市为规模之大者。

宋忠为中大夫，贾谊为博士，同日俱出洗沐，[①]相从论议，诵易先王圣人之道术，究遍人情，相视而叹。[②]贾谊曰："吾闻古之圣人，不居朝廷，必在卜医之中。[③]今吾已见三公九卿朝士大夫，皆可知矣，试之卜数中以观采。[④]"二人即同舆而之市，游于卜肆中。天新雨，道少人，司马季主闲坐，弟子三四人侍，方辩天地之道，日月之运，阴阳吉凶之本。二大夫再拜谒。司马季主视其状貌，如类有知者[⑤]，即礼之，使弟子延之坐。坐定，司马季主复理前语，分别天地之终始，日月星辰之纪，[⑥]差次仁义之际，列吉凶之符，[⑦]语数千言，莫不顺理。

宋忠、贾谊瞿然而悟，猎缨正襟[⑧]危坐，曰："吾望先生之状，听先生之辞，小子窃观于世，未尝见也。今何居之卑，何行之污？[⑨]"

司马季主捧腹大笑曰："观大夫类有道术者，今何言之陋也，何辞之野[⑩]也！今夫子所贤者何也？所高者谁也？今何以卑污长者？[⑪]"

二君曰："尊官厚禄，世之所高也，贤才处之。今所处非其地，故谓之卑。言不信，行不验，取不当，[⑫]故谓之污。夫卜筮者，世俗之所贱简[⑬]也。世皆言曰：'夫卜者多言夸严以得人情，虚高人禄命以说人志，[⑭]擅言祸灾以伤人心，矫言鬼神以尽人财，厚求拜谢以私于己。[⑮]'此吾之所耻，故谓之卑污也。"

司马季主曰："公且安坐。公见夫被发童子乎？日月照之则行，[⑯]不照则止，问之日月疵瑕吉凶，则不能理。[⑰]由是观之，能知别贤与不肖者寡矣[⑱]。

"贤之行也，直道以正谏，三谏不听则退。[⑲]其誉人也不望其报，恶人也不顾其怨，[20]以便国家利众为务。故官非其任不处也，禄非其功不受也；见人不正，虽贵不敬也；见人有污，虽尊不下[21]也；得不为喜，去不为恨；非其罪也，虽累辱[22]而不愧也。

"今公所谓贤者，皆可为羞矣。卑疵而前，孅趋而言；[23]相引以势，相导以利；[24]比周宾正，以求尊誉，以受公奉；[25]事私利，枉主法，猎农民；[26]以官为威，以法为机，求利逆暴，[27]譬无异于操白刃劫人者也。初试官时，倍力为巧诈，饰虚功执空文以誷主上，用居上为右；[28]试官不让贤[29]，陈功，见伪增实，以无为有，以少为多，以求便势尊位；[30]食饮驱驰，从姬歌儿，不顾于亲；[31]犯法害民，虚公家，此夫为盗不操矛弧者也，攻而不用弦刃者也，欺父母未有罪而弑君未伐者也。[32]何以为高贤才乎？

"盗贼发不能禁，夷貊不服不能摄，奸邪起不能塞，[33]官秏乱不能治，四时不和不能调，岁谷不孰不能适。[34]才贤不为[35]，是不忠也；才不贤而托官位，利上奉，妨贤者处，[36]是窃位也；有人者进，有财者礼，是伪也。[37]子独不见鸱枭之与凤皇翔[38]乎？兰芷芎䓖弃于广野，蒿萧成林，使君子退而不显众，[39]公等是也。

"述而不作，君子义也。[40]今夫卜者，必法天地，象四时，顺于仁义，分策定卦，旋式正棋[41]，然后言天地之利害，事之成败。昔先王之定国家，必先龟策日月，而后乃敢代；[42]正时日，乃后入；[43]家产子必先占吉凶，后乃有之。[44]自伏羲作八卦，周文王演三百八十四爻而天下治。[45]越王句践放文王八卦以破敌国，霸天下。[46]由是言之，卜筮有何负[47]哉！

"且夫卜筮者，埽除设坐，正其冠带，然后乃言事，此有礼也[48]。言而鬼神或以飨，忠臣以事其上，孝子以养其亲，慈父以畜其子，[49]此有德者也。而以义置数十百钱，病者或以愈，且死或以生，[50]患或以免，事或以成，嫁子娶妇或以养生[51]：此之为德，岂直数十百钱哉！此夫老子所谓'上德不德，是以有德'。[52]今夫卜筮者利大而谢少，[53]老子之云岂异于是乎？

“庄子曰:‘君子内无饥寒之患,外无劫夺之忧,居上而敬,居下不为害,君子之道也。’今夫卜筮者之为业也,积之无委聚,藏之不用府库,徙之不用辎车,负装之不重,止而用之无尽索之时。[54]持不尽索之物,游于无穷之世,虽庄氏之行未能增于是也,[55]子何故而云不可卜[56]哉?天不足西北,星辰西北移;地不足东南,以海为池[57];日中必移,月满必亏[58];先王之道,乍存乍亡[59]。公责卜者言必信,不亦惑乎!

“公见夫谈士辩人乎?虑事定计,必是人也,然不能以一言说人主意,[60]故言必称先王,语必道上古;虑事定计,饰先王之成功,语其败害,以恐喜人主之志,以求其欲。[61]多言夸严,莫大于此矣。然欲强国成功,尽忠于上,非此不立。今夫卜者,导惑教愚也。夫愚惑之人,岂能以一言而知之哉!言不厌多。

“故骐骥不能与罢驴为驷,[62]而凤皇不与燕雀为群,而贤者亦不与不肖者同列。故君子处卑隐以辟众,自匿以辟伦,微见德顺以除群害,以明天性,[63]助上养下,多其功利,不求尊誉。公之等喁喁者也,[64]何知长者之道乎!”

宋忠、贾谊忽而自失,芒乎无色,怅然噤口不能言。于是摄衣而起,再拜而辞。行洋洋也,出门仅能自上车,伏轼低头,卒不能出气。

(以上为第二段,写“贾谊”“宋忠”因蔑视占卜行业而被司马季主教训的情景。)

①宋忠——其人不详,除此寓言外,不见于《史记》他篇。　中大夫——皇帝身边的侍从官名,掌议论,上属郎中令。　贾谊——文帝时杰出的政论家与文学家。　博士——皇帝身边的顾问官员。　俱出洗沐——犹言洗沐之日一道外出游玩。洗沐:即今所谓“公休”。　②相从——意即“一道儿”。　诵易——似应作“诵肄”,即“诵习”。　道术——治国平天下之法术。　究遍人情——透彻地研究了世态人情。　相视而叹——彼此相互赞叹,以为当今才子更无超过你我之上者,为下文二人被司马季主狠狠所黜作势。　③不居朝廷——“不”上应增

“若”字读。 卜医——卜者,医生,皆当时地位之低下者。此用以泛指社会下层。 ④卜数——卜筮一类的行业。 观采——观望其风采。 ⑤如类有知者——“如”“类”二字意重,当削其一。 ⑥复理前语——又接着讲刚才的话头。 分别——分析,辨别。 天地之终始——天地的开始与终止。 日月星辰之纪——日月星辰运行的规律。纪:纲领,头绪。 ⑦差次——分别,排列。这里即宣讲、演说。仁义之际——意即仁义道德对治理国家社会的作用。 列吉凶之符——摆列人世吉凶的种种证验。符:征兆,证验。 ⑧猎缨正襟——《索隐》曰:“猎,‘揽’也,揽其冠缨而正其衣襟,谓变而自饰也。” ⑨何居之卑——为什么处境这样卑贱。居:处,处境。 何行(háng)之污——为什么从事的行业如此肮脏。 ⑩野——粗鲁,没修养。⑪所贤者何——你所认为的美好行业是什么? 所高者谁——你所认为的崇高地位是什么? 何以卑污长者——为什么把我的地位看得如此卑下,把我的行业看得如此肮脏?长者:有道德、有修养的人。这里是司马季主自指。 ⑫言不信,行不验——指卜筮者都是在编造谎话骗人,没有任何灵验。 取不当——用不正当手段骗取人家的钱财。

⑬贱简——地位卑微,手法浅陋。这里用如动词,意即瞧不起。⑭多言夸严,以得人情——意即通过夸张、说谎以揣摩听者的心理。夸严:王念孙曰:“犹言‘夸诞’,此谓卜者多言夸诞以惑人。” 虚高人禄命以说人志——编谎话说人家将做高官、享长寿,以讨人喜欢。说:“悦”的古字。 ⑮矫言鬼神以尽人财——编造谎言说鬼神给某人降灾,以图骗光人家的钱财。矫:曲,假造。 厚求拜谢以私于己——就盼着多得人家的谢礼而满足自己的私欲。拜谢:这里指谢礼,为感谢占卜者而花费的钱财。 ⑯被发童子——指幼年儿童。古代儿童披发,至少年则梳成两角;至二十岁则行束发加冠之礼,从此为成人。被:通“披”。 日月照之则行——天亮了就起来活动,其他一概不问。⑰日月疵瑕吉凶——指日食、月食,以及这些“天变”对人间社会的影响。 不能理——不能说清。 ⑱能知别贤与不肖者寡矣——知别:识别。不肖:不类,不类其父。古代用以称“不成才”“没出息”。按:此数句的大意谓,人们的处世行事,也都像儿童的天亮即起,天黑则睡,随

波逐流，人云亦云，很少有人能看清世事，提出见解。 ⑲贤之行也——“贤”下应有“者”字。 直道以正谏——自己坚持真理，直道而行；对于君主之不奉道者，必据正以谏之。 三谏不听则退——《礼记·曲礼下》：“三谏而不听则逃之。”退：指辞官不干。 ⑳誉人——称赞某人。 恶（wù）人——批评某人，责备某人。恶：讨厌。这里指批评、责备。 ㉑虽尊不下——即使他是高官，也不向他低头。 ㉒累辱——即下监狱、披绳索受辱。累：绳索，拘系。 ㉓卑疵——卑躬屈膝的样子。 孅（qiān）趋——即一副谄媚讨好的样子。孅：巧佞。 ㉔相引以势——以权势相互结援。即拉帮结派，朋比为奸。 相导以利——彼此为对方提供方便，以谋取私利。 ㉕比周——相互曲从，相互依附，即今所谓朋党比周，狼狈为奸。 宾正——排斥正直的人。宾：通“摈”，排挤。 尊誉——尊敬，夸奖。 公奉——公家的俸禄。奉：通“俸”。 ㉖枉——曲，不秉公而行。 猎——像打猎一样地掠取。 ㉗机——机关。此以机关、陷阱等猎人捕兽之举动比喻官吏之蓄意害民。 求利逆暴——为求得个人私利而不惜为逆行暴。 ㉘調——同“周”，哄骗。 用居上为右——以求得做大官、居上职。用：以。右：汉代以“右”为上。 ㉙试官不让贤——在试官期间，即使见到比自己更能干的人，也从没有让贤的想法。 ㉚陈功——当向上司摆列自己的“功劳”的时候。 见伪增实——明明是假的，也要千方百计说成真的。 以求便势尊位——以求获得对自己有利的环境与更高的职位。 ㉛食饮驰驱，从姬歌儿——句子不顺，缺少谓语，大意是讲其为官的侈靡奢华。 不顾于亲——不怕因自己的为非作歹而给家中的长辈带来麻烦。 ㉜矛弧——长矛与弓弩。弧：弓。 弦刃——弓弩与战刀。弦：弓弦。这里指弓弩。 罪——这里指有罪而尚未受到惩处。 弑君未伐——有弑君之罪而未受到讨伐。 ㉝夷貊（mò）——泛指境外的少数民族国家。夷：旧时用以称东方与西南方的少数民族。貊：旧时用以称东北地区的少数民族。 摄——通“慑”，使畏惧。 塞——堵，止，削平。 ㉞不孰——不成熟，不能丰收。孰：“熟”的古字。 不能适——意即不能调理阴阳，以消除自然灾害。适：《索隐》曰：“音‘释’，适犹调也。” ㉟才贤不为——如果其人确实有才能，但就是不负责、不干事。 ㊱托官位——硬是待在那个位子上。托：寄，处。 利上奉——贪图国家的俸禄。 妨贤者处——妨碍了真正有才能的人来充任这个职位。 ㊲有人者进——有人：指有后台、背景。进：升官。 礼——指受尊敬、重用。 是伪也——所有"尊贤任能"的高调都是假的、骗人的。 ㊳鸱枭之与凤凰翔——指小人与君子掺杂一起，善恶不分。鸱枭：猫头鹰，旧时将其视为恶禽的代表。 ㊴兰芷芎䓖(xiōng qióng)——都是香草名，这里用以比喻德高有才的人。 蒿萧成林——以比喻坏人当道，充斥整个官场。蒿萧：都是臭草名。 不显众——不显于众人之前。 ㊵述而不作——只为前贤做阐发，而自己不作新的开创。 君子义也——这是君子们的做法。这里是司马季主借此语说明自己为人占卜都是根据《周易》的经传，并非自己乱说。 ㊶分策定卦，旋式正棋——都是讲占卜时的具体操作。《索隐》曰："式，即'拭'也，旋转也。拭之形上圆象天，下方法地。用之则转天纲加地之辰，故云'旋式'。""拭"，应作"栻"。策：也称"筮"，占卜用的小竹棍，有的也用蓍草秆，其形状与古人所玩的"棋"相似。 ㊷龟策日月——以龟甲、竹片儿占卜，选择良辰吉日。 代——指取代旧王朝，以统治国家。有曰"代"字应作"伐"，即讨伐暴君。 ㊸正时日——选择吉日良辰。时：时辰。古代将一昼夜分成子、丑、寅、卯等十二个时辰。 乃后入——指胜利者进入被打败者的京城与宫殿。按：中华本将下句中"家"字上提，作"正时日，乃后入家"，今不取。 ㊹家产子——家里生了小孩。 必先占吉凶，后乃有之——占卜的结果吉利，这才能决定要这个孩子；如不吉利，则必须像《诗经·生民》所写把那个孩子扔掉。 ㊺周文王演三百八十四爻——《周本纪》说周文王被殷纣王囚于羑里的时候，"益《易》之八卦为六十四卦"，每卦再推衍为六爻，即三百八十四爻。 而天下治——后代帝王遂将占卜作为治理国家的一种手段，在国家有大的活动前都要进行占卜。 ㊻越王句践——即今所称"勾践"。句：同"勾"。 放文王《八卦》以破敌国，霸天下——放：通"仿"，仿效，依照。《左传》《越语》《越王句践世家》中皆无如此记载，相反《吴语》中倒有文种劝句践"天占既兆，人事又见，我蔑卜筮矣"之语。 ㊼何负——有什么亏缺，有什么短处？负：亏缺，短处。 ㊽此有礼也——按：依下文“此有德者也”，此句“礼”下似应有“者”字。 ㊾言——指占术人对求卜者讲过道理后。 鬼神或以飨——该祭祀的鬼神得到了祭祀。也就是有些本来不敬鬼神的人经过占卜后改为祭鬼神了。 忠臣以事其上——有些本来对其君主不好的臣子经过占卜对其君主尽忠了。 慈父以畜其子——有些原来不尽心养育孩子的父亲，经过占卜变得养育孩子了。 ㊿以义——按照实际情况。义：宜。 置数十百钱——指问卜者给占术人留下几十个乃至上百个铜钱。数十百：大几十，乃至上百。 病者或以愈——指心理治疗产生效果。 且死或以生——指通过思想开导，想自杀的不自杀了。且：将。 51患或以免——如通过劝诱，不再铤而走险。 事或以成——指代为出谋划策，办事成功。 嫁子——即嫁女。子：古代兼举男女。 养生——犹言“养育”，生养并抚育其成人。 52此夫——此即，这就是。 上德不德，是以有德——有大道德的人，看起来就好像没有道德一样，这才真正叫有道德哪！二语见《老子》第三十八章。 53利大——指对社会、人类的贡献大、好处多。 谢少——指占术人向社会、人类索取的报酬少。谢：即前文之所谓“拜谢”，谢礼，卦金。 54负装之不重——指占卜所用的工具分量很轻，背着上路不沉重。 止而用之——只要一停下来就立即可以开张行业。 无尽索——永远也坏不了。索：尽。 55游于无穷之世——指卖卜者四海为家，可以到处游荡。 庄氏之行——庄周所理想的为人处世，即《庄子·逍遥游》所谓“乘天地之正，而御六气之辩，以游无穷者”云云。 未能增于是——不可能比我这种生活更好。 56不可卜——指不可操占卜之业，不可为占术之人。 57“天不足西北”四句——《淮南子·天文训》：“昔者共工与颛顼争为帝，怒而触不周之山，天柱折，地维绝，天倾西北，故日月星辰移焉；地不满东南，故水潦尘埃归焉。” 58日中必移，月满必亏——古代俗语，《易经·丰卦》有所谓“日中则昃，月盈则食”。哲学家以此讲事物的发展变化，物极必反；而本文这里则讲万物都有“缺点”，连天地日月都不例外。 59乍存乍亡——时而实行，时而不能实行。 60谈士辩人——如张良、郦生、陆贾等。 虑事定计，必是人也——能帮着君主运筹帷幄的，必定是他们。 不能以一言——不可能只用一两句话。 说人主意——讨得君主的喜欢。说:"悦"的古字。 ㉛饰先王之成功——夸说某个古代帝王的胜利成功。饰:粉饰,夸说。 语其败害——大讲某个古代帝王的失败垮台。 以恐喜人主之志——以失败帝王之所行恫吓之,以成功帝王之所行鼓舞之。 以求其欲——以求达到自己的目的。 ㉜骐骥——骏马,千里马。 罢驴——劣等的驴子。罢:通"疲"。 为驷——套在一辆车上。古称四马并驾曰"驷"。 ㉝微见德顺——稍微地表露出一点道德才干。 以除群害——为平民大众解除病害。 以明天性——以表明上天的本性是爱善乐施的,如雨露、阳光。 ㉞公之等——你们这些人。"之"字似应删。 喁(yóng)喁——众鱼排在水面,口皆向上的样子,本篇则用以比喻众人之随声附和,人云亦云。

居三日,宋忠见贾谊于殿门外,乃相引屏语相谓自叹曰:"道高益安,势高益危。居赫赫之势,失身且有日矣。[①]夫卜而有不审,不见夺糈;[②]为人主计而不审,身无所处[③]。此相去远矣,犹天冠地屦[④]也。此老子之所谓'无名者万物之始[⑤]'也。天地旷旷,物之熙熙,或安或危,莫知居之。[⑥]我与若,何足预彼哉![⑦]彼久而愈安,虽曾[⑧]氏之义未有以异也。"

久之,宋忠使匈奴,不至而还,抵罪[⑨]。而贾谊为梁怀王傅,王堕马薨,谊不食,毒恨而死。[⑩]此务华绝根[⑪]者也。

(以上为第三段,写"宋忠""贾谊"对司马季主的叹服与二人日后的悲惨下场。)

①赫赫——庞大、吓人的样子。 失身——丧命。 且——将。 ②卜而有不审——卦万一算得不灵验。审:准确,精确。 夺糈(xǔ)——把已付给占术者的钱财再要回去。糈:祭祀用的精米。这里指占卜所花的钱。 ③身无所处——犹言无所逃生。 ④天冠地屦(jù)——天之冠,地之鞋。极言其相差之远。屦:鞋。 ⑤无名者万物之始——越是无可称说的东西,越是万物的根本。以言居官之势位煊赫,不如卜者之默默无闻。 ⑥旷旷——空阔、辽远的样子。 熙

熙——众多的样子。　莫知居之——不知取哪一端为好。居：处，占。　⑦我与若——你我二人。若：你。　何足预彼——哪能与他（司马季主）相比。预：或作“与”，相提并论。　⑧曾——“曾”字应作“庄”，指庄周。　⑨宋忠使匈奴，不至而还，抵罪——不知是否确有其事，不见于其他记载。抵罪：因犯罪而受惩处。　⑩梁怀王——名揖，文帝之幼子，被封为梁王，因骑马而摔死。　傅——太傅，诸侯王的辅导官。　谊不食，毒恨而死——事在文帝十二年（前168），卒年三十二岁。毒恨：痛悔。毒：痛。恨：憾，愧悔。　⑪务华绝根——为贪慕官场虚荣而送掉了性命。华：花。喻指官场虚荣。根：喻指人身，性命。

太史公曰：古者卜人所以不载者，多不见于篇。及至司马季主，余志而著之。

（以上为第四段，是作者的论赞，表达了作者对司马季主故事的重视。）

褚先生曰：臣为郎时，游观长安中，见卜筮之贤大夫，观其起居行步，坐起自动，誓正其衣冠而当乡人也，[①]有君子之风。见性好解妇来卜，对之颜色严振，未尝见齿而笑也。[②]从古以来，贤者避世，有居止舞泽者，[③]有居民间闭口不言，有隐居卜筮间以全身者。夫司马季主者，楚贤大夫，游学长安，通《易经》，术黄帝、老子[④]，博闻远见。观其对二大夫贵人之谈言，称引古明王圣人道，固非浅闻小数之能。及卜筮立名声千里者，各往往而在。传曰：“富为上，贵次之；既贵，各各学一伎能立其身。”黄直，丈夫也[⑤]；陈君夫，妇人也，以相马立名天下。齐张仲、曲成侯以善击刺学用剑，[⑥]立名天下。留长孺以相彘立名，荥阳褚氏以相牛立名。[⑦]能以伎能立名者甚多，皆有高世绝人之风，何可胜言。故曰：“非其地，树之不生；[⑧]非其意，教之不成。[⑨]”夫家之教子孙，当视其所以好，好含苟生活之道，因而成之[⑩]。故曰：“制宅命子，足以观士；[⑪]子有处所，可谓贤人[⑫]。”臣为郎时，与太卜待诏为郎者同署，[13]言曰："孝武帝时，聚会占家问之：'某日可取妇乎？'五行家曰'可'，堪舆家曰'不可'，建除家曰'不吉'，丛辰家曰'大凶'，历家曰'小凶'，天人家曰'小吉'，太一家曰'大吉'。[14]辩讼不决，以状闻。制曰：'避诸死忌，以五行为主。'[15]"人取于五行者也[16]。

（以上为第五段，是褚少孙补写的有关占卜者的一些琐碎议论。）

①坐起自动——词语生涩。坐起：犹言"坐立"。自动：不知所云，或者指"行动"。　訾正其衣冠而当乡人也——"訾"字或应作"整"。"整正"意即"端正"。当：面对。冈白驹曰："虽乡人，必正衣冠以待之。"　②性好解妇——性情温和、善解人意的妇女。　严振——严肃，庄重。振：整，庄重。　见齿而笑——笑得露出牙齿。古人认为这是一种轻浮之态。见：同"现"。　③居止——居住。止：处。　舞泽——泷川资言曰："舞，读为'芜'。""芜泽"即荒芜的草泽。　④术黄帝、老子——讲述黄帝、老子的学说。"术"字应作"述"，意即研究、讲述。　⑤黄直，丈夫也——丈夫：犹言"男人"，与下文"妇人"相对。今中华本作"大夫"，与上下文不合，今改从黄本。　⑥齐——汉初诸侯国名，国都临菑，在今山东淄博临淄区北。　曲成侯——指刘邦的开国功臣虫达之孙虫皋柔，被封为曲成侯，亦作"曲城侯"，后因犯罪失侯。　⑦留长孺——留县人名长孺，史失其姓。留：汉县名，县治在今江苏沛县东南。　荥阳褚氏——荥阳县的褚姓某人。荥阳县治在今河南荥阳东北。　⑧非其地——不适合该种作物生长的土地。　树之不生——即使种了也长不活。　⑨非其意——不是他用心想学的知识。　教之不成——老师再怎么用心教，他也学不会。　⑩好含苟生活之道，因而成之——好含：似应作"好合"。全句意为，只要孩子的爱好也是一种谋生之道，那么家长就可以顺其自然而成就之。　⑪制宅——犹言管家。　命子——教训孩子。　足以观士——足以看出一个人的思想气质与其为人处世之道。　⑫子有处所，可谓贤人——能让儿子在社会上立住脚跟，有谋生之道，这样的父亲才算是贤人。　⑬太卜待诏——为占卜官，听候皇帝呼唤的人。　同署——同在一个办公单位。

署:官署。犹今之办公室、办公单位。　⑭五行家——以研究金、木、水、火、土五者之相生相克为“学问”的迷信职业者。　堪舆家——探测方位、时日,为人相宅、相墓的迷信职业者,即风水先生。　建除家——以选择时日、占测吉凶为事的迷信职业者,他们以建、除、满、平、定、执、破、危、成、收、开、闭为十二神,轮流值日,周而复始,视其碰在何日,以定吉凶。　丛辰家——也是以占测吉凶,选择时日为事的迷信职业者,他们把子、丑、寅、卯等十二辰,与金、木、水、火、土相配,以组成各种善、恶之神,以定其所值之日的所宜所忌。　历家——观测日月星辰的运行,以推测人事吉凶的迷信职业者。　天人家——以研究天人感应为事的迷信职业者。　太一家——也称太乙家,是利用一种特制的圆盘,以占测吉凶的迷信职业者。　⑮制曰——皇帝裁决说。制:皇帝的命令。　避诸死忌——凡是涉及生死的大忌都要避开,宁信其有。　以五行为主——在通常状况下产生不同的说法时,以五行家的说法为准。　⑯人取于五行者也——词语不顺,疑“人”下应有“主”字。“人主取于五行”正与武帝诏所云“避诸死忌,以五行为主”句相应。

[**简评**]　就本文题目与《太史公自序》所说的写作题旨看,本文应该是一篇类传,不应该只写一个人;又从后面还有《龟策列传》以述卜者之事看,则本文应该是严格地记述“日者”,即占测时日吉凶的迷信职业者,而不应该记述卜筮者,致与《龟策列传》相重复。王充《论衡》中有《讥日》《卜筮》两篇,即分别为揭露、批判“日者”与“卜筮”两种行业的虚妄、骗人而写,“日者”与“卜者”分属两种迷信行业,其界线是很清楚的。司马迁写的《日者列传》早从汉代就已经失传,现存作品所写的司马季主的故事不知出自何人之手,但这篇辞赋体的警世、骂世之文作为一篇文学作品看是极其精彩的。它选出了贾谊、宋忠作为批判靶子,宋忠其人不详,而贾谊则是汉初群臣中的佼佼者。在司马季主面前,“贾谊”尚且如此鄙陋,其他汉代朝臣也就可想而知了。司马季主对满朝衮衮诸公的揭发、痛斥,是十分尖刻而又体察入微

的。汉代如此，历代官场也都是如此；不能说所有官僚都是这样，但任何时代都有相当一批官僚的确是这种样子，甚至还可以说大多数是这种样子。从作者抒发个人怀才不遇的感慨而论，此文与东方朔的《答客难》、扬雄的《解嘲》，以及韩愈的《进学解》等路数相同；从愤世嫉俗，抨击当时政治而论，则此文上继庄子的《盗跖》，下开刘基的《卖柑者言》，在文学史上的影响是巨大的。文章对淡泊知足的道家思想与司马季主所操的卜筮职业，都表达了相当的热情，对此我们应持辩证态度。它们有其积极方面，可以对比官场的黑暗与腐朽官僚的无耻钻营；另外我们也不排斥任何行业中都可能隐遁着"君子"，他们会用各种手段在兴利除弊、济世救人方面做出种种力所能及的努力。但作为一种迷信职业，在今天毕竟是没有什么可以值得夸说的。

［**集评**］《太史公自序》："齐楚秦赵为日者，各有俗所用。欲循观其大旨，作《日者列传》第六十七。"

泷川资言曰："《史公自序》云：'齐、楚、秦、赵为日者，各有俗所用。欲循观其大旨，作《日者列传》第六十七。'《史》别有《龟策传》，则'日者'斥占候时日者而言。传谬叙'卜者'事，《索隐》亦混同……此篇有褚氏补传，则本传之成必在少孙前，而非史公手笔。篇中但叙楚人司马季主事，不及齐、秦、赵诸国人，与《自序》所言异。"（《史记会注考证》）

柯维骐曰："《司马季主传》文虽可诵，第赋体，非传体也。盖沉沦隐遁，不得志于时者之言，亦未必出褚少孙也。"（《史记考要》）

梁玉绳曰："《史》缺此传，褚生取记司马季主事补之，序论亦伪托，然其文汪洋自肆，颇可爱诵。黄震《古今纪要二》言吕东莱谓欧公每制文，必先取《日者传》读数过。疑当时有此文，如《客难》《宾戏》之比。（《史记志疑》）

吴见思曰："《史记》俱借事行文，此独是司马公凭空幻出一人，造出一篇文字，骂当日士大夫，故回环转折，极为尽意。此文全以赋体行文，故其中句法，俱组练错绣，甚为精采，而排处句句变，落处段段收，是《史记》中一篇虚空抑扬文字。"（《史记论文》）

李景星曰："《日者传》是一篇架空文字，如庄生之'寓言'。即司马季主，亦不必实有其人，所叙事迹更无论矣。即以有其人而论，亦是当时才人借题发挥，不必出自宋、贾。即云出自宋、贾，亦是设为问答，自抒愤闷，如《离骚》《渔父》之类。太史公想是爱其文，感其事，故加以序赞，而为此传。又以司马季主操日者之业，故名之曰'日者列传'也。其文洸洋恣肆，诞忽深渺，虽多排语，自成奇作。盖史公胸有锤炉，即偶尔采录，亦自成其为史公之文，非他人所能及。赞语淡淡著笔，有天外浮云之态。'褚先生曰'一段，乃如此传之论，玩其语意，直以日者为主，非复史公立传本旨矣。"（《四史评议》）

杨燕起、阎崇东曰："今观此篇，名为传日者，实传司马季主，不合《史记》类传体裁。如传末'太史公曰'，既古代不载卜人，多不见于篇，何《自序》提要言'齐、楚、秦、赵为日者，各有俗所用'，既依司马季主志而著之，何以不名司马季主，而题曰'日者'？褚先生所言亦非补作，实为对司马季主的评议，亦于例有乖。似'好事者'取太史公名述司马季主，别取褚先生名加以论说，以迷人耳目，而使人信以为原系本传而非补作也。"（《〈史记〉精华导读》）

龟策列传第六十八

太史公曰:自古圣王将建国受命,兴动事业,何尝不宝卜筮以助善![1]唐虞以上,不可记已。自三代之兴,各据祯祥[2]。涂山之兆从而夏启世[3],飞燕之卜顺故殷兴[4],百谷之筮吉故周王[5]。王者决定诸疑,参以卜筮,断以蓍[6]龟,不易之道也。

蛮夷氐羌虽无君臣之序,亦有决疑之卜。或以金石,或以草木,国不同俗。然皆可以战伐攻击,推兵[7]求胜,各信其神,以知来事。

略闻夏殷欲卜者,乃取蓍龟,已则弃去之,以为龟藏则不灵,蓍久则不神。至周室之卜官,常宝藏蓍龟;又其大小先后,各有所尚,要其归等耳[8]。或以为圣王遭事无不定,决疑无不见,[9]其设稽神求问之道者,以为后世衰微,愚不师智,人各自安,化分为百室,道散而无垠,[10]故推归之至微,要洁于精神也。[11]或以为昆虫之所长,圣人不能与争。[12]其处吉凶,别然否,多中于人。[13]至高祖时,因秦太卜官[14]。天下始定,兵革未息。及孝惠享国日少,吕后女主,孝文、孝景因袭掌故,未遑讲试,[15]虽父子畴官[16],世世相传,其精微深妙,多所遗失。至今上即位,博开艺能之路,悉延百端之学,通一伎之士咸得自效,绝伦超奇者为右,无所阿私,数年之间，太卜大集。会上欲击匈奴，西攘大宛，南收百越，卜筮至预见表象，先图其利。[17]及猛将推锋执节获胜于彼，而蓍龟时日亦有力于此。[18]上尤加意，赏赐至或数千万。如丘子明[19]之属，富溢贵宠，倾于朝廷。至以卜筮射蛊道，巫蛊时或颇中。[20]素有眦睚不快，因公行诛，恣意所伤，以破族灭门者，不可胜数。百僚荡恐[21]，皆曰龟策能言。后事觉奸穷，亦诛三族。

夫摓策定数，灼龟观兆，[22]变化无穷，是以择贤而用占焉，可谓圣人重事者乎！[23]周公卜三龟，而武王有瘳[24]。纣为暴虐，而元龟不占[25]。晋文将定襄王之位，卜得黄帝之兆，卒受彤弓之命[26]。献公贪骊姬之色，卜而兆有口象，其祸竟流五世[27]。楚灵将背周室，卜而龟逆，终被乾溪之败[28]。兆应信诚于内，而时人明察见之于外，可不谓两合者哉！君子谓夫轻卜筮、无神明者悖；[29]背人道、信祯祥者鬼神不得其正。[30]故《书》建"稽疑"，五谋而卜筮居其二，[31]五占从其多，明有而不专之道也。[32]

余至江南，观其行事，问其长老，云龟千岁乃游莲叶之上，蓍百茎共一根。[33]又其所生，兽无虎狼，草无毒螫[34]。江傍家人常畜龟饮食之，以为能导引致气[35]，有益于助衰养老，岂不信哉！

（以上为第一段，是本篇之序，写卜筮的发展历史，认为对卜筮不可轻视，但也不能一味迷信。）

①宝——重视。　卜筮(shì)——古人预测吉凶，用火灼烧龟甲，根据裂纹判断吉凶，叫"卜"；排列蓍草，根据所呈状况判断吉凶，叫"筮"。　②祯祥——吉祥，吉兆。　③涂山之兆从而夏启世——意谓禹娶涂山氏之女的卜兆吉利，故而夏启承袭了王位。从：顺从，吉利。　④飞燕之卜顺故殷兴——意谓简狄吞燕卵的卜兆吉利，因此殷商兴起。相传帝喾次妃有娀氏之女简狄，吞燕卵而生契，契为商朝的始祖。　⑤百谷之筮吉故周王——意谓弃喜好种植百谷，筮兆吉利，故而周室得以称王天下。相传弃年幼便好种麻菽，成人后善农耕，被尧举为农师，成为周朝始祖。　⑥蓍——草名。古人用其茎占卜。　⑦推兵——进兵，进军。　⑧要其归等耳——重要的是其目的相同。要：重

要,关键。归:旨归,目的。 ⑨遭事无不定——所遇到的事情都是命中注定的。 决疑无不见——要决断的疑惑也都先有征兆,见:同“现”,征兆出现。 ⑩稽神求问——叩拜神灵,求问未来。稽:叩首。 化分为百室——意即五花八门。 道散而无垠——大道散漫得没个边际。 ⑪推归之至微——推求旨归到精微奥妙的极点。 精神——事物的精微所在。 ⑫昆虫——指龟。 圣人不能与争——圣人也比不过它。 ⑬处吉凶——预测吉凶。 多中于人——比人猜得更准。中:符合,猜准。 ⑭因秦太卜官——延续秦制设置太卜官。因:延续。太卜:主管占卜的官。 ⑮因袭掌故——沿袭旧制。 未遑讲试——来不及研究、试行新的章程。 ⑯父子畴官——父子世袭任畴官。畴官:又称“畴人”,掌管天文历算与祭祀鬼神的官。 ⑰预见表象——预先表现出胜败的征兆。 先图其利——事先选好有利的做法。 ⑱推锋执节——摧毁敌锋,节制进退。执节:节制,控制。 蓍龟时日——卜筮者与占测时日者。 ⑲丘子明——汉武帝时的卜者名。 ⑳以卜筮射蛊(gǔ)道——用卜筮探测哪些人以蛊道谋害皇上。射:猜度,推测。蛊道:用巫术诅咒或用木偶人埋地下借以害人的迷信方法。 巫蛊时或颇中——搞巫蛊的人也真有的能被猜中。颇:略,有些。 ㉑荡恐——惶恐不安。 ㉒揲(féng)策定数——手执蓍草以定吉凶。《索隐》曰:“揲谓两手执蓍分而扐之,故云揲策。”策:占卜用的蓍草。数:定数。指吉凶。 兆——龟甲灼烧形成的裂纹,占卜者根据这种裂纹判断吉凶。 ㉓择贤而用占——必须选择贤人使之占卜。 重事——慎重从事。 ㉔周公卜三龟,而武王有瘳(chōu)——周公:名旦,武王之弟。瘳:病愈。据《尚书·金縢》,周武王患重病,周公筑坛向太王、王季和文王祝告,祈求代替武王死。祝告毕,“乃卜三龟,一习吉。启籥见书,乃并是吉。……王翼曰乃瘳”。 ㉕纣为暴虐,而元龟不占——纣:殷商的亡国之君。元龟:大龟。不占:未得吉兆。 ㉖晋文将定襄王之位,卜得黄帝之兆,卒受彤弓之命——据《左传》,狄人攻周,立太叔带为王,周襄王奔郑。晋文公发兵勤王前命卜偃占卜,卜偃说:“吉,遇黄帝战于阪泉之兆。”晋文公救周果得成功。周襄王复位后策命晋文公为侯伯,赐彤弓。彤弓:朱红色的弓。天子赐诸侯彤弓,即表明赋予其征伐之权。 ㉗献公贪骊姬之色,卜而兆有口象,其祸竟流五世——据《国语·晋语一》,晋献公欲伐骊戎,史苏占卜,说:“胜而不吉。”并解释道:“遇兆,挟以衔骨,齿牙为猾,戎夏交捽。交捽,是交胜也,臣故云。且惧有口,携民,国移心焉。”预测晋国将祸于口舌。晋献公该役果胜,得骊戎君之女骊姬,十分宠幸。骊姬欲立其子奚齐为君,在献公前谗害太子申生及诸公子,逼使申生自尽,诸公子流亡。晋献公死后,晋国陷于动荡,历经奚齐、悼子、夷吾、怀公、重耳五君,政局才趋于安定。口象:齿牙为祸之象。 ㉘楚灵将背周室,卜而龟逆,终被乾溪之败——据《左传》,楚灵王欲背叛周室,“卜曰:‘余尚得天下!’不吉。投龟,诟天而呼曰‘是区区者而不余畀,余必自取之’”。又据《楚世家》,楚灵王在乾溪乐而忘返,国人苦役,公子弃疾、公子比、公子黑肱等趁机谋反,“入杀灵王太子禄,立子比为王,公子子皙为令尹,弃疾为司马”。灵王见大势已去,自杀于申亥家。龟逆:龟兆不吉利。乾溪:楚邑名,在今安徽亳州东南。 ㉙夫——那,那些。 悖——迷惑,糊涂。 ㉚背人道、信祯祥——不顾民意,只重占卜。 鬼神不得其正——鬼神也不可能享受正常的祭祀。 ㉛《书》建“稽疑”——据《尚书·洪范》,周武王向箕子咨询治国之道,箕子回答有九种办法,其中第七种是“稽疑”,即考察疑惑。 五谋而卜筮居其二——遇有重大疑难,须向五种对象请教,其中龟卜、筮占就占了两种。《尚书·洪范》曰:“汝则有大疑,谋及乃心,谋及卿士,谋及庶人,谋及卜、筮。” ㉜五占从其多——这是司马迁的观点。依照《洪范》所讲,当龟筮的意见不一致时,才是五占从其多;若龟筮均反对,即使王、卿士、庶民都同意,做事也不吉,可见龟筮具有最高权威。 有而不专——不放弃占卜,但又不痴迷占卜。 ㉝行事——指占卜行业的状况。 蓍百茎共一根——《集解》引徐广曰:“刘向云:‘龟千岁而灵,蓍百年而一本生百茎。’” ㉞草无毒螫(shì)——草木也没有含毒的。 ㉟导引致气——运用导引术来获取元气。导引:古代的一种养生术,通过舒展筋骨、调整呼吸等办法祛病健体。这几句的意思是说龟的长生有术,故人养龟以仿效之。

褚先生曰：臣以通经术，受业博士，治《春秋》，以高第为郎，幸得宿卫，出入宫殿中十有余年，窃好《太史公传》。[①]太史公之传曰："三王不同龟，四夷各异卜，然各以决吉凶，略窥其要，故作《龟策列传》。"臣往来长安中，求《龟策列传》不能得[②]，故之太卜官，问掌故文学长老习事者，写取龟策卜事，[③]编于下方。

闻古五帝、三王发动举事，必先决蓍龟。传曰："下有伏灵，上有兔丝；上有捣蓍，[④]下有神龟。"所谓伏灵者，在兔丝之下，状似飞鸟之形。新雨已，天清静无风，以夜捎兔丝去之，既以篝烛此地，[⑤]烛之火灭，即记其处，以新布四丈环置之，明即掘取之，入四尺至七尺，得矣，过七尺不可得。伏灵者，千岁松根[⑥]也，食之不死。闻蓍生满百茎者，其下必有神龟守之，其上常有青云覆之。传曰："天下和平，王道得[⑦]，而蓍茎长丈，其丛生满百茎。"方今世取蓍者，不能中古法度，不能得满百茎长丈者，取八十茎已上，蓍长八尺，即难得也。人民好用卦者，取满六十茎已上，长满六尺者，既可用矣。记[⑧]曰："能得名龟者，财物归之，家必大富至千万。"一曰"北斗龟"，二曰"南辰龟"，三曰"五星龟"，四曰"八风龟"，五曰"二十八宿龟"，六曰"日月龟"，七曰"九州龟"，八曰"玉龟"：凡八名龟。龟图各有文在腹下，文云云者，此某之龟也。略记其大指，不写其图。取此龟不必满尺二寸，民人得长七八寸，可宝矣。今夫珠玉宝器，虽有所深藏，必见其光，必出其神明，其此之谓乎！故玉处于山而木润，渊生珠而岸不枯[⑨]者，润泽之所加也。明月之珠出于江海，藏于蚌中，蚗龙[⑩]伏之。王者得之，长有天下，四夷宾服。能得百茎蓍，并得其下龟以卜者，百言百当[⑪]，足以决吉凶。

神龟出于江水中，庐江郡常岁时生龟长尺二寸者二十枚输太卜官，[⑫]太卜官因以吉日剔取其腹下甲。龟千岁乃满尺二寸。王者发军行将，必钻龟庙堂[⑬]之上，以决吉凶。今高庙中有龟室，藏内以为神宝。[⑭]

传曰:“取前足臑骨穿佩之,[15]取龟置室西北隅悬之,以入深山大林中,不惑。”臣为郎时,见《万毕石朱方》[16],传曰:有神龟在江南嘉林中。嘉林者,兽无虎狼,鸟无鸱枭,草无毒螫,野火不及,斧斤不至,是为嘉林。龟在其中,常巢于芳莲之上。左胁书文曰:“甲子重光,得我者匹夫为人君,有土正,[17]诸侯得我为帝王。”求之于白蛇蟠杅林中者,斋戒以待,譺然,状如有人来告之,因以醮酒佗发,[18]求之三宿而得。”由是观之,岂不伟哉!故龟可不敬欤?

南方老人用龟支床足,行二十余岁[19],老人死,移床,龟尚生不死。龟能行气导引。问者曰:“龟至神若此,然太卜官得生龟,何为辄杀取其甲乎?”近世江上人有得名龟,畜置之,家因大富。与人议,欲遣去。人教杀之勿遣,遣之破人家。龟见梦曰:“送我水中,无杀吾也。”其家终杀之。杀之后,身死,家不利。人民与君王者异道。人民得名龟,其状类[20]不宜杀也。以往古故事言之,古明王圣主皆杀而用之。

宋元王[21]时得龟,亦杀而用之。谨连其事于左方,令好事者观择其中焉。

宋元王二年,江使神龟使于河[22],至于泉阳,渔者豫且举网得而囚之。置之笼中。夜半,龟来见梦于宋元王曰:“我为江使于河,而幕网当吾路。泉阳豫且得我,我不能去。身在患中,莫可告语。王有德义,故来告诉。”元王惕然而悟。乃召博士卫平[23]而问之曰:“今寡人梦见一丈夫,延颈而长头,衣玄绣之衣而乘辎车,[24]来见梦于寡人曰:‘我为江使于河,而幕网当吾路。泉阳豫且得我,我不能去。身在患中,莫可告语。王有德义,故来告诉。’是何物也?”卫平乃援式[25]而起,仰天而视月之光,观斗所指,定日处乡。[26]规矩为辅,副以权衡。[27]四维[28]已定,八卦相望。视其吉凶,介虫[29]先见。乃对元王曰:“今昔壬子,宿在牵牛。[30]河水大会,鬼神相谋。汉正南北[31],江河固期[32],南风新至,江使先来。白云壅汉[33],万物尽留。斗柄指日,使者当囚。玄服而乘辎车,其名为龟。王急使人问而求之。”王曰:“善。”

于是王乃使人驰而往问泉阳令曰:“渔者几何家?名谁为豫且?豫且得龟,见梦于王,王故使我求之。”泉阳令乃使吏案籍视图,水上渔者五十五家,上流之庐,名为豫且。泉阳令曰:“诺。”乃与使者驰而问豫且曰:“今昔汝渔何得?”豫且曰:“夜半时举网得龟。”使者曰:“今龟安在?”曰:“在笼中。”使者曰:“王知子得龟,故使我求之。”豫且曰:“诺。”即系龟而出之笼中,献使者。

使者载行,出于泉阳之门。正昼无见,风雨晦冥。[34]云盖其上,五采[35]青黄;雷雨并起,风将[36]而行。入于端门,见于东箱。[37]身如流水,润泽有光。望见元王,延颈而前,三步而止,缩颈而却,复其故处。元王见而怪之,问卫平曰:“龟见寡人,延颈而前,以何望也?缩颈而复,是何当也?”卫平对曰:“龟在患中,而终昔囚,王有德义,使人活之。今延颈而前,以当谢也,缩颈而却,欲亟去也。”元王曰:“善哉!神至如此乎,不可久留;趣驾送龟,勿令失期。”卫平对曰:“龟者是天下之宝也,先得此龟者为天子,且十言十当,十战十胜。生于深渊,长于黄土。知天之道,明于上古。游三千岁,不出其域。安平静正,动不用力。寿蔽天地,莫知其极。与物变化,四时变色。居而自匿,伏而不食。春仓[38]夏黄,秋白冬黑。明于阴阳,审于刑德[39]。先知利害,察于祸福,以言而当,以战而胜,王能宝之[40],诸侯尽服。王勿遣也,以安社稷。”元王曰:“龟甚神灵,降于上天,陷于深渊。在患难中。以我为贤。德厚而忠信,故来告寡人。寡人若不遣也,是渔者也。渔者利其肉,寡人贪其力[41],下为不仁,上为无德。君臣无礼,何从有福?寡人不忍,奈何勿遣!”卫平对曰:“不然。臣闻盛德不报,重寄不归;[42]天与不受,天夺之宝[43]。今龟周流天下,还复其所,上至苍天,下薄泥涂。[44]还遍九州[45],未尝愧辱,无所稽留。今至泉阳,渔者辱而囚之。王虽遣之,江河必怒,务求报仇。自以为侵,因神与谋。[46]淫雨不霁，水不可治。若为枯旱，风而扬埃，蝗虫暴生，百姓失时。王行仁义，其罚必来。此无佗故，其祟在龟。[47]后虽悔之，岂有及哉！王勿遣也。”

元王慨然而叹曰：“夫逆人之使，绝人之谋，是不暴乎？[48]取人之有，以自为宝，是不强乎？寡人闻之，暴得者必暴亡，强取者必后无功。桀纣暴强，身死国亡。今我听子，是无仁义之名而有暴强之道。江河为汤武，我为桀纣。未见其利，恐离其咎[49]。寡人狐疑，安事此宝，趣驾送龟，勿令久留。”

卫平对曰：“不然，王其无患。天地之间，累石为山。高而不坏，地得为安。故云物或危而顾安，或轻而不可迁；[50]人或忠信而不如诞谩[51]，或丑恶而宜大官，或美好佳丽而为众人患。非神圣人，莫能尽言。春秋冬夏，或暑或寒。寒暑不和，贼气相奸。同岁异节，其时使然。故令春生夏长，秋收冬藏。或为仁义，或为暴强。暴强有乡[52]，仁义有时。万物尽然，不可胜治。大王听臣，臣请悉言之。天出五色，以辨白黑。地生五谷，以知善恶。人民莫知辨也，与禽兽相若。谷居而穴处，不知田作。天下祸乱，阴阳相错。悤悤疾疾，通而不相择[53]。妖孽数见，传为单薄。[54]圣人别其生，使无相获。[55]禽兽有牝牡，置之山原；鸟有雌雄，布之林泽；有介[56]之虫，置之溪谷。故牧人民，为之城郭，内经闾术，外为阡陌。[57]夫妻男女，赋[58]之田宅，列其室屋。为之图籍，别其名族。[59]立官置吏，劝以爵禄[60]。衣以桑麻，养以五谷。耕之耰之，锄之耨之。[61]口得所嗜，目得所美，身受其利。以是观之，非强不至[62]。故曰田者不强，囷仓不盈；[63]商贾不强，不得其赢；妇女不强，布帛不精；官御[64]不强，其势不成；大将不强，卒不使令；侯王不强，没世无名。故云强者，事之始也，分之理也，物之纪也。所求于强，无不有也。[65]王以为不然，王独不闻玉椟只雉，出于昆山；[66]明月之珠，出于四海；镌石拌蚌，传卖于市；[67]圣人得之，以为大宝。大宝所在，乃为天子。今王自以为暴，不如拌蚌于海也；

自以为强,不过镌石于昆山也。取者无咎,宝者无患。今龟使来抵网,而遭渔者得之,见梦自言,是国之宝也,王何忧焉。”

元王曰:“不然。寡人闻之,谏者福也,谀者贼也。人主听谀,是愚惑也。虽然,祸不妄至,福不徒来。天地合气,以生百财。阴阳有分,不离四时,十有二月,日至为期[68]。圣人彻[69]焉,身乃无灾。明王用之,人莫敢欺。故云福之至也,人自生之;祸之至也,人自成之。祸与福同,刑与德双。圣人察之,以知吉凶。桀纣之时,与天争功,拥遏鬼神,使不得通。是固已无道矣,谀臣有众。[70]桀有谀臣,名曰赵梁。教为无道,劝以贪狼。系汤夏台,杀关龙逢。[71]左右恐死,偷谀于傍。国危于累卵,皆曰无伤。称乐万岁,或曰未央。蔽其耳目,与之诈狂[72]。汤卒伐桀,身死国亡。听其谀臣,身独受殃。春秋著之,至今不忘。纣有谀臣,名为左强。夸而目巧,教为象郎。[73]将至于天[74],又有玉床。犀玉之器,象箸而羹。[75]圣人剖其心,壮士斩其胻。[76]箕子恐死,被发佯狂。[77]杀周太子历[78],囚文王昌[79]。投之石室,将以昔至明[80]。阴兢活之,与之俱亡。[81]入于周地,得太公望。兴卒聚兵,与纣相攻。文王病死,载尸[82]以行。太子发代将,号为武王。战于牧野,破之华山之阳。纣不胜败而还走,围之象郎。自杀宣室,身死不葬。头悬车轸[83],四马曳行。寡人念其如此,肠如涫汤[84]。是人皆富有天下而贵至天子,然而大傲,欲无厌时,[85]举事而喜高,贪很[86]而骄。不用忠信,听其谀臣,而为天下笑。今寡人之邦,居诸侯之间,曾不如秋毫。举事不当,又安亡逃!”

卫平对曰:“不然。河虽神贤,不如昆仑之山;江之源理[87],不如四海,而人尚夺取其宝,诸侯争之,兵革为起。小国见亡,大国危殆,杀人父兄,虏人妻子,残国灭庙,以争此宝。战攻分争,是暴强也。故云取之以暴强而治以文理,无逆四时,必亲贤士;与阴阳化,鬼神为使;[88]通于天地,与之为友。诸侯宾服,民众殷喜。[89]邦家安宁,与世更始[90]。汤武行之,乃取天子;《春秋》著之,以为经纪[91]。王不自称汤武,而自比桀纣。桀纣为暴强也,固以为常。桀为瓦室[92],纣为象郎。征丝灼之,务以费氓。[93]赋敛无度,杀戮无方。杀人六畜,以韦为囊。囊盛其血,与人县而射之,与天帝争强[94]。逆乱四时,先百鬼尝[95]。谏者辄死,谀者在傍。圣人伏匿,百姓莫行。天数枯旱,国多妖祥[96]。螟虫岁生,五谷不成。民不安其处,鬼神不享。飘风日起,正昼晦冥。日月并蚀,灭息无光。列星奔乱,皆绝纪纲。[97]以是观之,安得久长!虽无汤武,时固当亡。故汤伐桀,武王克纣,其时使然。乃为天子,子孙续世;终身无咎,后世称之,至今不已。是皆当时而行,见事而强,乃能成其帝王。今龟,大宝也,为圣人使,传之贤王。不用手足,雷电将之;风雨送之,流水行之。侯王有德,乃得当之。今王有德而当此宝,恐不敢受;王若遣之,宋必有咎。后虽悔之,亦无及已。"

元王大悦而喜。于是元王向日而谢,再拜而受。择日斋戒,甲乙最良[98]。乃刑白雉,及与骊羊[99];以血灌龟,于坛中央。以刀剥之,身全不伤。脯酒礼之,横其腹肠[100]。荆支卜之,必制其创。[101]理达于理,文相错迎[102]。使工占之,所言尽当。邦福重宝,闻于傍乡。[103]杀牛取革,被郑之桐[104]。草木毕分,化为甲兵[105]。战胜攻取,莫如元王。元王之时,卫平相宋,宋国最强,龟之力也。

故云神至能见梦于元王,而不能自出渔者之笼。身能十言尽当,不能通使于河,还报于江。贤能令人战胜攻取,不能自解于刀锋,免剥刺之患。圣能先知亟见[106],而不能令卫平无言。言事百全,至身而挛;[107]当时不利,又焉事贤!贤者有恒常,士有适然[108]。是故明有所不见,听有所不闻;人虽贤,不能左画方,右画圆;日月之明,而时蔽于浮云。羿名善射,不如雄渠、蠭门;[109]禹名为辩智,而不能胜鬼神。地柱折,天故毋椽,又奈何责人于全?[110]孔子闻之曰:"神龟知吉凶,而骨直空枯[111]。日为德而君于天下,辱于三足之乌。[112]月为刑而相佐,见食于虾蟆。[113]猬辱于鹊,腾蛇之神而殆于即且。[114]竹外有节理,中直空虚;松柏为百木长,而守门闾[115]。日辰不全,故有孤虚[116]。黄金有疵,白玉有瑕。事有所疾,亦有所徐。物有所拘,亦有所据[117]。罔有所数,亦有所疏[118]。人有所贵,亦有所不如。何可而适乎?[119]物安可全乎?天尚不全,故世为屋,不成三瓦而陈之,以应之天[120]。天下有阶,物不全乃生也。[121]"

(以上为第二段,是褚先生补写的卫平劝宋元王杀龟取甲的故事。)

①以高第为郎——读儒书成绩优秀被任为郎官,在皇帝周围当侍从。《太史公传》——又称《太史公书》,即今之所称《史记》。②臣往来长安中,求《龟策列传》不能得——余嘉锡据此以为今之《龟策列传》非司马迁所作,曰:"考褚少孙之应博士弟子选,在宣帝五凤中,然已求《龟策传》不能得,是杨恽所宣布之《太史公书》,固无此篇。今之《龟策传》,必不出于太史公,可不待繁言而解也。"③掌故——太常属官,掌礼乐制度等方面的故实。文学——官名,汉朝于州郡及王国置文学,或称"文学掾""文学史",为后世教官由来,负责管理学校、教授生徒,参与郡国礼仪、教化之事。写取——抄录。④伏灵——即茯苓,寄生在松根上的块状菌,可入药。兔丝——即菟丝子,一种蔓草,茎细长,常缠绕在别的植物上,子实可入药。捣蓍——丛生的蓍草。《索隐》曰:"捣,古'稠'字。"⑤掮——割,刈。以篝(gōu)烛此地——用灯笼对着这个地方照。篝:同"篝",竹笼,此处为"以笼罩火"的意思。《集解》引徐广曰:"篝,笼也。盖然火而笼罩其上也。音沟。《陈涉世家》曰'夜篝火'也。"烛:作动词用,照。⑥松根——当作"松脂"。王念孙曰:"茯苓乃松脂所化,非松根也。"⑦王道得——王道得以实现。王道:儒家所鼓吹的以仁义治天下的主张。⑧记——古代的记事之书,略同于上文的"传"。⑨渊生珠而岸不枯——《集解》引徐广曰:"一无'不'字。许氏说《淮南》以为滋润钟于明珠,致令岸枯也。"⑩蚗(jué)龙——即"蛟龙"。蚗:应作"蛟"。⑪当——准,应验。⑫庐江郡——楚、汉之际分九江郡置,辖有今安

徽长江以南大部分地区。西汉武帝徙治舒县(在今安徽庐江县西南)。输——送,缴纳。⑬钻龟庙堂——意即在庙堂上进行占卜。庙堂:指帝王接受朝见、议论政事的殿堂。⑭高庙——汉高祖之庙。藏内——意即收藏。内:"纳"的古字。⑮前足臑(nào)骨——此指龟的前肢。穿佩之——穿起来佩戴在卜蓍者的身上。⑯《万毕石朱方》——《索隐》云:"《万毕术》中有《石朱方》。"据此,万毕为一方士,撰有《万毕术》一书,《石朱方》乃书中的一篇。⑰甲子重光——甲子:指甲子年。重光:指有日晕现象,古人以为祥瑞。匹夫为人君——如是平头百姓可以成为有土封君。土正——有土之官长。正:长。⑱白蛇蟠杅(yú)林——《索隐》云:"林名白蛇蟠杅林,龟藏其中。杅音乌。谓白蛇尝蟠杅此林中也。"蟠杅:盘曲而居。薿(yí)然——恭敬而虔诚的样子。《索隐》曰:"言求龟者斋戒以待,恒薿然也。"醮(jiào)酒佗(tuó)发——披散头发,以酒浇地。佗发:"佗"字应作"被",即披发。⑲行二十余岁——过了二十来年。行:经过。⑳其状类——其情形看来。类:似乎,好像。㉑宋元王——应作"宋元公",名佐,谥元,公元前531—前517年在位。㉒江使神龟使于河——长江之神派龟出使到黄河之神处。㉓博士卫平——"博士"始置于战国,卫平既是春秋时人,当然无从任此职。盖民间故事。㉔丈夫——成年男子。玄绣之衣——黑色的绣花服。辎车——古代有帷盖的车子。㉕援式——拿过占卜用具。援:拉,拿。式:通"栻",古代占卜时日的器具,后世称为星盘。㉖观斗所指——观察北斗星斗柄所指的方向。定日处乡——确定太阳在天空中所处的位置。乡:通"向"。㉗规矩为辅——以圆规、矩尺作为辅助。副以权衡——又用秤锤、秤杆为辅助。㉘四维——指东南、东北、西南、西北四隅。㉙介虫——甲类动物,这里指龟。㉚今昔壬子——昨晚壬日子时。《索隐》曰:"今昔犹昨夜也。以今日言之,谓昨夜为今昔。"宿(xiù)在牵牛——太阳运行到牛宿的位置。牵牛:二十八宿之一。㉛汉正南北——天河成南北方向。张文虎曰:"夜半时箕斗在子,天汉正当南北也。"汉:指天河。㉜江河固期——江神与河神有约会。固:原本,原来。期:约会。㉝白云壅汉——白云堵塞天河。㉞正昼无见——大白天什么也看不见。　晦冥——昏黑如夜。　㉟五采——原指青、黄、赤、白、黑五种颜色。此处意思为五彩斑斓。采:通“彩”。　㊱将——送,吹送。　㊲端门——宫殿正门。　见于东箱——在东配殿将龟送给宋元王看。东箱:东厢房,东配殿。　㊳仓——通“苍”。青色。　㊴审于刑德——知道何时该用刑,何时该用德。审:明白。　㊵王能宝之——指杀之取甲,作为占卜之用。　㊶贪其力——贪图龟的神力。　㊷盛德不报——意谓对方施予的恩德太大,无法报答,所以就不去报答。　重寄不归——替人保存的东西如果太贵重,那就干脆赖掉不还了。　㊸天与不受,天夺之宝——老天爷给的宝物你不要,那老天爷就要把它收回去。　㊹周流——周游。下薄——犹言“下至”。薄:迫,贴近。　㊺还遍九州——意即游遍一切地方。还:通“环”。环绕。　㊻自以为侵——神龟自己就会来进行侵袭。　因神与谋——它要和鬼神共同谋划来对付你。　㊼佗故——其他原因。佗:他。　其祟在龟——一切就出在这龟要报仇。祟:作怪。　㊽逆——阻挡。　绝人之谋——破坏江河二神的通使。绝:断绝。　是不暴乎——这不是残暴吗?是:此。　㊾恐离其咎——恐怕是要遭殃。离:通“罹”。遭。咎:祸殃。　㊿物或危而顾安——有些东西看似危险实则安全。顾:反而,却。　或轻而不可迁——有些看着很轻但却难以移动。迁:移动。　(51)人或忠信而不如诞谩——有时候讲忠信还不如谎话连篇。　(52)暴强有乡——施行强暴有一定的对象。乡:通“向”。方向,对象。　(53)息息疾疾——急急忙忙。　通而不相择——男女交媾而无选择。　(54)妖孽数见——奇怪的事情屡屡出现。　传为单薄——繁衍的后代体能单薄。　(55)别其生——让他们生活在不同的地方。　使无相获——让他们不致相互擒拿。　(56)介——甲壳。　(57)内经闾术——在城内划分出里巷街道。闾:里巷的大门。术:街道。　阡陌——田间的小路,东西向的称“阡”,南北向的称“陌”。　(58)赋——授予。　(59)图籍——户口簿。　名族——姓名家族。　(60)劝以爵禄——以爵禄鼓励人进取做官。爵:爵位,级别。禄:俸禄。　(61)耰(yōu)——碎土的农具。此处指用耰翻土,掩盖种子。《正义》曰:“耰,覆种也。《说文解字》云:‘耰,磨田器。’”　耨(nòu)——除草的农具。此处义为除草。 ⑫非强不至——不强就达不到目的。此针对宋元王"强取者必后无功"而发。 ⑬囷(qūn)仓——泛指粮仓。不盈——得不到利润。 ⑭官御——掌权的官僚。 ⑮分之理——名分确定的道理。 物之纪——各种事物的纲纪。 所求于强,无不有也——人们之所以要做强者,是因为一强便什么都会有。 ⑯玉椟(dú)——用匣子装着的玉。 只雉——应作"双雉",成对的野鸡。昆山——昆仑山的简称。 ⑰镌(juān)石——凿开山石以取玉。镌:凿,掘。 拌蚌——剖开海蚌以取珠。拌:通"判"。分割,剖开。 传卖——贩卖。 ⑱日至为期——日子满了便为一个周期。 ⑲彻——贯通。 ⑳拥遏鬼神——断绝人与鬼神的沟通。拥:堵塞。 谀臣有众——谄谀的臣子又多。有:通"又"。 ㉑夏台——又作"钧台",在今河南禹州南,相传桀曾系汤于此。参见《夏本纪》。 关龙逢——夏桀时大臣,因直谏夏桀而被杀。 ㉒与之诈狂——与夏桀一起奸诈疯狂。 ㉓夸而目巧——夸说自己目巧,可以不用规矩准绳。《集解》引郑玄曰:"但用目巧善意作室,不由法度。" 教为象郎——怂恿殷纣造为象牙之廊。郎:疑作"廊"。 ㉔将至于天——指宫殿高大宏丽、直薄云天。 ㉕犀玉之器——用犀牛角和玉石雕刻的精美器物。 象箸(zhù)而羹——用象牙制成的筷子吃饭。羹:原指带汤的食物。此处用作动词,意为"进食"。 ㉖圣人剖其心——指比干被殷纣王剖心。殷纣王杀比干时说:"听说圣人心有七窍,现在剖开你的心看看。" 壮士斩其胻(héng)——《尚书·泰誓下》述纣王之恶有所谓"斫朝涉之胫"。胻:胫,小腿。 ㉗箕子——纣的叔叔,曾任太师,封于箕(在今山西晋中太谷区)。 被发佯狂——被:通"披"。佯:假装。 ㉘杀周太子历——按:被纣所杀的周太子载于典籍的只有文王太子伯邑考,此或误。 ㉙囚文王昌——指殷纣王囚周文王于羑里事。详见《殷本纪》。 ㉚将以昔至明——准备在石室囚禁一夜。昔:通"夕"。

㉛阴兢——周大夫。 与之俱亡——救出文王后与之一道逃跑了。

㉜尸——指周文王的牌位。 ㉝轸(zhěn)——车厢底部四面的横木。

㉞涫(guàn)汤——滚沸的开水。 ㉟大傲——极度傲慢。大:通"太"。 欲无厌时——欲望没有满足的时候。厌:后作"餍"。满足。

㊱很——凶暴。 ㊲源理——犹言“源流”，水的本源与支流。
㊳与阴阳化——随着阴阳的变化而变化。 鬼神为使——连鬼神也听他使唤。 ㊴宾服——归服，服从。 殷喜——富足欢喜。殷：富裕。
㊵更始——重新开始，除旧布新。 ㊶经纪——纲领，准则。 ㊷瓦室——以瓦为屋顶的宫殿。瓦在夏桀时属奢侈物。 ㊸征丝灼之——把从百姓那里征收到的蚕丝当作木柴烧。 费氓——耗费民财。氓：即“民”。 ㊹囊盛其血，与人县而射之，与天帝争强——《殷本纪》曰：“帝武乙无道，为偶人，谓之天神，与之博，令人为行。天神不胜，乃僇辱之。为革囊，盛血，仰而射之，命曰‘射天’。”县：同“悬”。悬挂。
㊺先百鬼尝——在祭祀祖先之前就品尝各季时鲜。百鬼：指已故的祖先。古人敬祖，先将四时鲜味奉祭祖先，然后才敢享用。 ㊻妖祥——妖异之兆。祥：预兆。 ㊼列星奔乱——指彗星在天空横竖穿行。 皆绝纪纲——都离开了正常的轨道。 ㊽甲乙最良——甲、乙两日最吉利。 ㊾乃刑白雉，及与骊羊——杀白色野鸡与黑色羊，以取其血。
⑩⑩脯（fǔ）酒礼之，横其腹肠——把干肉和酒放在龟身，以表示对龟的虔敬。 ⑩①荆支卜之——用荆木枝灼烧龟甲以行占卜。支：通“枝”。 必制其创——定要将龟壳烧出裂纹。创：通“疮”。此指裂纹。
⑩②理达于理，文相错迎——王念孙曰：“‘理达于理’，文不成义。‘理达’当为‘程达’。‘程’‘理’右半相似，又涉下‘理’字而误也。‘程’与‘呈’古字通。灼龟为兆，其理纵横，呈达于外，故曰‘程达于理，文相错迎’也。《太平御览·方术部》引此正作‘程达于理’。”错迎：纵横交错。
⑩③邦福重宝——宋国有了贵重宝物。福：《集解》引徐广曰：“福音副。藏也。”这里指占有。 傍乡——邻国。 ⑩④杀牛取革，被郑之桐——《集解》引徐广曰：“牛革桐为鼓也。”被：蒙，覆盖。郑之桐：郑国出产的桐木。桐木质轻而坚韧，适于制作乐器、箱箧等。 ⑩⑤草木毕分，化为甲兵——指宋国扩大军备，发动战争。甲兵：甲胄、兵器。
⑩⑥先知亟见——意即先知先觉。亟：快，迅速。 ⑩⑦言事百全——指占卜灵验。 至身而挛（luán）——指不能预防自身的被拘系。 ⑩⑧贤者有恒常，士有适然——圣贤也有平庸的时候，士人也免不了做傻瓜蛋。
⑩⑨羿——传说尧时十日并出，为祸天下，羿曾射掉九日，为民除害。

不如雄渠、蠭门——雄渠：又称雄渠子，传说为春秋时楚国的善射者。《集解》引《新序》云：“楚雄渠子夜行，见伏石当道，以为虎而射之，应弦没羽。”蠭门：又作“逢蒙”，传说曾学射于羿，后过其师。 ⑩地柱折——支撑天地的柱子断了。 天故毋椽——天上本来也没有木椽。故：本来。 奈何责人于全——怎能要求人十全十美。 ⑪骨直空枯——龟骨的中间是空枯的。直：乃。《正义》曰：“凡龟其骨空中而枯也。直，语发声也。”王叔岷曰：“‘骨直空枯’犹言‘骨乃空枯’。” ⑫日为德而君于天下——日德崇高，能君临天下。 辱于三足之乌——古代传说日中有三足乌，故日中有黑点。王充曰：“儒者曰：日中有三足乌，月中有兔，蟾蜍。” ⑬月为刑而相佐——月主刑罚以辅佐太阳。汉代五行家以日为阳，主德；月为阴，主刑。 见食于虾蟆——被虾蟆吃掉，即月食。 ⑭猬辱于鹊——《集解》引郭璞曰：“猬能制虎，见鹊仰地。”猬：刺猬。 腾蛇之神而殆于即且(jū)——意谓腾蛇神通广大却被蜈蚣所害。腾蛇：传说中一种能乘雾而飞的蛇。殆：危害。即且：蜈蚣。 ⑮而守门闾——意即充当制作门户的材料。闾：里巷的大门。 ⑯日辰不全，故有孤虚——古人以干支记日，天干叫“日”，地支叫“辰”，十天干与十二地支依次组合成六十个单位，每一个单位代表一天。每十天为一旬，共六旬。甲子旬从甲子开始，至癸酉结束。十二地支中余下戌、亥，移入下一旬，即甲戌旬，戌、亥称为“孤”。戊辰、己巳两天在甲子旬中因缺少相对的日子，故称为“虚”。其他各旬的孤、虚可依次类推。岁、月、日亦有孤、虚，皆同此规律。 ⑰物有所拘，亦有所据——物各有所短，亦各有所长。拘：拘束，局限。据：依据。此处指可依据的特长。 ⑱罔有所数，亦有所疏——网孔有时密(眼小)，也有时疏(眼大)。罔：同“网”。数(cù)：密。 ⑲人有所贵，亦有所不如——人有时比其他动物高贵，但也有时不如动物。 何可而适乎——怎么做才是正好呢？适：恰好，正好。 ⑳不成三瓦而陈之，以应之天——盖房时房顶要少放三块瓦，以与天之不完整相对应。《集解》引徐广曰：“为屋成，欠三瓦而栋之也。” ㉑天下有阶——天下万物都有等级差别。 物不全乃生也——万物正因为都有缺陷所以才能生存下去。

褚先生曰：渔者举网而得神龟，龟自见梦宋元王，元王召博士卫平告以梦龟状，平运式，定日月，分衡度，[①]视吉凶，占龟与物色同，平谏王留神龟以为国重宝，美矣。古者筮必称龟者，以其令名[②]，所从来久矣。余述而为传。

三月　　二月　　正月[③]　　十二月　　十一月　　中关内高外下[④]　　四月　首仰[⑤]　　足开[⑥]　　肣开[⑦]　　首俯大[⑧]

五月　　横吉　　首俯大[⑨]　　六月　　七月　　八月

九月　十月

卜禁[⑩]曰：子亥戌[⑪]不可以卜及杀龟。日中如食已卜[⑫]。暮昏龟之徼也，[⑬]不可以卜。庚辛可以杀，及以钻之。[⑭]常以月旦祓龟，先以清水澡之，以卵祓之，乃持龟而遂之，若常以为祖。[⑮]人若已卜不中，皆祓之以卵，东向立，灼以荆若刚木，[⑯]土卵指之者三，持龟以卵周环之[⑰]，祝曰："今日吉，谨以梁卵焍黄祓去玉灵之不祥。[⑱]"玉灵必信以诚，知万事之情，辩兆皆可占[⑲]。不信不诚，则烧玉灵，扬其灰，以徵后龟[⑳]。其卜必北向[㉑]，龟甲必尺二寸。

卜先以造灼钻[㉒]，钻中已，又灼龟首[㉓]，各三；又复灼所钻中曰正身，灼首曰正足[㉔]，各三。即以造三周龟[㉕]，祝曰："假之玉灵夫子[㉖]。夫子玉灵，荆灼而心，令而先知[㉗]。而上行于天，下行于渊，诸灵数箣，莫如汝信[㉘]。今日良日，行一良贞[㉙]。某欲卜某，即得而喜，不得而悔[㉚]。即得，发乡我身长大，首足收人皆上偶。[㉛]不得，发乡我身挫折，中外不相应，首足灭去。[㉜]"

灵龟卜祝曰："假之灵龟，五筮五灵，不如神龟之灵，[㉝]知人死，知人生。某身良贞，某欲求某物。即得也，头见[㉞]足发，内外相应；即不得也，头仰足肣，内外自垂。可得占[㉟]。"

卜占病者祝曰："今某病困。死，首上开，内外交骇，[㊱]身节折[㊲]；不死，首仰足肣。"卜病者祟[㊳]曰："今病有祟无呈[㊴]，无祟有呈。兆有中祟有内，外祟有外[㊵]。"

卜系者出不出[41]。不出，横吉安[42]；若出，足开首仰有外。

卜求财物，其所当得。得，首仰足开，内外相应；即不得，呈兆首仰足肣。

卜有卖若买臣妾马牛[43]。得之，首仰足开，内外相应；不得，首仰足肣，呈兆若横吉安。

卜击盗聚若干人，在某所，今某将卒若干人，往击之。当胜，首仰足开身正，内自桥[44]，外下；不胜，足肣首仰，身首[45]内下外高。

卜求当行不行[46]。行，首足开；不行，足肣首仰，若横吉安，安不行。

卜往击盗，当见不见[47]。见，首仰足肣有外；不见，足开首仰。

卜往候盗，见不见。见，首仰足肣，肣胜有外[48]；不见，足开首仰。

卜闻盗来不来。来，外高内下，足肣首仰；不来，足开首仰，若横吉安，期之自次[49]。

卜迁徙去官不去[50]。去，足开有肣外首仰[51]；不去自去[52]，即足肣，呈兆若横吉安。

卜居官尚吉不。吉，呈兆身正，若横吉安；不吉，身节折，首仰足开。

卜居室家吉不吉。吉，呈兆身正，若横吉安；不吉，身节折，首仰足开。

卜岁中禾稼孰不孰[53]。孰，首仰足开，内外自桥外自垂；不孰，足肣首仰有外。

卜岁中民疫不疫。疫，首仰足肣，身节有强外[54]；不疫，身正首仰足开。

卜岁中有兵无兵。无兵，呈兆若横吉安；有兵，首仰足开，身作外强情[55]。

卜见贵人吉不吉。吉，足开首仰，身正，内自桥；不吉，首仰，身节折，足肣有外，若无渔[56]。

卜请谒于人得不得。得，首仰足开，内自桥；不得，首仰足肣有外。

卜追亡人当得不得。得，首仰足肣，内外相应；不得，首仰足开，若横吉安。

卜渔猎得不得。得，首仰足开，内外相应；不得，足肣首仰，若横吉安。

卜行遇盗不遇。遇，首仰足开，身节折，外高内下；不遇，呈兆[57]。

卜天雨不雨。雨，首仰有外，外高内下；不雨，首仰足开，若横吉安。

卜天雨霁不霁。霁，呈兆足开首仰；不霁，横吉[58]。

命[59]曰横吉安。以占病，病甚者一日不死；不甚者卜日瘳[60]，不死。系者重罪不出，轻罪环出[61]；过一日不出，久毋伤也[62]。求财物买臣妾马牛，一日环得；过一日不得。行者不行。来者环至；过食时不至，不来。击盗不行，行不遇；闻盗不来。徙官不徙。居官家室皆吉。岁稼不孰。民疾疫无疾。岁中无兵。见人行，不行不喜。请谒人不行不得。追亡人渔猎不得。行不遇盗。雨不雨。霁不霁。

命曰呈兆。病者不死。系者出。行者行。来者来。市买得。追亡人得，过一日不得。问行者不到。

命曰柱彻。卜病不死。系者出。行者行。来者来。市买不得。忧者毋忧。追亡人不得。

命曰首仰足肣有内无外。占病，病甚不死。系者解[63]。求财物买臣妾马牛不得。行者闻言不行。来者不来。闻盗不来。闻言不至。徙官闻言不徙。居官有忧。居家多灾。岁稼中孰。民疾疫多病。岁中有兵，闻言不开[64]。见贵人吉。请谒不行，行不得善言。追亡人不得。渔猎不得。行不遇盗。雨不雨甚。霁不霁。故其莫字皆为首备[65]。问之曰，备者仰也，故定以为仰。此私记也。

命曰首仰足肣有内无外[66]。占病,病甚不死。系者不出。求财买臣妾不得。行者不行。来者不来。击盗不见。闻盗来,内自惊,不来。徙官不徙。居官家室吉。岁稼不孰。民疾疫有病甚。岁中无兵。见贵人吉。请谒追亡人不得。亡财物,财物不出得。渔猎不得。行不遇盗。雨不雨。霁不霁。凶。

命曰呈兆首仰足肣。以占病,不死。系者未出。求财物买臣妾马牛不得。行不行。来不来。击盗不相见。闻盗来不来。徙官不徙。居官久多忧。居家室不吉。岁稼不孰。民病疫。岁中毋兵。见贵人不吉。请谒不得。渔猎得少。行不遇盗。雨不雨。霁不霁。不吉。

命曰呈兆首仰足开。以占病,病笃死[67]。系囚出。求财物买臣妾马牛不得。行者行。来者来。击盗不见盗。闻盗来不来。徙官徙。居官不久。居家室不吉。岁稼不孰。民疾疫有而少。岁中毋兵。见贵人不见吉。请谒追亡人渔猎不得。行遇盗。雨不雨。霁小吉[68]。

命曰首仰足肣。以占病,不死。系者久,毋伤也。求财物买臣妾马牛不得。行者不行。击盗不行。来者来。闻盗来。徙官闻言不徙。居家室不吉。岁稼不孰。民疾疫少。岁中毋兵。见贵人得见。请谒追亡人渔猎不得。行遇盗。雨不雨。霁不霁。吉。

命曰首仰足开有内。以占病者,死。系者出。求财物买臣妾马牛不得。行者行。来者来。击盗行不见盗。闻盗来不来。徙官徙。居官不久。居家室不吉。岁孰。民疾疫有而少。岁中毋兵。见贵人不吉。请谒追亡人渔猎不得。行不遇盗。雨霁。霁小吉,不霁吉。

命曰横吉内外自桥。以占病,卜日毋瘳死[69]。系者毋罪出。求财物买臣妾马牛得。行者行。来者来。击盗合交等[70]。闻盗来来。徙官徙。居家室吉。岁孰。民疫无疾[71]。岁中无兵。见贵人请谒追亡人渔猎得。行遇盗。雨霁,雨霁大吉[72]。

命曰横吉内外自吉[73]。以占病,病者死。系不出。求财物买臣妾马牛追亡人渔猎不得。行者不来。击盗不相见。闻盗不来。徙官徙。居官有忧。居家室见贵人请谒不吉。岁稼不孰。民疾疫。岁中无兵。行不遇盗。雨不雨。霁不霁。不吉。

命曰渔人。以占病者,病者甚,不死。系者出。求财物买臣妾马牛击盗请谒追亡人渔猎得。行者行来[74]。闻盗来不来。徙官不徙。居家室吉。岁稼不孰。民疾疫。岁中毋兵。见贵人吉。行不遇盗。雨不雨。霁不霁。吉。

命曰首仰足肣内高外下。以占病,病者甚,不死。系者不出。求财物买臣妾马牛追亡人渔猎得。行不行。来者来。击盗胜。徙官不徙。居官有忧,无伤也。居家室多忧病。岁大孰。民疾疫。岁中有兵不至。见贵人请谒不吉。行遇盗。雨不雨。霁不霁。吉。

命曰横吉上有仰下有柱。病久不死。系者不出。求财物买臣妾马牛追亡人渔猎不得。行不行。来不来。击盗不行,行不见。闻盗来不来。徙官不徙。居家室见贵人吉。岁大孰。民疾疫。岁中毋兵。行不遇盗。雨不雨。霁不霁。大吉。

命曰横吉榆仰。以占病,不死。系者不出。求财物买臣妾马牛至不得[75]。行不行。来不来。击盗不行,行不见。闻盗来不来。徙官不徙。居官家室见贵人吉。岁孰。岁中有疾疫,毋兵。请谒追亡人不得。渔猎至不得。行不得[76]。行不遇盗。雨霁不霁。小吉。

命曰横吉下有柱。以占病,病甚不环有瘳无死。系者出。求财物买臣妾马牛请谒追亡人渔猎不得。行来不来[77]。击盗不合。闻盗来来。徙官居官吉,不久。居家室不吉。岁不孰。民毋疾疫。岁中毋兵。见贵人吉。行不遇盗。雨不雨。霁。

小吉。

命曰载所[78]。以占病,环有瘳无死。系者出。求财物买臣妾马牛请谒追亡人渔猎得。行者行。来者来。击盗相见不相合。闻盗来来。徙官徙。居家室忧。见贵人吉。岁孰。民毋疾疫。岁中毋兵。行不遇盗。雨不雨。霁霁。吉。

命曰根格。以占病者,不死。系久毋伤。求财物买臣妾马牛请谒追亡人渔猎不得。行不行。来不来。击盗盗行不合。闻盗不来。徙官不徙。居家室吉。岁稼中。民疾疫无死。见贵人不得见。行不遇盗。雨不雨。不吉。

命曰首仰足肣外高内下。卜有忧,无伤也。行者不来。病久死。求财物不得。见贵人者吉。

命曰外高内下。卜病不死,有祟。市买不得。居官家室不吉。行者不行。来者不来。系者久毋伤。吉。

命曰头见足发有内外相应[79]。以占病者,起。系者出。行者行。来者来。求财物得。吉。

命曰呈兆首仰足开。以占病,病甚死。系者出,有忧。求财物买臣妾马牛请谒追亡人渔猎不得。行不行。来不来。击盗不合。闻盗来来。徙官居官家室不吉。岁恶。民疾疫无死。岁中毋兵。见贵人不吉。行不遇盗。雨不雨。霁。不吉。

命曰呈兆首仰足开外高内下。以占病,不死,有外祟。系者出,有忧。求财物买臣妾马牛,相见不会。行行。来闻言不来。击盗胜。闻盗来不来。徙官居官家室见贵人不吉。岁中。民疾疫有兵。请谒追亡人渔猎不得。闻盗遇盗。雨不雨。霁。凶。

命曰首仰足肣身折内外相应。以占病,病甚不死。系者久不出。求财物买臣妾马牛渔猎不得。行不行。来不来。击盗有用胜。闻盗来来。徙官不徙。居官家室不吉。岁不孰。民疾疫。岁中。有兵不至。见贵人喜。请谒追亡人不得。遇盗凶。

命曰内格外垂。行者不行。来者不来。病者死。系者不出。求财物不得。见人不见。大吉。

命曰横吉内外相应自桥榆仰上柱足肣。以占病,病甚不死。系久,不抵罪。求财物买臣妾马牛请谒追亡人渔猎不得。行不行。来不来。居官家室见贵人吉。徙官不徙。岁不大孰。民疾疫有兵。有兵不会。行遇盗。闻言不见。雨不雨。霁霁。大吉。

命曰头仰足肣内外自垂。卜忧病者甚,不死。居官不得居。行者行。来者不来。求财物不得。求人不得。吉。

命曰横吉下有柱。卜来者来。卜日即不至,未来。卜病者过一日毋瘳死。行者不行。求财物不得。系者出。

命曰横吉内外自举。以占病者,久不死。系者久不出。求财物得而少。行者不行。来者不来。见贵人见。吉。

命曰内高外下疾轻足发。求财物不得。行者行。病者有瘳。系者不出。来者来。见贵人不见。吉。

命曰外格。求财物不得。行者不行。来者不来。系者不出。不吉。病者死。求财物不得。见贵人见。吉。

命曰内自举外来正足发。行者行。来者来。求财物得。病者久不死。系者不出。见贵人见。吉。

此横吉上柱外内[80]自举足肣。以卜有求得。病不死。系者毋伤,未出。行不行。来不来。见人不见。百事尽吉。

此横吉上柱外内自举柱足以作[81]。以卜有求得。病死环起。系留毋伤,环出。行不行。来不来。见人不见。百事吉。可以举兵。

此挺诈有外。以卜有求不得。病不死,数起。系祸罪。闻言毋伤。行不行。来不来。

此挺诈有内。以卜有求不得。病不死,数起。系留祸罪无伤出。行不行。来者不来。见人不见。

此挺诈内外自举。以卜有求得。病不死。系毋罪。行行。

来来。田贾市渔猎尽喜。

此狐狢。以卜有求不得。病死，难起。系留毋罪难出。可居宅。可娶妇嫁女。行不行。来不来。见人不见。有忧不忧。

此狐彻。以卜有求不得。病者死。系留有抵罪。行不行。来不来。见人不见。言语定。百事尽不吉。

此首俯足肣身节折。以卜有求不得。病者死。系留有罪。望行者不来。行行。来不来。见人不见。

此挺内外自垂。以卜有求不晦[82]。病不死，难起。系留毋罪，难出。行不行。来不来。见人不见。不吉。

此横吉榆仰首俯。以卜有求难得。病难起，不死。系难出，毋伤也。可居家室，以娶妇嫁女。

此横吉上柱载正身节折内外自举。以卜病者，卜日不死，其一日乃死。

此横吉上柱足肣内自举外自垂。以卜病者，卜日不死，其一日乃死。

首俯足诈有外无内。病者占龟未已，急死。卜轻失大，一日不死。

首仰足肣。以卜有求不得。以系有罪。人言语恐之毋伤。行不行。见人不见。

大论[83]曰：外者人[84]也，内者自我也；外者女也，内者男也。首俯者忧。大者身也，小者枝也。大法[85]，病者，足肣者生，足开者死。行者，足开至[86]，足肣者不至。行者，足肣不行，足开行。有求，足开得，足肣者不得。系者，足肣不出，开出。其卜病也，足开而死者，内高而外下也。

（以上为第三段，是褚先生补写的各种卦体与命兆之辞。）

①定日月——推定日月的位置。　分衡度——分辨权衡和度量。②令名——美名。　③三月、二月、正月——《正义》曰："言正月、二月、三月右转周环终十二月者，日月之龟、腹下十二黑点为十二月者，二

十八宿龟也。”日月之龟的腹下有十二个黑点,象征十二个月份,占卜时以黑色附近的兆纹断定吉凶。 ④中关内高外下——指兆的中关呈内高外低之状。《正义》曰:“此等下至‘首俯大’者,皆卜兆之状也。” ⑤首仰——指兆的首端呈仰起之状。《正义》曰:“谓兆首仰起。” ⑥足开——指兆的足端呈开放之状。 ⑦肣(qín)开——张文虎曰:“当作‘足肣’。”足肣:指兆的足端呈收敛之状。 ⑧首俯大——指兆的首端呈下俯而较大之状。 ⑨首俯大——张文虎认为此三字应删。 ⑩卜禁——占卜的禁忌。 ⑪子亥戌——三个时辰的名称。子时相当于夜间十一点至凌晨一点。亥时相当于夜间的九点至十一点。戌时相当于晚七点至九点。 ⑫日中如食已卜——白天若遇见日食就应停止占卜。食:通“蚀”。此处指日食。已:停止。 ⑬暮昏——黄昏。 徼(jiào)——《索隐》曰:“谓徼绕不明也。” ⑭庚辛——指庚日、辛日。 可以杀——可以杀龟。 钻——在龟甲上钻凿。 ⑮月旦祓(fú)龟——每个月的初一通过祭祀以去除龟的不祥。 澡之——清洗龟甲。 以卵祓之——《正义》曰:“以鸡卵摩而祝之。” 持龟而遂之——用龟甲进行占卜。 若常以为祖——这就是通常的方法。《索隐》曰:“‘祖’,法也。言以为常法。” ⑯已卜不中——占卜过一回不灵验。 灼以荆若刚木——《索隐》曰:“古之灼龟,取生荆枝及生坚木烧之,斩断以灼龟。”若:或者。 ⑰土卵指之者三,持龟以卵周环之——《正义》曰:“言卜不中,以土为卵,三度指之,三周绕之,用厌不祥也。” ⑱以梁卵焍(dì)黄——《索隐》曰:“梁,米也。卵,鸡子也。焍,龟木也,音‘次第’之‘第’。言烧荆枝更递而灼,故有焍名。一音梯,言灼之以渐,如有阶梯也。黄者,以黄绢裹梁卵以祓龟也。必以黄者,中之色,主土而信,故用鸡也。”《正义》曰:“焍音题。焍,焦也。言以梁米鸡卵祓去龟之不祥,令灼之不焦不黄。若色焦及黄,卜之不中也。”梁:应作“粱”。 玉灵——对龟的敬称。 ⑲辨兆皆可占——辨认龟纹都可以占卜。 ⑳以徵后龟——以警告后来的龟甲。徵:通“惩”,惩戒。《太平御览》卷七二五引作“惩”。 ㉑其卜必北向——卜者必须面向北。 ㉒以造灼钻——在荆枝烧灼的地方钻凿。《索隐》曰:“造,谓烧荆之处。”也指荆枝。 ㉓钻中已,又灼龟首——钻凿完了中部,再灼炙龟首。 ㉔灼首曰正足——张文虎曰:"'灼首'下疑脱'曰正首,灼足'五字。"意即此文应作"灼首曰'正首',灼足曰'正足'"。 ㉕以造三周龟——持荆枝绕龟甲行三周。 ㉖假之玉灵夫子——借助龟甲您的神力。张文虎曰:"之,疑'尔'字之误。下文'假之'同。"玉灵夫子:《索隐》曰:"尊神龟而为之作号。" ㉗令而先知——让您成为先知先觉。而:通"尔"。你,您。 ㉘诸灵数箣(cè),莫如汝信——各种占卜都没有你灵验。箣:通"策"。占卜。 ㉙行一良贞——请给我们来一次好的占卜。良贞:好的占卜。 ㉚即得而喜——如果占得好卦就高兴。即:假若。得:好卦。 不得而悔——占得坏卦就会烦恼。 ㉛发乡我身长大——向我显示的兆身又长又大。发:显。 首足收人皆上偶——首足收敛,兆纹对称皆上扬。上偶:对称地上扬。 ㉜挫折——短小,弯曲。 中外——里边的纹理与外围的纹理。 首足灭去——首足的纹理消失。 ㉝灵龟卜祝曰——张文虎曰:"'灵龟'二字疑衍。" 五筮五灵,不如神龟之灵——各种蓍草之灵都没有神龟您灵验。 ㉞见——同"现"。 ㉟可得占——按:三字疑衍。 ㊱首上开——王叔岷曰:"'首上开',盖本作'首足开'。'足'坏为'止',复误为'上'耳。……上文言'首足收入',与'首足开'文意相反。" 内外交骇——有两说,冈白驹曰:"'骇'当作'驳',交驳,不同也。"王叔岷曰:"'骇'字亦作'骇',与'戒''革'古并通用。'内外交骇',犹言'内外相革',即'内外不同'之意。'骇'不当作'驳'。" ㊲身节折——兆身的纹路曲折。 ㊳卜病者祟——占卜此人之病是否为鬼神作祟。 ㊴无呈——不显露兆文。郭嵩焘曰:"案《玉篇》,'呈,赤也,见也。'" ㊵兆有中祟有内,外祟有外——意谓若家中有妖怪为害,兆象就呈现在内;若家外有妖怪为害,兆象就呈现在外。 ㊶卜系者出不出——占卜被囚禁的人能否出狱。系者:被拘囚的人。 ㊷横吉安——兆象名。 ㊸卜有卖若买臣妾马牛——占卜买、卖奴仆牛马是否吉利。若:或者。臣妾:男女奴仆。 ㊹内自桥——里面的纹路高起。桥:通"乔"。高。 ㊺首——《集解》引徐广曰:"一作'简'。" ㊻当行不行——该当出行还是不当出行。 ㊼卜往击盗,当见不见——占卜往探盗匪,能否发现。 ㊽聆胜有外——按:"聆胜"二字衍,应削。张文虎曰:"'胗'字疑衍,而'胜'又'胗'之讹衍。" ㊾期之自次——强盗会在预期的日子之后到来。 ㊿去官不去——会不会丢掉官职。 (51)足开有胗外首仰——张文虎曰:"'胗'字疑衍。" (52)不去自去——张文虎曰:"'自去'二字疑衍。" (53)岁中禾稼孰不孰——今年的收成好不好。孰:"熟"的古字。丰收。 (54)身节有强外——张文虎曰:"'有''强'疑倒。" (55)身作外强情——张文虎曰:"有脱误。" (56)无渔——郭嵩焘曰:"案外起而中陷,若虚无物然,故曰'无渔'。渔者举网而得鱼,凡侵取所有者皆谓之渔也。下文'命曰渔人',亦此义。"泷川资言曰:"二字有讹脱。" (57)呈兆——兆象名。 (58)横吉——即横吉安,兆象名。 (59)命——名,取名。 (60)卜日瘳(chōu)——占卜的这一天病愈。 (61)环出——旋即出狱。环:旋转,旋即。 (62)久毋伤也——意谓长久被囚禁也没有什么伤害。毋:无,没有。 (63)系者解——被囚禁的人得以解脱。 (64)闻言不开——张文虎曰:"'开'疑当作'来'。" (65)故其莫字皆为首备——郭嵩焘曰:"案'莫'同'幕'。《释名》:'幕,络也,谓络缀成文。'《汉书·西域传》:'钱幕。'韦昭曰:'幕,钱背也。'龟兆之圻文,视其背,故亦谓之'幕'。" (66)命曰首仰足胗有内无外——吴树平曰:"此兆名与上完全相同。据上文,得此兆'系者解''岁稼中孰''岁中有兵'。而在这一兆下……卜得的结果显然不同。由此可以推定,此兆名肯定有讹误。" (67)病笃死——病将沉重而死。笃:沉重,病重。 (68)霁小吉——张文虎曰:"'霁'下疑有脱文。" (69)以占病,卜日毋瘳死——应作"卜者毋"。泷川资言曰:"'卜曰'二字,'者'字坏文。" (70)击盗合交等——合:会合,遭遇。交:交锋。 (71)民疫无疾——张文虎曰:"'疫'字衍,或在'无'下。" (72)雨霁,雨霁大吉——张文虎曰:"疑当作'雨雨,霁霁'。" (73)横吉内外自吉——张文虎曰:"'吉'字疑误。" (74)行者行来——郭嵩焘曰:"案'行者行'下,衍一'来'字。"泷川资言曰:"'来'下疑夺'者来'二字。" (75)买臣妾马牛至不得——郭嵩焘曰:"案'至不得',疑衍一'至'字,下'渔猎至不得'亦同。" (76)行不得——郭嵩焘曰:"案此'行不得'三字,义无所系,疑是衍文。" (77)行来不来——郭嵩焘曰:"案此当云'行不行;来不来'。疑'行'下脱'不行'二字。" (78)命曰载所——郭嵩焘曰:"案此等皆因圻兆而为之名,如今《六壬》《奇门》之各立课名,由秦、汉间术士为言。《周礼·太卜》:'其经兆之体皆百有二十,其颂皆千有二百。'必无此等巧立名目也。" ⑲头见足发有内外相应——郭嵩焘曰:"案'头见足发'下,疑衍一'有'字。" ⑳此横吉上柱外内——郭嵩焘曰:"案褚少孙补此传,略记其大旨,不写其图,褚少孙所见龟策卜事,必皆有图者,云'此'者,即据图而为之说也。上云'卜',就事言之;云'命曰'二十七,就卜者所命之词言之;为龟策正文。云'此'者十一,就图言之,盖卜事之余义,推衍而为之图也。" ㉑自举柱足以作——张文虎曰:"'作'疑'诈'字之讹。" ㉒以卜有求不晦——张文虎曰:"'晦'字疑误。" ㉓大论——总论,总结。《索隐》曰:"褚先生所取太卜杂占卦体及命召之辞,义芜,辞重,殆无足采,凡此六十七条别是也。" ㉔人——指他人。 ㉕大法——大致方法。 ㉖行者,足开至——张文虎曰:"'行'字疑当作'来'。"

[**简评**] 司马迁原作的《龟策列传》在汉代即已亡佚,仅存其论赞,今天看到的论赞以外的东西,乃褚先生所补。司马迁在论赞中虽认为卜筮灵验有效,不能轻视;但同时又将人道置于卜筮之上,重视人的作为,显示了他进步的朴素唯物思想。武帝时期有不少人因卜筮、巫蛊而骤然富贵或破族灭门,这是最高统治者一手制造的闹剧、悲剧,司马迁对此颇有微词,表达了他勇于批判时政的可贵精神。

[**集评**] 《太史公自序》:"三王不同龟,四夷各异卜,然各以决吉凶。略窥其要,作《龟策列传》第六十八。"

刘知幾曰:"寻子长之列传也,其所编者惟人而已矣。至于龟策异物,不类肖形,而辄与黔首同科,俱谓之传,不其怪乎?且龟策所记,全为志体,向若与八书齐列,而定以书名,庶几物得其朋,同声相应者矣。"(《史通》)

钱大昕曰:"张晏谓《龟策传》有录无书。褚先生言:'臣往来

长安中求《龟策列传》不能得。'然此篇有'今上即位'之文,其词非褚先生所能作。"(《廿二史考异》)

王鸣盛曰:"褚《龟策传》末则云太史公作《龟策列传》,'臣往来长安中,求《龟策传》不能得,故之太卜官,问掌故文学长老习事者,写取龟策卜事,编于下方',然则今所有《龟策》元文出于长者,褚所未见,又不知以何时出而得行也。"(《十七史商榷》)

梁玉绳曰:"史公此传亡,褚生补之,而其序则托之史公者也。史公《封禅书》首曰'自古受命帝王曷常不封禅',而《日者》序曰'自古受命而王何尝不以卜筮',此序曰'自古圣王何尝不宝卜筮',胡屡袭之耶?巫蛊起于征和,乃言邱(丘)子明之属因巫蛊族诛,则非《史》讫太初之限。'余至江南'以下尤义支辞弱,但衍《庄子·外物篇》宋元君得龟事,二千八百余言皆用韵语,奇恣自喜,亦必当时旧文,而褚述之。惟语多悖谩,不可以训。如宋元公何曾僭王,其时亦无博士之官,而称宋元王召博士卫平。《史》不言王季之死,《吕氏春秋·首时》谓季历困而死,《竹书》及《晋书·束皙传》俱谓文丁杀季历。即以为真,是王季不得正其终矣。而此作纣杀太子历,岂天下之恶皆归欤?且季历不应称太子。若以太子为伯邑考,又不应名历。文王之出羑里,纣赦之也,而云与阴兢亡入于周。武王载木主伐纣,示不敢专耳,而云文王攻纣,病死,载尸以行,武王代将破纣。其说与《淮南·齐俗》同妄。太白之悬本诬,此又云头悬车轸,四马曳行。射天乃武乙事,此以为桀、纣。日辱于三足之乌,月食于虾蟆,孔子宁有斯语?其诞不辨而明。《史通·叙事篇》言:'《日者》《龟策传》无所取。'盖误认出于史公之手也。至褚枚述宋元一节及占卜命召之辞,《索隐》《正义》讥其烦芜鄙陋,良然。"(《史记志疑》)

李景星曰:"《龟策传》盖叙古今卜筮之事,太史公正文原始要终,探赜索隐,本自精博娴雅。观其言曰:'是以择贤而用占焉,可谓圣人重事者乎!'又曰:'谓夫轻卜筮,无神明者,悖;背人道,信祯祥者,鬼神不得其正。'是即孔子所谓'敬鬼神而远之也'。立言如此,可谓能见其大。自'褚先生曰'以下,杂引故事,证明龟策之灵验,其心境眼孔,已低史公一层。文字亦古致错落,然在后来文人中可称先进,而无史公之疏宕奇气也。后附卜筮之法,只可备考,并无深意。"(《四史评议》)

货殖列传第六十九

《老子》曰："至治之极，邻国相望，鸡狗之声相闻，民各甘其食，美其服，安其俗，乐其业，至老死不相往来。"必用此为务，挽近世，涂民耳目[1]，则几无行矣。

太史公曰：夫神农以前，吾不知已。至若《诗》《书》所述虞夏[2]以来，耳目欲极声色之好，口欲穷刍豢[3]之味，身安逸乐，而心夸矜势能之荣使，[4]俗之渐[5]民久矣，虽户说以眇论，[6]终不能化。故善者因之，其次利道之[7]，其次教诲之，其次整齐之[8]，最下者与之争[9]。

夫山西饶材、竹、榖、纑、旄、[10]玉石；山东多鱼、盐、漆、丝、声色；[11]江南出楠、梓、姜、桂、金、锡、连、丹沙、犀、[12]玳瑁、珠玑、齿革；龙门、碣石北多马、牛、羊、旃裘、[13]筋角；铜、铁则千里往往山出棋置[14]：此其大较[15]也。皆中国人民所喜好，谣俗被服饮食奉生送死之具也。[16]故待农而食之，虞[17]而出之，工而成之，商而通之。此宁有政教发征期会哉[18]？人各任其能，竭其力，以得所欲。故物贱之征贵，贵之征贱[19]，各劝[20]其业，乐其事，若水之趋下，日夜无休时，不召而自来，不求而民出之。岂非道之所符[21]，而自然之验[22]邪？

《周书》曰:“农不出则乏其食,工不出则乏其事,商不出则三宝绝,虞不出则财匮少[23]。”财匮少而山泽不辟矣[24]。此四者,民所衣食之原也。原大则饶,原小则鲜[25]。上则富国,下则富家。贫富之道,莫之夺予[26],而巧者有余,拙者不足。故太公望封于营丘,[27]地潟卤[28],人民寡,于是太公劝其女功[29],极技巧,通鱼盐,则人物归之,繈至而辐凑[30]。故齐冠带衣履天下[31],海岱之间敛袂而往朝焉。[32]其后齐中衰,管子修之,设轻重九府[33],则桓公以霸,九合诸侯,一匡天下;而管氏亦有三归[34],位在陪臣[35],富于列国之君。是以齐富强至于威、宣也。[36]

故曰:“仓廪实而知礼节,衣食足而知荣辱。”礼生于有而废于无。故君子富,好行其德;小人富,以适[37]其力。渊深而鱼生之,山深而兽往之,人富而仁义附焉[38]。富者得势益彰,失势则客无所之,以而不乐,夷狄益甚[39]。谚曰:“千金之子,不死于市[40]。”此非空言也。故曰:“天下熙熙,皆为利来;天下壤壤,皆为利往。”夫千乘之王,万家之侯,百室之君,尚犹患贫,而况匹夫编户之民乎!

(以上为第一段,从理论上分析阐述了商业发展、商人出现,以及人们追求财富的现象,皆事势事理之必然。)

①“必用此为务”三句——泷川资言曰:“言必用老子所言,以涂塞民耳目为务,则不可行也。”又曰:“以上古不得已之陋俗,而指为郅治之极,故史公作传,开宗即明此义。”挽近世:挽救近代的衰颓风气。涂:涂抹,堵塞。 ②虞夏——虞舜、夏禹。 ③刍豢——指牛羊犬豕,泛指家畜。 ④势能——权势,才能。 荣使——犹言“荣光”。按:“使”字生涩。有人将“使”字断于下句,亦有人认为“使”字是“流”字之误,“使俗”当作“流俗”。 ⑤渐——浸染,逐渐形成。 ⑥户说——挨户劝说。 眇论——微妙的理论。指老子学说。眇:通“妙”。 ⑦利道之——借着有利的形势而加以引导。道:引导。 ⑧整齐之——指用规章法律来加以限制。 ⑨争——争利。指国家官办各种企业而言。当时反对这样做的人就指责汉武帝是与民“争利”,

司马迁也是这种看法,详见《平准书》。 ⑩山西——指崤山或华山以西。与“关中”的含义略同,指今陕西一带。 材——木材。 榖——应作“穀”。《索隐》曰:“木名,皮可为纸。” 纑——《索隐》曰:“山中纻,可以为布。” 旄——旄牛尾。古代用作旌节上面的装饰。 ⑪山东——指崤山或华山以东,与当时所谓关东含义相同。 声色——指歌儿舞女。陈子龙曰:“声色,指美女,亦列于货物矣。” ⑫楠、梓——两种贵重的木材名。 连——《集解》引徐广曰:“铅之未炼者。” 犀——犀牛角。 ⑬龙门——山名,在今陕西韩城东北。 碣石——山名,在今河北昌黎西北。 旃——通“毡”。 ⑭铜、铁则千里往往山出棋置——意谓出产铜铁的矿山,千里之间星罗棋布。 ⑮大较——大略,大概形势。 ⑯谣俗——犹言“风俗”。 被服——犹言“穿戴”。被:通“披”。 奉生送死——供养生者,礼葬死者。 ⑰虞——管理、开发山林薮泽的人。 ⑱此宁有政教发征期会哉——意谓这难道是有什么命令把它们征调安排得这么好吗?政教:政令、条教。发征:征调。期会:约期聚集。 ⑲“故物贱之征贵”二句——意谓一种物品的价格如果太贱了,那就意味着将要变贵;一种物品的价格如果太贵了,那就意味着将要变贱。之:义同“则”。征:征兆,这里用为动词。 ⑳劝——勉,努力从事。 ㉑道之所符——符合“大道”的事情。 ㉒自然之验——合乎自然规律的证明。按:老子僵化地宣扬“老死不相往来”,史公则认为农虞工商的分工合作才真是体合“自然”“大道”,对老子的攻驳很有锋芒。 ㉓“商不出则三宝绝”二句——按:此处次序不清,易使人误。前面已首言“农”、次言“工”,这里则应接着先言“虞”,而后再说“商不出则三宝绝”。“三宝”,指农所出之“食”,工所成之“事”,虞所出之“财”(材料、货物),这三者都要靠商贾来使之流通交换。四种人缺一不可,故下文接云“此四者,民所衣食之原也”。今将商贾插叙于虞人之前,而曰“商不出则三宝绝”,遂使人不知“三宝”为何物。又,此所引《周书》四句今本《逸周书》无。 ㉔财匮少而山泽不辟矣——按:此句置于此处,不知所云,“虞”是如此,“农”“工”不亦如此?而且截断了上四句与下文的连贯。 ㉕鲜(xiǎn)——少。 ㉖莫之夺予——犹言“没有谁能够改变它”。夺予:

剥夺和赐予。 ㉗太公望——即姜太公吕望。 营丘——后改称临菑,齐国的国都,在今山东淄博临淄区北。 ㉘潟(xì)卤——地多盐碱。潟:盐碱地。 ㉙女功——妇女劳动。指刺绣纺织等事。 ㉚襁至而辐凑——言其四方来归者之多。襁:背婴儿所用的布兜。襁至者,言人民扶老携幼的前来归附。辐凑:如辐条之归凑于毂。 ㉛冠带衣履天下——言天下各国的冠带衣履,皆齐国所造。 ㉜海岱之间——指渤海、东海与泰山之间的各小国诸侯。 敛袂——整敛衣袖,以表示恭敬。 ㉝轻重九府——主管金融货币的官府。《正义》引《管子》云:"轻重,谓钱也。夫治民有轻重之法,周有大府、玉府、内府、外府、天府、职内、职金,皆掌财币之官,故云九府也。"《正义》引文遗漏"泉府""职币"二府。 ㉞三归——众说不一,《论语·八佾》何晏注引包咸曰:"三归,娶三姓女,妇人谓嫁曰归。"即有三房家室。《说苑·善说》:"管仲故筑三归之台以自伤于民。"此则为台名。郭嵩焘曰:"所谓'三归'者,市租之常例之归之公者也。桓公既霸,遂以赏管仲。"此则指税收。 ㉟陪臣——指诸侯国的大夫,以其对周天子自称"陪臣",故云。 ㊱威——指齐威王。是战国时期有作为的国君之一。 宣——指齐宣王,威王之子。 ㊲适——畅快,纵,逞。 ㊳人富而仁义附焉——《庄子·胠箧》:"诸侯之门而仁义存焉。"史公所本,乃愤慨语。 ㊴以而不乐,夷狄益甚——按:八字不知所云,疑有脱误。 ㊵千金之子,不死于市——何焯曰:"不死市者,知荣辱,耻犯法也。"按:何说只言其一,尚有其二。富儿犯法,家有金钱打点,亦可不使"死于市",汉代公开设有花钱赎罪之法。

昔者越王句践困于会稽之上,乃用范蠡、计然。[①]计然曰:"知斗则修备,时用则知物[②],二者形则万货之情可得而观已[③]。故岁在金,穰;[④]水,毁;[⑤]木,饥;火,旱。旱则资[⑥]舟,水则资车,物之理也。六岁穰,六岁旱,十二岁一大饥。夫粜,二十病农,九十病末[⑦]。末病则财不出,农病则草不辟矣。上不过八十,下不减三十,则农末俱利,平粜齐物,[⑧]关市不乏[⑨],治国之道也。积著[⑩]之理，务完物，无息币。[11]以物相贸易，腐败而食[12]之货勿留，无敢居贵[13]。论其有余不足，则知贵贱。贵上极则反贱，贱下极则反贵。贵出如粪土[14]，贱取如珠玉。财币欲其行如流水。”修之十年，国富，厚赂[15]战士，士赴矢石，如渴得饮，遂报强吴[16]，观兵中国[17]，称号“五霸[18]”。

范蠡既雪会稽之耻，乃喟然而叹曰：“计然之策七，越用其五而得意。既已施于国，吾欲用之家。”乃乘扁舟浮于江湖，变名易姓，适齐为鸱夷子皮，之陶[19]为朱公。朱公以为陶天下之中，诸侯四通，货物所交易也。乃治产[20]积居，与时逐而不责于人。[21]故善治生[22]者，能择人而任时[23]。十九年之中三致千金，再分散与贫交疏昆弟，[24]此所谓富好行其德者也。后年衰老而听子孙，子孙修业而息[25]之，遂至巨万。故言富者皆称陶朱公。

子赣[26]既学于仲尼，退而仕于卫，废著鬻财[27]于曹、鲁之间，七十子之徒，赐最为饶益。原宪不厌糟糠，[28]匿于穷巷。子贡结驷连骑，束帛之币以聘享诸侯，所至，国君无不分庭与之抗礼。夫使孔子名布扬于天下者，子贡先后之[29]也，此所谓得势而益彰者乎？

白圭，周[30]人也。当魏文侯[31]时，李克务尽地力，[32]而白圭乐观时变[33]，故人弃我取，人取我与。夫岁孰取谷，予之丝漆；茧出取帛絮，予之食。太阴在卯[34]，穰；明岁衰恶。至午，旱；明岁美。至酉，穰；明岁衰恶。至子，大旱；明岁美，有水。至卯，积著率岁倍[35]。欲长钱，取下谷；长石斗，取上种[36]。能薄饮食，忍嗜欲，节衣服，与用事僮仆同苦乐，趋时若猛兽挚鸟之发[37]。故曰：“吾治生产，犹伊尹、吕尚之谋，孙吴用兵，商鞅行法是也。是故其智不足与权变，勇不足以决断，仁不能以取予[38]，强不能有所守，虽欲学吾术，终不告之矣。”盖天下言治生祖白圭。白圭其有所试矣，能试有所长，非苟而已也。

猗顿用盬盐起[39]。而邯郸郭纵以铁冶成业，与王者埒富[40]。

乌氏倮[41]畜牧,及众,斥卖[42],求奇缯物,间献遗戎王[43]。戎王什倍其偿,与之畜,畜至用谷量马牛。秦始皇帝令倮比封君[44],以时与列臣朝请[45]。而巴寡妇清[46],其先得丹穴[47],而擅其利数世,家亦不訾[48]。清,寡妇也,能守其业,用财自卫,不见侵犯。秦皇帝以为贞妇而客之[49],为筑女怀清台[50]。夫倮鄙人[51]牧长,清穷乡寡妇,礼抗万乘,名显天下,岂非以富邪?

(以上为第二段,记载了先秦时期的著名商人的言论与活动。)

①范蠡——句践的谋臣,也是我国古代有名的大商人,事迹参见《越王句践世家》。　计然——《集解》曰:“葵丘濮上人,姓辛氏,字文子。其先,晋国亡公子也。尝南游于越,范蠡师事之。”有曰计然即文种。　②知斗则修备,时用则知物——二句略生涩,大意谓懂战斗的人平时就要做好准备;要想到时候用起来顺手,平常就应该了解这些东西的性能。　③二者形则万货之情可得而观已——意谓明白这两件事情的道理,那就对各种货物的行情规律都能看清了。　④岁在金——岁星运行到西方。岁:岁星。即今所谓木星。金:指西方。古人常以五行的木、火、金、水来和东、南、西、北相配。　穰——丰收。　⑤水——“岁在水”的省文,下同。　毁——歉收。　⑥资——储存。　⑦二十病农,九十病末——《索隐》曰:“言米贱则农人病也,故云‘病农’;若米斗直九十,则商贾病,故云‘病末’。”末:末业。指商业,这里指商人。　⑧平粜(tiào)——平价出售。　齐物——调整物价。　⑨关市不乏——关口上可以得到税收,市场上也可以得到供应。　⑩积著——即“积贮”。积藏货物。　⑪完物——完好的货物。　息——停息,积压。　币——应作“弊”,坏东西。或曰“无息币”,即不要储存现金。　⑫食——通“蚀”。受侵蚀。　⑬无敢居贵——意谓物价看涨,自己的货物就要卖出,不能盼着越贵越好,手把着自己的东西不卖。　⑭贵出如粪土——物价已高,自己的货物就要立刻抛出,如同粪土一样地不怜惜。　⑮赂——以金钱收买。这里指赏赐。　⑯报强吴——指灭掉吴国,旧仇得报。　⑰观兵中国——向中原地区的国家炫耀武力。　⑱五霸——指齐桓公、晋文公、楚庄王、吴王阖庐、越王句践。

⑲陶——古邑名,在今山东菏泽定陶区西北,当时属宋。 ⑳治产——购置货物。产:指可以赚钱的东西。 ㉑与时逐——与时机相周旋。指掌握物价规律,能看准时机地买入卖出。逐:竞,争。 不责于人——不是有目的地求得于人(赚某人,坑某人)。责:求,讨。 ㉒治生——犹言"治产",即赚钱。 ㉓择人而任时——泷川资言曰:"'释人而任时',即与时逐而不责于人也。'择',当作'释'。"按:泷川资言说是。《孙子·兵势》:"善战者求之于势,不责于人,故能择(释)人而任势。"《韩非子·难势》:"择(释)贤而专任势,足以为治乎?"与此思想、文字皆同。"择"皆应作"释"。 ㉔再——两次。 疏昆弟——疏远的同族兄弟。 ㉕息——生也。大钱生小钱,即"赚钱""获利"。 ㉖子赣——即子贡,孔子的弟子,以言语闻名。因好经商,曾受过孔子的责难。 ㉗废著鬻财——废著:犹言"囤积"。废:停。废著鬻财,即囤积居奇,以时获利之意。 ㉘原宪——孔子的学生,以修洁隐退,不慕荣利著称。 不厌糟糠——连糟糠都得不到满足。厌:后作"餍"。足,充分供应。 ㉙先后之——指为之称扬宣传,运动打点。 ㉚周——指周天子的王畿所在。战国时周都雒阳。 ㉛魏文侯——名斯,战国初期的魏国国君,公元前445—前396年在位。 ㉜李克——应作"李悝(kuī)",战国早期的经济名臣。《汉书·食货志》亦有"李悝为魏文侯作尽地力之教"之语。魏文侯时亦有李克,其人不讲经济。 尽地力——即努力发展农业生产。 ㉝而白圭乐观时变——乐:犹言"善"。"善观时变"即上文之所谓"与时逐",即乘机谋利。姚鼐曰:"'当魏文侯时'五字,专属李克说,言旧有此务尽地力之道而已,而其后白圭乃别用一术,非谓圭亦文侯时人也。故载圭言吾治生产若孙吴用兵,商鞅行法;若文侯时人,亦安取称述后进如吴起、商鞅者乎?"按:史公原文模糊,姚氏的提示很重要。 ㉞太阴在卯——这里指岁星(木星)。岁星十二年绕行一周天,回到原来位置,于是我国古代天文学就把这十二年一周的岁星轨道分成了十二段,分别用子、丑、寅、卯等十二地支表示出来。太阴在卯,即卯年(兔年)。 ㉟至卯,积著率岁倍——至卯:谓经过了十二年,又回到了卯年。率:大抵,一般都是。岁倍:一年之内所得的利润与其固有的资本相等。 ㊱"欲长钱"四

句——意谓下谷价廉，可以大量购入，至贵时卖出，可获大利。上谷质高，母大子肥，若为做种子以提高收获量，则应不计价昂而取上谷。上种：指上等谷物。 ㊲趋时若猛兽挚鸟之发——《国语·越语下》范蠡曰："臣闻从时者，犹救火追亡人也，蹶而趋之，唯恐弗及。"与此意同。㊳仁不能以取予——谓心慈手软，不能当机立断地决定取还是予。㊴猗顿用盬（gǔ）盐起——《孔丛子》曰："鲁之穷士也，耕则常饥，桑则常寒，闻陶朱公富，往而问术焉。朱公告之曰：'子欲速富，当畜五牸。'于是乃适西河，大畜牛羊于猗氏之南，十年之间，其滋息不可计，赀拟王公，驰名天下。以兴富于猗氏，故曰猗顿。"与此说异。盬：古代盐池名，在今山西运城。 ㊵埒（liè）富——比富，其富相等。埒：相等。 ㊶乌氏倮（luǒ）——乌氏人，名倮。乌氏：秦县名，县治在今甘肃平凉东。 ㊷斥卖——犹言"卖去"。斥：弃，逐。 ㊸间献遗戎王——言其由秦国私下倒卖于戎王。间：私也。谓违法而出。 ㊹比封君——与有封地的君长相同。按：战国时期，一国的君长曰侯曰王，国内有封地的功臣、贵族则称君，如商君、平原君等即是。 ㊺朝请——指进见皇帝。春曰朝，秋曰请。 ㊻巴寡妇清——巴郡的寡妇名清者。巴：秦郡名，郡治江州（在今重庆嘉陵江北岸）。 ㊼丹穴——丹砂矿。 ㊽不訾（zī）——（财产）多得无法计算。訾：计量。㊾客之——待之如宾客，不像对待其他臣民。 ㊿女怀清台——在今重庆长寿区。中井积德曰："怀，疑女之姓氏。"又曰："虽称始皇帝，而是事盖在未并吞之时，故军兴有资于其力也，非徒嘉其富厚。"
(51)鄙人——边僻地区的人。鄙：边邑。

汉兴，海内为一，开关梁[①]，弛山泽之禁[②]，是以富商大贾周流天下，交易之物莫不通，得其所欲，而徙豪杰诸侯强族于京师[③]。

关中自汧、雍[④]以东至河、华，膏壤沃野千里，自虞夏之贡[⑤]以为上田，而公刘适邠，[⑥]大王、王季在岐，[⑦]文王作丰[⑧]，武王治镐[⑨]，故其民犹有先王之遗风，好稼穑，殖五谷，地重[⑩]，重为邪[⑪]。及秦文、德、缪居雍，[⑫]隙[⑬]陇蜀之货物而多贾。献公徙栎邑，[⑭]栎邑北郤[15]戎翟，东通三晋，亦多大贾。孝、昭治咸阳，[16]因以汉都，长安诸陵[17]，四方辐凑并至而会，地小人众，故其民益玩巧而事末[18]也。南则巴蜀。巴蜀亦沃野[19]，地饶卮[20]、姜、丹沙、石、铜、铁、竹、木之器。南御滇僰，僰僮。[21]西近邛笮，[22]笮马、旄牛。然四塞[23]，栈道千里，无所不通，唯褒斜绾毂其口，[24]以所多易所鲜[25]。天水、陇西、北地、上郡与关中同俗，[26]然西有羌[27]中之利，北有戎翟之畜，畜牧为天下饶。然地亦穷险，唯京师要其道[28]。故关中之地，于天下三分之一，而人众不过什三；然量其富，什居其六。

昔唐人都河东，[29]殷人都河内[30]，周人都河南[31]。夫三河天下之中，若鼎足，王者所更[32]居也，建国各数百千岁，土地小狭，民人众，都国诸侯所聚会[33]，故其俗纤俭[34]习事。杨、平阳陈西贾秦、翟，[35]北贾种、代。[36]种、代，石北[37]也，地边胡[38]，数被寇。人民矜懻忮[39]，好气，任侠为奸，不事农商。然迫近北夷，师旅亟往[40]，中国委输时有奇羡。[41]其民羯羠不均[42]，自全晋之时[43]固已患其慓悍，而武灵王益厉之，[44]其谣俗犹有赵之风也。故杨、平阳陈掾[45]其间，得所欲。温、轵西贾上党，[46]北贾赵、中山。[47]中山地薄人众，犹有沙丘纣淫地余民[48]，民俗懁急[49]，仰机利[50]而食。丈夫相聚游戏，悲歌忼慨，起则相随椎剽[51]，休则掘冢作巧奸冶，[52]多美物，为倡优。[53]女子则鼓鸣瑟，跕屣[54]，游媚贵富，入后宫，遍诸侯[55]。

然邯郸亦漳、河[56]之间一都会也。北通燕、涿，[57]南有郑、卫。[58]郑、卫俗与赵相类，然近梁、鲁，[59]微重而矜节。[60]濮上之邑徙野王[61]。野王好气任侠，卫之风也。

夫燕亦勃、碣[62]之间一都会也。南通[63]齐、赵，东北边胡。上谷至辽东，[64]地踔远[65]，人民希，数被寇，大与赵、代俗相类，而民雕捍[66]少虑，有鱼盐枣栗之饶。北邻乌桓、夫餘，[67]东绾秽貉、朝鲜、真番之利。[68]

雒阳东贾齐、鲁，南贾梁、楚。故泰山之阳则鲁，其阴则齐。齐带山海[69]，膏壤千里，宜桑麻，人民多文彩布帛鱼盐。临菑[70]亦海岱之间一都会也。其俗宽缓阔达，而足智，好议论，地重，难动摇[71]，怯于众斗[72]，勇于持刺，故多劫人者，大国之风也。其中具五民[73]。

而邹、鲁滨洙、泗，[74]犹有周公遗风，俗好儒，备于礼，故其民龊龊[75]。颇有桑麻之业，无林泽之饶。地小人众，俭啬，畏罪远邪。及其衰，好贾趋利，甚于周人。

夫自鸿沟以东，芒、砀以北，[76]属巨野，[77]此梁、宋也。陶、睢阳亦一都会也。[78]昔尧作游成阳，[79]舜渔于雷泽[80]，汤止于亳[81]。其俗犹有先王遗风，重厚多君子，好稼穑，虽无山川之饶，能恶衣食[82]，致其蓄藏。

越、楚[83]则有三俗。夫自淮北沛、陈、汝南、南郡，[84]此西楚也。其俗剽轻[85]，易发怒，地薄，寡于积聚。江陵故郢都[86]，西通巫、巴，[87]东有云梦[88]之饶。陈在楚夏之交[89]，通鱼盐之货，其民多贾。徐、僮、取虑[90]。则清刻，矜已诺。[91]

彭城[92]以东，东海、吴、广陵，[93]此东楚也。其俗类徐、僮。朐、缯以北，[94]俗则齐。浙江[95]南则越。夫吴阖庐、春申、王濞三人招致天下之喜游子弟，[96]东有海盐之饶，章山[97]之铜，三江、五湖之利，[98]亦江东一都会也。

衡山、九江，江南豫章、长沙，[99]是南楚也。其俗大类西楚。郢之后徙寿春[100]，亦一都会也。而合肥受南北潮，[101]皮革、鲍、木输会也。[102]与闽中、干越杂俗，[103]故南楚好辞，巧说少信。江南卑湿，丈夫早夭。多竹木。豫章出黄金，长沙出连、锡，然堇堇物之所有[104]，取之不足以更[105]费。九疑、苍梧以南至儋耳者，[106]与江南大[107]同俗，而杨越多[108]焉。番禺[109]亦其一都会也，珠玑、犀、玳瑁、果、布之凑[110]。

颍川、南阳，夏人之居也。[111]夏人政尚忠朴，犹有先王之遗风。颍川敦愿[112]。秦末世，迁不轨之民于南阳。南阳西通武关、郧关，[113]东南受汉、江、淮。宛亦一都会也。俗杂好事，业多贾。其任侠,交通颍川,故至今谓之“夏人”。

夫天下物所鲜所多,人民谣俗[114],山东食海盐,山西食盐卤[115],领南、沙北固往往出盐。[116]大体如此矣。

总之,楚越之地,地广人希,饭稻羹鱼,或火耕而水耨[117],果隋蠃蛤,[118]不待贾而足,地势饶食,无饥馑之患,以故呰窳偷生[119],无积聚而多贫。是故江、淮以南,无冻饿之人;亦无千金之家。沂[120]、泗水以北,宜五谷桑麻六畜,地小人众,数被水旱之害,民好畜藏,故秦、夏、梁、鲁好农而重民。三河、宛、陈亦然,加以商贾。齐、赵设智巧,仰机利。燕、代田畜而事蚕。

(以上为第三段,记载了全国各地区的地形、物产,以及各地的风土人情。)

①开关梁——指取消了国内各地互相来往的限制。关:关塞。梁:津梁、渡口、桥梁。 ②弛山泽之禁——指准许人们随便开发。弛:放开,解除。 ③徙豪杰诸侯强族于京师——把各地有财有势的人迁到京师,一方面有利于首都的繁荣,另一方面也是为便于对他们实行看管,免使其在各地滋事为乱。诸侯:指各诸侯国,亦泛指东方各地。 ④汧(qiān)、雍——秦县名,汧县县治在今陕西陇县南,因有汧水而得名。雍县县治在今陕西宝鸡凤翔区。 ⑤虞夏之贡——虞、夏时代所规定的各地对中央帝王的贡纳。今《尚书》中有《禹贡》篇,即记此事。 ⑥公刘——周族的祖先。相传是后稷的曾孙,其上代曾失其官守,“自窜于戎狄之间”,至公刘,“能复修后稷之业,民以富实,乃相土地之宜,而立国于豳之谷焉。” 邠(bīn)——同“豳”。古邑名,在今陕西旬邑西。 ⑦大王——即古公亶父,文王的祖父,后尊之曰太王。大:通“太”。 王季——名季历,文王的父亲,后尊之曰王季。 岐——山名,在今陕西岐山县北。当时的周国都城在岐山东南。 ⑧丰——旧都名,在今陕西西安长安区西南。 ⑨镐——旧都名,在今陕西西安长安区西北,丰都的东北。 ⑩地重——土地被人们所看重。 ⑪重为邪——《索隐》曰:“重者,难也,畏言不敢为奸邪。”重:难,不轻易。 ⑫文——秦文公,公元前765—前716年在位。 德——秦德公,公元

前677—前676年在位。　缪——秦缪公，名任好，公元前659—前621年在位。　⑬隙——孔道，这里用作动词，即“通”的意思。　⑭献公——名师隰(xí)，战国时秦国国君，公元前384—前362年在位。　栎(yuè)邑——亦称栎阳，在今陕西西安阎良区东南。　⑮郤——通“隙”，用作动词，“通”的意思。　⑯孝——秦孝公，名渠梁，公元前361—前338年在位。　昭——秦昭王，名则，公元前306—前251年在位。　⑰“因以汉都”二句——按：八字略生涩，大意谓秦既已都于咸阳，而汉又接续着建都于关中，汉代皇帝们的陵墓也都在长安周围，这就使得关中更成了“四方辐凑并至而会”的地方。　⑱益玩巧而事末——郭嵩焘曰：“关中风俗，至秦而变。”　⑲巴蜀亦沃野——按：这里主要指蜀郡，巴郡恐难说是“沃野”。　⑳卮(zhī)——一种野生植物。紫赤色，可制胭脂。　㉑滇——战国以来的小国名，武帝时归汉，设其地为益州郡，郡治滇池(在今云南昆明晋宁区东)。　僰(bó)——僰道，古邑名，在今四川宜宾西南。　僰僮——僰族人被掠卖为奴者。这里指有僰僮被掠到巴蜀来卖。　㉒邛——邛都，当时为越嶲(xī)郡的郡治所在地，在今四川西昌东南。　笮(zuó)——亦作“筰”，筰都，曾为沈黎郡的郡治所在地，在今四川汉源东北。　㉓四塞——四面都有屏障要塞。　㉔褒斜——古道路名，因其取道于褒、斜二水的河谷，故称褒斜道。是古代巴蜀经南郑通往关中的重要通道之一。　绾(wǎn)毂——《索隐》曰：“言褒斜道狭，绾其道口，有若车毂之凑，故云绾毂也。”绾：收束，控制。　㉕以所多易所鲜——以其所余，换其所缺。

㉖天水——汉郡名，郡治平襄(在今甘肃通渭西北)。　陇西——汉郡名，郡治狄道(在今甘肃临洮)。　北地——汉郡名，郡治马岭(在今甘肃庆城西北)。　上郡——汉郡名，郡治肤施(在今陕西榆林东南)。

㉗羌——古用以称居住在今宁夏、青海、甘肃一带的少数民族。

㉘要其道——《正义》曰：“言要束其路也。”谓长安扼守着他们东出、南来的交通要道。　㉙唐人——指尧。　河东——古地区名，指今山西西南部，因其地处黄河以东，故云。尧都平阳(在今山西临汾西南)，地属河东。　㉚河内——古地区名，指今河南黄河以北地区。商朝曾经先后都于邢(在今河南温县东)、殷(在今河南安阳小屯村)、朝歌(在今

河南淇县),其地皆属河内。 ㉛河南——古地区名,指今河南西部黄河以南地区。东周都雒阳,在今河南洛阳。 ㉜更——轮流,交替。 ㉝都国诸侯所聚会——意谓这一带是许多诸侯建立过国家的地方。都:建都,用作动词。 ㉞纤俭——吝啬,俭朴。 ㉟杨——汉县名,县治在今山西洪洞东南。 平阳陈——"陈"字衍。平阳:汉县名,县治在今山西临汾西南。 翟(dí)——通"狄"。春秋时期居住在今陕西、山西北部一带的少数民族,有赤翟、白翟、长翟三支。 ㊱种——《正义》曰"种在恒州石邑县北,盖蔚州(在今河北蔚县)也"。 代——汉县名,县治在今河北蔚县东北,当时亦为代郡的郡治所在地。 ㊲石北——石邑县之北。石邑:汉县名,县治在今河北石家庄鹿泉区,当时属常山郡。 ㊳边胡——靠近胡人地区。胡:当时指匈奴族。 ㊴懻忮(jì zhì)——强悍。《正义》曰:"强直而很也。"很:凶暴,性情执拗。 ㊵亟往——屡次到那里去。亟:屡。 ㊶委输——运输。这里指由内地运来的供应前方的东西。 奇(jī)羡——盈余,剩余。奇:零数。羡:剩余。陈子龙曰:"用兵之地,资财所聚,民得以贸易获利。" ㊷羯羠(yí)不均——《集解》引徐广曰:"(羯、羠,)皆健羊名。"《索隐》曰:"其方人性若羊,捷悍而不均。"按:即今"桀骜不驯"之意。 ㊸全晋之时——晋国的全盛时期,指春秋中期和中后期的晋国,与后来晋被分为韩赵魏三个国家相对而言。当时种、代属晋。 ㊹武灵王——名雍,公元前325—前299年在位,战国时期赵国最有作为的国君,曾胡服骑射,改革制度,对赵国发展起了重要作用。 厉——通"励"。劝勉,鼓励,发扬。 ㊺陈掾——犹言"因缘""凭借"。谓利用其形势进行谋利。 ㊻温——汉县名,县治在今河南温县西南。 轵(zhǐ)——汉县名,县治在今河南济源东南。温、轵二县汉代皆属河内郡。 上党——汉郡名,郡治长子(在今山西长子西南)。 ㊼赵——战国时诸侯国名,都邯郸(在今河北邯郸)。 中山——春秋末年鲜虞族在今河北中南部建立的小国名,都于顾(在今河北定州),后被魏国所灭。 ㊽犹有沙丘纣淫地余民——按:文字略不顺,其意谓这里有殷纣王所筑的沙丘台,还留着殷纣王荒纵享乐的余风。 ㊾懁(xuān)急——急躁。懁:性急。 ㊿仰机利——指相时投机以谋利。 51椎剽(piāo)——槌击人以剽劫其物。椎:用椎击。剽:劫取。 ㊾作巧——谓制作巧伪之物。 奸冶——《正义》曰:“奸荡淫冶。” ㊿美物——有本作“弄物”,这里指漂亮男人。 倡优——古代用以称呼那些以音乐、舞蹈、杂技、滑稽等艺术为职业的人。 ㉔跕屣(tiē xǐ)——犹如今之所谓“趿(tā)拉着鞋子”。跕:行曳履,即“趿拉”。屣:鞋之无后跟者。 ㉕遍诸侯——犹言各国的诸侯贵族那里都有来自中山的女人。 ㉖漳、河——漳水、黄河。漳河流经邯郸南,东北入古黄河。 ㉗燕——汉代诸侯国名,都于蓟县(在今北京)。 涿——汉郡名,郡治涿县(在今河北涿州)。 ㉘郑——指今河南新郑一带,春秋时期属郑国,都新郑。 卫——指今河南濮阳、淇县一带,春秋时期曾属卫国。 ㉙梁——指今河南开封一带,其地战国时期属魏(梁)。汉代亦有梁国,都睢阳(在今河南商丘南)。 鲁——春秋时期诸侯国名,汉代亦有鲁国,皆都曲阜,在今山东曲阜。 ㉚重——稳重,持重。 矜节——以节义相尚。 ㉛濮上之邑徙野王——事在秦王政六年(前241)。时秦兵伐魏,拔魏二十城,又拔朝歌,设东郡。迁魏之附庸卫元君及其支属于野王(在今河南沁阳)。濮上之邑:指濮阳(在今河南濮阳西南),原为卫元君所居之地,后为秦国东郡郡治所在地。 ㉜勃、碣——渤海、碣石。碣石:山名,在今河北昌黎西北。 ㉝通——通连,这里即“靠近”的意思。 ㉞上谷——汉郡名,郡治沮阳(在今河北怀来东南)。 辽东——汉郡名,郡治襄平(在今辽宁辽阳)。 ㉟踔(chuō)远——犹言“辽远”。踔:通“卓”。高远。 ㊱雕捍——《索隐》曰:“如雕性之捷捍也。” ㊲乌桓——当时活动于今内蒙古通辽、林西一带的少数民族名。 夫馀——当时居住在今吉林市至农安县为中心的松嫩平原上的少数民族名。 ㊳秽貉——当时建立在今朝鲜东北部及我国东北的小国名。 朝鲜——当时建立在今朝鲜西北部的小国名,都王险(在今朝鲜平壤),武帝时被汉所灭,设乐浪、玄菟、真番、临屯四郡。 真番——武帝时期在今朝鲜境内设立的郡名,辖境约当今朝鲜黄海北道的大部分和黄海南道及韩国京畿道北部地区。 ㊴带山海——被山海所环抱,其围如带。 ㊵临菑——春秋、战国时的齐国国都,在今山东淄博临淄区。 ㊶难动摇——指不肯轻易离开乡土。 ㊷怯于众斗——怯于摆开阵势的交战。按:《孙子吴起列传》中庞涓有云“我固知齐军怯”也,知战国以来人们对齐国人的确有这种看法。 ⑦③五民——指士、农、工、商、贾。一说,指五方之人。 ⑦④邹——汉县名,在今山东邹城东南,其地是孟子的故乡。 洙、泗——二水名,古时洙水在泗水县北与泗水合流,西至曲阜东北与泗水分流,在济宁一带南折注入泗水,泗水源出泗水县,至济宁转向,东南入淮水。 ⑦⑤龊龊(chuò)——拘谨,注意小节的样子。 ⑦⑥鸿沟——古运河名,西起今河南荥阳北,引河水,东至开封,南行,经淮阳入颍水。 芒、砀——汉代二县名,芒县县治在今河南永城东北;砀县县治也在今河南永城东北。 ⑦⑦属——连,这里犹如说“(北)至”。 巨野——古代薮泽名,在今山东巨野北。⑦⑧陶——定陶,在今山东菏泽定陶区西北。汉代为济阴郡郡治所在地。睢阳——汉代为梁国都城,在今河南商丘南。 ⑦⑨作——兴起。成阳——汉县名,县治在今山东菏泽东北。 ⑧⓪雷泽——古薮泽名,在今山西永济蒲州镇南。一说雷泽为古县名,在今山东菏泽东北,成阳即在其侧。 ⑧①亳(bó)——古邑名。有三说,一说在今河南商丘东南;一说在今河南商丘北;一说在今河南洛阳偃师区西。 ⑧②恶衣食——指省吃俭用。 ⑧③越、楚——《正义》曰:“越灭吴,则有江淮以北;楚灭越,兼有吴越之地,故言越、楚也。” ⑧④沛——汉郡名,郡治相县(在今安徽濉溪西北)。 陈——汉县名,县治在今河南周口淮阳区,当时为淮阳国的都城。 汝南——汉郡名,郡治平舆(在今河南平舆北)。南郡——汉郡名,郡治江陵(在今湖北荆州市荆州区)。 ⑧⑤剽轻——易动好乱的意思。 ⑧⑥郢都——即江陵,春秋后期至战国前期楚国建都于此。 ⑧⑦巫——巫峡,在今重庆巫山县东。 巴——汉郡名,郡治江州(在今重庆北)。 ⑧⑧云梦——古代薮泽名。据汉、魏人记载,云梦泽在南郡华容县(在今湖北潜江西南)南。 ⑧⑨陈在楚夏之交——《正义》曰:“夏都计阳城。言陈南则楚,西及北则夏,故云楚夏之交。” ⑨⓪徐、僮、取虑——皆汉县名,当时属临淮郡。徐县县治在今江苏泗洪南。僮县县治在今安徽泗县东北。取虑县治在今安徽灵璧东北。⑨①清刻——廉洁仔细。 矜已诺——意即“重然诺”,说了话算数。⑨②彭城——在今江苏徐州。 ⑨③东海——汉郡名,郡治郯县(在今山东郯城北)。 吴——汉县名,县治在今江苏苏州。 广陵——在今江苏扬州西北,西汉时为广陵国的都城。 ㉔朐、缯——皆汉县名,当时属东海郡。朐县县治在今江苏连云港市西南。缯县县治在今山东兰陵西北。 ㉕浙江——即今之钱塘江。 ㉖阖庐——春秋末期吴国国君,公元前514—前496年在位,是有名的"五霸"之一。 春申——指黄歇,战国后期人,曾为楚考烈王相二十余年,号春申君,其封地在今江苏苏州一带。 王濞——即高祖刘邦之侄刘濞,高祖十二年(前195)被封为吴王,都广陵(在今江苏扬州)。 ㉗章山——章:应作"鄣",秦县名,县治在今浙江安吉。汉时改称故鄣,先曾属吴国,后属丹阳郡。山即故鄣境内之山。 ㉘三江——据《汉书·地理志》,此处乃指长江、吴淞江和芜湖宜兴间的一条由长江至太湖的引水河。当时称此三水曰北江、南江、中江。 五湖——泛指太湖一带的湖泊。一说,五湖指太湖。 ㉙衡山——汉初诸侯国名,都于邾(在今湖北黄冈西北)。 九江——汉郡名,郡治寿春(在今安徽寿县)。 江南豫章、长沙——《正义》曰:"此言大江之南豫章、长沙二郡,南楚之地耳。"按:此说是,衡山、九江皆在江北,"豫章、长沙"上面加"江南"二字,为表明其方位在长江之南。《集解》有所谓"江南者,丹阳也"云云,甚误。豫章:汉郡名,郡治南昌(在今江西南昌市)。长沙:汉代诸侯国名,都临湘(在今湖南长沙市)。 ⑩郢之后徙寿春——战国后期,楚国为避秦国攻击,于顷襄王时由江陵迁都于陈,考烈王时由陈迁都巨阳,之后又迁都寿春。地名都称作"郢",但实际已变了四个地方。 ⑩合肥——汉县名,县治在今安徽合肥西。 受南北潮——《正义》曰:"言江淮之潮,南北俱至庐州(即合肥)也。"按:此处实指南面长江流域的货物,北面淮河流域的货物,都可以由水路运到合肥。 ⑩鲍——咸鱼。 输会——荟萃之地。 ⑩闽中——秦郡名,郡治东冶(在今福建福州),汉初为闽越小国。武帝后属会稽郡。 干越——犹言"吴越"。《庄子·刻意》:"夫有干越之剑者。"司马彪曰:"干,吴也。吴越出善剑也。"《荀子·劝学》:"干越夷貉之子。"杨倞注:"干越,犹言吴越。" ⑩堇堇物之所有——言黄金连锡诸物之出产甚少。堇堇:不多的样子。堇:通"仅"。少。 ⑩更——抵偿。 ⑩九疑——山名,在今湖南宁远南。

苍梧——汉郡名，郡治广信（在今广西梧州）。 儋耳——武帝时期曾设立过的郡名，郡治儋耳（在今海南儋州西北）。 ⑩⑦大——大体、大致。 ⑩⑧杨越多——谓扬州、百越的风俗在此居多。杨：应作“扬”。扬州是武帝时期的十三刺史部之一，辖区为今江苏的长江、安徽的淮河以南，和浙江、福建、江西三省，以及河南、湖北的部分地区。越：指今福建、广东、广西等地区，当时为越人所居，因其种类繁多，故称百越。⑩⑨番禺——在今广东广州。当时为南海郡的郡治所在地。 ⑪⓪凑——集，这里是“集散之地”的意思。 ⑪①颍川——汉郡名，郡治阳翟（在今河南禹州）。 南阳——汉郡名，郡治宛县（在今河南南阳）。 夏人之居——据说夏禹都于阳城，阳城在今河南登封，距禹州不远，故云。

⑪②敦愿——老实，厚道。 ⑪③武关——在今陕西丹凤东南。 郧关——凌稚隆曰：“郧关是古郧国，今郧阳也。”按：郧阳在今湖北十堰郧阳区，地处汉水上游，在南阳西。 ⑪④夫天下物所鲜所多，人民谣俗——刘辰翁曰：“‘夫天下物所鲜所多，人民谣俗’，犹具题目，其说见下。”按：二句生涩，似有脱误。 ⑪⑤盐卤——谓池盐。 ⑪⑥领南——指五岭以南地区，约当今之广东、广西及越南北部一带。领：通“岭”。沙北——《正义》曰：“谓池、汉之北也。”按：《正义》称池、汉为“沙北”不知何据，池、汉似指池河与西汉水，在今川陕甘三省交界处，其地有盐关。一说沙北指沙漠以北地区，即今蒙古高原一带。 ⑪⑦火耕而水耨（nòu）——谓先以火焚毁杂树野草，既可去秽又当施肥；而后下种、浇水，再有草生则随时芟除之。耨：除草。 ⑪⑧果隋——隋：《集解》引徐广曰：“《地理志》作蓏（luǒ）”。木本植物的果实叫果，草本植物的果实叫蓏，这里作瓜果的总称。 蠃蛤——泛指甲壳类的小动物。蠃：通“螺”。蛤：蛤蜊。 ⑪⑨呰窳（zǐ yǔ）偷生——懒惰，得过且过。呰窳：苟且懒惰。 ⑫⓪沂——水名，发源于今山东沂源，南经临沂入江苏，汇入古泗水。

由此观之，贤人深谋于廊庙，论议朝廷[①]，守信死节隐居岩穴之士设为名高者安归乎[②]？归于富厚也。是以廉吏久，久更富[③]，廉贾归富[④]。富者，人之情性，所不学而俱欲者也。故壮士在军，攻城先登，陷阵却敌，斩将搴[5]旗，前蒙[6]矢石，不避汤水之难者，为重赏使也。其在闾巷少年，攻剽椎埋，劫人作奸，掘冢铸币，任侠并兼，借交报仇[7]，篡逐幽隐，[8]不避法禁，走死地如骛[9]者，其实皆为财用耳。今夫赵女郑姬[10]，设形容[11]，揳[12]鸣琴，揄[13]长袂，蹑利屣[14]，目挑心招，出不远千里，不择老少者，奔富厚也。游闲公子，饰冠剑，连车骑，亦为富贵[15]容也。弋射渔猎，犯晨夜，冒霜雪，驰坑谷，不避猛兽之害，为得味也。博戏驰逐，[16]斗鸡走狗，作色相矜，必争胜者，重失负[17]也。医方诸食技术[18]之人，焦神极能，为重糈[19]也。吏士舞文弄法，刻章伪书，不避刀锯之诛者，没[20]于赂遗也。农工商贾畜长[21]，固求富益货也。此有知尽能索耳，终不余力而让财矣[22]。

谚曰："百里不贩樵，千里不贩籴[23]。""居之一岁，种之以谷；十岁，树之以木；百岁，来之以德[24]。"德者，人物之谓也。今有无秩禄之奉，爵邑之人，而乐与之比者，命曰"素封"[25]。封者食租税，岁率户二百。千户之君则二十万，朝觐聘享出其中。[26]庶民农工商贾，率亦岁万息二千，百万之家则二十万，而更徭[27]租赋出其中。衣食之欲，恣所好美[28]矣。故曰陆地牧马二百蹄[29]，牛蹄角千[30]，千足羊，泽中千足彘，水中千石鱼陂[31]，山居千章之材[32]。安邑[33]千树枣；燕、秦千树栗；蜀、汉[34]、江陵千树橘；淮北、常山已南，河济之间千树萩；[35]陈、夏[36]千亩漆；齐、鲁千亩桑麻；渭川千亩竹，及名国万家之城；带郭千亩亩钟之田，[37]若千亩卮茜，[38]千畦姜韭：此其人皆与千户侯等。然是富给之资也，不窥市井，不行异邑，坐而待收，身有处士之义而取给焉[39]。若至家贫亲老，妻子软弱，岁时无以祭祀进醵[40]，饮食被服不足以自通，如此不惭耻，则无所比[41]矣。是以无财作力[42]，少有斗智，既饶争时[43]，此其大经也。今治生不待危身取给，则贤人勉焉。是故本富为上，末富次之，奸富最下[44]。无岩处奇士之行，而长贫贱，好语仁义，亦足羞也[45]。

凡编户之民[46]，富相什则卑下之，伯则畏惮之，千则役，万则仆[47],物之理也。夫用贫求富,农不如工,工不如商,刺绣文不如倚市门,[48]此言末业,贫者之资也。通邑大都,酤一岁千酿[49],醯酱千瓨,[50]浆千甔[51],屠牛羊彘千皮,贩谷粜千钟,薪稿千车,船长千丈[52],木千章,竹竿万个,其轺车百乘[53],牛车千两,木器髤[54]者千枚,铜器千钧[55],素木铁器若卮茜千石,马蹄躈千[56],牛千足,羊彘千双,僮手指千[57],筋角丹沙千斤,其帛絮细布千钧,文采千匹,榻布[58]皮革千石,漆千斗,糵曲盐豉千荅[59],鲐鮆千斤,[60]鲰[61]千石,鲍千钧,枣栗千石者三之,狐鼦[62]裘千皮,羔羊裘千石,旃席千具,佗果菜千钟[63],子贷金钱千贯[64],节驵会[65],贪贾三之,廉贾五之[66],此亦比千乘之家,其大率也。佗杂业不中什二[67],则非吾财[68]也。

请略道当世千里之中,贤人所以富者,令后世得以观择焉。

(以上为第四段,分析论述了财货对人类活动、对社会等级形成的决定性作用,肯定了追求财富乃人性之必然。)

①论议朝廷——按:“朝廷”上应增“于”字读。 ②安归乎——犹言:“图的是什么呢?” ③廉吏久,久更富——谓吏廉则不致以贪墨败而能久于其位,久于其位则虽廉亦能变富。 ④廉贾归富——意谓不贪婪的商人反而赚钱获利更多。 ⑤搴(qiān)——拔取。 ⑥蒙——冒。 ⑦借交报仇——为给朋友报仇而不顾个人安危,如同把自己的身体借给朋友去使用一样。 ⑧篡逐——指劫夺财物。 幽隐——指无人之地。 ⑨走死地如骛——极言其冒险轻生之状。骛:奔驰。 ⑩赵女郑姬——指倡伎。 ⑪设形容——指梳妆打扮。 ⑫揳(jiá)——通“戛”。抚,弹奏。 ⑬揄(yú)——引,扬。 ⑭利屣——舞鞋。 ⑮为富贵——为夸耀个人的富贵。 ⑯博戏——指赌博。 驰逐——指赛车赛马之类。 ⑰重失负——犹言“怕输”。重:看重,担心。失、负义同。 ⑱食技术——犹言“以某项技术为业”。 ⑲糈——原指祭神用的精米,后用以指报谢巫祝及占卜相面等方伎之士的财礼。 ⑳没——沉溺,被迷惑。 ㉑富长——富货长利。 ㉒“此有知尽能索耳”二句——意谓为了获得钱财,只有竭尽一切智计而后已,绝不会留着劲不用。索:尽,竭。 ㉓百里不贩樵,千里不贩籴

(dí)——言其利不偿费。樵:薪柴。籴:买进粮食。 ㉔来之以德——以己的道德吸引远人来归附。按:《管子·权修》云:"一年之计,莫如树谷;十年之计,莫如树木;终身之计,莫如树人。"盖当时俗语如此。㉕"今有无秩禄之奉"四句——无秩禄之奉:不靠做官而有的财货收入。秩:官级。爵邑之人:封地的收入。乐:富厚享乐。素封:没有封号的贵族。 ㉖朝觐——这里指诸侯朝见天子所用的花销。 聘享——这里指各国诸侯相互往来所需用的花销。 ㉗更徭——指劳役费。汉代规定,凡是到达一定年龄的男人,每年都要出一定时间的劳役。凡不愿去者可以交钱,由官府雇人前去。 ㉘恣所好美——指尽情享受。恣:随意。 ㉙马二百蹄——指五十匹。 ㉚牛蹄角千——指一百头。每头牛八瓣蹄子,两只角。 ㉛千石鱼陂(bēi)——每年可捕捞千石鱼的池塘。石:一百二十斤。陂:堤堰。 ㉜千章之材——千根木材。中井积德曰:"材木一根谓之章。" ㉝安邑——汉县名,县治在今山西夏县西北。当时为河东郡的郡治所在地。 ㉞汉——指汉中郡,郡治西城(在今陕西安康西北)。 ㉟常山——汉郡名,郡治元氏(在今河北元氏西北)。 萩——通"楸",乔木名。 ㊱夏——指颍川郡(郡治阳翟,在今河南禹州),相传禹曾都此。 ㊲带郭——围绕城市(的农田)。带:围。 亩钟——每亩可收一钟。 ㊳若——或者。 茜(qiàn)——草名,可做红染料。 ㊴身有处士之义而取给焉——意谓饶是身有隐者之名,而生活又很富厚。 ㊵岁时无以祭祀进醵(jù)——意谓过年过节连点祭祀祖先、合家聚食的费用都没有。进醵:指聚食。 ㊶无所比——没有任何人愿与他相提并论。比:并列。㊷无财作力——没有钱的人只能当苦力。 ㊸既饶争时——按:此亦《韩非子·五蠹》"长袖善舞,多钱善贾"之意。 ㊹"是故本富为上"三句——冈白驹曰:"本富,农种而富,坐而待收者也。末富,以贾富者。奸富,奸巧斗智而富者。" ㊺"无岩处奇士之行"四句——中井积德曰:"苟有岩处奇士之行,则虽长贫贱无所羞,而太史公固不说之也。文意自周匝。后人辄生贬议者,不晓文义之故耳。"按:班固父子指斥司马迁"述货殖,则崇势利而羞贱贫",即从此处说起。 ㊻编户之民——指平民百姓。编户:编入户籍。 ㊼"富相什则卑下之"四句——经济条件相差十倍,就低人家一等,差得越多越可怜,以致成了人家的奴隶。社会等级,人与人的关系,全由这种经济力量决定。史公见解殊妙。伯:义同"佰"。 ㊽刺绣文——指工者之事。 倚市门——指商贾之事。 ㊾酤一岁千酿——按:文字不顺,"千酿"似应作"千瓮",与下文"千坻""千甔"同例。酤:一宿即成的酒。这里泛指酒。 ㊿醯(xī)酱——指醋。醯:醋。 坻(hóng)——陶制瓶类,可受十升。 ㉛甔(dān)——缸类,可受十斗。 ㉜船长千丈——谓一年当中卖出的船的总长度。中井积德曰:"船车竹木畜僮布帛,皆卖买之货,非蓄藏。" ㉝其轺(yáo)车百乘——其:《汉书》无"其"字。中井积德曰:"疑衍。"轺车:一马驾驶的小车。 ㉞髹(xiū)——以漆漆物。 ㉟钧——三十斤。 ㊱马蹄躈(qiào)千——指二百匹。躈:马的肛门。 ㊲僮手指千——指奴仆百人。 ㊳榻布——师古曰:"粗厚之布也,其价贱,故与皮革同其量耳。" ㊴荅——应作"苔",或作"瓿",瓦器,可受一斗六升。 ㊵鲐(tái)——海鱼。 鮆(jì)——刀鱼。 ㊶鲰(zōu)——小杂鱼。 ㊷鮿——同"貂"。 ㊸果菜千钟——梁玉绳曰:"'钟'乃'种'之讹。《汉书》'果采(菜)千种'。" ㊹子贷金钱千贯——指每年可获千贯利钱的债主。子:指利息。 ㊺节驵(zǎng)会——截取佣钱的大商人。节:截取。驵会:师古曰:"侩者,合会二家交易者也。驵者,其首率也。" ㊻贪贾三之,廉贾五之——旧注皆谓此指商贾取利之数。三之:或曰取其什三,或曰取其三分之一。按:此段所举皆各种商贾之获利实数,谓凡获利如此者,可比千乘之家,而无比较贪贾廉贾取利比率的必要;且上文"节驵会"一语,亦缺少获利详情,故窃以为此二语乃指"驵会"对商贾抽取佣钱的比率。 ㊼不中什二——不能获取十分之二的利润。 ㊽非吾财——意指不经营这种商品,或不从事这样的活动。

蜀卓氏[1]之先,赵人也,用铁冶富。秦破赵,迁卓氏。卓氏见虏略[2],独夫妻推辇,行诣迁处。诸迁虏少有余财,争与吏,求近处,处葭萌[3]。唯卓氏曰:"此处狭薄。吾闻汶山[4]之下,沃野,下有蹲鸱[⑤]，至死不饥[⑥]。民工于市，易贾。”乃求远迁。致之临邛[⑦]，大喜，即铁山鼓铸，运筹策，倾[⑧]滇蜀之民，富至僮千人。山池射猎之乐，拟于人君。

程郑，山东迁虏也，亦冶铸，贾椎髻之民[⑨]，富埒卓氏，俱居临邛。

宛孔氏之先，梁人也，用铁冶为业。秦伐魏，迁孔氏南阳。大鼓铸，规陂池[⑩]，连车骑，游诸侯，因通商贾之利[⑪]。有游闲公子之赐与名，然其赢得过当，愈于纤啬[⑫]，家致富数千金，故南阳行贾尽法孔氏之雍容[⑬]。

鲁人俗俭啬，而曹邴氏[⑭]尤甚，以铁冶起，富至巨万。然家自父兄子孙约：“俯有拾，仰有取[⑮]。”贳贷行贾遍郡国。邹、鲁以其故多去文学而趋利者，以曹邴氏也。

齐俗贱奴虏，而刁间独爱贵之。桀黠[⑯]奴，人之所患也，唯刁间收取，使之逐渔盐商贾之利，或连车骑，交守相[⑰]，然愈益任之。终得其力，起富[⑱]数千万。故曰“宁爵毋刁[⑲]”，言其能使豪奴自饶而尽其力。

周人既纤[⑳]，而师史尤甚，转毂以百数，贾郡国，无所不至。雒阳街居[㉑]在齐秦楚赵之中，贫人学事富家，相矜以久贾，数过邑不入门，设任此等[㉒]，故师史能致七千万。

宣曲[㉓]任氏之先，为督道仓[㉔]吏。秦之败也，豪杰皆争取金玉，而任氏独窖仓粟。楚汉相距荥阳[㉕]也，民不得耕种，米石至万，而豪杰金玉尽归任氏，任氏以此起富。富人争奢侈，而任氏折节为俭，力田畜。田畜人争取贱贾，[㉖]任氏独取贵善。富者数世。然任公家约，“非田畜所出弗衣食[㉗]，公事不毕则身不得饮酒食肉。”以此为闾里率，故富而主上重之。

塞之斥[㉘]也，唯桥姚[㉙]已致马千匹，牛倍之，羊万头，粟以万钟计。吴楚七国兵起时，长安中列侯封君行从军旅，赍贷子钱[㉚]，子钱家以为侯邑国在关东，[㉛]关东成败未决，莫肯与。唯无盐氏[㉜]出捐千金贷,其息什之。三月,吴楚平。一岁之中,则无盐氏之息什倍,用此富埒关中。

关中富商大贾,大抵尽诸田,田啬、田兰。韦家[33]栗氏,安陵、杜杜氏,[34]亦巨万。

此其章章尤异者也。皆非有爵邑奉禄弄法犯奸而富,尽椎埋[35]去就,与时俯仰,获其赢利,以末致财,用本守之,以武一切[36],用文持之,变化有概,[37]故足术[38]也。若致力农畜,工虞商贾,为权利以成富[39],大者倾郡,中者倾县,下者倾乡里者,不可胜数。

夫纤啬筋力[40],治生之正道也,而富者必用奇胜。田农,拙业[41],而秦扬以盖一州。掘冢,奸事也,而田叔以起。博戏[42],恶业也,而桓发用富。行贾,丈夫贱行也,而雍乐成[43]以饶。贩脂,辱处[44]也,而雍伯千金。卖浆,小业也,而张氏千万。洒削[45],薄技也,而郅氏鼎食[46]。胃脯,简微耳,[47]浊氏连骑[48]。马医,浅方,张里击钟[49]。此皆诚壹[50]之所致。

由是观之,富无经业[51],则货无常主,能者辐凑,不肖者瓦解。千金之家比一都之君,巨万者乃与王者同乐。岂所谓"素封"者邪?非也?

(以上为第五段,记载了汉兴以来的著名商人的活动情况。)

①卓氏——即卓文君的家族。见《司马相如列传》。 ②见虏略——被秦人所掠挟。略:略取。 ③葭萌——汉县名,县治在今四川广元西南。 ④汶山——即岷山,在今四川中北部,绵延川、甘两省边境。汉代亦设过汶山郡,郡治汶江,在今四川茂县北。 ⑤蹲鸱——芋类。其状如鸱之蹲踞,故云。 ⑥至死不饥——谓贫者可用以充粮,而不致饿死。 ⑦临邛——汉县名,县治在今四川邛崃。 ⑧倾——这里指"压倒""超过"。言其富厚程度。 ⑨贾椎髻之民——与附近的少数民族做生意。椎髻:盘发于顶,其状如锥。指当时少数民族的发式。 ⑩规陂池——修治堤堰池塘。 ⑪游诸侯,因通商贾之利——言其于周游中做买卖。 ⑫"有游闲公子之赐与名"三句——言其为人行事如同富贵公子,赏赐不吝,实际上这样赚得的钱,比那些吝啬商

人要多得多。赢得过当：赚得的钱多于游乐赏赐之开销。 ⑬雍容——富贵闲暇的样子。 ⑭曹邴氏——按：《汉书》无“曹”字。 ⑮俯有拾，仰有取——言其不从事无益活动，动则必有所得。 ⑯桀黠（xiá）——凶悍狡猾。 ⑰守相——郡守和诸侯国之相，皆当时各地方的最高行政长官。 ⑱起富——起家致富。 ⑲宁爵毋刁——《索隐》曰：“奴自相谓曰：‘宁免（奴）去求官爵邪？’曰：‘无刁。’无刁，相止之辞也，言不去，只为刁氏作奴也。” ⑳纤——《集解》引《汉书音义》曰：“俭啬也。” ㉑街居——犹言：“如同十字街口一样地处在……”街：《说文》：“四通道。” ㉒设任此等——犹言“就是靠着这个”。㉓宣曲——地名，应在关中，具体方位不详。大致在今陕西西安西南汉昆明池故址之西。 ㉔督道仓——倪思曰：“督道者，仓所在地名耳。” ㉕楚汉相距荥阳——事在高祖四年、五年。荥阳：秦县名，县治在今河南荥阳东北。 ㉖人——他人。 贾——后作“价”。 ㉗非田畜所出弗衣食——谓一切皆取给于自己，不另购买。极言其俭。 ㉘塞之斥——指武帝对四夷用兵。斥：开也，开拓疆域，使边塞更加广远。 ㉙桥姚——姓桥，名姚。 ㉚赍贷子钱——谓借钱以供携带之需。赍：指行人所带的物品钱财。子钱：放贷以取利息的钱。 ㉛子钱家——放债主。 侯邑国——这些在京列侯的封邑、封国。 ㉜无盐氏——姓无盐，史失其名。 ㉝韦家——汉邑名，其地不详。 ㉞安陵——汉县名，县治在今陕西咸阳东北。 杜——汉县名，县治在今陕西西安东南。 ㉟椎埋——顾炎武曰：“当是‘推移’二字之误。”中井积德曰：“当作‘推理’。” ㊱一切——此指权宜、从便。 ㊲变化——指或买或卖，或缓或急，变化莫测。 有概——指风节法度可观。㊳术——通“述”。 ㊴为权利以成富——指靠着权谋因利乘便而获富者。上文曾云，“无财作力，少有斗智，既饶争时”，此其第二种。㊵纤啬筋力——谓一方面要俭省，一方面要能吃苦出力。 ㊶拙业——笨拙的职业。 ㊷博戏——赌博。按：《货殖列传》而入掘冢、博戏，殊为不伦，《汉书》删之，是。 ㊸雍乐成——人名。 ㊹辱处——使人感到耻辱的行业。 ㊺洒削——洒水磨刀。《索隐》曰：“削刀者名洒削，谓摩（磨）刀以水洒之。” ㊻鼎食——列鼎而食。古代贵族的排场。 ㊼胃脯——以胃做成的卤干。 简微——简单,微小。 ㊽连骑——骑从者连属于道。极言其富厚排场。 ㊾击钟——古代贵族吃饭时,要击钟奏乐。此亦言其富埒王侯。 ㊿诚壹——心志专一。 51富无经业——言什么行业都可以使人发财。经:常,一定。

[**简评**] 作品记载了春秋以来著名商人的活动,赞扬了他们的卓越才能,分析并论证了商业活动发生发展的必然性,突出地肯定了商业活动在发展经济、强国利民上的重大意义,从而和商鞅、韩非以来,直到汉朝初期还流行一时的"重本抑末"、片面压抑商人的理论划清了界限,表明了作者农、工、商、虞四者并重,各不可缺的看法,这是科学的。自春秋时期以来,儒家反对"言利",道家宣扬"寡欲",都不重视甚至反对发展经济,这种迂腐僵化的主张是不利于社会发展的。司马迁引证事实驳斥了儒道两家有关经济问题的错误观点,明确地承认并有力地论证了经济法则的作用,论证了人类追求财富的合理性,突出地表现了司马迁唯物思想的光辉。《货殖列传》与《平准书》是我国古代第一批进入历史科学领域的经济名著,钱锺书曾因为司马迁写了这种"民生日用",而称其为"新史学"的"手辟鸿蒙"者,这不是虚夸的。此外,作品中还有许多关于商业竞争的经验之谈,讲法则,讲规律都非常精辟,很有辩证法。过去人们看这篇文章,往往强调它在讽刺武帝"与民争利"方面的意义,从今天的观点看,这恐怕不是主要的。

[**集评**] 《太史公自序》:"布衣匹夫之人,不害于政,不妨百姓,取与以时而息财富,智者有采焉。作《货殖列传》第六十九。"

班固曰:"(司马迁)是非颇缪于圣人,论大道则先黄老而后

六经,序游侠则退处士而进奸雄,述货殖则崇势利而羞贱贫,此其所蔽也。”(《汉书·司马迁传》)

董份曰:“迁《答任少卿书》自伤极刑家贫不足自赎,故感而作《货殖传》,专慕富利,班固讥之是也。然其纵横自肆,莫知其端,与《游侠传》并称千古之绝矣。”(《史记评林》引)

曾国藩曰:“自桑、孔辈出,当时之弊,天子与民争利。《平准书》讥上之政,《货殖传》讥下之俗。上下交征利,《孟子列传》所为‘废书而叹’也。中惟‘家贫亲老’数行,是子长自伤之辞。”(《史记会注考证》引)

刘咸炘曰:“生计者,史之大事,本不容不书,非必特有用意。后史惟书上之政,而不书下之事,遂使一时生计,无所考见,识既陋狭,乃反诧此为异,谓为愤慨,玩弄讥刺耳。篇中固有感慨讥刺之言,然此篇固不为感慨讥刺作也。”(《太史公书知意》)

李景星曰:“《史记》一书,于古今人物记之详矣,几于无格不备矣。而于书之将终,乃传货殖,举生财之法,图利之人,无贵无贱,无大无小,无远无近,无男无女,都纳之一篇之中。使下上数百年之贩夫竖子、伧父财奴,皆赖以传,几令人莫名其用意所在。或曰‘崇势利’也;或曰‘有所感激’也,纷纷议论,不一而足。是皆以私心窥太史公,究不得太史公之用心也。《诗》曰‘哿矣富人,哀此茕独’,《书》曰‘凡厥其民,既富方谷’,《易》曰‘何以守位?曰仁;何以聚人?曰财’,至《大学》之为书,所言者皆修、齐、治、平之道,而于终篇言生财之道独详。史公此传,正本其意。盖财货者,天地之精华,生民之命脉。困迫豪杰,颠倒众生,胥是物也。惟圣贤及一二自修之士,能不受其束缚,其余几尽在范围之内,而可卑之毋甚高论哉!……其格调之排宕,起伏之层迭,笔致之诡激,句法之变化,无奇不有,又无一相复,洋洋乎巨观也。合全部书读之,凡百余篇未尽之意,皆发于此。如神龙掉尾,如海风回澜,又如河将入海,分为九派,一气混茫之中却自历

历分明。本是以观,庶得其真,一切众评都可删除矣。”(《四史评议》)

梁启超曰:“西士讲富国学,倡论日益盛,持义日益精,皆合地球万国土地人民物产而以比例公理,盈虚消息之。彼族之富强,洵有由哉。然导其先河,乃自希腊,昔贤肇阐义奥,溯逮挽近,乃更光大,虽曰新学,抑亦古谊也。蒙昔读《管子·轻重篇》《史记·货殖传》,私谓与西士所论,有若合符。苟昌明其义而申理其业,中国商务可以起衰。前哲精意,千年湮没,致可悼也。……西人言富国学者,以农、矿、工、商分为四门,农者地面之物也,矿者地中之物也,工者取地面地中之物而制成致用也,商者以制成致用之物流通于天下也。四者相需,缺一不可,与《史记》之言,若合符节。”(《史记货殖列传今义》)

又曰:“彼将全国分为若干个之经济区域,每区域寻出其地理上之特色,举示其特殊物产及特殊交通状况,以规定该区域经济上之物的基件,每区域述其历史上之经过,说明其住民特殊性习之由来,以规定该区域经济上之心的基件。吾侪读此,虽生当二千年后,而于当时之经济社会,已得有颇明了之印象。其妙处乃在以全力写背景,而传中所列举之货殖家十数人,不过借作说明此背景之例证而已。此种叙述法,以旧史家眼光观之,可谓奇特。各史列传,更无一篇,敢蹈袭此法。”(《中国历史研究法》)

钱锺书曰:“斯传文笔腾骧,固勿待言,而卓识巨胆,洞达世情,敢质言而不为高论,尤非常殊众也。夫知之往往非难,行之亦或不大艰,而如实言之最不易;故每有举世成风、终身为经,而肯拈出道破者鲜矣。盖义之当然未渠即事之固然或势之必然,人之所作所行常判别于人之应作应行。诲人以所应行者,如设招使射也;示人之所实行者,如悬镜俾照也。马迁传货殖,论人事似格物理然,著其固然、必然而已。其云‘道之所符,自然之验’,又《平准书》云‘事势之流,相激使然’,正同《商君书·画策》篇所谓‘见本然之政,知必然之理’。《游侠列传》引‘鄙谚’:‘何知仁义?已享其利者为有德。’《汉书·贡禹传》上书引‘俗皆曰’:‘何以孝弟为?财多而光荣。’马迁传货殖,乃为此‘鄙’‘俗’写真耳。道家之教,‘绝巧弃利’;儒家之教,‘何必曰利’。迁据事而不越世,切近而不骛远,既斥老子之‘涂民耳目’,难‘行于’‘近世’,复言‘天下熙熙,皆为利来,天下壤壤,皆为利往’。是则‘崇势利’者,‘天下人’也,迁奋其直笔,著‘自然之验’,载‘事势之流’,初非以‘崇势利’为‘天下人’倡。《韩非子·观形》曰‘镜无见疵之罪’;彪、固父子以此传为迁诟病,无乃以映见嫫母之媸容而移怒于明镜也!”“当世法国史家深非史之为‘大事纪’体者,专载朝政军事,而忽诸民生日用;马迁传《游侠》,已属破格,然尚以传人为主;此篇则全非‘大事纪’‘人物志’,于新史学不啻手辟鸿蒙矣。”(《管锥编》)

太史公自序七十

昔在颛顼，命南正重以司天，北正黎以司地。[①]唐虞之际，绍重黎之后，使复典之，至于夏商，故重黎氏世序天地。[②]其在周，程伯休甫[③]其后也。当周宣王时，失其守而为司马氏。[④]司马氏世典周史。惠襄[⑤]之间，司马氏去周适晋。晋中军随会奔秦，而司马氏入少梁。[⑥]

自司马氏去周适晋，分散，或在卫，或在赵，或在秦。其在卫者，相中山[⑦]。在赵者，以传剑论显，蒯聩其后也。[⑧]在秦者名错，与张仪争论[⑨]，于是惠王使错将伐蜀，遂拔，因而守之。错孙靳，事武安君白起。而少梁更名曰夏阳。靳与武安君坑赵长平军，还而与之俱赐死杜邮，葬于华池[⑩]。靳孙昌，昌为秦主铁官，当始皇之时。

蒯聩玄孙卬为武信君将而徇朝歌。[⑪]诸侯之相王，王卬于殷。[⑫]汉之伐楚，卬归汉，以其地为河内郡。昌生无泽，无泽为汉市长[⑬]。无泽生喜，喜为五大夫，卒，皆葬高门。[⑭]喜生谈，谈为太史公[⑮]。

（以上为第一段，作者追考了自己的家世。）

①颛顼（zhuān xū）——古代传说中的帝王，司马迁将他视作“五

帝”之一，黄帝之孙，“颛顼”是其帝号。　南正重——“南正”是官名。“重”是人名。　司天——主管观测天文星象。　北正黎——“北正”是官名。“黎”是人名。　司地——主管地面上的人事。　②唐虞——即唐尧、虞舜。　绍——继承、继续。　使复典之——谓使“重”的后代仍主“天”，“黎”的后代仍主“地”。　世序天地——世代相传主管“天”“地”之事。　③程伯休甫——“程”为国名，“伯”为爵名，“休甫”是人名。　④周宣王——西周的倒数第二个帝王，名静，公元前827—前782年在位。　失其守而为司马氏——中止了主管“天”“地”的事务，而改为主管军事。司马：主管军事的官名。　⑤惠襄——周惠王，名阆，公元前676—前652年在位；周襄王，名郑，公元前651—前619年在位。　⑥晋中军随会奔秦——中军：“中军将”的简称，晋国的最高军事长官。时任晋国中军将为赵盾，随会在归国多年后方才升任该职。随会：也叫“士会”，晋国的大臣。晋襄公死，太子年少，晋国人欲立长君，派随会赴秦往迎公子雍。后因太子之母日夜抱太子号哭于朝，使得晋人反悔，于次年立太子为君，而起兵迎击秦国送公子雍回晋的军队，秦军败，于是随会等只好逃到了秦国。　少梁——古梁国，后被秦灭，改称少梁，在今陕西韩城南。后又改称“夏阳”。⑦相中山——为中山国的相。指司马喜。《战国策·中山策》有所谓“司马憙三相中山”，但具体事迹不详。“司马喜”与“司马憙”应为一人。　⑧剑论——关于剑术的理论，与“兵书”对文。　蒯聩——《刺客列传》中无“蒯聩”其人，疑应作“盖聂”。　⑨与张仪争论——谓争论秦国是否应该兴兵伐蜀，当时张仪主张先伐韩，司马错坚持主张应该先伐蜀，秦王最后采纳了司马错的意见。张仪：秦国惠文王时的名臣，一生坚持主张“连衡”，为秦国的发展开拓起了重要作用。　⑩华池——村落名，在今陕西韩城西南，今其地尚有司马靳墓。　⑪武信君——即陈涉的部将武臣，被陈涉派出经营赵地，到邯郸后，武臣遂自立为赵王，后被叛将李良所杀。　徇朝歌——谓带兵自邯郸南下，开拓今河南北部地区。徇：巡行略地。朝歌：旧时商朝以及后来卫国的都城，在今河南淇县。　⑫诸侯之相王——即指灭秦后的项羽分封其部将与诸路义军头领为王，事在汉元年（前206）一月。　王卬于殷——

司马印曾引赵兵平定了今河南的黄河以北地区，又跟随项羽一道入关，因而被项羽封为殷王，都朝歌。 ⑬汉市长——汉朝都城长安主管市场的官员。 ⑭五大夫——爵位名，为二十等爵中自下而上的第九等。高门——村落名，在今陕西韩城西南，挨着上述的"华池"村。⑮太史公——汉时太常属下有太史令，所谓"太史公"者，盖当时人对太史令的习惯称呼。

太史公学天官于唐都，受《易》于杨何，[①]习道论于黄子。[②]太史公仕于建元、元封之间，愍学者之不达其意而师悖，乃论六家之要指曰[③]：

《易大传》[④]："天下一致而百虑，同归而殊途。"夫阴阳、儒、墨、名、法、道德，此务为治者也，直所从言之异路，有省不省耳。[⑤]尝窃观阴阳之术，大祥而众忌讳，使人拘而多所畏；[⑥]然其序四时之大顺，[⑦]不可失也。儒者博而寡要，劳而少功，是以其事难尽从；然其序君臣父子之礼，列夫妇长幼之别，不可易也。墨者俭而难遵，是以其事不可遍循；[⑧]然其强本节用，不可废也。法家严而少恩；然其正君臣上下之分，不可改矣。名家使人俭而善失真；[⑨]然其正名实[⑩]，不可不察也。道家使人精神专一，动合无形，赡足万物。[⑪]其为术也，因阴阳之大顺，采儒墨之善，撮名法之要[⑫]，与时迁移，应物变化，立俗施事，无所不宜，指约而易操[⑬]，事少而功多。儒者则不然。以为人主天下之仪表也，主倡而臣和，主先而臣随。如此则主劳而臣逸。至于大道之要，去健羡，绌聪明，[⑭]释此而任术[⑮]。夫神大用则竭，形大劳则敝。形神骚动，欲与天地长久，非所闻也。

夫阴阳四时、八位、十二度、二十四节各有教令，[⑯]顺之者昌，逆之者不死则亡，未必然也，故曰"使人拘而多畏"。夫春生夏长，秋收冬藏，此天道之大经也，弗顺则无以为天下纲纪，故曰"四时之大顺，不可失也"。

夫儒者以六蓺为法。六蓺经传以千万数，累世不能通其学，当年不能究其礼，[17]故曰“博而寡要，劳而少功”。若夫列君臣父子之礼，序夫妇长幼之别，虽百家弗能易也。

墨者亦尚尧舜道[18]，言其德行曰：“堂高三尺，土阶三等，[19]茅茨不剪，采椽不刮。[20]食土簋，啜土刑，[21]粝粱之食，藜霍之羹。[22]夏日葛衣，冬日鹿裘。[23]”其送死，桐棺三寸，举音不尽其哀。[24]教丧礼，必以此为万民之率。使天下法若此，则尊卑无别也。夫世异时移，事业不必同，故曰“俭而难遵”。要曰强本节用，则人给家足之道也。此墨子之所长，虽百长弗能废也。

法家不别亲疏，不殊贵贱，一断于法，则亲亲尊尊[25]之恩绝矣。可以行一时之计，而不可长用也，故曰“严而少恩”。若尊主卑臣，明分职不得相逾越，虽百家弗能改也。

名家苛察缴绕，使人不得反其意，[26]专决于名而失人情，故曰“使人俭而善失真”。若夫控名责实，参伍不失，[27]此不可不察也。

道家无为，又曰无不为，其实易行，其辞难知。其术以虚无为本，以因循为用[28]。无成势，无常形，故能究万物之情。[29]不为物先，不为物后，故能为万物主[30]。有法无法，因时为业；有度无度，因物与合[31]。故曰“圣人不朽，时变是守[32]”。虚者，道之常也；因者，君之纲也。群臣并至，使各自明也。[33]其实中其声者谓之端，实不中其声者谓之窾。[34]窾言不听，奸乃不生，贤不肖自分，白黑乃形。在所欲用耳[35]，何事不成。乃合大道，混混冥冥。光耀天下，复反无名。[36]凡人所生者神也，所托者形也。神大用则竭，形大劳则敝，形神离则死。死者不可复生，离者不可复反，故圣人重之。由是观之，神者生之本也，形者生之具也[37]。不先定其神形，而曰“我有以治天下”，何由哉？[38]

（以上为第二段，介绍了司马谈的生平学术，以及他对各家学说的认识与评价。）

①天官——天文之学。　唐都——汉代的天文学家，武帝时曾参

加制定“太初历”。 杨何——字叔元，武帝时以《易》被征，官至中大夫。 ②道论——道家学说。 黄子——史失其名，曾与辕固辩论汤武“受命”的问题。 ③建元、元封之间——“建元”“元封”都是武帝的年号。 愍——可怜，忧虑。 不达其意——不通晓各派学说的宗旨。 师悖——意谓学习了一些错误的东西。或曰“师悖”指背离了本学派的师承渊源。 要指——即“要旨”，主要思想。 ④《易大传》——即《十翼》，解释《周易》的重要著作之一。相传为孔子所作，今人多不相信。 ⑤务为治——为了用于治理国家，也就是鲁迅所说的给统治者开“药方”。 直所从言之异路——只不过就是各家看问题的角度，以及解决问题的途径有些不同而已。直：只。 有省不省——有人读“省”为“xǐng”，即“理解”“明白”，意即有的好理解，有的不好理解；也有人读“省”为“shěng”，意即“简明”，杨树达曰：“省，善也。有善不善。” ⑥阴阳之术——阴阳家的学问，先秦时期的阴阳家以驺衍为代表。 大祥而众忌讳——过多地宣讲“祥瑞”“灾异”，给人规定的禁忌太多。祥：祥瑞，阴阳家所说的好的征兆。“大祥”即“过于繁琐”。 ⑦序——排列，讲究。 四时之大顺——春夏秋冬的变化规律以及农事之所宜。 ⑧俭而难遵——墨家讲究节俭，《墨子》中有《节用》《节葬》等篇，皆为统治者难以接受。 不可遍循——不能一一照办。 ⑨名家——先秦时期的名家人物以邓析、尹文、公孙龙为代表。 使人俭而善失真——由于名家过于讲究循名责实，讲究名分与实际的相称，结果就使人们被虚名过礼所束缚，从而违背人的真实情感。俭：当作“检”。拘束。意为拘于名分礼数，而不敢说该说的话，做该做的事。 ⑩正名实——即循“名”责“实”，要求“名”“实”相符。 ⑪精神专一——即《老子》《庄子》之所谓“清静无为”，所谓“养生”，所谓“守中”“抱一”。 动合无形——指人的一切活动都要符合客观规律。 赡(shàn)足万物——指有道者自己清静无为，却能使万事万物都获得满足。赡：养，供给。 ⑫撮名法之要——摄取名、法两家的长处。撮：摄取。 ⑬指约而易操——道理简单，容易掌握。 ⑭大道之要——道家学说的基本原则。 去健羡——去掉刚强、去掉贪欲，而以柔弱知足自守。 绌聪明——不要让自己的眼睛耳朵太好使。绌：通“黜”。

⑮释此而任术——抛弃这些人为的努力，而顺应客观形势。任术：犹言“乘化”，随外界形势之变而变。 ⑯八位——八卦位也，指“八方”。十二度——即十二次，天文术语，指黄道上以若干星官为标志的十二个区域，如“降娄”“大梁”“实沈”等。 二十四节——即“立春”“雨水”“惊蛰”“春分”等二十四节气。 各有教令——指带有迷信成分的各种条规禁忌。 ⑰累世——连续几辈子。 当年——即今所谓“一辈子”。 ⑱尚尧舜道——推崇传说中尧舜的道德。 ⑲堂高三尺——正殿的地基只有三尺高。堂：原指正厅，此指正厅的地基。 土阶三等——土台阶只有三磴，差不多正是二三尺的高度。 ⑳茅茨不剪——以茅草苫(shàn)屋顶，任其长长短短，而不加修剪。茨：以茅草苫屋。 采椽不刮——《正义》曰：“采取为椽，不刮削也。” ㉑食土簋(guǐ)——以陶碗盛饭吃。 啜(chuò)土刑——以陶杯盛水喝。刑：通“型”。 ㉒粝粱——王念孙以为应作“粝粢”，皆食之粗者。 藜霍——泛指野菜。 ㉓葛衣——葛布做的衣衫，贫者夏日所服。 鹿裘——鹿皮做的袍子，贫者冬日所服。 ㉔送死——为死者送葬。意即装殓死者。 桐棺三寸——以桐木为棺，厚三寸。古三寸相当今之二寸多，极言其简陋。 举音不尽其哀——还没等人们充分地表达完自己的哀悼，主持人就止住了人们的哭声。 ㉕亲亲尊尊——对亲者亲，对尊者尊。 ㉖苛察缴绕——意指纠缠琐碎，不识大体。 不得反其意——不能回归各自的真实情性。 ㉗控名责实——即“循名责实”，按其名而求其实。 参伍——亦作“参五”。错杂排列，即参照比较，以定是非优劣之意。 ㉘以因循为用——在行动上就是讲究顺应客观形势。因循：犹言“顺应”。 ㉙无成势，无常形——没有一成不变的势态，没有固定不变的形状。 故能究万物之情——因其顺应万物，故能究万物之情也。 ㉚不为物先，不为物后，故能为万物主——意谓由于能够不失时机地贴近万物、顺应万物，所以也就能绝好地把握万物。 ㉛有法无法，因时为业；有度无度，因物与合——郭嵩焘曰：“一因物之自然，顺而序之，是以终归之无也。” ㉜圣人不朽，时变是守——王念孙以为“朽”字应作“巧”，《汉书》作“巧”。师古曰：“无机巧之心，但顺时也。” ㉝虚者，道之常也；因者，君之纲也——即上文

所谓“以虚无为本,以因循为用”。 使各自明——使其在各自的职任中表现其能力才干,而君主得以辨识之。明:显示,表现。 ㉞其实中其声——实际表现和其说话相一致。 端——正。 窾——空。 ㉟在所欲用耳——意谓群臣的忠奸优劣都已充分表现,就等君主去选择任用了。 ㊱混混冥冥——指元气浩博充满的样子。 光耀天下——指君主清静无为,而又获得了无比的成功。 复反无名——重新回归到“无知”“无识”“清静无为”。 ㊲形者生之具也——肉体是生命的基础。具:基础,物质因素。 ㊳定其神——指休养精神,减少思虑,保持宁静淡泊等等。 有以治天下——意谓有治理天下的资本。

何由哉——王鸣盛曰:“《太史公自序》述其父谈论六家要指,谓阴阳、儒、墨、名、法、道德也。其意以五家各有所长,亦各有所短,并致其不满之词,而独推崇老氏道德,谓其能兼有五家之长而去其所短。且又特举道家之指约易操,事少功多,与儒之博而寡要,劳而少功两两相较,以明孔不如老,此谈之学也。而迁意则尊儒,父子异尚,犹刘向好《穀梁》而子歆明《左氏》也。观其下文称引董仲舒之言,隐隐以己上承孔子,其意可见。”何良俊曰:“其述六家之事,指陈得失,有若案断,历百世而不能易。又其文字贯串,累累如贯珠,粲然夺目,文章之奇伟孰有能过此者耶?”

太史公既掌天官,不治民。有子曰迁。

迁生龙门,耕牧河山之阳。[1]年十岁则诵古文。二十而南游江、淮,上会稽,探禹穴,[2]窥九疑,浮于沅、湘;[3]北涉汶、泗,讲业齐、鲁之都,[4]观孔子之遗风,乡射邹、峄;[5]厄困鄱、薛、彭城,过梁、楚以归。[6]于是迁仕为郎中,奉使西征巴、蜀以南,[7]南略邛、笮、昆明[8],还报命。

是岁天子始建汉家之封,[9]而太史公留滞周南[10],不得与从事[11],故发愤且卒。而子迁适使反,见父于河雒之间。[12]太史公执迁手而泣曰:“余先周室之太史也。自上世尝显功名于虞夏,典天官事。后世中衰,绝于予乎[13]?汝复为太史,则续吾祖矣。今天子接千岁之统[14]，封泰山，而余不得从行，是命也夫，命也夫！余死，汝必为太史；为太史，无忘吾所欲论著[15]矣。且夫孝始于事亲，中于事君，终于立身。扬名于后世，以显父母，此孝之大者。夫天下称诵周公，言其能论歌文武之德，宣周召之风，达太王王季之思虑，[16]爰及公刘，以尊后稷也。[17]幽厉[18]之后，王道缺，礼乐衰，孔子修旧起废，论《诗》《书》，作《春秋》，则学者至今则之。[19]自获麟以来四百有余岁，而诸侯相兼，史记放绝。[20]今汉兴，海内一统，明主贤君忠臣死义之士，余为太史而弗论载，废天下之史文，余甚惧焉，汝其念哉！”迁俯首流涕曰：“小子不敏，请悉论先人所次旧闻，弗敢阙[21]。”

卒三岁而迁为太史令，紬史记石室金匮之书[22]。五年而当太初元年，十一月甲子朔旦冬至，天历始改，[23]建于明堂，诸神受纪。[24]

（以上为第三段，写自己少年时代的生活经历和接受父亲遗嘱时的恳切情景。）

①龙门——山名，在今陕西韩城东北，原称“龙门”，也称“禹门”。　河山之阳——这里指龙门山之南，黄河的西北岸。　②会稽——山名，在今浙江中部绍兴、嵊州、诸暨、东阳等市县间。　禹穴——会稽山上的一个洞穴名，相传禹曾进去过，故称“禹穴”。　③九疑——山名，在今湖南宁远南，其山有九峰，皆相似，故称“九疑”。相传舜巡狩至此而死，遂葬焉。　浮于沅、湘——意即乘船到达过沅水、湘水流域。④北涉汶、泗——向北到达过汶水、泗水。古汶水在今山东境内，源出今山东济南莱芜区，流经东平南，至梁山东南入济水。古泗水源出今山东泗水县东，流经今山东曲阜，南入江苏，汇入淮水。　讲业——讲习儒家的学业。　齐、鲁之都——齐都临菑，在今山东淄博临淄区东北；鲁都在今山东曲阜。　⑤乡射——儒家所讲究的古礼之一，据说是州（乡）官于春秋两季在乡学里召集乡民按照一定仪式进行饮酒与射箭，是谓“乡射”。　邹、峄——邹：县名，在今山东邹城东南。峄：峄山，亦名“邹山”，在今山东邹城东南。　⑥厄困鄱、薛、彭城——司马迁在此

有何“厄困”,史无明文。鄱:《汉书》作“蕃”,在今山东滕州。薛:汉县名,在今山东滕州南。彭城:在今江苏徐州。　过梁、楚以归——梁是汉代的诸侯国,国都睢阳,在今河南商丘南。此句之“楚”指淮阳,淮阳治陈县,在战国后期曾为楚国之都城,后又为陈涉之都城,在今河南周口淮阳区。　⑦仕为郎中——因父亲为官而得保任为郎中。郎中:皇帝的侍从人员,上属郎中令。　奉使西征巴、蜀以南——事在武帝元鼎六年(前111)。是年武帝平定西南夷,在今云南、贵州以及四川南部新设了武都、牂柯、越嶲、沈黎、汶山五个郡,故派司马迁前往考察,具体情节不详。　⑧南略邛、筰、昆明——略:巡视,视察。邛:邛都,在今四川西昌东南,当时为越嶲郡的郡治所在地。筰:应作“莋”,即莋都,在今四川汉源东北,当时为沈黎郡的郡治所在地,后来并入蜀郡。昆明:古地区名,在今云南昆明西,当时属于归汉的滇王,后来设为益州郡。⑨是岁——即武帝元封元年(前110)。　始建汉家之封——开始进行汉朝的首次封禅活动。到泰山峰顶增土祭天称作“封”,在泰山下面的梁父山拓土祭地称作“禅”。　⑩太史公留滞周南——司马谈因病不能随驾东行,而留在了雒阳一带。周南:按:西周成王时,周公与召公分陕(在今河南三门峡市陕州区)而治,陕以西者称“召南”,陕以东者称“周南”。雒阳在陕以东,故以“周南”称之。　⑪不得与从事——不能亲自参加泰山的封禅活动。按:司马谈任太史令,封禅活动是他所在部门应管之事;据《封禅书》,司马谈还亲自参加过有关封禅礼仪的制定,故而深以不能参与此次活动为憾。　⑫适使反——刚好出使归来。河雒之间——这里指雒阳。雒阳处于雒水之北,黄河之南。　⑬绝于予乎——意思谓:“难道能让它断绝在我这里吗?”　⑭接千岁之统——据《封禅书》,西周初年周成王曾登封泰山,后来秦始皇也封过泰山,但汉朝人囿于对秦朝的偏见,不把秦朝看作一个王朝,说汉朝上继周朝。自周成王(前11世纪)到武帝元封元年,相隔九百多年,此云“千岁”是约举成数。　⑮吾所欲论著——指写《史记》。　⑯宣周召之风——谓周公能使自己与召公的风教普行于天下。成王年幼时,召公与周公共同辅佐成王,即前所谓“分陕”者。　达太王王季之思虑——指写诗以阐发太王与王季的思想。太王:即古公亶父,周文王的祖父,后被追尊为“太王”,《诗经》中的《绵》即为歌颂太王而作。王季:名季历,太王之子,文王之父,后被尊“王季”,《诗经》中的《皇矣》有多句歌颂了王季之功业。 ⑰爰及公刘——再向上推到公刘。公刘是周族的远辈祖先,由于发展农业,使周族从此兴盛,《诗经》中之《公刘》篇即歌颂其功业者。 以尊后稷——以推尊到周族的始祖后稷。“后稷”名“弃”,周族的始祖,以发展农业之功被舜封为“后稷”,《诗经》中有《生民》,即演说后稷之事。 ⑱幽厉——周幽王和周厉王,都是西周的昏君。 ⑲修旧起废——将破旧的礼乐重新修好,将废弃的秩序重新组建。 论《诗》《书》——《诗》《书》原是学官里的两种传统教材,孔子重新予以解释阐发。 作《春秋》——司马迁采用孟子以及汉代公羊学家的说法,认为《春秋》是孔子所作,而且把《春秋》的思想说得极其玄妙;但孔子自己没有说过此事,相反孔子一直声称自己是“述而不作”的,今人多不取这种说法。 则之——奉以为样板准则。司马迁写《史记》在很多地方也是以孔子为准则。 ⑳获麟——指鲁哀公十四年(前481)西狩获麟事,孔子对此伤心慨叹,其《春秋》的写作也就从此搁笔了。 史记放绝——指各国写的历史书,丢失散乱。史记:泛指历史书。 ㉑请悉论先人所次旧闻,弗敢阙——论:演绎,阐发。次:编排,排列。按:据此可知司马谈当时已经编写了部分书稿,或者至少已经编排了许多资料,故司马迁如此说。 ㉒紬史记石室金匮之书——句子不顺,意即大量阅读石室金匮之史记。王先谦引李慈铭曰:“紬,即‘籀’字,亦作‘抽’。……《说文》:‘籀,读书也。’《方言》:‘抽,读也。’故亦曰‘紬绎’,言读而寻绎之也。” ㉓十一月甲子朔旦冬至——十一月初一是甲子日,这天的早晨交冬至节。 天历始改——从这天开始使用新历法,即所谓“太初历”。 ㉔建于明堂——谓在明堂举行使用新历法的典礼。建:立。这里指颁行。明堂:儒家传说的一种古代建筑,诸说不一。 诸神受纪——《索隐》引虞喜《志林》云:“改历于明堂,班之于诸侯。诸侯,群神之主,故曰‘诸神受纪’。”受纪:即接受新历法。

太史公曰:“先人有言①:‘自周公卒五百岁而有孔子。孔子卒后至于今五百岁[2]，有能绍明世，正《易传》，继《春秋》，本《诗》《书》《礼》《乐》之际[3]？'意在斯乎[4]！意在斯乎！小子何敢让焉。"

上大夫壶遂[5]曰："昔孔子何为而作《春秋》哉？"太史公曰："余闻董生[6]曰：'周道衰废，孔子为鲁司寇，诸侯害之，大夫壅之。[7]孔子知言之不用，道之不行也，是非二百四十二年之中[8]，以为天下仪表，贬天子，退诸侯，讨大夫，以达王事而已矣。[9]'子曰：'我欲载之空言，不如见之于行事之深切著明也。[10]'夫《春秋》，上明三王之道，下辨人事之纪，别嫌疑，明是非，定犹豫，善善恶恶，贤贤贱不肖，存亡国，继绝世，补敝起废，王道之大者也。《易》著天地阴阳四时五行，故长于变；《礼》经纪人伦，故长于行；《书》记先王之事，故长于政；《诗》记山川溪谷禽兽草木牝牡雌雄，故长于风[11]；《乐》乐所以立，故长于和；《春秋》辩是非，故长于治人。[12]是故《礼》以节人，《乐》以发和，《书》以道事，《诗》以达意，《易》以道化，《春秋》以道义。[13]拨乱世反之正，莫近于《春秋》。《春秋》文成数万，其指数千[14]。万物之散聚皆在《春秋》[15]。《春秋》之中，弑君三十六，亡国五十二，诸侯奔走不得保其社稷者不可胜数。察其所以，皆失其本已。故《易》曰'失之豪厘，差以千里'。故曰'臣弑君，子弑父，非一旦一夕之故也，其渐久矣[16]'。故有国者不可以不知《春秋》，前有谗而弗见，后有贼而不知。[17]为人臣者不可以不知《春秋》，守经事而不知其宜，遭变事而不知其权。[18]为人君父而不通于《春秋》之义者，必蒙首恶之名。为人臣子而不通于《春秋》之义者，必陷篡弑之诛，死罪之名。其实皆以为善，为之不知其义，被之空言而不敢辞。[19]夫不通礼义之旨，至于君不君，臣不臣，父不父，子不子。夫君不君则犯，臣不臣则诛，[20]父不父则无道，子不子则不孝。此四行者，天下之大过也。以天下之大过予之，则受而弗敢辞。故《春秋》者，礼义之大宗也。夫礼禁未然之前，法施已然之后；法之所为用者易见，而礼之所为禁者难知。”

壶遂曰：“孔子之时，上无明君，下不得任用，故作《春秋》，垂空文以断礼义，当一王之法。[21]今夫子上遇明天子，下得守职，万事既具，咸各序其宜[22]，夫子所论，欲以何明[23]？”

太史公曰：“唯唯，否否，不然[24]。余闻之先人曰：‘伏羲至纯厚，作《易》八卦[25]。尧舜之盛，《尚书》载之，礼乐作焉。汤武之隆，诗人歌之。《春秋》采善贬恶，推三代之德，褒周室，非独刺讥而已也。’汉兴以来，至明天子，获符瑞，封禅，改正朔[26]，易服色[27]，受命于穆清，泽流罔极，[28]海外殊俗，重译款塞，[29]请来献见者，不可胜道。臣下百官力诵圣德，犹不能宣尽其意。且士贤能而不用，有国者之耻；主上明圣而德不布闻，有司之过也。且余尝掌其官，废明圣盛德不载，灭功臣世家贤大夫之业不述，堕先人所言，罪莫大焉。余所谓述故事，整齐其世传，[30]非所谓作也，而君比之于《春秋》，谬矣[31]。”

于是论次其文。七年而太史公遭李陵之祸，幽于缧绁。[32]乃喟然而叹曰：“是余之罪也夫！是余之罪也夫！身毁不用矣。”退而深惟曰：“夫《诗》《书》隐约者，欲遂其志之思也。[33]昔西伯拘羑里，演《周易》；孔子厄陈、蔡，作《春秋》；屈原放逐，著《离骚》；左丘失明，厥有《国语》；孙子膑脚，而论兵法；不韦迁蜀，世传《吕览》；韩非囚秦，《说难》《孤愤》；《诗》三百篇，大抵贤圣发愤之所为作也[34]。此人皆意有所郁结，不得通其道也，故述往事，思来者[35]。”于是卒述陶唐以来，至于麟止[36]，自黄帝始[37]。

（以上为第四段，写自己当初要著《史记》的原因，以及受刑后自己能忍辱续著的动力来源。）

①太史公曰——此“太史公”乃司马迁自指。　先人有言——即前文司马谈临死前的遗言。　②周公卒五百岁而有孔子。孔子卒后至于今五百岁——梁玉绳曰：“周公至孔子，其年岁不能的知，恐不止五百岁；若孔子卒至汉太初之元，三百七十五年，何概言五百哉？盖此语

略取于《孟子》，非事实也。”崔適曰：“云‘五百岁’者，此以祖述之意相比，所谓断章取义，不必以实数求也。由今观之，有孔子，而尧舜借以祖述，文武借以宪章；有太史公，而孔子列于世家，《儒林》表其经业，是孔子后不可无太史公，犹周公后不可无孔子也。” ③本《诗》《书》《礼》《乐》之际——语略不顺，意即遵循儒家几部主要经典的精神，以进行自己的著述。《伯夷列传》有所谓“学者载籍极博，犹考信于六艺”，即此意。 ④意在斯乎——大概就在我吧。斯：此。 ⑤壶遂——武帝时的天文学家，曾与司马迁一起制定“太初历”。 ⑥董生——董仲舒，武帝时代的著名经学家，以讲《公羊春秋》著名，是武帝尊儒的最先倡导者。 ⑦司寇——官名，主管缉捕盗贼，维护治安。 诸侯害之——别的国家都很忌恨他，怕他把鲁国治理得强盛起来，对别的国家不利。害：忌恨。 大夫壅之——鲁国大夫都压抑他，阻挠他，不愿让他的名声地位超过自己。壅：抑制，障蔽。 ⑧是非二百四十二年之中——指以《春秋》这部书来褒贬评定整个春秋时代的各国大事。《春秋》的记事上起鲁隐公元年（前722），下止于鲁哀公十四年（前481），前后共二百四十二年。是非：用作动词，意即“褒贬”。 ⑨贬天子，退诸侯，讨大夫——泷川资言曰：“《汉书》无‘天子退’三字。”按：“贬天子”，是司马迁个人对《春秋》的一种理解，一种借题发挥，他写《史记》显然有一种“贬天子”之意，这是他为了打鬼而借用钟馗。 达王事——表达儒家的“王道”理想，即“君君，臣臣，父父，子子”各守其位的礼乐社会。王事：王者的事业。 ⑩载之空言——指用抽象的理论文章发表评述。 见之于行事——即写成一部有人物活动、事件过程的历史书。 ⑪故长于风——此主要指《诗经》中的《国风》而言，《国风》是来自各地区的歌谣，几乎每篇都使用了许多草木虫鱼等作为其“赋”“比”“兴”的手段，而诗人的写作目的，则是为了用于讽谏。风：通“讽”。 ⑫《乐》乐（lè）所以立，故长于和——《乐》是让人快乐的，故而其长处是能使人的心态平和。或可解释为《乐》能使人以其现有条件为乐，不忮（zhì）不求，乐在其中。 《春秋》辩是非，故长于治人——《春秋》是帮助人明辨是非的，故其历史经验可供治人者借鉴。辩：通“辨”。 ⑬节人——节制人，使人行动有礼。 发和——抒发人的平和之气。道事——叙述三王旧事。达意——表达诗人的情志。道化——表现天地万物发展变化的状态。道义——告诉人该做什么,不该做什么。义:宜。⑭《春秋》文成数万,其指数千——按:今所见《春秋》,仅一万六千多字。⑮万物之散聚皆在《春秋》——万物:犹言"万事"。散聚:犹言"成败""盛衰"。⑯其渐久矣——这是逐渐发展而来的,其开头已经很久了。⑰前有谗而弗见——按:句首应增"不者"二字读。谗:指谗臣,专门说人坏话,怂恿君主做坏事的人。贼——贼臣,阴险残忍的奸臣。泷川资言曰:"《春秋繁露·俞序篇》:'至于杀君亡国,奔走不得保社稷,其所以然,是皆不明于道,不览于《春秋》也,故卫子夏言有国家者不可不学《春秋》。'史公所本。"⑱守经事而不知其宜——按:句首应增"不者"二字读。守经事:在正常的情况下处理一般事务。经:常,正常。遭变事而不知其权——遇到紧急情况而不知采取变通做法。权:变通。⑲其实皆以为善,为之不知其义——按:二句词语不顺,《汉书》将其改作"其实皆以善为之,而不知其义"。被之空言而不敢辞——受到舆论谴责而不敢为自己辩驳。被:加。空言:不实的罪名。⑳君不君则犯——做国君的如果不像国君,就要受到臣下侵犯。臣不臣则诛——做臣子的如果不像臣子,就要被君主所诛。㉑垂空文以断礼义——意即通过写《春秋》将其以礼义治世的思想宣示于世人。按:前文既云"我欲载之空言,不如见之行事之深切著明也"以明《春秋》不同于"空言",现又以"空文"称《春秋》,前后迹近抵牾。当一王之法——公羊家认为孔子虽然不是"王",但是他的《春秋》事实上是给世人制定了一部如何治国平天下的大法,所以他们称孔子为"素王"。㉒咸各序其宜——意谓各行各业全得到了遂心如意的发展。㉓夫子所论,欲以何明——你今天写《太史公书》,究竟想要做什么?夫子:犹言"先生",此称司马迁。㉔唯唯,否否,不然——言其欲"唯"不敢,欲"否"又不甘心的进退失据的样子。司马迁本来是以孔子自居,正说得洋洋得意,壶遂忽然从当时政治出发,迎头一击,触及了时代禁忌,这是司马迁不敢正面回答的,于是立即陷入狼狈状态。后面的回答便完全改为颂圣,完全是一套口不应心的违心话了。㉕伏羲至纯厚,作《易》八卦——意谓伏羲为帝时,那是最淳厚的时代了,于是伏羲氏就画了代表当时文明的八卦。㉖改正朔——正朔:一年第一天开始的时候。正:一年的开始。朔:一月的开始。古代王者建国,常有"改正朔"之事,如夏朝以孟春建寅之月为正,以平旦为朔;商朝以季冬建丑之月为正,以鸡鸣为朔;周朝以仲冬建子之月为正,以夜半为朔;秦朝以孟冬十月为正,汉初因之,至武帝太初元年改历,又恢复使用夏历,亦即今之阴历。 ㉗易服色——指帝王的车马礼服等要改用新的颜色。按:秦时尚黑,汉时开始承秦尚黑,后又改为尚黄,再后改为尚赤。 ㉘穆清——旧时常用以颂扬帝王或有才德之人。此言天子有美德而教化清。 泽流罔极——汉朝皇帝的恩泽一直远播到没有尽头的远方。罔极:无边,没有止境。 ㉙殊俗——不同风俗的国家。 重译款塞——意谓经过几重的翻译,来到中国。款塞:《集解》引应劭曰:"款,叩也,皆叩塞门来服从也。" ㉚述故事——阐述以往的历史事件。 整齐其世传——把古代帝王诸侯以及英雄豪杰们的家世事迹加以排列,使之系统化。 ㉛君比之于《春秋》,谬矣——按:史公前面以继承孔子写《春秋》自任,今又责人不应比之写《春秋》,前后抵牾,见其矛盾违心之情。邓以讚曰:"亦是《对问》《客难》体……'壶遂'固是假说,'董生'亦是暗借,此文章妙矩。"

㉜论次其文——即写作《史记》。论次:阐述,编排。 太史公遭李陵之祸——指天汉二年(前99)李陵征匈奴兵败被俘,司马迁因议论李陵事下狱,而于天汉三年(前98)受宫刑事,详见《报任安书》。 幽于缧绁(léi xiè)——指身处牢狱。缧绁:捆绑犯人的绳索。 ㉝深惟——深思。 《诗》《书》隐约者,欲遂其志之思也——意谓《诗经》《尚书》之所以有些地方写得含蓄隐晦,是因为表达思想的需要。欲遂其志之思:意即要表达真实的思想。 ㉞《诗》三百篇,大抵贤圣发愤之所为作也——《诗经》是一部古代歌谣集,内容相当丰富,但说其作者大抵都是"圣贤",说其内容大抵都是"发愤"之作,显然不合事实。

㉟思来者——寄希望于未来,希望日后能有人理解自己的思想情志。

㊱卒述陶唐以来,至于麟止——顾颉刚《史林杂识初编》曰:"《自序》记《史记》之断限有两说,一曰'于是卒述陶唐以来至于麟止',一曰'余述历黄帝以来至太初而讫'(见篇末),一篇之中,所言全书起讫之异若

此。……求其歧说所以发生之故，颇疑谈为太史令时，最可纪念之事莫大于获麟，故迄'麟止'者谈之书也；及元封而后，迁继史职，则最可纪念之事莫大于改历，故'迄太初'者迁之书也。……《太史公自序》一篇本亦谈作，迁修改之而未尽，故犹存此牴牾之迹耳。"陶唐：指尧。上起唐尧，下至武帝元狩年间，这是起初司马谈欲写的《史记》的终始之年；上起黄帝，下至武帝太初年间，这是司马迁所写的《史记》的终始之年，见本篇最后之语。 ㊲自黄帝始——四字衍文，应削。崔适曰："当是旁记误入正文，《小序》云'维昔黄帝'，即谓自黄帝始矣，此何待言？"

维昔黄帝，法天则地。四圣遵序，①各成法度；唐尧逊位，虞舜不台；厥美帝功，万世载之。②作《五帝本纪》第一。

维禹之功，九州攸同，光唐虞际，德流苗裔；夏桀淫骄，乃放鸣条。作《夏本纪》第二。

维契作商，爰及成汤；太甲居桐，德盛阿衡；③武丁得说，乃称高宗；帝辛湛湎，诸侯不享。④作《殷本纪》第三。

维弃作稷，德盛西伯；武王牧野，实抚天下；⑤幽厉昏乱，既丧酆镐；陵迟至赧，雒邑不祀。⑥作《周本纪》第四。

维秦之先，伯翳佐禹；穆公思义，悼豪之旅；⑦以人为殉，诗歌《黄鸟》；昭襄业帝。⑧作《秦本纪》第五。

始皇既立，并兼六国；销锋铸鐻，维偃干革；尊号称帝，矜武任力；⑨二世受运，子婴降虏。⑩作《始皇本纪》第六。

秦失其道，豪桀并扰；项梁业之，子羽接之；⑪杀庆救赵，诸侯立之；⑫诛婴背怀⑬，天下非之。作《项羽本纪》第七。

子羽暴虐，汉行功德；愤发蜀汉，还定三秦；诛籍业帝，天下惟宁，改制易俗。⑭作《高祖本纪》第八。

惠之早霣，诸吕不台；⑮崇强禄产⑯，诸侯谋之；杀隐幽友，大臣洞疑，遂及宗祸。⑰作《吕太后本纪》第九。

汉既初兴，继嗣不明，迎王践祚，⑱天下归心；蠲除肉刑，开通关梁，广恩博施，厥称太宗。作《孝文本纪》第十。

诸侯骄恣，吴首为乱，京师行诛，七国伏辜，天下翕然，[19]大安殷富。作《孝景本纪》第十一。

汉兴五世，隆在建元，外攘夷狄，内修法度，封禅，改正朔，易服色。作《今上本纪》第十二。

维三代尚矣，年纪不可考，盖取之谱牒旧闻，[20]本于兹，于是略推，作《三代世表》第一。

幽厉之后，周室衰微，诸侯专政，《春秋》有所不纪；而谱牒经略，五霸更盛衰，欲睹周世相先后之意，[21]作《十二诸侯年表》第二。

春秋之后，陪臣秉政，强国相王；[22]以至于秦，卒并诸夏，灭封地，擅其号，作《六国年表》第三。

秦既暴虐，楚人发难，项氏遂乱，汉乃扶义征伐；八年之间，天下三嬗，[23]事繁变众，故详著《秦楚之际月表》第四。

汉兴已来，至于太初百年，诸侯废立分削，谱纪不明，有司靡踵，强弱之原云以世，[24]作《汉兴已来诸侯年表》第五。

维高祖元功，辅臣股肱，剖符而爵，泽流苗裔，忘其昭穆，或杀身陨国，作《高祖功臣侯者年表》第六。

惠景之间，维申功臣宗属爵邑，[25]作《惠景间侯者年表》第七。

北讨强胡，南诛劲越，征伐夷蛮，武功爰列，作《建元以来侯者年表》第八。

诸侯既强，七国为从，子弟众多，无爵封邑。推恩行义，其势销弱，德归京师，[26]作《王子侯者年表》第九。

国有贤相良将，民之师表也。维见汉兴以来将相名臣年表[27]，贤者记其治，不贤者彰其事，作《汉兴以来将相名臣年表》第十。

维三代之礼，所损益各殊务，然要以近性情，通王道，故礼因人质为之节文，略协古今之变。[28]作《礼书》第一。

乐者，所以移风易俗也。自《雅》《颂》声兴，则已好郑卫之音，郑卫之音所从来久矣。[29]人情之所感，远俗则怀。比《乐书》以述来古，[30]作《乐书》第二。

非兵不强，非德不昌，黄帝、汤、武以兴，桀、纣、二世以崩，可不慎欤？《司马法》[31]所从来尚矣，太公、孙、吴、王子能绍而明之，切近世，极人变。作《律书》第三。[32]

律居阴而治阳，历居阳而治阴，律历更相治，间不容翲忽[33]。五家之文怫异，维太初之元论。[34]作《历书》第四。

星气之书，多杂禨祥，不经；推其文，考其应，不殊。[35]比集论其行事，验于轨度以次，作《天官书》第五。[36]

受命而王，封禅之符罕用，用则万灵罔不禋祀。追本诸神名山大川礼，[37]作《封禅书》第六。

维禹浚川，九州攸宁；爰及宣防，决渎通沟[38]。作《河渠书》第七。

维币之行，以通农商；其极则玩巧，并兼兹殖，争于机利，去本趋末。作《平准书》以观事变，[39]第八。

太伯避历，江蛮是适[40]；文武攸兴，古公王迹。阖庐弑僚，宾服荆楚；[41]夫差克齐，子胥鸱夷；[42]信嚭亲越，吴国既灭。嘉伯之让，[43]作《吴世家》第一。

申、吕肖矣，尚父侧微，[44]卒归西伯，文武是师；功冠群公，缪权于幽；番番黄发，爰飨营丘。[45]不背柯盟，桓公以昌，九合诸侯，霸功显彰。田阚争宠，姜姓解亡。嘉父之谋，[46]作《齐太公世家》第二。

依之违之，周公绥之；愤发文德，天下和之；辅翼成王，诸侯宗周。[47]隐桓之际，是独何哉？三桓争强，鲁乃不昌。嘉旦《金縢》，[48]作《周公世家》第三。

武王克纣，天下未协而崩。成王既幼，管蔡疑之，淮夷叛之，于是召公率德，安集王室，以宁东土。燕哙之禅，乃成祸乱。嘉《甘棠》之诗，[49]作《燕世家》第四。

管蔡相武庚，将宁旧商；及旦摄政，二叔不飨；[50]杀鲜放度，周公为盟；大任十子，周以宗强。嘉仲悔过，[51]作《管蔡世家》第五。

王后不绝，舜禹是说；维德休明，苗裔蒙烈。百世享祀，爰周陈杞，[52]楚实灭之。齐田既起，舜何人哉！[53]作《陈杞世家》第六。

收殷余民，叔封始邑，申以商乱，《酒》《材》是告，及朔之生，卫顷不宁；[54]南子恶蒯聩，子父易名[55]。周德卑微，战国既强，卫以小弱，角独后亡。嘉彼《康诰》，[56]作《卫世家》第七。

嗟箕子乎！嗟箕子乎！正言不用，乃反为奴。武庚既死，周封微子[57]。襄公伤于泓，君子孰称[58]。景公谦德，荧惑退行。剔成暴虐，宋乃灭亡。嘉微子问太师，[59]作《宋世家》第八。

武王既崩，叔虞邑唐。君子讥名，卒灭武公。[60]骊姬之爱，乱者五世；重耳不得意，乃能成霸。[61]六卿专权，晋国以耗。嘉文公锡珪鬯，[62]作《晋世家》第九。

重黎业之，吴回接之；殷之季世，粥子牒之。[63]周用熊绎，熊渠是续。庄王之贤，乃复国陈；[64]既赦郑伯，班师华元。[65]怀王客死，兰咎屈原；好谀信谗，楚并于秦。[66]嘉庄王之义，作《楚世家》第十。

少康之子，实宾南海，文身断发，鼋鳝与处，[67]既守封禺，奉禹之祀。句践困彼，乃用种蠡。嘉句践夷蛮能修其德，灭强吴以尊周室，作《越王句践世家》第十一。

桓公之东，太史是庸[68]。及侵周禾，王人是议。祭仲要盟，[69]郑久不昌。子产之仁，绍世称贤。三晋侵伐，郑纳于韩。嘉厉公纳惠王[70]，作《郑世家》第十二。

维骥、騄耳，乃章造父。赵夙事献，衰续厥绪。佐文尊王，[71]卒为晋辅。襄子困辱，乃禽智伯。主父生缚，饿死探爵。[72]王迁辟淫，良将是斥。嘉鞅讨周乱，[73]作《赵世家》第十三。

毕万爵魏，卜人知之。及绛戮干，戎翟和之。文侯慕义，子夏师之。[74]惠王自矜，齐秦攻之。既疑信陵，[75]诸侯罢之。卒亡大梁，王假厮之。嘉武佐晋文申霸道，[76]作《魏世家》第十四。

韩厥阴德，赵武攸兴。绍绝立废，晋人宗之。[77]昭侯显列，申子庸之。疑非不信，秦人袭之。嘉厥辅晋匡周天子之赋，[78]作《韩世家》第十五。

完子避难，适齐为援，阴施五世，齐人歌之。[79]成子得政，田和为侯。王建动心，乃迁于共。[80]嘉威宣能拨浊世而独宗周[81]，作《田敬仲完世家》第十六。

周室既衰，诸侯恣行。仲尼悼礼废乐崩，追修经术，以达王道，匡乱世反之于正，见其文辞，为天下制仪法，垂六蓺之统纪于后世，作《孔子世家》第十七。

桀纣失其道而汤、武作，周失其道而《春秋》作。秦失其政，而陈涉发迹，诸侯作难，风起云蒸，卒亡秦族。天下之端，自涉发难，作《陈涉世家》第十八。

成皋之台，薄氏始基。[82]诎意适代，厥崇诸窦。[83]栗姬偩贵，王氏乃遂[84]。陈后太骄，卒尊子夫。嘉夫德若斯，[85]作《外戚世家》第十九。

汉既谲谋，禽信于陈；越荆剽轻，[86]乃封弟交为楚王，爰都彭城，以强淮泗，为汉宗藩。戊溺于邪，礼复绍之。嘉游辅祖，[87]作《楚元王世家》第二十。

维祖师旅，刘贾是与；为布所袭，丧其荆吴。[88]营陵激吕，乃王琅邪；怵午信齐，往而不归。[89]遂西入关，遭立孝文，获复王燕。[90]天下未集，贾泽以族，为汉藩辅，作《荆燕世家》第二十一。

天下已平，亲属既寡；悼惠先壮，实镇东土。哀王擅兴，发怒诸吕，驷钧暴戾，京师弗许。[91]厉之内淫，祸成主父。嘉肥股肱，[92]作《齐悼惠王世家》第二十二。

楚人围我荥阳，相守三年；萧何填抚山西，推计踵兵，[93]给粮食不绝，使百姓爱汉，不乐为楚。作《萧相国世家》第二十三。

与信定魏，破赵拔齐，遂弱楚人。续何相国，不变不革，黎庶攸宁。嘉参不伐功矜能，作《曹相国世家》第二十四。

运筹帷幄之中，制胜于无形，子房计谋其事，无知名，无勇功，图难于易，为大于细，[94]作《留侯世家》第二十五。

六奇既用，诸侯宾从于汉；吕氏之事，平为本谋，[95]终安宗庙，定社稷，作《陈丞相世家》第二十六。

诸吕为从，谋弱京师，而勃反经合于权；[96]吴楚之兵，亚夫驻于昌邑，以厄齐赵，而出委以梁。[97]作《绛侯世家》第二十七。

七国叛逆，蕃屏京师，唯梁为捍；偩爱矜功，几获于祸。嘉其能距吴楚，作《梁孝王世家》第二十八。

五宗既王，亲属洽和，诸侯大小为藩，爰得其宜，僭拟之事稍衰贬矣。作《五宗世家》第二十九。

三子之王，文辞可观，作《三王世家》第三十。

末世争利，维彼奔义；让国饿死，天下称之，作《伯夷列传》第一。

晏子俭矣，夷吾则奢；齐桓以霸，景公以治，作《管晏列传》第二。

李耳无为自化，清净自正；韩非揣事情，循势理，作《老子韩非列传》第三。

自古王者而有《司马法》，穰苴能申明之，作《司马穰苴列传》第四。

非信廉仁勇不能传兵论剑，与道同符，内可以治身，外可以应变，君子比德焉，作《孙子吴起列传》第五。

维建遇谗，爰及子奢，尚既匡父，伍员奔吴，作《伍子胥列传》第六。[98]

孔氏述文，弟子兴业，咸为师傅，崇仁厉义，作《仲尼弟子列传》第七。

鞅去卫适秦，能明其术，强霸孝公，后世遵其法，作《商君列传》第八。

天下患衡秦毋餍，而苏子能存诸侯，约从以抑贪强，作《苏秦列传》第九。

六国既从亲，而张仪能明其说，复散解诸侯，作《张仪列传》第十。

秦所以东攘雄诸侯，樗里甘茂之策，作《樗里甘茂列传》第十一。

苞河山，围大梁，使诸侯敛手而事秦者，魏冉之功，作《穰侯列传》第十二。

南拔鄢郢，北摧长平，遂围邯郸，武安为率；破荆灭赵，王翦之计，作《白起王翦列传》第十三。

猎儒墨之遗文，明礼义之统纪，绝惠王利端，列往世兴衰，作《孟子荀卿列传》第十四。

好客喜士，士归于薛，为齐捍楚、魏，作《孟尝君列传》第十五。

争冯亭以权，如楚以救邯郸之围，使其君复称于诸侯，作《平原君虞卿列传》第十六。

能以富贵下贫贱，贤能诎于不肖，唯信陵君为能行之，作《魏公子列传》第十七。

以身徇君，遂脱强秦，使驰说之士南乡走楚者，黄歇之义，作《春申君列传》第十八。

能忍詢于魏齐，而信威于强秦，推贤让位，二子有之，作《范雎蔡泽列传》第十九。

率行其谋，连五国兵，为弱燕报强齐之仇，雪其先君之耻，作《乐毅列传》第二十。

能信意强秦，而屈体廉子，用徇其君，俱重于诸侯，[99]作《廉颇蔺相如列传》第二十一。

湣王既失临菑而奔莒，唯田单用即墨破走骑劫，遂存齐社稷，作《田单列传》第二十二。

能设诡说解患于围城，轻爵禄，乐肆志，作《鲁仲连邹阳列传》第二十三。

作辞以讽谏，连类以争义[100]，《离骚》有之，作《屈原贾生列传》第二十四。

结子楚亲，使诸侯之士斐然争入事秦，作《吕不韦列传》第二十五。

曹子匕首，鲁获其田，齐明其信；豫让义不为二心。作《刺客列传》第二十六。

能明其画，因时推秦，遂得意于海内，斯为谋首，作《李斯列传》第二十七。

为秦开地益众，北靡匈奴，据河为塞，因山为固，建榆中，作《蒙恬列传》第二十八。

填赵塞常山以广河内，弱楚权，明汉王之信于天下。作《张耳陈餘列传》第二十九。

收西河上党之兵，从至彭城；越之侵掠梁地以苦项羽，作《魏豹彭越列传》第三十。

以淮南叛楚归汉，汉用得大司马殷，卒破子羽于垓下，作《黥布列传》第三十一。

楚人迫我京索，而信拔魏赵，定燕齐，使汉三分天下有其二，以灭项籍，作《淮阴侯列传》第三十二。

楚汉相距巩洛，而韩信为填颍川[101]，卢绾绝籍粮饷，作《韩信卢绾列传》第三十三。

诸侯畔项王，唯齐连子羽城阳，汉得以间遂入彭城，[102]作《田儋列传》第三十四。

攻城野战，获功归报，哙商有力焉；非独鞭策，又与之脱难，作《樊郦列传》第三十五。[103]

汉既初定，文理未明，苍为主计，整齐度量，序律历，作《张丞相列传》第三十六。

结言通使，约怀诸侯；诸侯咸亲，归汉为藩辅，作《郦生陆贾列传》第三十七。

欲详知秦楚之事，维周緤常从高祖，平定诸侯，作《傅靳蒯成列传》第三十八。[104]

徙强族，都关中，和约匈奴；明朝廷礼，次宗庙仪法，作《刘敬叔孙通列传》第三十九。

能摧刚作柔，卒为列臣；栾公不劫于势而倍死[105]，作《季布栾布列传》第四十。

敢犯颜色以达主义，不顾其身，为国家树长画，作《袁盎朝错列传》第四十一。

守法不失大理，言古贤人，增主之明，作《张释之冯唐列传》第四十二。

敦厚慈孝，讷于言，敏于行，务在鞠躬，君子长者，作《万石张叔列传》第四十三。

守节切直，义足以言廉，行足以厉贤，任重权不可以非理挠，作《田叔列传》第四十四。

扁鹊言医，为方者宗，守数精明；后世循序，弗能易也，而仓公可谓近之矣，作《扁鹊仓公列传》第四十五。

维仲之省，厥濞王吴，遭汉初定，以填抚江、淮之间，[106]作《吴王濞列传》第四十六。

吴楚为乱，宗属唯婴贤而喜士，士乡之，率师抗山东荥阳，[107]作《魏其武安列传》第四十七。

智足以应近世之变，宽足用得人，作《韩长孺列传》第四十八。

勇于当敌，仁爱士卒，号令不烦，师徒乡之，作《李将军列传》第四十九。

自三代以来，匈奴常为中国患害；欲知强弱之时，设备征讨，作《匈奴列传》第五十。

直曲塞，广河南，破祁连，通西国，靡北胡，作《卫将军骠骑列传》第五十一。

大臣宗室以侈靡相高，唯弘用节衣食为百吏先，作《平津侯列传》第五十二。

汉既平中国，而佗能集杨越以保南藩，纳贡职，作《南越列传》第五十三。

吴之叛逆，瓯人斩濞，葆守封禺为臣，作《东越列传》第五十四。

燕丹散乱辽间，满收其亡民，厥聚海东，以集真藩，葆塞为外臣，[108]作《朝鲜列传》第五十五。

唐蒙使略通夜郎，而邛、笮之君请为内臣受吏。作《西南夷列传》第五十六。

《子虚》之事，《大人》赋说，靡丽多夸，然其指风谏，归于无为，作《司马相如列传》第五十七。

黥布叛逆，子长国之，以填江淮之南，安剽楚庶民，作《淮南衡山列传》第五十八。

奉法循理之吏，不伐功矜能，百姓无称，亦无过行，作《循吏列传》第五十九。

正衣冠立于朝廷，而群臣莫敢言浮说，长孺矜焉；[109]好荐人，称长者，壮有溉[110]，作《汲郑列传》第六十。

自孔子卒，京师莫崇庠序，唯建元元狩之间，文辞粲如也，作《儒林列传》第六十一。

民倍本多巧，奸轨弄法，善人不能化，唯一切严削为能齐之，作《酷吏列传》第六十二。

汉既通使大夏，而西极远蛮，引领内乡，欲观中国，作《大宛列传》第六十三。

救人于厄，振人不赡，仁者有乎；不既信，不倍言，[111]义者有取焉，作《游侠列传》第六十四。

夫事人君能说主耳目和主颜色，而获亲近，非独色爱，能亦各有所长，作《佞幸列传》第六十五。

不流世俗，不争势利，上下无所凝滞，人莫之害，以道之用，作《滑稽列传》第六十六。

齐楚秦赵为日者，各有俗所用。欲循观其大旨，作《日者列传》第六十七。

三王不同龟，四夷各异卜，然各以决吉凶。略窥其要，作《龟策列传》第六十八。

布衣匹夫之人，不害于政，不妨百姓，取与以时而息财富，智者有采焉。作《货殖列传》第六十九。

维我汉继五帝末流，接三代绝业。周道废，秦拨去古文，焚灭《诗》《书》，故明堂石室金匮玉版图籍散乱。于是汉兴，萧何次律令，韩信申军法，张苍为章程，叔孙通定礼仪，则文学彬彬稍进，《诗》《书》往往间出矣。自曹参荐盖公言黄老，而贾生晁错明申商，公孙弘以儒显，百年之间，天下遗文古事靡不毕集太史公。太史公仍父子相续纂其职。曰："於戏！余维先人尝掌斯事，显于唐虞，至于周，复典之，故司马氏世主天官。至于余乎，钦念哉！[112]钦念哉！"罔罗天下放失旧闻，王迹所兴，原始察终，见盛观衰，论考之行事，略推三代，录秦汉，上记轩辕，下至于兹，著十二本纪，既科条之矣[113]。并时异世，年差不明，作十表[114]。礼乐损益，律历改易，兵权山川鬼神，天人之际，承敝通变，[115]作八书。二十八宿环北辰，三十辐共一毂，运行无穷，辅拂股肱之臣配焉，忠信行道，以奉主上，作三十世家。[116]扶义俶傥[117]，不令己失时，立功名于天下，作七十列传。凡百三十篇，五十二万六千五百字[118]，为《太史公书》[119]。序略，以拾遗补蓺，[120]成一家之言，厥协六经异传，整齐百家杂语，[121]藏之名山，副在京师，俟后世圣人君子，[122]第七十[123]。

太史公曰：余述历黄帝以来至太初而讫[124]，百三十篇[125]。

（以上为第五段，是《史记》一百三十篇各篇的小序，司马迁一一地交代各篇作品的作意。)

①维——发语词。有人以为同“惟”,解为思念,亦可。 四圣——指其后的颛顼、帝喾、尧、舜。 遵序——遵照黄帝的秩序。②虞舜不台——尧让位于舜,舜深感不安,唯恐不能胜任。不台:不乐。台:“怡”的古字。 厥美帝功——指舜发扬光大了尧的事业。厥:其,他。美:用作动词。意即发扬光大。 载——通“戴”。拥戴。③契——舜臣,商朝的始祖。 作商——使商朝兴起。作:振作,使之兴起。 爰及成汤——意即由契发展到成汤。爰:于是。 太甲——商朝的第四代帝王,成汤的嫡长孙。 居桐——因暴虐被宰相伊尹放居于桐,反省思过。桐:商邑名,其方位诸说不一,有说在今河南虞城东北,也有说在今河南偃师商城,一说在今山西万荣汤陵。 德盛阿衡——指伊尹放太甲于桐,自己摄行商政,待太甲悔过后,又将政权还归太甲事。阿衡:伊尹所任的官号,即后世之宰相。 ④武丁——商汤后的第二十二代帝王。 说——傅说,武丁时的贤臣,武丁从苦役犯中发现了他,任为大臣,国家大治。 乃称高宗——意即辅佐武丁成为了一代有作为的君主。高宗:武丁的庙号,因其能使商朝复兴,故称“高宗”。 帝辛——即殷纣,商朝的末代帝王,被周武王所灭。 湛湎——指沉迷于酒色之中。湛:通“沉”。 诸侯不享——诸侯不再拥戴商朝。不享:不朝拜,不拥戴。 ⑤弃——舜臣,周朝的祖先。 作稷——创始农业,并任主管农事的官。 德盛西伯——至周文王时,其道德隆盛到了顶点。西伯:西部地区的诸侯之长,周文王曾被殷纣封为“西伯”,主征讨一方。 武王——文王之子,名发。 牧野——地名,在商朝国都朝歌(在今河南淇县)的西南部,是周武王大破商朝军队的战场。 实抚天下——于是统治了全国。实:发语词。抚:占有,统治。⑥幽厉——周幽王、周厉王。周厉王,名胡,是西周后期的残暴君主,被“国人”暴动所驱逐,奔死于外。周幽王,名宫涅,是西周的末代君主,被犬戎攻杀。 酆镐——西周时代的都城名。酆:又作“丰”,在今陕西西安长安区西南沣河以西,文王所都。镐:在今陕西西安长安区西北,武王所都。 陵迟——逐渐衰落。 赧——周赧王,东周的末代君主。 雒邑不祀——意即东周绝亡。雒邑:东周的都城,在今河南洛阳

洛河北岸、瀍水东西。不祀：先王的宗庙不再享受祭祀，即王朝灭亡。

⑦伯翳——也写作“柏翳”“伯益”，也叫“大费”，舜时的大臣，曾佐助大禹治水，又为舜掌管畜牧业，是秦王朝的祖先。　穆公——名任好。春秋时代秦国最有作为的君主，被尊为“五霸”之一。　思义——思考怎样做才算合适。这里实际是“后悔”的意思。义：宜也。　悼豪之旅——哀悼在崤山阵亡的秦国将士。“豪”乃“崤”之讹。崤：山名，在今河南三门峡市东南与洛阳西交界地带，秦穆公曾利令智昏地派兵袭郑，结果在崤山遭到晋军伏击，全军覆没。　⑧以人为殉——指秦穆公死时，以生人殉葬，而且在这些殉葬者中竟然还有姓“子车”的三名勇士。　《黄鸟》——《诗经·秦风》中的篇名，内容即写子车氏三名勇士为秦穆公殉葬的事情，表现了作者对三名勇士的悲悼与同情。　昭襄业帝——昭襄王为秦国日后统一称帝的大业奠定了基础。昭襄：即通常所称的秦昭王，名则。“昭襄业帝”，语未尽，疑下有脱文。　⑨销锋铸鐻——销毁兵器，铸为钟鐻。据记载，当时销毁兵器后，铸成了“钟鐻”及“金人十二”。　维偃干革——为的是日后不再有战争。偃：停止，停息。干革：兵器与铠甲，引申为战争。　尊号称帝——意指兼古代的“皇”“帝”二字而并用之。　矜武任力——仗恃武力，不讲德治。

⑩子婴——秦朝的末代帝王，在位四十六日，投降刘邦。　降虏——向人投降，做了俘虏。　⑪豪桀——指陈涉、项梁、刘邦等各路义军首领。　并扰——犹言并起，起而纷争。　项梁——项羽之叔，曾是继陈涉之后最强大的反秦军事领袖，后被章邯所破杀。业：创业，打基础。

子羽——即项羽，名籍，字羽，也称子羽。　⑫杀庆救赵——指项羽随宋义北上救赵，途中杀宋义夺其兵权事。庆：有本作“卿”，指宋义，当时宋义为该军统领，号称“卿子冠军”。　诸侯立之——项羽夺得兵权后，率军大破秦兵于巨鹿，诸侯惧服，尊之为“诸侯上将军”，于是遂成了各路反秦义军的实际领袖。　⑬诛婴背怀——指鸿门宴后，项羽杀死末代秦王子婴，焚烧咸阳；又违背怀王盟约，自主分封，并将怀王迁往江南，将怀王杀死事。　⑭诛籍业帝——破杀项羽，成就帝业。　改制易俗——刘邦称帝后，其所袭用的基本上都是秦朝的制度，即俗所谓“汉承秦制”，刘邦所变动的只有初入咸阳时的“约法三章”。　⑮惠之早霣——刘邦之子惠帝刘盈,因不满其母吕后的残忍,在位七年即抑郁而死。霣:通"陨"。 诸吕——指刘邦死后被吕后封侯封王的吕产、吕禄诸人。 不台——不悦。即不为刘氏宗室与刘邦的元老功臣"所悦"。 ⑯崇强禄产——指吕后将其侄吕禄、吕产封王后,又任吕产为相国,将南军;吕禄为上将军,将北军。 ⑰杀隐幽友——杀害了刘邦的儿子赵王如意(谥曰"隐"),囚禁了刘邦的另一个接续为赵王的儿子刘友。 洞疑——恐惧疑虑。 宗祸——灭族之祸。 ⑱继嗣不明——指惠帝是否有亲生儿子,人皆怀疑。 迎王践祚(zuò)——指将当时为代王的刘恒从代国迎来立以为帝。践祚:登基。 ⑲吴首为乱——吴王刘濞带头兴兵作乱。 七国伏辜——指举行叛乱的吴、楚、赵、胶东、胶西、济南、菑川七国被朝廷的军队诛灭。 翕(xī)然——服帖的样子。 ⑳三代——指夏商周三朝。 尚——年代久远。 谱牒——指战国时流行的世袭年谱一类的书。 ㉑谱牒经略——谱牒之类的书,记述简单。 五霸更盛衰——而各个霸主又是相互倚伏,此落彼起的。更:交替。 周世相先后——周朝诸事件的孰先孰后。 ㉒陪臣秉政——各诸侯国的大夫分别掌管了各国的政权,如韩赵魏三家分晋,田氏篡夺齐国政权等。陪臣:指各诸侯国的大夫。各国诸侯对周天子称"臣",各诸侯国的大夫对周天子称"陪臣"。 强国相王——春秋以前,只有周天子称"王",各诸侯国的国君只能称"公"称"侯",楚国之称"王",则是由于它地处南荒,不服王化。进入战国后,周天子更加成为傀儡,各大国遂逐渐改号称王,而行动最早的则是齐魏两国在徐州互尊为王。 ㉓楚人发难——指陈胜等带头起兵反秦。 天下三嬗(shàn)——指国家政权三次变换,第一次改由陈胜发号施令,第二次改由项羽,第三次归于刘邦。嬗:变化。 ㉔分削——分:指一国分为数国。削:指领地减少。 谱纪不明,有司靡踵——意谓旧有的谱牒对此叙述不清,使后来主管这方面事务的官员无法接着往下记录。踵:追逐。引申为继承、因袭。 强弱之原云以世——句子不顺,定有脱讹。郭嵩焘将上文"谱牒不明,有司靡踵"与此七字连读,以为"此谓以其世之修短,而可以推知其强弱之原,大抵强者先亡,而弱者犹可苟幸以图存也"。录以备考。 ㉕惠景之间——包括惠帝吕后文帝景帝四朝。

维申功臣宗属爵邑——按:词语不顺。大意谓过去有些该封而未封者,以及一些其先人有功而家属后代也应该受到封赏者,遂封给他们以爵土。 ㉖诸侯既强——按:此所谓“诸侯”,都是指刘姓子弟为王者。 七国为从——指景帝时的吴楚赵等七国联兵反抗朝廷。从:“纵”的古字。联合。 子弟众多,无爵封邑——按过去的章程,只有嫡长子才能继其父位称王,其他弟兄通通没份儿。 推恩行义——指武帝听取主父偃建议,实行“推恩法”,让各诸侯王可以分割土地,封其他儿子为侯。 其势销弱——谓各诸侯国遂无形中被化整为零。 德归京师——那些本来不该受封的人今得以封侯,遂都感谢皇帝的恩德。 ㉗维见汉兴以来将相名臣年表——将汉兴以来将相名臣的事迹,见之于年表。维:发语词。见:用作动词。即谱列。 ㉘所损益各殊务——语略不顺,大意谓为了解决不同的问题而总要做适当的增减。 因人质为之节文——依照人们的实际情况而加以装点修饰。 略协古今之变——大体依据着古往今来礼的发展变化。 ㉙《雅》《颂》声——指《诗经》中的“雅”“颂”两部分音乐,通常被称作“雅乐”的代表。 郑卫之音——指《诗经·国风》中“郑”“卫”两地的音乐,通常被称为俗乐的代表。 郑卫之音所从来久矣——孔子认为“郑卫之音”是一种格调不高的音乐,主张要对之加以节制,但这种音乐却历来招人喜欢。 ㉚人情之所感,远俗则怀——《集解》引徐广曰:“乐者,所以感和人情,人情既感,则远方殊俗莫不怀柔向化也。”远俗:鄙远殊俗之人。 比《乐书》以述来古——《索隐》曰:“言此《乐书》以述自古以来乐之兴衰也。”比:次。即编排整理。来古:往古。 ㉛《司马法》——古兵书名,大约为战国时人所造。 ㉜太公——指姜尚,周武王的开国元勋。 孙、吴——孙武、吴起,孙武为春秋末期军事家,仕于吴;吴起为战国初期军事家,曾仕于鲁魏楚,皆有兵法传世。 王子——王子成甫,其人不详。 能绍而明之——能继承古《司马法》的精神,而且能进一步地发扬它。 切近世,极人变——意谓能根据近代社会的具体情况,充分发挥一个军事家的谋略。 作《律书》——史公之《律书》即“兵书”,其原文已散失,后人从《历书》中摘出音律部分移入《律书》篇内,故今之“律书”正文遂与此处史公所云不合。 ㉝律居阴而治阳,历居阳而治阴，律历更相治，间不容翲忽——四句原见于《大戴礼记·曾子天圆篇》，个别用字不同，而意思一样。律：音律。历：历法。古人讲“历法”总爱和“音律”联系起来，以为二者不可分割，说得非常玄虚，直到明清仍然如此。不容翲忽：容不得一丝一毫的错误。翲忽：犹言“毫厘”。

㉞五家之文——《正义》曰：“谓黄帝、颛顼、夏、殷、周之历。” 佛异——乖异。佛：通“悖”。 维太初之元论——按：句子不顺。太初：武帝的年号名（前104—前101年），也用以称从此年开始施行的新历法。《正义》曰：“维太初之元论历律为是，故《历书》自太初之元论之也。” ㉟星气之书——占测星气变化的书。 多杂禨祥——多杂有侈谈人世祸福的成分。禨祥：吉凶的先兆。 不经——荒诞，不正经。

推其文，考其应，不殊——按照它的说法，考察它的效应，又往往的确相合。不殊：没有两样。 ㊱比集论其行事——编排解释这些与天文有关的人事活动。 验于轨度以次——取验于日月星辰运行的轨道与度数，将其记录下来。 天官——指“天文”。古人认为天空星宿的排列，就如人世朝廷的分官设职一样，故称“天官”。 ㊲封禅之符罕用——举行过封禅大典的帝王为数甚少。 万灵罔不禋（yīn）祀——所有神鬼精灵全部获得祭祀。禋：祭。 追本诸神名山大川礼——考察遵照历代祭祀天地鬼神名山大川的礼节。 ㊳爰及宣防，决渎通沟——迨至武帝堵塞瓠子决口的时代，又开掘了许多运输灌溉的沟渠。宣防：宫名。武帝堵塞住了黄河在瓠子（在今河南濮阳南）的决口后，在那里修建了一座“宣防宫”。 ㊴维币之行——币：货币。行：流通。

其极——其弊端、弊病的顶点。 玩巧——投机取巧。 并兼兹殖——为了赚钱而相互兼并。兹：通“滋”。滋殖：使钱财越滚越多。

争于机利——争相耍心眼玩手段。 去本趋末——抛弃农业，以就工商。中国历来称农业为“本”，称工商业为“末”。 《平准书》——平准、均输原是武帝时所推行的两项商业制度。平准：由国家出面平衡各地物价。均输：由国家调动物资，使各地互通有无，以平抑物价。因这两项是当时国家有关工商业的重大举措，故史公以之作为该经济专章的篇名。 观事变——此指观察经济方面的发展变化规律。 ㊵太伯避历，江蛮是适——吴太伯为让位于季历，离开周国，远远地避到了长江以南的蛮荒地区。太伯：周文王的大伯父。季历：太伯之弟，周文王的父亲。早在文王的祖父古公亶父在世时，就喜欢姬昌这个小孙子，想将来把国家的政权传给他。太伯看清了父亲的心思，就想自己及早躲开，让父亲传位于季历，以便日后更顺利地传给姬昌，于是太伯便和二弟虞仲一起避到了江南，另创立了吴国。 ㊶文武攸兴，古公王迹——文王武王日后之所以能灭商建立周王朝，是因为早在古公亶父时，就已经显示了称王的迹象。古公：名亶父，武王灭商即位后，追尊古公为"太王"。 阖庐弑僚——阖庐：即公子光，吴王诸樊之子，因其父传位于弟，故未得为王。僚：王僚，吴王馀昧之子，继其父位为吴王。公子光不服，使刺客杀王僚夺得王位，是为"阖庐"。 宾服荆楚——使楚国臣服于吴。吴王阖庐在位时，曾破楚入郢，使楚国元气大伤。 ㊷夫差克齐——夫差是阖庐之子，继其父位为吴王。夫差即位不久便大破越国，但未听伍子胥的忠言，没有将越国灭掉，而统兵北上伐齐，结果劳民伤财，虚耗国力，埋下了亡国之祸。 子胥鸱夷——伍子胥是吴国的元老，先帮阖庐夺得王位，打败强楚；又帮夫差继位，打败越国，最后因坚持反对夫差伐齐，被夫差赐剑自杀。鸱夷：皮口袋，伍子胥死后，尸体被装入口袋投入江中。 ㊸信嚭（pǐ）亲越，吴国既灭——伯嚭是吴国的奸臣，被越王句践收买，他鼓动夫差亲越伐齐，吴国被齐国削弱后，越国起兵袭吴，遂将吴国灭掉。 嘉伯之让——史公因称赞吴太伯之让国，将其列为"世家"之首，与其称赞尧舜，将《五帝本纪》列为"本纪"之首；称赞伯夷，将其列为"列传"之首，意旨有其相同处。 ㊹申、吕——舜时的诸侯国名，为姜太公祖先的受封之地，都在今河南南阳附近。吕是太公祖先的氏，后来"姓""氏"混淆，故太公姓"姜"，亦有人谓之姓"吕"。 肖——此处通"消"，即家国衰微。也有说"肖"乃"削"字之脱讹，意即消弱。 尚父侧微——因其前代已经衰落，故而姜尚的出身就很微贱了。尚父：即姜尚，因其年高功大，故武王尊称之曰"尚父"。侧微：低微，微贱。 ㊺缪（móu）权于幽——意即筹谋划策于暗中，以倾商朝。 番（pó）番——老人头发黄白的样子。 爰飨营丘——享有营丘一带的封地。姜尚协助武王灭商后，被封于齐国，建都营丘（即后来的临菑）。 ㊻不背柯盟——齐桓公与鲁庄公会盟于柯（在今山东阳谷东北),鲁国勇士曹沫持匕首劫齐桓公,迫使齐国退回所侵鲁国的土地。齐桓公被迫答应了,又想反悔,后在管仲的劝导下兑现了诺言,从而赢得了诸侯们的拥护。 田阚争宠——阚止有宠于齐简公,田常疑不自安,遂起兵攻灭阚氏,并进而弑简公,另立平公,从此姜氏政权遂落入田常手中。 嘉父之谋——赞扬姜尚佐周灭商的谋略。 ㊼依之违之,周公绥之——指武王死后,成王年幼,周公执政,这时有的诸侯听从周公,有的诸侯违抗作乱,而周公有办法把他们都平定下来。绥:安定。 愤发文德——即大力推行礼乐教化。愤发:意即努力推行。文德:指以礼乐教化为统治手段。 宗周——承认周王朝是自己的宗主,即归服、拥戴周天子。 ㊽隐桓之际,是独何哉——迨传国至隐公、桓公时期,怎么会闹成那种样子啊?隐公:名息姑,惠公的庶子。惠公去世时,嫡子桓公(名允)年幼,隐公遂权且即位。隐公原想等桓公长大后还国于他,桓公不明隐公心迹,乃发动政变,将隐公杀死。 三桓——由桓公的次子、三子、四子所形成的孟孙氏、叔孙氏、季孙氏三大家族,此三族从庄公时代起,世代执掌鲁权,鲁君遂逐渐成了三家的傀儡。 嘉旦《金縢》——赞美周公对武王的耿耿忠心。《金縢》:《尚书》中的篇目名,其中记载了武王患病时周公向祖宗上帝祈祷,请求让自己代替武王死。 ㊾召公——名奭,武王之弟,燕国的始封之君。 率德——带头遵循德义。召公原与周公一道在朝辅佐成王,管蔡叛乱后,召公开始也怀疑周公,后经周公说明,召公才解除疑虑,带头维护王朝中央,与周公共同平定叛乱。 燕哙(kuài)之禅——燕哙:即燕王哙,战国中期的燕国国君。因受其相子之的哄骗,让其位于子之,造成国家大乱,几致亡国。后经过燕昭王的努力,才使国家重新稳定下来。《甘棠》——《诗经》中的篇名,内容是说召公辅佐成王时,有一次巡行西方,曾在一棵棠树下断案,后人为纪念此事,遂永远保护这棵棠树。

㊿管蔡相武庚——武王灭商后,复封纣子武庚于商都朝歌,以管理商之旧族。因担心武庚作乱,而派管叔鲜、蔡叔度为武庚之"傅相",以监督之。 将宁旧商——为的是安定商朝的旧部。 不飨——意即不服不遵从。飨:通"享"。朝见。 ⑤①杀鲜放度——周公平定管蔡与武庚之乱后,杀了管叔鲜,流放了蔡叔度。 周公为盟——旧本于此皆无

注，所谓“为盟”，疑指周公平乱后，分商遗民以封康叔与微子事，《尚书》中有《康诰》以记此事。　大任十子，周以宗强——武王有十个同胞兄弟，所以周朝王室得以巩固。大任：应作“太姒”，文王之妃，武王之母，生子十人。　嘉仲悔过——蔡叔因叛乱而被流放后，能够悔过，于是周公又把他的儿子蔡仲封于蔡国，成为诸侯。　㊿王后不绝，舜禹是说——有圣德的帝王是不会断绝祭祀的，舜禹的在天之灵应该为其后代受封而高兴。说：“悦”的古字。　蒙烈——蒙受恩泽，继承事业。烈：业，功业。这里指恩泽。　爰周陈杞——到周朝又封建了陈杞两个国家。武王灭商后，封舜的后代妫满于陈（在今河南周口淮阳区）；封禹的后代东楼公于杞（在今河南杞县）。　53齐田既起——春秋末期，舜之后代的陈国虽然被楚所灭，可是陈国后代的田氏却又在齐国发达起来了。按：篡齐国姜氏政权而代之的田常田和家族，即陈厉公的后代。　舜何人哉——舜是多么伟大的人啊！　54收殷余民，叔封始邑——平定管蔡武庚之乱后，为了管理商朝的遗民，所以派康叔姬封在商都朝歌（在今河南淇县）建立了卫国。　申以商乱，《酒》《材》是告——为了让年轻的弟弟从商朝的灭亡中吸取教训，周公除写了《康诰》外，还写了《酒诰》《梓材》，皆见于《尚书》。　及朔之生，卫顷不宁——梁玉绳曰：“言卫之倾危，由于惠公朔也。”按：惠公名朔，是春秋前期的卫国国君，挑动其父宣公杀太子伋后，得立为太子。惠公即位后，国人不服，由此变乱丛生，卫国不宁。　55南子恶蒯聩，子父易名——南子是春秋末期卫灵公的夫人，因与灵公太子蒯聩闹矛盾，致使蒯聩出逃。灵公死后，因蒯聩不在国内，蒯聩之子辄遂即位为君，是为出公。其父不平，十二年后，借助外国势力将其儿子逐出，自己为君，是为庄公。三年后，卫国又乱，庄公被逐，其子出公又回国即位。易名：意谓父子君臣的名分颠倒错位。　56卫以小弱，角独后亡——不起眼的弱小卫国，居然亡在了其他大国的后面。按：进入战国后，卫国越来越弱，后来成为魏国附庸，只领有一个濮阳城。秦灭魏后，将卫元君迁到野王县。到秦二世时，才将卫国的最后一个小“君主”（名角）废为庶人。　嘉彼《康诰》——词未达意，其意盖谓康叔能谨遵周公于《康诰》中的教诲之意，于是卫国以兴，故史公嘉之。　57武庚既死，周封微子——武庚与管蔡的叛乱被周公削平后，周公将商朝遗民一分为二，一半仍居朝歌，封其弟康叔治之，即所谓“卫”；另一半封纣王的庶兄微子启治之，即所谓“宋”，宋的都城商丘（在今河南商丘南）。　㊽襄公伤于泓，君子孰称——宋襄公在泓之役中虽然兵败受伤，但却得到了君子的盛赞。宋襄公：名兹甫，也写作兹父，春秋中期的宋国国君。在与楚成王的泓之战中讲究仁义，楚兵渡河时他不打，楚兵未列阵时他不打，结果自己被楚兵打败，伤股。孰称：盛称，盛赞。《公羊传》曰：“君子大其‘不鼓不成列’，临大事而不忘大礼，有君而无臣，以为虽文王之战亦不过此也。”　㊾景公谦德，荧惑退行——春秋末期，宋景公在位时，荧惑（即火星）将运行到心宿的位置，古人认为这是一种对国君不利的征兆。有人提出通过祈祷移灾于相，或移灾于民，或移灾于年景，宋景公都不同意，宁愿自身承之。结果感动上天，荧惑偏了三度，在心宿旁边擦过去了。　剔成暴虐，宋乃灭亡——“剔成”乃“王偃”之讹。剔成之弟名偃，逐其兄而自立，在位期间残暴不仁，诸侯皆称之为“桀宋”，后被齐魏楚三国所灭。　微子问太师——微子是纣王的庶兄，见纣王昏暴不可劝，乃向太师、少师求教，太师、少师劝其去，于是微子遂离开了商都。　㊿叔虞邑唐——叔虞在唐邑建国。叔虞：武王之子，成王之弟，名虞，成王时被封于唐邑（在今山西翼城西），为晋国的始祖。　君子讥名，卒灭武公——西周后期，晋穆侯生长子，取名曰“仇”；生少子，取名“成师”，有人以为这种起名对长子不吉利。后来长子即位，是为文侯；成师被封于曲沃，人称曲沃桓叔。春秋前期，曲沃桓叔的后代曲沃武公将文侯的后代消灭，篡夺了晋国。　(61)骊姬之爱，乱者五世——武公之子献公，因晚年宠爱骊姬，杀太子申生，导致晋国乱了五世。　重耳不得意，乃能成霸——重耳是献公之子，申生之弟。骊姬唆使献公杀申生后，重耳逃亡在外，前后历十九年，国内篡乱不休。至惠公死后，子圉即位，重耳遂倚仗秦国势力杀回晋国，夺得政权，此即日后成为“霸主”的晋文公。不得意：指文公即位前所受的种种曲折磨难。　(62)六卿专权，晋国以耗——六卿：指春秋后期晋国国内的六大家族，即范氏、中行氏、智氏、韩氏、赵氏、魏氏。此六家自文公时代起逐渐强大，掌握晋国大权；至春秋后期，晋国诸侯形同傀儡。六家又相互火并，最后剩下韩赵魏三家，遂将晋国瓜分，各自独立建国。耗：减损，消耗，衰竭。　文公锡珪鬯（chàng）——指文公败楚，会诸侯于践土，周天子赐文公大辂、彤弓、秬鬯、珪瓒，命文公为霸主事。珪：指玉璧。鬯：祭神用的香酒。　⑥③重黎业之——意谓重黎开始为楚国创业打基础。重黎相传是颛顼的后代，帝喾时为火正，主管祭祀火星，帝喾命之曰“祝融”。　吴回——重黎之弟，重黎办事不成被杀后，吴回接替重黎为火正。　粥子牒之——至粥熊起，楚国的世系乃可谱列。粥子：即粥熊，又作“鬻熊”，商朝末期人，事周文王。牒：泷川资言曰：“从此世次可牒。”　⑥④熊绎——粥熊的曾孙，周成王时被封于楚蛮，授以子男之爵。　熊渠——生当周夷王周厉王时，曾一度封三子为王。　乃复国陈——楚庄王曾乘陈灵公被杀之际，出兵将陈国灭掉，后听人劝谏，又将陈国恢复。国陈：使陈重新为国。　⑥⑤既赦郑伯——郑襄公依附晋国，楚庄王伐郑，郑襄公屈己逊言以对，楚庄王乃接受其求和，此邲之战的前奏。　班师华元——意谓由于华元的活动而楚国班师。楚因自己的使者被宋所杀而派子反率兵围宋，相持九个月，双方都已矢尽粮绝。宋将华元出见子反，彼此相告以诚，庄王称赞他们的信义，遂令楚军班师。　⑥⑥怀王客死，兰咎屈原——战国后期，秦昭王邀楚怀王入秦会谈，屈原劝怀王不要上当，怀王的儿子子兰怂恿其父前去，结果楚怀王被秦昭王扣留，死于秦国。对此，子兰不但不自责，反而更变本加厉地迫害屈原。　好谀信谗，楚并于秦——此指楚国末期的楚幽王信用李园杀害春申君，遂致楚被秦灭。　⑥⑦少康之子——名曰无馀，越王句践的祖先。少康：夏朝的帝王，其父相，荒淫亡国，少康发奋图强重建夏朝，史称“中兴”之主。《正义》引《吴越春秋》曰：“少康恐禹迹宗庙祭祀之绝，乃封其庶子于越，号曰无馀。”　宾南海——封在邻近南方的海滨，为天子的藩辅。宾：似当读为“滨”，邻近。　鼋鳣与处——与水族动物共处。鼋：大龟。鳣：同“鼍”。即扬子鳄。　⑥⑧桓公之东，太史是庸——郑桓公是周宣王之少弟，原封于今陕西渭南华州区东（当时称“郑”）。周幽王时政治昏暗，西方的形势紧张，于是郑桓公便听从太史伯的建议，及早将郑国由陕西一带迁到了今河南新郑。后来周幽王被犬戎所灭，周平王无法在西方立足，只好改都雒阳（在今河南洛阳），其间就深得郑国的援助。庸:用,采用。 ⑲侵周禾——平王东迁后,信任郑国,多年来一直让郑国诸侯参理周政。至桓王时,乃改任他人,疏远郑国,郑庄公不平,抢收周国之麦,两国关系紧张,直至引发繻葛之战。 王人是议——周国人开始非议郑国。王人:周天子治下的人。 祭(zhài)仲——郑庄公的宠臣。庄公死后,长子昭公继位。宋国诱骗逮捕祭仲,迫使祭仲驱逐昭公,改立宋女所生的郑庄公的少子突,是为厉公,从此厉公、昭公、子亹、子婴等此出彼入,郑国局势长期动荡不安。 要盟——被迫接受的盟约,指祭仲逐昭公立厉公事。 ⑳厉公纳惠王——郑厉公在位时,周国发生政变,惠王被其弟王子颓逐出,求救于郑。郑厉公出兵袭杀王子颓,使惠王得以复位。 ㉑维骥、騄耳,乃章造父——意谓赵国的远祖造父,就是靠着驯马赶车而得以闻名。骥、騄耳:都是良马名。章:显,闻名。造父:周穆王的车夫,曾为周穆王赶车周游天下。 赵夙事献——赵夙是赵衰祖父,晋献公的大臣。 衰续厥绪——赵衰继承了其祖父的传统。 佐文尊王——赵衰先跟随重耳一起流亡,后佐助其回国即位,又佐助其打败楚国,成为霸主,率领诸侯拥戴周天子。 ㉒襄子困辱,乃禽智伯——襄子名毋卹,战国初期的赵氏家主,“襄子”是谥。襄子在位时,智伯的势力最大,智伯联合韩魏两家共同围赵,形势非常紧急。后来赵襄子策动韩魏两家倒戈,三家遂共灭智伯而瓜分其地。 主父生缚,饿死探爵——主父:即赵武灵王,曾胡服骑射,大有作为。晚年让位于其少子,自称“主父”。后其长子作乱失败,逃归主父,赵兵追讨叛者,主父遂连同被围困饿死。生缚:与事实不符。这里指被困。探爵:探雀巢取其卵以充饥。爵:通“雀”。 ㉓王迁——赵国的末代国君,听信郭开的谗言,捕杀良将李牧,赵遂被秦所灭。 辟——通“僻”。邪僻,邪恶。 良将——指李牧。 鞅讨周乱——赵鞅即赵简子,春秋末期晋国的“六卿”之一,执掌晋政。时周国内乱,赵鞅率晋军立王子匄,是为敬王,王子朝逐敬王,后经几出几入,晋国终于稳定了敬王在周的统治。 ㉔毕万爵魏,卜人知之——毕万是晋献公的大臣,以军功被封于魏。于是卜偃就根据这个名“万”的人被封于“魏”,断定了这个家族的后代必然昌盛。 及绛戮干,戎翟和之——魏绛是春秋后期晋悼公的大臣,他在训练部队时,悼公的弟弟杨干乘车扰乱军阵，被魏绛诛其车夫，以示严惩。后来魏绛又为晋国和好戎翟，稳固了晋国西部、北部的边陲。　文侯慕义，子夏师之——魏文侯是战国初期的魏国国君，他在位的五十年里，魏国是当时最强盛的国家。文侯好礼义，喜儒术，曾受学于子夏，并尊礼段干木、田子方等。⑦⑤惠王——文侯之孙，在他在位的几十年里，魏国多次被齐秦所败，败于齐者有桂陵之战、马陵之战；败于秦者前有公子卬，后有龙贾等，魏国从此国势大落。　信陵——信陵君无忌，魏安釐王之弟。信陵君于战国晚期曾联合东方诸国破秦兵于函谷关，由于安釐王听信谗言，免信陵君之职，于是联盟瓦解。　⑦⑥王假——魏国的末代国君。王假三年，秦兵掘河水灌大梁，魏国遂灭。　厮——奴仆，这里用为动词。　武佐晋文申霸道——武：指魏犫，谥"武"，随文公出亡，又佐文公即位并成就霸业。　⑦⑦韩厥阴德，赵武攸兴——韩厥是春秋中期晋国大夫，晋国权臣屠岸贾诛赵朔并灭其门，韩厥暗助程婴等救出了赵氏孤儿赵武，从而使赵武日后得以东山再起，重振赵氏家族。　绍绝立废——使绝废的家族得以延续重立。　宗——尊崇。　⑦⑧昭侯显列，申子庸之——昭侯是战国中期的韩国国君，他任用申不害实行变法，使韩国较为强盛。显列：扬名于同列诸侯。庸：用，得以任用。　疑非不信，秦人袭之——韩非是战国末期的韩国公子，在韩不受信任，后入秦搞反间，被秦国所杀。秦复出兵，遂灭韩。　辅晋匡周天子之赋——遍检诸篇，不知此云何事，诸家皆于此无注。　⑦⑨完子避难，适齐为援——陈完是陈厉公的儿子，陈厉公被其侄陈林杀害，夺权即位，是为庄公，陈国自此数世不安。陈完惧祸及己，逃往齐国，改姓田氏（一说"田""陈"同音，"陈"亦作"田"），受到了齐国的优待。完子：对田完的敬称。　阴施五世，齐人歌之——齐景公时，田完的五世孙田乞已在齐国掌权，他以大斗放粮，小斗收债的办法，暗中收买人心，得到了齐国百姓的歌颂。阴施：暗中施德。　⑧⓪成子——田常的谥号。田常是春秋末期齐国大夫，他弑简公立平公，开始独揽齐国政权。　田和——战国初期的田氏家族首领，自田和起，田氏正式列为诸侯，姜氏之齐宣告结束。　王建动心，乃迁于共——王建是田氏齐国的末代国君，听从亲秦派的怂恿，长期亲秦，不修战备；其他五国灭亡后，齐国遂被秦国不战而灭，王建本人也被迁移到了共邑(在今河南辉县市)。动心:指被投降派说动。⑧①威宣能拨浊世而独宗周——齐威王、齐宣王父子是战国中期齐国强盛时期的两代国君,当时的周天子已完全成为徒有其名的傀儡,而这两代大国之君却都对周天子表示过相当的尊崇,说见《鲁仲连邹阳列传》。拨浊世:意犹“出污泥”,独出于浊世之上。 ⑧②成皋之台,薄氏始基——薄氏:即文帝之母薄太后,早年为刘邦姬妾,不受宠幸。一日,刘邦坐河南宫之成皋台,二姬于说笑中谈起薄姬,刘邦遂召幸之,生文帝。始基:给日后发达奠定了基础。 ⑧③诎意适代——文帝的皇后窦氏,原是吕后的宫女。吕后将几名宫女分给诸王,窦氏请求去赵国(在今河北邯郸一带),管事人误将其派往了代国(在今山西平遥一带)。窦氏开始很委屈,不料在代国受到文帝宠幸,后来竟跟着入朝当了皇后。诎意:屈就。 厥崇诸窦——意谓窦皇后的几个弟兄也因其姊而得以发迹封侯。 ⑧④栗姬偩贵,王氏乃遂——栗姬是景帝之妃,其子刘荣被立为太子,栗姬嫉妒,被其他姬妾所怨恨。景帝姊欲将其女嫁与太子,栗姬不从,景帝姊遂联合景帝他姬王夫人进行阴谋活动,于是栗姬与太子一齐被废,王夫人(即武帝之母)遂被立为皇后。偩:同“负”。仗恃。遂:成功,顺利。 ⑧⑤陈后——陈皇后,名阿娇,景帝姊大长公主之女,其母协同王夫人倾倒栗姬后,武帝得立为太子;至武帝即位,遂立阿娇为皇后。 子夫——卫子夫,原为平阳公主家歌女,后被武帝宠幸,时值陈皇后无子,武帝遂改立卫子夫为皇后。 嘉夫德若斯——可喜汉代的皇后们有如此的道德。夫:语气词。 ⑧⑥汉既谲(jué)谋,禽信于陈——指刘邦用阴谋诡诈的手段,在陈(在今河南周口淮阳区)袭捕了开国功臣楚王韩信。谲:诡诈。 越荆——犹言“楚越”,泛指今江苏北部、中部一带。这一带原属项羽,后属韩信,南近越人。荆:楚之别称。 剽轻——彪悍而好战。 ⑧⑦戊溺于邪,礼复绍之——刘交的孙子刘戊,景帝时因伙同吴王刘濞等举行叛乱,兵败自杀,于是朝廷改封刘交的小儿子刘礼为楚王,以延续刘交的香火。绍:继续。 嘉游辅祖——赞赏刘交能辅佐其兄汉高祖。游:刘交的字。 ⑧⑧维祖师旅,刘贾是与——意谓从刘邦起兵的第一天起,刘贾就参与进去了。泷川资言曰:“维祖师旅,高祖兴兵也。” 为布所袭,丧其荆吴——刘邦袭捕韩信后，分其旧地为二，西部地区以封刘交，仍称为楚；东部地区以封刘贾，国号曰荆，都广陵（在今江苏扬州西北）。不久，黥布造反于淮南，东击刘贾，刘贾兵败被杀。 ⑻营陵激吕，乃王琅邪——刘泽是刘邦的同族，刘邦称帝后，刘泽以军功被封营陵侯。刘邦死后，吕后掌权，刘泽派人往劝吕后封诸吕为王，而自己亦被吕后封为琅邪王。激吕：即劝说吕后大封诸吕。 怵（xù）午信齐，往而不归——吕后死后，齐王刘襄起兵讨诸吕，派将军祝午往请刘泽，说要拥戴刘泽为盟主。刘泽信以为真，结果被齐王刘襄所扣留。怵：被诱惑而动心。 ⑼遂西入关——刘泽被刘襄扣留后，假说自己入朝可以说服诸臣立刘襄为帝，刘襄又为刘泽所哄，遂令其西入长安。 获复王燕——刘泽入朝时诸吕已被诛灭，刘泽参与了周勃等人的拥立文帝之举，被文帝改封为燕王。 ⑼哀王——齐哀王刘襄，为悼惠王刘肥之子，吕后死后，率先起兵讨诸吕，首义之功甚大。 擅兴——擅自起兵。 发怒诸吕——因怒诸吕之掌权而起兵讨之。 驷钧暴戾，京师弗许——驷钧是齐王刘襄之舅，诸臣讨灭诸吕后，谋议立谁为帝，有人建议立刘襄，刘泽、周勃等都害怕刘襄英武，希望立一个便于他们控制的人，遂托言刘襄的舅舅驷钧为人“暴戾”，而予以否定。 ⑼厉之内淫，祸成主父——武帝时，齐厉王与其姊通奸，又得罪了武帝之姊修成君与武帝的宠臣主父偃，武帝派主父偃赴齐查办，主父偃公报私仇，小题大做，致使齐厉王自杀国绝。 嘉肥股肱——赞许当初刘肥屏蔽朝廷，为朝廷起了左膀右臂的作用。⑼相守——相峙。 萧何填抚山西——萧何为刘邦镇守关中后方。山西：华山或崤山以西，当时用以指关中地区。填：通“镇”。 推计踵兵——按户籍抽调兵员，补充前线。计：计簿，户籍。踵：追逐，追随。引申为继续，补充。 ⑼无知名，无勇功——看起来像是没干过出名的大事，没立过勇敢的功勋。《孙子·形篇》：“善战者之胜也，无智名，无勇功。” 图难于易，为大于细——即今所谓解决问题于萌芽状态，以防止大问题的形成。《老子》：“图难于其易，为大于其细。” ⑼六奇既用，诸侯宾从于汉——此极言陈平的筹谋划策，对刘邦统一天下的作用之大。六奇：《陈丞相世家》说陈平为刘邦“凡六出奇计”。诸侯：此指刘邦的功臣诸将。宾从：臣服。 吕氏之事，平为本谋——意谓周勃等大臣之所以能诛灭诸吕,是因为陈平为本谋。按:此语恐非史公本意,据《陈丞相世家》,陈平在吕后当权之际,完全是一个投机分子;当刘襄起兵后,又趁机转到诛诸吕一方。 ⑯诸吕为从——意即吕产、吕禄等相互勾结。从:“纵”的古字。联合。 谋弱京师——意即阴谋危害刘氏政权。 勃反经合于权——周勃采取违反常道的做法,即发动政变,诛灭诸吕。经:常规,常道。权:变通,因时制宜。 ⑰吴楚之兵——指景帝时吴、楚、赵、胶东、胶西、济南、菑川七国所发动的叛乱。 亚夫——周勃之子,景帝时的名将,以破吴楚叛军之功,位至丞相。 驻于昌邑,以厄齐赵——周亚夫率军东出后,不与吴、楚正面会战,而北驻昌邑(在今山东巨野南),以阻挡齐地四国的西进与赵国的南下。按:此云周亚夫之驻昌邑为阻齐赵,然《绛侯周勃世家》谓周亚夫此举是为了消耗梁国,以收一石二鸟之利。又,此所谓“齐赵”之齐,不能指“齐国”,应指齐地的胶东、胶西、济南、菑川,因为“齐国”当时并未谋反。 出委以梁——词语不顺,意即“以梁委吴楚”。 ⑱维建遇谗,爰及子奢——楚国奸臣费无极谗害楚平王的太子建,太子建的太傅伍奢为太子辩冤,痛斥费无极,于是伍奢亦被费无极所谗害下狱。子奢:对伍奢的敬称。 尚既匡父,伍员奔吴——楚平王派使者唤伍尚、伍员兄弟,伍尚随使者入朝,与父俱死;伍员不肯就范,逃往吴国。匡:救助。这里实即往从。 伍子胥——名员,字子胥。 ⑲信意强秦——指蔺相如在“完璧归赵”与“渑池会”这两件对付强秦的事件上,都能充分地按照自己的意志行事,绝无软弱妥协。信:通“伸”。 屈体廉子——意谓蔺相如在对待同僚廉颇的寻衅找茬上,就表现得很谦退了。屈体:降低身份。廉子:廉颇,战国后期的赵国名将。 用徇其君——意即为了国家的利益而不计个人恩怨。 俱重——都受到称赞,既称赞蔺相如的顾全大局,也称赞廉颇的知过必改。 ⑳连类以争义——通过反复比喻以突出宗旨。连类:比喻。争义:表明意旨。 ㉑韩信为填颍川——此“韩信”也称作“韩王信”,与前文讲的“淮阴侯韩信”不是一个人,此人是六国时韩国的后代,较早地投靠了刘邦,楚汉战争初期刘邦封之为韩王,为刘邦控制着韩国的旧地颍川(在今河南禹州)一带。填:通“镇”。镇守。 ㉒齐连子羽城阳——诸侯起兵反秦时,齐地的义军首领是六国时齐王的后代田儋,田儋被秦将章邯破杀后,其弟田荣继承其事。田荣因与项羽闹矛盾未随项羽入关,未受项羽之封,因此在项羽分封事毕后首先举兵反项。项羽移兵伐齐,破杀田荣后,田荣之弟田横又从城阳起兵反项,遂将项羽牵制于齐地。连:牵制。　汉得以间遂入彭城——当田横将项羽牵制于齐地的时候,刘邦趁机率军攻入了西楚首都彭城。间:空隙,机会。　⑩③非独鞭策,又与之脱难——此指夏侯婴。夏侯婴曾为滕县县令,故又称"滕公""滕婴",因一生为刘邦赶车,故有"鞭策"云云;刘邦与项羽作战,多次面临绝境,亦靠夏侯婴帮其脱离险境。夏侯婴还救助过惠帝与鲁元公主。　《樊郦列传》——此篇写了樊哙、郦商、夏侯婴、灌婴四人。　⑩④欲详知秦楚之事,维周緤常从高祖,平定诸侯——按:数语文词不顺,似有脱讹。秦楚之事:指刘邦破秦、破楚的过程。　《傅靳蒯成列传》——傅宽、靳歙、周緤,都是刘邦的开国将领,傅宽功封阳陵侯,靳歙功封信武侯,周緤功封蒯成侯。　⑩⑤不劫于势而倍死——栾布原是彭越的部下,为彭越出使于外。彭越被刘邦杀害枭首后,栾布不忘旧主,乃哭祭彭越,并禀报其出使事于彭越的头下。不劫于势:即不畏权势。倍:通"背"。违背。　⑩⑥维仲之省,厥濞王吴——刘仲是刘邦的二哥,被刘邦封为代王。匈奴攻代,刘仲不能守,逃归雒阳,被刘邦贬为合阳侯。省:贬抑。刘仲的儿子刘濞,随刘邦平黥布之反有功,被刘邦封为吴王。景帝时,刘濞联合楚赵等七国作乱,被周亚夫大兵削平。　填抚——即"镇抚"。⑩⑦宗属唯婴贤而喜士——魏其侯窦婴是景帝母窦太后的侄子,以养士闻名。吴楚七国叛乱后,景帝派窦婴统兵驻守荥阳,以策应诸路的军事行动。宗属:宗室与外戚。乡:通"向"。　抗山东——抗击东方作乱的七国。　⑩⑧燕丹散乱辽间,满收其亡民——朝鲜王卫满,原是秦汉之际的燕地人。秦灭燕国后,一些不乐归秦的燕国人逃入辽东;西汉初期,燕地因连续战乱,许多亡命者相继逃到辽东,于是卫满遂聚集带领这些人进入朝鲜境内,自立称王,国都王险(在今朝鲜平壤)。燕丹:战国时燕国末代国君燕王喜的太子,名丹。燕灭前,太子丹曾派荆轲入秦行刺,失败后,太子丹逃到辽东,被杀,燕国也被秦所灭。　聚海东——指在朝鲜建国。　集真藩——安抚真藩等朝鲜境内的其他小国。真藩：又作“真番”。 葆塞为外臣——指吕后、文帝、景帝时期，卫满与儿子为朝鲜王时都能向汉称臣，与汉和平共处。葆塞：保守自己的国界。 ⑩⑨浮说——不切实际的大话。 长孺矜焉——意谓汲黯以端庄严肃闻名。汲黯：字长孺，武帝时为主爵都尉，为人正直，好黄老，与武帝“大有作为”的政治路线屡有抵触，与当时的执政诸臣也多有不和，却为司马迁所激赏。 ⑪⓪壮有溉——意谓郑当时的为人有气节。壮：应作“庄”，郑当时字“庄”，与上文的“长孺矜焉”皆以名字对举。溉：应作“概”，气节。 ⑪①不既信——不失信，说话算话。 不倍言——不违背自己的诺言。倍：通“背”。 ⑪②至于余乎——意即：“难道能让它断绝在我这里吗？”因语急而省。 钦念哉——犹今所谓：“好好地记着啊！”钦：敬，郑重。 ⑪③著十二本纪，既科条之矣——意谓《史记》的开头部分是十二篇“本纪”，这是《史记》整部书的大纲。科条：纲领条目。 ⑪④并时异世，年差不明，作十表——意谓有些事件发生在同一时间，有些则发生在不同时代，光读文字，不易弄清先后，所以用十篇表格将其谱列出来。 ⑪⑤兵权——指《律书》，讲历代之军事。 山川——指《河渠书》，讲水利水害之事。梁玉绳曰：“《史》有《河渠》而无《地理》……《河渠》一书岂足以概‘山川’哉？” 鬼神——指《封禅书》，讲祭祀天地鬼神之事。 天人之际——指《天官书》，讲天文。汉人相信天人感应，故称研究天文的学问为研讨“天人之际”。 承敝通变——指《平准书》。按：以“承敝通变”四字概“平准”，似欠准确。经济领域固有“承敝通变”，其他领域哪个没有“承敝通变”？ ⑪⑥辅拂——辅弼，即辅佐。拂：通“弼”。 世家——有封土爵禄可以世代相传的家族，如春秋战国时的诸侯与汉代受封的诸王与列侯。 ⑪⑦扶义俶傥（tì tǎng）——仗义而行，卓荦潇洒。俶傥：同“倜傥”。 ⑪⑧五十二万六千五百字——梁玉绳曰：“余三番计之，字数都不能合，因今本《史记》历经后人增删，非史公之旧。” ⑪⑨《太史公书》——《索隐》引桓谭曰：“迁所著书成，以示东方朔，朔皆署曰‘太史公’。则谓‘太史公’，是朔称。亦恐其说未实，盖迁自尊其父著述，称之曰‘公’。或云迁外孙杨恽所称，事或当尔也。”按：“史记”作为司马迁著作之专名，始于东汉后期，见《东海庙碑》《执金吾丞武荣碑》等。 ⑫⓪序略——二字上下不连，疑有脱误。其大意或谓“编排古往今来之史实大略”,以与下文“以拾遗补蓺,成一家之言”相连贯。 拾遗补蓺——搜求遗闻,以补六艺之缺。补蓺:补六艺之缺。蓺:同“艺”。 ⑫厥协六经异传——协调折中儒家诸典籍的各种不同讲法。异传:如左丘明之《左传》《国语》,《易传》,《毛诗》,《韩诗外传》,伏生《尚书大传》等等。 整齐百家杂语——按:以上二句皆指《史记》材料的来源,谓于“六经异传”“百家杂语”皆有取裁。 ⑫藏之名山,副在京师——谓正本藏之名山,副本留于京师。 俟后世圣人君子——语气欠完整,意即让后代有见识的人们能于此有所取裁。 ⑫第七十——意谓此《太史公自序》是《史记》列传的第七十篇。按:就其固有格局看,此段文字应为《太史公自序》的小序;然就其内容看,有些话显然超出了《太史公自序》的范围。 ⑫述历黄帝以来至太初而讫(qì)——述历:当作“历述”。至太初而讫:意谓《史记》记事的下限结束于武帝太初年间(前104—前101年)。此司马迁接续其父写史后自己新定的断限。 ⑫百三十篇——班固曰:“十篇缺,有录无书。”张晏曰:“迁没之后,亡《景纪》《武纪》《礼书》《乐书》《兵书》《汉兴以来将相年表》《日者列传》《三王世家》《龟策列传》《傅靳列传》。元成之间,褚先生补缺,作《武帝纪》《三王世家》《龟策》《日者传》,言辞鄙陋,非迁本意也。”

［**简评**］ 作品叙述了作者自己的生平家世,叙述了自己写作《史记》的时代条件、个人动机以及受刑后忍辱著书的毅力,介绍了《史记》的规模体例,以及其中各篇的基本内容,这是研究司马迁的生平思想以及《史记》的重要资料。班固的《汉书·司马迁传》即是将此文与《报任安书》合并而成。《太史公自序》收录了其父司马谈的《论六家要旨》,于此我们不仅可以了解司马谈的学术思想,认识司马迁所受的某些道家影响,而且有助于我们认识汉代初期学术上各家各派互相吸收融会的发展趋势。其中接受遗教一节,悲慨沉挚,对此,我们应该透过他们的父子关系,看到这是一种时代要求和历史使命的体现。其中忍辱著书一

节，应参看《报任安书》。关于本篇的作者，顾颉刚、赵生群以为是司马谈、司马迁父子二人相继而作，故前半部分与后半部分的叙述主语不同，而司马谈预定的写史断限与司马迁后来新定的写史断限亦不同。顾颉刚《史林杂识初编》曰："《自序》记《史记》之断限有两说，一曰'于是卒述陶唐以来至于麟止'，一曰'余述历黄帝以来至太初而讫'，一篇之中，所言全书起讫之异若此。……求其歧说所以发生之故，颇疑谈为太史令时，最可纪念之事莫大于获麟，故迄'麟止'者谈之书也；及元封而后，迁继史职，则最可纪念之事莫大于改历，故'迄太初'者迁之书也。……《太史公自序》一篇本亦谈作，迁修改之而未尽，故犹存此牴牾之迹耳。"其说有理有据，可解决历来难以说清的两个写史断限同时出现的问题。

［**集评**］　颜师古曰："《自序》一卷总历自道作书本意，篇别皆有引辞，云为此事作某本纪，为此事作某年表，为此事作某书，为此事作某世家，为此事作某列传。子长此意盖欲比拟《尚书序》耳，即孔安国所云'《书序》序所以为作者之意'也。扬子云著《法言》，其本传亦传《法言》之目，篇篇皆引辞云'撰某篇'，亦其意也。及班孟坚为《汉书》，亦放其意。"（《匡谬正俗》）

吕思勉曰："书之有序，其义有二：一曰：序者，绪也，所以助读者，使易得其端绪也。一曰，序者，次也，所以明篇次先后之义也。《史记》之《自序》，《汉书》之《叙传》，既述作书之由，复逐篇为之叙列，可谓兼此二义。"（《史通评·序传》）

王若虚曰："《自序》云'嘉尚父之谋，作《齐世家》'；'嘉旦《金縢》，作《鲁世家》'。其序燕云'嘉甘棠之诗'；其序卫云'嘉彼《康诰》'；序宋则云'嘉微子问太师'；序晋则云'嘉文公锡珪鬯'，此类甚多。夫史书，实录也，事所当记，善恶必存，岂因嘉一事而后作乎？大抵诸序传皆不足观，删之可也。"（《史记辨惑》）

牛运震曰:“《太史公自序》者,盖太史公自序所以作《史记》之本旨也。凡后人作序,皆撰而冠诸书之简端。《太史公自序》则附于一部《史记》之后,盖此篇所载太史公世谱、家学之本末俱在焉,如自作列传者,故不得不列于六十九传之后。而又隐括作书之本旨,分标诸篇小序,凡一切纲领体例,莫不于是粲然明白,此太史公教人读《史记》之法也。开端《五帝纪赞》曰‘好学深思,心知其意’,正欲人于此篇留意耳。须读此篇深沉有得,然后可读纪、传、世家;读纪、传、世家而不得其解,仍于此篇求之。正如《周易》之有《系辞》,《毛诗》之有《小序》,皆关一书之体要,不可容易看过。《自序》高古庄重,其中精理微指,更奥衍宏深。一部《史记》,精神命脉,俱见于此。太史公出格大文字。”(《史记评注》)

李景星曰:“盖《自序》非他,即史迁自作之列传也。无论一部《史记》总括于此,即史迁一人本末,亦备见于此。其体列(例),则仿《易》之《序卦传》也,《诗》之《小序》也,孔安国之《尚书》百篇序也,《逸周书》之七十篇序也。其文势,犹之海也,百川之汇,万派之归,胥于是乎在也。又史迁以此篇教人读《史记》之法也,凡全部《史记》之大纲细目,莫不于是粲然明白。未读《史记》以前,须先将此篇熟读之;既读《史记》以后,尤须以此篇精参之。文辞高古庄重,精理微旨,更奥衍宏深,是史迁一生出格大文字。”(《四史评议》)

附　录

报任安书[①]

太史公牛马走司马迁再拜言，[②]少卿足下：曩者辱赐书，教以顺于接物，推贤进士为务[③]，意气勤勤恳恳，若望[④]仆不相师，而用流俗人之言，仆非敢如此也。仆虽罢驽[⑤]，亦尝侧闻长者之遗风矣。顾自以为身残处秽[⑥]，动而见尤[⑦]，欲益反损，是以独郁悒而与谁语。谚曰："谁为为之？孰令听之[⑧]？"盖钟子期死，伯牙终身不复鼓琴[⑨]。何则？士为知己者用，女为说己者容。若仆大质[⑩]已亏缺矣，虽才怀随、和[⑪]，行若由、夷[⑫]，终不可以为荣，适足以见笑而自点[⑬]耳。书辞宜答，会东从上来[⑭]，又迫贱事，相见日浅[⑮]，卒卒无须臾之间，[⑯]得竭至意。今少卿抱不测之罪，涉旬月，迫季冬[⑰]，仆又薄从上雍[⑱]，恐卒然不可为讳[⑲]，是仆终已不得舒愤懑以晓左右[⑳]，则长逝者魂魄私恨无穷。请略陈固陋。阙然久不报[㉑]，幸勿为过！

（以上为第一段，撮述了任安来信的要点，说明了自己此时此刻写这封回信的原因。）

①任安——字少卿，荥阳（在今河南荥阳东北）人。武帝征和年间，为北军使者护军。征和二年（前91），江充巫蛊案起，戾太子发兵与

丞相刘屈氂战于长安城中(时武帝在甘泉宫)。任安已受太子节而按兵观望。后太子败,任安遂以“持两端”被武帝腰斩。事见《田叔列传》。此书即作于征和二年(前91)十一月,任安被杀之前。(此书文字据胡刻《昭明文选》) ②太史公——司马迁自称自己的官职。 牛马走——自称之谦辞,犹言“您的仆人”。钱锺书认为:“牛马走”,应作“先马走”,犹言“马前走卒”。“太史公”为司马迁官衔,“先马走”为司马迁谦称。 ③教以顺于接物,推贤进士为务——泷川资言引包世臣曰:“‘推贤荐士’,非少卿来书中本语,史公讳少卿求援,故以四字约来书之意。” ④望——埋怨,怨恨。 ⑤罢驽——拙劣、低下。罢:通“疲”。驽:劣马。 ⑥身残处秽——指受宫刑而言。 ⑦动而见尤——不论对什么事,只要自己一动,就要受到指责。尤:怪罪。⑧谁为为之?孰令听之——意即还能干什么呢?还能说什么呢?谁为:为谁。孰令:让谁。 ⑨“钟子期死”二句——钟子期和伯牙都是春秋时楚国人,伯牙善弹琴,而钟子期能知音,二人遂为知交。后钟子期死,伯牙遂碎琴不复更弹。事见《吕氏春秋·本味》。 ⑩大质——指身体。 ⑪才怀随、和——有珠玉一般的才华。随:谓随侯之珠。和:谓和氏之璧。 ⑫由、夷——许由、伯夷,历来被视为高洁的典型。 ⑬点——玷污,污辱。 ⑭东从上来——即“从上东来”。指跟随武帝由甘泉宫向东回到长安来。武帝此次行幸甘泉宫在征和二年夏,见《汉书·武帝纪》。有人将此句解释为“跟从武帝由东方回到长安来”,而征和二年又找不出武帝东巡事,于是就将此事向前推到了太始四年(前93)。而太始四年并无任安下狱事,于是便找出《田叔列传》后所附褚先生所记之武帝语云,“(任)安有当死之罪甚众,吾尝活之”,而推测为任安此年曾下狱。说见王国维《太史公行年考》,北大《两汉文学史参考资料》亦引用。按:此说之主观性太大,今不取。请参看后文“薄从上雍”注。 ⑮相见日浅——言可能见面的机会本来不多。 ⑯卒卒——犹言“匆匆”。 间——空隙。 ⑰涉旬月,迫季冬——意谓再过上十天半个月,就到季冬腊月了。汉代例以腊月处决犯人,故云。⑱薄从上雍——即将要跟从武帝到雍州去。薄:迫近,逼近。雍:汉县名,在今陕西宝鸡凤翔区,其地有五畤,汉代皇帝常到这里来祭祀五帝。

据《汉书·武帝纪》云:“(征和)三年春正月,行幸雍。”则司马迁此书作于征和二年(前91)十一月,原本不错,无须另生太始四年(前93)之推想。 ⑲不可为讳——指任安被杀。 ⑳左右——谦称对方,犹言“执事”“阁下”之类。 ㉑阙然久不报——好久没有写回信。阙然:形容间隔、延搁。

仆闻之:修身者,智之符也①;爱施者,仁之端也;取与者,义之表也;②耻辱③者,勇之决也;立名者,行之极也:士有此五者,然后可以托于世,而列于君子之林矣。故祸莫憯于欲利④,悲莫痛于伤心,行莫丑于辱先,诟莫大于宫刑。刑余之人,无所比数,非一世也,所从来远矣。昔卫灵公与雍渠同载,孔子适陈⑤;商鞅因景监见,赵良寒心⑥;同子参乘,袁丝变色⑦,自古而耻之。夫以中才之人,事有关于宦竖,莫不伤气,而况于慷慨之士乎!如今朝廷虽乏人,奈何令刀锯之余⑧,荐天下豪俊哉!

仆赖先人绪业⑨,得待罪辇毂下,二十余年矣。⑩所以自惟:上之不能纳忠效信,有奇策才力之誉,自结明主;次之又不能拾遗补阙,招贤进能,显岩穴之士;外之又不能备行伍,攻城野战,有斩将搴旗之功;下之不能积日累劳,取尊官厚禄,以为宗族交游光宠。四者无一遂,苟合取容,无所短长之效,可见如此矣。向者,仆常厕下大夫之列,⑪陪外廷⑫末议,不以此时引维纲⑬,尽思虑,今以亏形为扫除之隶,在阘茸⑭之中,乃欲仰首伸眉,论列是非,不亦轻朝廷、羞当世之士邪!嗟乎!嗟乎!如仆尚何言哉,尚何言哉!

(以上为第二段,回答了任安自己不能听其劝告,不能“推贤进士”的满腹苦衷。)

①智之符也——是有智的表现。符:符信,证验,表现。按:此与下文“仁之端也”“义之表也”“勇之决也”“行之极也”四句的句式相同,“符”“端”“表”“决”“极”,五字的含义亦大致相同。 ②取与——与“修身”“爱施”“立名”句式同。《论语》曰:“时然后言,人不厌其言;乐

然后笑,人不厌其笑;义然后取,人不厌其取。” 义——宜也。 ③耻辱——以受辱为耻,亦与“修身”“立名”等句式相同。《礼记·中庸》曰:“知耻近乎勇。” ④祸莫憯于欲利——最惨痛的事情莫过于想为人做好事(而结果却受到了人家的惩罚)。憯:义同“惨”。 ⑤“卫灵公与雍渠同载”二句——雍渠是被卫灵公宠爱的宦官,卫灵公外出时,让雍渠与之同车,而让孔子坐在后面的车上,孔子以为耻,离卫而去。见《孔子世家》。陈:春秋时诸侯国名,都于宛丘(在今河南周口淮阳区)。据《孔子世家》,孔子离卫后,未云去陈,乃去曹也。 ⑥“商鞅因景监见”二句——景监是秦孝公的宦官,商鞅入秦后,是通过景监的引见,才得以见到秦孝公的。后来赵良劝说商鞅急流勇退时,曾认为这是一件不光彩的事。见《商君列传》。 ⑦“同子参乘”二句——同子:指汉文帝时的宦官赵谈。司马迁为避父讳,故称之曰“同子”。汉文帝外出时,曾让赵谈陪乘,袁丝见到后,以为不成体统,劝汉文帝令其下车。见《袁盎晁错列传》。袁丝:即袁盎。 ⑧刀锯之余——指受过宫刑的自己。 ⑨赖先人绪业——指继父任为太史令而言。汉代官僚有保任其子、弟为吏的制度,司马迁先以父任为郎,后为太史令,故此曰“赖”。绪业:余业、遗业。 ⑩待罪辇毂下——谦称侍候在皇帝周围。辇毂:指皇帝车驾。 二十余年——司马迁于元封元年(前110)以前为郎,为郎中,至征和二年(前91),前后二十余年。 ⑪常——通“尝”。厕下大夫之列——指为太史令。太史令官秩六百石,位同下大夫。厕:参与其间。 ⑫外廷——也称外朝。汉时称大司马、侍中等的议事之地为中朝,称丞相等的议事之地为外朝。 ⑬引维纲——指根据国家的典章法纪(以论列是非)。 ⑭阘茸——指微贱之地。章炳麟《新方言·释言》:“阘为小户,茸为小草,故并举以状微贱也。”

且事本末未易明也:仆少负不羁之行[1],长无乡曲之誉。主上幸以先人之故,使得奏薄伎,[2]出入周卫之中。仆以为戴盆何以望天[3],故绝宾客之知,亡[4]室家之业,日夜思竭其不肖之才力,务一心营职,以求亲媚于主上。而事乃有大谬不然者!

夫仆与李陵，俱居门下[⑤]，素非能相善也。趣舍异路，未尝衔杯酒，接殷勤之余欢；然仆观其为人，自守奇士[⑥]。事亲孝，与士信，临财廉，取与义，分别有让[⑦]，恭俭下人，常思奋不顾身，以徇国家之急。其素所蓄积也，仆以为有国士之风。夫人臣出万死不顾一生之计，赴公家之难，斯以奇矣。今举事一不当，而全躯保妻子之臣，随而媒糵[⑧]其短，仆诚私心痛之！且李陵提步卒不满五千，深践戎马之地，足历王庭[⑨]，垂饵虎口，横挑强胡，仰亿万之师，与单于连战十有余日，所杀过半当[⑩]。虏救死扶伤不给，旃裘之君长[⑪]咸震怖，乃悉征其左、右贤王[⑫]，举引弓之人[⑬]，一国共攻而围之。转斗千里，矢尽道穷，救兵不至，士卒死伤如积，然陵一呼劳[⑭]军，士无不起，躬自流涕，沫血饮泣[⑮]，更张空拳[⑯]，冒白刃，北向争死敌者。陵未没时，使有来报[⑰]，汉公卿王侯，皆奉觞上寿。后数日，陵败书闻，主上为之食不甘味，听朝不怡，大臣忧惧，不知所出。仆窃不自料其卑贱，见主上惨怆怛悼，诚欲效其款款之愚。以为李陵素与士大夫绝甘分少[⑱]，能得人死力，虽古之名将不能过也。身虽陷败，彼观其意[⑲]，且欲得其当[⑳]而报于汉；事已无可奈何，其所摧败，功亦足以暴于天下矣[㉑]。仆怀欲陈之而未有路，适会召问，即以此指[㉒]推言陵之功，欲以广主上之意，塞睚眦之辞[㉓]。未能尽明，明主不晓，以为仆沮贰师，[㉔]而为李陵游说，遂下于理[㉕]。拳拳[㉖]之忠，终不能自列，因为诬上，卒从吏议[㉗]。家贫，货赂不足以自赎[㉘]，交游莫救，左右亲近，不为一言。身非木石，独与法吏为伍，深幽囹圄[㉙]之中，谁可告愬者！此真少卿所亲见，仆行事岂不然乎？李陵既生降，隤其家声；而仆又佴之蚕室，[㉚]重为天下观笑。悲夫！悲夫！事未易一二[㉛]为俗人言也。

（以上为第三段，备言自己因李陵事受宫刑的始末，倾诉了自己满腹的委屈之情，对汉武帝及其朝臣们表达了极大的愤慨。）

①少负不羁之行——少年时没有出众的行为表现。师古曰："不

羁，言其材质高远，不可羁系也。负者，亦言无此事也。”按：颜说是，此正与下句“长无乡曲之誉”对称，极言自己之“不肖”。有人将此解释为“少年时自恃有不可羁系的性行”。与整段文意不合，今不取。②奏——进，效。 薄伎——小技艺，即文史、星象等技能。 ③戴盆何以望天——极喻其全心全力，谨慎奉职之状。 ④亡——通“忘”。

⑤门下——宫门内。时李陵为侍中，建章（宫）监，司马迁为太史令，俱供职于宫门内，故云。 ⑥自守奇士——以奇士的操节自守。⑦分别有让——指待人接物有分别，有礼让。分别：指长幼尊卑。⑧媒孽——犹今之所谓“添油加醋”，使一点坏事由小变大，由少变多。孽：同“糵”。糵：通“蘖”。曲蘖。 ⑨王庭——指匈奴单于的大本营。

⑩所杀过半当——言陵军杀敌之数目，已超过自己人数的一半。按：《汉书·司马迁传》作“所杀过当”。过当：即杀敌之数较之自己牺牲之数为多。疑《汉书》为是。 ⑪旃裘之君长——指匈奴的统治者。旃：通“毡”。 ⑫左、右贤王——地位仅次于大单于的匈奴统治者，左贤王管辖匈奴东部地区，右贤王管辖匈奴西部地区。 ⑬举引弓之人——凡能拉开弓的人，全部征调。举：全，皆。 ⑭劳——鼓励，慰勉，慰劳。 ⑮沫血饮泣——满脸是血，眼里含着泪。沫：通“颒”（huì）。以水洒面。 ⑯拳——《汉书》作“弮”（quān），弩弓。空弮：即空弓，与上文“矢尽道穷”句相应。按：就按赤手空拳讲亦可。张：奋也。 ⑰使有来报——《汉书·李陵传》云：“（陵）至浚稽山止营，举图所过山川地形，使麾下骑陈步乐还以闻。步乐召见，道陵将率得士死力，上甚说（悦）。” ⑱绝甘分少——好的东西，自己不要；稀罕的东西，分给别人。 ⑲彼观其意——犹言“观彼之意”。 ⑳得其当——得一份与其罪过相当的功劳。师古曰：“欲于匈奴立功，而归以当其破败之罪。”与此大意相同。亦有观点认为当指相当的时机。今不取。㉑“其所摧败”二句——有人断句为“其所摧败功，亦足以暴于天下矣”，亦通。 ㉒此指——这个想法。指：通“旨”。 ㉓塞睚眦（yá zì）之辞——堵塞那些平时与李陵有睚眦之怨，而此时欲乘机“媒孽”构陷李陵者的言辞。睚眦：怒目而视。睚眦之怨，指非常微末的怨隙。㉔沮——以言语毁人。 贰师——指贰师将军李广利。武帝宠姬李夫

人之兄，时为伐匈奴的统帅，率骑三万与匈奴右贤王战于天山，武帝派李陵率偏师与之策应。结果李陵遇敌，全军覆没。 ㉕理——治狱官。 ㉖拳拳——忠诚勤恳的样子。 ㉗因为诬上，卒从吏议——众吏认为我的话是诬谤皇上，皇上最后也听从了众吏的拟议。 ㉘自赎——汉时，犯罪者可以出钱以减免刑狱。 ㉙囹圄（líng yǔ）——监牢。 ㉚佴（ěr）——相次，犹言随后。 蚕室——刚受宫刑者所居处的温室。 ㉛一二——犹今之所谓“一一地”。

仆之先，非有剖符丹书[①]之功，文史、星历[②]，近乎卜祝之间，固主上所戏弄，倡优所畜[③]，流俗之所轻也。假令仆伏法受诛，若九牛亡一毛，与蝼蚁何以异！而世又不与[④]能死节者，特以为智穷罪极，不能自免，卒就死耳。何也？素所自树立使然也。人固有一死，或重于太山，或轻于鸿毛，用之所趋异也。太上[⑤]不辱先，其次不辱身，其次不辱理色[⑥]，其次不辱辞令，其次诎体受辱[⑦]，其次易服受辱[⑧]，其次关木索[⑨]被棰楚受辱，其次剔毛发[⑩]婴金铁受辱，其次毁肌肤断肢体受辱，最下腐刑极矣[⑪]。传[⑫]曰：“刑不上大夫。”此言士节不可不勉励也。猛虎在深山，百兽震恐；及在槛阱[⑬]之中，摇尾而求食，积威约之渐[⑭]也。故有画地为牢，势不可入；削木为吏，议不可对[⑮]，定计于鲜[⑯]。今交手足，受木索，暴肌肤，受榜棰，幽于圜墙[⑰]之中，当此之时，见狱吏则头枪地[⑱]，视徒隶则正惕息[⑲]。何者？积威约之势也。及以至是，言不辱者，所谓强颜耳，曷足贵乎！且西伯，伯也，拘于羑里[⑳]；李斯，相也，具于五刑[㉑]；淮阴[㉒]，王也，受械于陈；彭越、张敖，[㉓]南面称孤，系狱抵罪；绛侯诛诸吕，权倾五伯，囚于请室；[㉔]魏其，大将也，衣赭衣，关三木；[㉕]季布[㉖]为朱家钳奴；灌夫受辱于居室。[㉗]此人皆身至王侯将相，声闻邻国，及罪至罔[㉘]加，不能引决自裁，在尘埃之中[㉙]，古今一体，安在其不辱也？由此言之，勇怯，势也；强弱，形也[㉚]，审矣，何足怪乎！夫人不能早自裁绳墨[㉛]之外，以稍陵迟[㉜]，至于鞭棰之间，乃欲引节[33]，斯不亦远乎！古人所以重[34]施刑于大夫者，殆为此也。

夫人情莫不贪生恶死，念父母，顾妻子；至激于义理者不然，乃有所不得已也。今仆不幸，早失父母，无兄弟之亲，独身孤立，少卿视仆于妻子何如哉？且勇者不必死节，怯夫慕义[35]，何处不勉焉！仆虽怯懦，欲苟活，亦颇识去就之分矣，何至自沈溺缧绁之辱哉？且夫臧获[36]婢妾，由能引决，[37]况仆之不得已乎？所以隐忍苟活，幽于粪土之中而不辞者，恨私心有所不尽，鄙陋[38]没世而文彩不表于后世也。

古者富贵而名摩灭，不可胜记，唯倜傥[39]非常之人称焉。盖文王拘而演《周易》[40]；仲尼厄而作《春秋》；屈原放逐，乃赋《离骚》；左丘失明[41]，厥有《国语》；孙子膑脚，《兵法》修列[42]；不韦迁蜀，世传《吕览》[43]；韩非囚秦，《说难》《孤愤》[44]；《诗》三百篇，大底圣贤发愤之所为作也。此人皆意有郁结，不得通其道，故述往事，思来者[45]。乃如左丘无目，孙子断足，终不可用，退而论书策，以舒其愤，思垂空文以自见[46]。

仆窃不逊，近自托于无能之辞，网罗天下放失旧闻，略考其行事，综其终始，稽其成败兴坏之纪，[47]上计轩辕，下至于兹，为十表，本纪十二，书八章，世家三十，列传七十，凡百三十篇。亦欲以究天人之际[48]，通古今之变，成一家之言。草创未就，会遭此祸，惜其不成，已就极刑而无愠色。仆诚以著此书，藏诸名山，传之其人[49]，通邑大都[50]，则仆偿前辱之责[51]，虽万被戮，岂有悔哉！然此可为智者道，难为俗人言也。

（以上为第四段，表明自己受刑后之所以能忍受如此的奇耻大辱，是因为要完成自己的伟大著作。）

①剖符丹书——朝廷发给有功之家的证书。 ②文史、星历——太史令的职业。星历：天文历法。 ③倡优所畜——被当成乐师优伶一样地畜养着。 ④不与——不认为是。与：赞许，肯定。 ⑤太

上——最高,最重要的。 ⑥不辱理色——即今之所谓"不伤面子"。理色:面色。 ⑦诎体受辱——指点头哈腰地道歉认错之类。诎体:弯腰。《文选》李善注云:"诎体,谓被缧系。"今人注本多从之,疑非,说见下。 ⑧易服受辱——古时犯人皆衣赭衣,故云。 ⑨关木索——即披枷戴锁。关:穿,披带。索:绳。 ⑩剔毛发——指受髡刑。 ⑪最下腐刑极矣——按:以上十句语意重复,逻辑不顺。既曰"太上""其次""其次",则其屈辱程度则应由轻而重依次排列。今前四句四个"不辱",乃由重至轻;后六句六个"受辱",又由轻而重,殊觉混乱。 ⑫传——此指《礼记》。下句引文见《曲礼上》。 ⑬槛阱——畜养野兽的圈栏和深池。 ⑭积威约之渐——意即威势受到制约,逐渐至于此。 ⑮议不可对——议:应作"义",其用法与"义不帝秦""义无反顾"之句式同。"义不可对"与上句"势不可入"对文。今本《文选》多有注"议"为"议论""议罪"者,皆非。汉代"义""议"二字常混用。《留侯世家》:"四人者……义不为汉臣。"泷川资言曰:"枫、三本,'义'作'议'。"《酷吏列传》:"胜屠公当抵罪,义不受刑,自杀。"《鲁仲连邹阳列传》:"议不还踵。""议"亦同"义"。《汉书》"义"作"议"。路温舒《尚德缓刑疏》:"俗语曰:'画地为狱议不入,刻木为吏期不对。'"与此略同。师古曰:"期,犹必也。"议与期对文。 ⑯定计于鲜——意即早拿主意。鲜:此处其意同"先"。旧注皆释"鲜"为明,于文意颇绕。 ⑰圜墙——师古曰:"狱也。《周礼》谓之圜土。" ⑱枪地——触地。枪:亦作"抢",义同。 ⑲正惕息——正:正容,畏惧貌。惕:惧。息:喘息,心跳。按:"正"字,《汉书》作"心",疑是。 ⑳"且西伯"三句——西伯:即周文王。羑(yǒu)里:地名,在今河南汤阴北。文王被殷纣拘羑里事,见《周本纪》。 ㉑具于五刑——五刑:指墨、劓、剕、宫、大辟。一说为墨、劓、宫、刖、杀。李斯具五刑事见《李斯列传》。 ㉒淮阴——指淮阴侯韩信。韩信先为楚王,被刘邦猜忌,袭捕之于陈(在今河南周口淮阳区)。事见《淮阴侯列传》。 ㉓彭越——刘邦功臣,先为梁王,后被吕后捕杀。 张敖——刘邦的女婿,先为赵王,因其臣下贯高等欲杀刘邦而被捕下狱。事见《张耳陈馀列传》。 ㉔绛侯——指周勃。 请室——《汉书·贾谊传》注:"请罪之室。"京城里的高级拘留所。周勃囚于请室事见《绛侯周勃世家》。 ㉕魏其——指魏其侯窦婴。 三木——师古曰:“在颈及手足。”即后世之所谓枷、梏、桎。魏其关三木事见《魏其武安侯列传》。 ㉖季布——原为项羽的将领,项羽败死后,季布为逃避刘邦的追捕,曾隐姓埋名在大侠朱家处为奴。事见《季布栾布列传》。钳:师古曰:“以铁束颈也。” ㉗灌夫——武帝时将领,因得罪田蚡被系,后被杀。事见《魏其武安侯列传》。 居室——后改称保宫,是拘留贵族罪犯的处所。 ㉘罔——同“网”。法网,法律。 ㉙在尘埃之中——指下了监牢。尘埃:犹言污秽,与后文之所谓“粪土”同。 ㉚勇怯,势也;强弱,形也——以上二语见《孙子·兵势》。 ㉛绳墨——这里指刑罚。 ㉜以稍陵迟——意谓等到已经越来越不行了的时候。以:通“已”。陵迟:犹今之所谓“落魄”“打掉了架子”。 ㉝引节——为保持气节而自裁。按:当时指责司马迁不能自裁的人一定很多,任安来书可能又及此事,故史公慷慨淋漓反复言之如此。 ㉞重——慎重,不轻易。 ㉟“且勇者不必死节”二句——师古曰:“勇敢之人暗于分理,未必能死名节;怯懦之夫心知慕义,则处处皆能勉励也。”按:此说不明。作者之意盖谓,真正的勇士不一定就为名节问题而死(如韩信受辱胯下);怯懦的人为得一个好名声而轻易丧生的也不在少数。《季布栾布列传》云:“季布以勇显于楚,身屦典军搴旗者数矣,可谓壮士;然被刑戮,为人奴而不死,何其下也? 彼必自负其材,故受辱而不羞,欲有所用其未足也,故终为汉名将。贤者诚重其死,夫婢妾贱人感慨而自杀者,非能勇也,其计画无复之耳。”正可与此相发。 ㊱臧获——泛指奴仆,与“婢妾”义同。 ㊲由——通“犹”。 引决——自杀。 ㊳鄙陋——庸俗浅薄。 ㊴倜傥(tì tǎng)——卓异洒脱。 ㊵文王拘而演《周易》——据说文王被拘于羑里(在今河南汤阴北)时,将伏羲所画的八卦推演为六十四卦,成为今天所说的《周易》。演:推衍,发展。 ㊶左丘失明——相传《国语》和《左传》的作者是姓左丘,名明。今史公云“左丘失明”,不知何据。 ㊷“孙子膑脚”二句——孙子:即孙膑,战国时期的军事家。孙膑被庞涓刖足,最后破杀庞涓,并著兵法事,见《孙子吴起列传》。 ㊸“不韦迁蜀”二句——吕不韦为秦相,集宾客著《吕氏春秋》事,见《吕不韦列传》。今史公云“不韦迁蜀,世传《吕览》”,与事实不合。吕览:指《吕氏春秋》。因为《吕氏春秋》中有八览、六论、十二纪,故可如此简称。 ㊹“韩非囚秦”二句——韩非是韩国的公子,作有《说难》《孤愤》等。秦王读到这些文章后,非常欣赏,乃召韩非入秦。韩非入秦后,被李斯诬害下狱,后被杀。事见《老子韩非列传》。今史公云“韩非囚秦,《说难》《孤愤》”,与事实不合。 ㊺思来者——师古曰:“令将来之人见己志也。” ㊻思垂空文以自见——空文:指文章著作而言,与“行事”对称。于光华曰:“迁终自比于左邱、孙子,故复言之。”于氏引文之“邱”,应作“丘”。按:以上六句与前重复,删之似亦无碍。 ㊼稽——考查。 纪——要领,统绪。 ㊽究天人之际——探求天地自然与人类社会的关系。 ㊾传之其人——师古曰:“其人,谓能行其书者。”李善曰:“其人,谓与己同志者。” ㊿通邑大都——按:此四字上下无所属,似应增“于”字与上句连续。 51责——“债”的古字。

且负下未易居[①],下流多谤议,仆以口语遇此祸,重为乡党所笑,以污辱先人,亦何面目复上父母丘墓乎?虽累百世,垢弥甚耳!是以肠一日而九回,居则忽忽若有所亡,出则不知其所往。每念斯耻,汗未尝不发背沾衣也。身直为闺阁之臣[②],宁得自引于深藏岩穴[③]邪?故且从俗浮沈,与时俯仰[④],以通其狂惑[⑤]。今少卿乃教以推贤进士,无乃与仆私心刺谬[⑥]乎?今虽欲自雕琢,曼辞以自饰[⑦],无益于俗,不信,适足取辱耳。要之死日然后是非乃定。书不能悉意,略陈固陋。谨再拜[⑧]。

(以上为第五段,重提自己目前的处境,重提不能“推贤进士”,与开头呼应,以结束全文。)

①负下未易居——所凭依的地势低下。此句与下句“下流多谤议”意同。《论语·子张》云:“君子恶居下流,天下之恶皆归焉。” ②闺阁之臣——宫廷内的臣仆。指时为中书令而言。 ③自引于深藏岩穴——《汉书》作“自引深藏于岩穴”。《汉书》较顺。 ④与时俯仰——时利于俯则俯,时利于仰则仰,与上句“从俗浮沉”意同。

⑤通其狂惑——谦言自己随波逐流的人云亦云。此是愤慨语。 ⑥刺谬——乖背,不合。 ⑦曼辞以自饰——曼辞:利用美丽的辞藻。曼:在这里用作动词。有人将这句与上句合为一句,读为“虽欲自雕琢曼辞以自饰”,亦可。 ⑧谨再拜——孙月峰曰:“此亦乱章,急管促柱,以写其哀激,不如此,前恣态太浓,平缓语岂收得住?”

［**简评**］ 文章借着给任安回信,回答他责备自己不能“顺于接物、推贤进士为务”的机会,叙述了自己因李陵事件而受刑的全过程,表明了自己忍辱著书的目的、决心、毅力及极端痛苦悲愤的心情,字里行间流露着对汉武帝,对酷吏政治,以及对当时整个官僚社会的无比愤怒与厌恶。作者同情李陵是可以的,过分地夸张其战功,并为其投降变节做辩护则未必合适。至于“沮贰师”与“诬上”,这是由来已久的问题,试看《卫将军骠骑列传》《李将军列传》,尤其是《大宛列传》和《平准书》可知。由此可触及当时政治、军事、用人等各个方面的问题。因此我们在理解司马迁受宫刑的原因时,应该想到更广泛的背景,不宜只拘于李陵一事。文章充满了作者受宫刑后的无限痛苦与悲凉,但读后没有让人感到消极,而是有一股气势,有一股充满自信的、无坚不摧的、不达目的决不休止的力量。这股力量的来源,我们除了应该看到父辈遗嘱、古人榜样、个人发愤等主观因素外,还应看到当时的时代气氛、时代要求、时代精神等塑造作者人生观的客观形势的作用。文章悲慨淋漓,跌宕起伏,是一篇不可多得的文情并茂的抒情佳作。

［**集评**］ 包世臣曰:“窃谓‘推贤荐士’,非少卿来书中本语,史公讳言少卿求援,故以四字约来书之意,而斥少卿为天下豪俊以表其冤。中间述李陵事者,明与陵非素相善,尚力为引救,况少卿有许死之谊乎！实缘自被刑后,所为不死者,以《史

记》未成之故。是史公之身，乃《史记》之身，非史公所得自私，史公可为少卿死，而《史记》必不能为少卿废也。结以‘死日是非乃定’，则史公与少卿所共者，以广少卿而释其私憾。是故文澜虽壮，而滴水归源，一线相生，字字皆有归著也。”（《安吴四种》）

赵铭曰：“夫迁以救李陵得罪，迁但欲护陵耳，非有沮贰师意也。帝怒其欲沮贰师而为陵游说，则迁罪更不容诛。以武帝用法之严，而吏傅帝意以置迁于法，迁之死尚得免乎？汉法，罪当斩赎为庶人者，惟军将为然；而死罪欲腐者许之，则自景帝时著为令。张贺以戾太子宾客，当诛，其弟安世为上书，得下蚕室，是其明证。迁惜《史记》未成，请减死一等就刑，以继成父谈所为史，帝亦惜其才而不忍致诛，然则迁之下蚕室，出于其自请无疑也。迁《报任少卿书》曰：‘草创未就，会遭此祸，惜其不成，是以就极刑而无愠色。’又曰：‘仆诚已著此书，藏之名山，传之其人通邑大都，则仆偿前辱之责，虽万被戮，岂有悔哉！’寻文考指，当日迁所以请，与帝所以贳之之本末，犹可推见，史家讳不书耳。”（《琴鹤山房遗稿》卷五）

李晚芳曰：“此篇与《自序》，俱原文作史之由。《自序》重承先继圣，此重惜死立名。《自序》悲惋，此则沉郁雄健。其操纵起落，俱挟浩气流行，如怒马奔驰，不可羁勒，与《史记》之雅洁稍异，是史公另一种豪放激宕之文。盖因救友陷刑，满肚皮怫郁不平之气，借此发泄。书中‘舒愤懑’是此本旨，故篇中处处皆愤懑之辞。纵横跌宕，慷慨淋漓，转折提接虽多，却如一气呵成。挣眉裂眦而写之，骤读无不为之惋惜。”（《读史管见》）

吴楚材曰：“此书反覆曲折，首尾相续，叙事明白，豪气逼人。其感慨啸歌，大有燕赵烈士之风；忧愁幽思，则又直与《离骚》对垒，文情至此极矣。”（《古文观止》）

郭预衡曰：“这样的文章写于武帝之时，实在尚有汉初之风，甚至仍有楚汉之风。……文章写得大气磅礴，纵横跌宕，敢于放言，无所畏避，虽在大汉王朝的严刑酷法之下，又在身受极刑之后，竟然行若无事，这是同当代的统治思想不能相容的。司马迁的思想和文风，当然主要表现在《史记》一书里，但从论说杂文的角度看，这一篇书信则是最重要的代表作品。这篇作品虽是书信，却不同于一般书信，而是以书信的形式，大放厥辞，以抒愤懑，实际上是一篇论说杂文。汉代书信文章不少，但在司马迁的同时或以后的作品，像这样的文风是比较少见的。”（《中国散文史》）

历代名家对《史记》的总评(摘编)

班固曰:“司马迁据《左氏》《国语》,采《世本》《战国策》,述《楚汉春秋》,接其后事,讫于大(天)汉,其言秦、汉详矣。至于采经摭传,分散数家之事,甚多疏略,或有抵梧;亦其涉猎者广博,贯穿经传,驰骋古今上下数千载间,斯以勤矣。又其是非颇缪于圣人:论大道则先黄老而后六经,序游侠则退处士而进奸雄,述货殖则崇势利而羞贱贫,此其所蔽也。然自刘向、扬雄博极群书,皆称迁有良史之材,服其善序事理,辨而不华,质而不俚,其文直,其事核,不虚美,不隐恶,故谓之实录。”(《汉书·司马迁传》)

刘知幾曰:“观子长之叙事也,自周已往,言所不该,其文阔略,无复体统。自秦汉已下,条贯有伦,则焕炳可观,有足称者。”(《史通·叙事》)

又曰:“观太史公之创表也,于帝王则叙其子孙,于公侯则纪其年月,列行萦纡以相属,编字戢舂而相排,虽燕、越万里,而于径寸之内,犬牙可接;虽昭、穆九代,而于方寸之中,雁行有叙。使读书者阅文便睹,举目可详,此其所以为快也。”(《史通·杂说》)

司马贞曰:“太史公,古之良史也。家承二正之业,人当五百之运,兼以代为史官,亲掌图籍。慨《春秋》之绝笔,伤旧典之阙文,遂乃错综古今,囊括记录。本皇王之遗事,采人臣之故实。爰自黄帝,迄于汉武,历载悠邈,旧章罕补,渔猎则穷于百氏,笔削乃成于一家,父作子述,其勤至矣。然其叙劝褒贬,颇称折衷,后之作者,咸取则焉。夫以首创者难为功,因循者易为力,自左氏之后,未有体制,而司马公补立纪传规模,别为书表题目……其间礼、乐、刑、政,君举必书;福善祸淫,用垂炯诫,事广而文局,词质而理畅,斯亦尽美矣。而有未尽善者,具如后论,虽意出当时,而义非经远,盖先史之未备,成后学之深疑。借如本纪,叙五帝而阙三皇,世家载列国而有外戚。郑、许春秋次国,略而不书;张、吴敌国蕃王,抑而不载,并编录有阙,窃所未安。又列传所著,有管、晏及老子、韩非,管、晏乃齐之贤卿。即如其例,则吴之延陵,郑之子产,晋之叔向,卫之史鱼,盛德不阙,何为盖阙?伯阳清虚为教,韩子峻刻制法,静躁不同,德刑斯舛。今宜柱史共漆园同传,公子与商君并列,可不善欤?其中远近乖张,词义踳驳,或篇章倒错,或赞论粗疏,盖由遭逢非罪,有所未暇,故十篇有录无书是也。然其网络古今,叙述惩劝,异左氏之微婉,有南史之典实,所以扬雄、班固等咸称其有良史之才,盖信乎其然也。”(《补〈史记〉序》)

晁公武曰:“班固尝讥迁‘论大道则先黄老而后六经,序游侠则退处士而进奸雄,述货殖则崇势利而羞贱贫’。后世爱迁者以此论为不然,谓迁特感当世之所失,愤其身之所遭,寓之于书,有所激而为此言耳,非其心所谓诚然也。当武帝之世,表章儒术而罢黜百家,宜乎大治,而穷奢极侈,海内雕敝,反不若文景尚黄老时人主恭俭,天下饶给,此其论大道所以先黄老而后六经也。武帝用法刻深,群臣一言忤旨,辄下吏诛,而当刑者得以货自赎。迁之遭李陵之祸,家贫无财贿自赎,交游莫救,卒陷腐刑。其序游侠退处士而进奸雄者,盖迁叹时无朱家之伦,不能脱己于祸,故曰:‘士穷窘得委命,此岂非人所谓贤豪者邪!’其述货殖崇势利而羞贫贱者,盖迁自伤特以贫故不能自免于刑戮。故曰‘千金之子,不死于市’,非空言也。固不察其心,而骤讥之,过矣。”(《郡斋读书志》)

苏辙曰:“太史公行天下,周览四海名山大川,与燕赵间豪俊交游，故其文疏荡，颇有奇气。此二子者岂尝执笔学为如此之文哉，其气充乎其中，而溢乎其貌，动乎其言，而见乎其文而不自知也。”(《上枢密韩太尉书》)

叶盛曰：“六经而下，左丘明传《春秋》，而千万世文章实祖于此。继丘明者，司马子长。子长为《史记》，而力量过之。在汉为文中之雄。”(《水东日记》)

吕祖谦曰：“太史公之书法，岂拘儒曲士所能通其说乎？其指意之深远，寄兴之悠长，微而显，绝而续，正而变，文见于此，而起义于彼，有若鱼龙之变化，不可得而踪迹者矣。读是书者，可不参考互观，以究其大指之所归乎！”(《文献通考》引)

黄履翁曰：“子长负迈世之气，登龙门，探禹穴，采摭异闻，网罗往史，合三千年事，而断之于五十万言之下，措辞深，寄兴远，抑扬去取，自成一家，如天马骏足，步骤不凡，不肯少就于笼络。彼孟坚摹规仿矩，甘寄篱下，安敢望子长之风耶！”(《古今源流至论别集》)

马子才曰：“子长平生喜游，方少年自负之时，足迹不肯一日休。非真为景物役也，将以尽天下之大观，以助吾气，然后吐而为书，今于其书观之，则其平生所尝游者皆在焉。南浮长淮，溯大江，见狂澜惊波，阴风怒号，逆走而横击，故其文奔放而浩漫；望云梦洞庭之陂，彭蠡之潴，涵混太虚，呼吸万壑，而不见介量，故其文停滀而渊深；见九疑之绝绵，巫山之嵯峨，阳台朝云，苍梧暮烟，态度无定，靡曼绰约，春妆如浓，秋饰如薄，故其文妍媚而蔚纡；泛沅渡湘，吊大夫之魂，悼妃子之恨，竹上犹有斑斑，而不知鱼腹之骨尚无恙者乎，故其文感愤而伤激；北过大梁之墟，观楚汉之战场，想见项羽之喑呜，高帝之慢骂，龙跳虎跃，千万兵马，大弓长戟，俱游而齐呼，故其文雄勇猛健，使人心悸而胆栗；世家龙门，念神禹之鬼功，西使巴蜀，跨剑阁之鸟道，上有摩云之崖，不见斧凿之痕，故其文斩绝峻拔，而不可攀跻；讲业齐鲁之都，睹夫子之遗风，乡射邹峄，彷徨乎汶阳洙泗之上，故其文典重温雅，有似乎正人君子之容貌。凡天地之间，万物之变，可惊可愕，可以娱心，使人忧，使人悲者，子长尽取而为文章，是以变化出没，如万象供四时而无穷，今于其书而观之，岂不信矣。”（《子长游赠盖邦式》）

陈傅良曰：“六经之后，有四人焉，摭实而有文采者，左氏也；冯虚而有理致者，庄子也；屈原变《国风》《雅》《颂》而为《离骚》；子长易编年而为纪传，皆前未有比，后可以为法。非豪杰特立之士，其孰能之！”（《史记评林》引）

洪迈曰：“太史公书不待称说，若云褒赞其高古简妙处，殆是摹写星日之光辉，多见其不知量也。然予每展读至魏世家、苏秦、平原君、鲁仲连传，未尝不惊呼击节，不自知其所以然。魏公子无忌与王论韩事，曰：‘韩必德魏、爱魏、重魏、畏魏，韩必不敢反魏。’十余语之间，五用魏字。苏秦说赵肃侯曰：‘择交而得，则民安，择交而不得，则民终身不安。齐、秦为两敌，而民不得安；倚秦攻齐，而民不得安；倚齐攻秦，而民不得安。’平原君使楚，客毛遂愿行，君曰：‘先生处胜之门下几年于此矣？’曰：‘三年于此矣。’君曰：‘先生处胜之门下三年于此矣，左右未有所称诵，胜未有所闻，是先生无所有也，先生不能，先生留。’遂力请行，面折楚王，再言：‘吾君在前，叱者何也？’至左手持盘血（皿），而右手招十九人于堂下，其英姿雄风，千载而下，尚可想见，使人畏而仰之，卒定从而归。至于赵，平原君曰：‘胜不敢复相士。胜相士多者千人，寡者百数，今乃于毛先生而失之，毛先生一至楚，而使赵重于九鼎大吕，毛先生以三寸之舌，强于百万之师，胜不敢复相士。’秦围赵，鲁仲连见平原君曰：‘事将奈何？’君曰：‘胜也何敢言事？魏客新垣衍令赵帝秦，今其人在是，胜也何敢言事？’仲连曰：‘吾始以君为天下之贤公子也，吾今然后知君非天下之贤公子也，客安在？’平原往见衍，曰：‘东国有鲁仲连先生者，胜请为绍介，交之于将军。’衍曰：‘吾闻鲁仲连先生，齐国之高士也；衍，人臣也，使事有职，吾不愿见鲁仲连先生。’及见衍，衍曰：‘吾视居此围城之中者，皆有求于平原君者也。今吾观先生之玉貌，非有求于平原君者也。’又曰：‘始以先生为庸人，吾乃今日知先生为天下之士也。’是三者重沓熟复，如骏马下驻千丈坡，其文势正尔，风行于上而水波，真天下之至文也。”（《容斋随笔》）

茅坤曰：“按太史公所为《史记》百三十篇……其所论大道，而折衷于六艺之至，固不能尽如圣人之旨。而要之，指次古今，出《风》入《骚》，譬之韩白提兵而战河山之间，当其壁垒、部曲、旌旗、钲鼓，左提右挈，中权后劲，起伏翱翔，倏忽变化，若一夫剑舞于曲旃之上，而无不如意者，西京以来，千年绝调也。即如班掾《汉书》，严密过之，而所当疏宕遒逸，令人读之，杳然神游于云幢羽衣之间，所可望而不可挹者，予窃疑班掾犹不能登其堂而洞其窍也，而况其下者乎？”（《刻〈史记钞〉引》）

又曰：“屈宋以来，浑浑噩噩，如长川大谷，探之不穷，揽之不竭，蕴藉百家，包括万代者，司马子长之文也。”（《史记钞·读史法》）

又曰：“其入汉以后，太史公所最不满当时情事者，汉开边衅，及酷吏残民。故次匈奴、大宛，并郅都以下，文特精悍。太史公自以救李陵犯主上，并无故人宾客出救，又贫不能赎，卒下蚕室，故于剧孟、鲁朱家之任侠，于猗顿、卓氏辈之货殖，俱极摹画。诸将中所最怜者，李广之死，与卫、霍以内宠益封，故文多感欷。淮阴、黥布之特将，樊、灌以下之偏裨，详画以差。他如张耳、陈餘，则感其两人以刎颈之交相贼杀；窦婴、田蚡、灌夫，则感其三人以宾客之结相倾危。郦食其、陆贾、朱建之客游，刘敬、叔孙通之献纳，季布、栾布之节侠，袁盎、晁错之刑名，张释之、冯唐、韩长孺之正议，石奋、卫绾、直不疑之谨厚，淮南、衡山之悖乱，汲黯、郑当时之伉声，此皆太史公所溉于心者。言人人殊，各得其

解,譬如善写生者,春华秋卉,并中神理矣。"(《史记钞·读史法》)

王世贞曰:"太史公之文有数端焉,帝王纪,以己释《尚书》者也,又多引图纬子家言,其文衍而虚;春秋诸世家,以己损益诸史者也,其文畅而杂;仪、秦、鞅、睢诸传,以己损益战国者也,其文雄而肆;刘、项纪,信、越传,志所闻也,其文宏而壮;河渠、平准诸书,志所见也,其文核而详,婉而多风;刺客、游侠、货殖诸传,发所寄也,其文精严而工笃,磊落而多感慨。"(《史记钞》引)

凌约言曰:"六经而下,近古而闳丽者,左丘明、庄周、司马迁、班固四巨公,具有成书,其文卓卓乎擅大家也。《左传》如杨妃舞盘,廻旋摇曳,光彩射人;《庄子》如神仙下世,咳吐谑浪,皆成丹砂;子长之文豪,如老将用兵,纵骋不可羁,而自中于律;孟坚之文整,方之武事,其游奇布列不爽尺寸,而部勒雍容可观,殆有儒将之风焉。虽诸家机轴变幻不同,然要皆文章之绝技也。"(《史记评林》引)

金圣叹曰:"大凡读书,先要晓得作书之人是何心胸。如《史记》须是太史公一肚皮宿怨发挥出来,所以他于游侠、货殖传特地着精神,乃至其余诸记传中,凡遇挥金杀人之事,他便啧啧赏叹不置。一部《史记》只是'缓急人所时有'六个字,是他一生著书旨意。"(《读第五才子书法》)

又曰:"夫修史者,国家之事也;下笔者,文人之事也。国家之事,止于叙事而止,文非其所务也;若文人之事,固当不止叙事而已,必且心以为经,手以为纬,踌躇变化,务撰而成绝世奇文焉。……是己马迁之书,是马迁之文也,马迁书中所叙之事,则马迁之文之料也。……是故,马迁之为文也,吾见其有事之巨者而隐括焉,又见其有事之细者而张皇焉,或见其有事之阙者而附会焉,又见其有事之全者而轶去焉,无非为文计,不为事计也。但使吾之文得成绝世奇文,斯吾之文传而事传矣。如必欲但传其事,又令纤悉不失,是吾之文先已拳曲不通,已不得为绝世奇文,将吾之文既已不传,而事又乌乎传耶?”(《第五才子书施耐庵水浒传》第二十八回总评)

顾炎武曰:“秦楚之际,兵所出入之涂,曲折变化,唯太史公序之如指掌。以山川郡国不易明,故曰东、曰西、曰南、曰北,一言之下,而形势了然。以关、塞、江、河为一方界限,故于项羽则曰‘梁乃以八千人渡江而西’,曰‘羽乃悉引兵渡河’,曰‘羽将诸侯兵三十余万行,略地至河南’,曰‘羽渡淮’,曰‘羽遂引东,欲渡乌江’。于高帝则曰‘出成皋、玉门北渡河’,曰‘引兵渡河,复取成皋’。盖自古史书兵事地形之详未有过此者,太史公胸中固有一天下大势,非后代书生之所能几也。”(《日知录》)

又曰:“古人作史有不待论断,而于序事之中即见其指者,惟太史公能之。《平准书》末载卜式语,《王翦传》末载客语,《荆轲传》末载鲁句践语,《晁错传》末载邓公与景帝语,《武安侯田蚡传》末载武帝语,皆史家于序事中寓论断法也。后人知此法者鲜矣,惟班孟坚间一有之。如《霍光传》载任宣与霍禹语,见光多作威福。《黄霸传》载张敞奏,见祥瑞多不以实。通传皆褒,独此寓贬,可谓得太史公之法者矣。”(《日知录》)

赵翼曰:“左史记言,右史记事,言为《尚书》,事为《春秋》,其后沿为编年、记事二种。记事者以一篇记一事,而不能统贯一代之全;编年者又不能即一人而各见其本末。司马迁参酌古今,发凡起例,创为全史。本纪以序帝王,世家以记侯国,十表以系时事,八书以详制度,列传以志人物,然后一代君臣政事贤否得失,总汇于一编之中。自此例一定,历代作史者,遂不能出其范围,信史家之极则也。”(《廿二史札记》)

梁玉绳曰:“班固本其父彪之语,讥史公是非颇缪于圣人……晁公武《郡斋读书志》曾辨之。《补笔谈》亦云:‘班固所讥甚不慊。’夫史公考信必于六艺,造次必衷仲尼,是以孔子侪之世家,老子置之列传,尊孔子曰‘至圣’,评老子曰‘隐君子’。六家指要之论,归重黄老,乃司马谈所作,非子长之言;不然,胡以次李耳在管、晏下,而穷其弊于申、韩乎?固非‘先黄老而后六经’矣。《游侠传》首云‘以武犯禁’,又云‘行不轨于正义’,而称季次、原宪为‘独行君子’,盖见汉初公卿以武力致贵,儒术未重,举世任侠干禁,叹时政之缺失,使若辈无所取材也,岂‘退处士而进奸雄’者哉?《货殖》与《平准》相表里,叙海内土俗物产,孟坚《地理志》所本,且掘冢、博戏、卖浆、胃脯并列其中,鄙薄之甚。三代贫富不甚相远,自井田废而稼穑轻,贫富悬绝,汉不能挽移,故以讽焉。其感慨处,乃有激言之,识者读其书,因悲其遇,安得斥为‘崇势利而羞贱贫’耶?”(《史记志疑》)

章学诚曰:“史迁创列传之体。列之为言,排列诸人为首尾,所以标异编年之传也。然而列人名目亦有不齐者,或爵(淮阴侯之类),或官(李将军之类),或直书名,虽非左氏之错出,究为义例不纯也。或曰:‘迁有微意焉。’夫据事直书,善恶自见,《春秋》之意也。必标目以示褒贬,何怪沈约、魏收诸书,直以标题为戏哉?况七十列传,称官爵者偶一见之,余并直书姓名,而又非例之所当贬,则史迁创始之初,不能无失云尔。必从而为之辞,则害于道矣。”(《文史通义·繁称》)

袁枚曰:“史迁序事,有明知其不确而贪所闻新异,以助己之文章,则通篇以幻忽之语序之,使人得其意于言外,读史者不可无识也。即如屠岸贾一事,三传所无,史迁不忍割爱,故《赵世家》入手,即序鸟身人面之中衍,随即序周穆王见西王母,以下将妖梦鬼神之事重叠言之,皆他世家所无也。若曰屠岸贾事之有无亦如是云尔。《张良传》曰黄石公,曰沧海君,曰赤松子,皆莫须有之人,以见四皓之传闻亦如是云尔。”(《随园随笔》)

刘大櫆曰:“文贵奇。……有奇在字句者,有奇在意思者,有奇在笔者,有奇在邱壑者,有奇在气者,有奇在神者。……奇气最难识,大约忽起忽落,其来无端,其去无迹。读古人文,于起灭转接之间,觉有不可测识处,便是奇气。……史公《伯夷传》可谓神奇。文贵高。……昔人谓子长文字峻。震川谓'此言难晓,要当于极真极朴极淡处求之'。文贵大。……古文之大者莫如史迁。震川论《史》谓为大手笔,又曰'起头处来得勇猛',又曰'连山断岭,峰峦参差',又曰'如画长江万里图',又曰'如大塘上打纤,千船万船不相妨碍'。此气脉洪大,邱壑远大之谓也。文贵远。远必含蓄。或句上有句,或句下有句,或句中有句,或句外有句。说出者少,不说出者多。……昔人谓子长文字,微情妙旨,寄之笔墨蹊径之外,又谓如郭忠恕画天外数峰,略有笔墨而无笔墨之迹,故太史公文并非孟坚所知。……意到处言不到,言尽处意不尽,自太史公后惟韩、欧得其一二。……文贵疏。……孟坚文密,子长文疏。凡文力大则疏。气疏则纵,密则拘;神疏则逸,密则劳。疏则生,密则死。子长拿捏大意,行文不妨脱略。文贵变。……上古文字初开,实字多,虚字少,典谟训诰,何等简奥,然文法自是未备。至孔子之时虚字详备,作者神态毕出。左氏情韵并美,文彩照耀,至先秦战国更加疏纵。汉人敛之,稍归劲质,惟子长集其大成。……马迁句法,似赘拙而实古厚可爱。……文章品藻,最贵者曰雄曰逸。欧阳子逸而未雄,昌黎雄处多逸处少,太史公雄过昌黎,而逸处更多于雄处,所以为至。"(《论文偶记》)

刘熙载曰:"《史记》叙事,文外无穷,虽一溪一壑,皆与长江、大河相若。""太史公文,精神气血,无所不具。""太史公文,疏与密皆诣其极。""太史公寓主意于客位,允称微妙。""太史公文,悲世之意多,愤世之意少,是以立身常在高处。""学《离骚》得其情者为太史公,得其辞者为司马长卿。""文如云龙雾豹,出没隐见,变化无方,此《庄》、《骚》、太史(公)所同。""子长精思逸韵,俱胜孟坚。或问:'逸韵非孟坚所及,固也;精思复何以异?'曰:'子长能从无尺寸处起尺寸,孟坚遇尺寸难施处,则差数睹矣。’”“太史公文,韩得其雄,欧得其逸。雄者善用直捷,故发端便见出奇;逸者善用纡徐,故引绪乃觇入妙。”(《艺概 · 文概》)

梁启超曰:“旧史官纪事实而无目的,孔子作《春秋》,时或为目的而牺牲事实。其怀抱深远之目的而又忠勤于事实者,惟迁为兼之。迁书取材于《国语》《世本》《战国策》《楚汉春秋》等,以十二本纪、十表、八书、三十世家、七十列传组织而成。其本纪以事系年,取则于《春秋》;其八书详纪政制,蜕形于《尚书》;其十表稽牒作谱,印范于《世本》;其世家列传,既宗雅记,亦采琐语,则《国语》之遗规也。”(《中国历史研究法》)

又曰:“(迁)著书最大目的乃在发表司马氏一家之言,与荀卿著《荀子》、董生著《春秋繁露》性质正同,不过其一家之言乃借史的形式以发表耳,故仅以近世史的观念读《史记》,非能知《史记》者也。”(《要籍解题及其读法》)

刘鹗曰:“《离骚》为屈大夫之哭泣,《庄子》为蒙叟之哭泣,《史记》为太史公之哭泣。”(《〈老残游记〉序》)

林纾曰:“故大家之文,于文之去路,不惟能发异光,而且长留余味,其最擅长者无若《史记》。《史记》于收束之笔不名一格:如本文饱叙妄诞之事,及到结束必有悔悟之言;偏复掉转,还他到底妄诞,却用一冷隽之笔闲闲点醒,如《封禅书》之收笔是也。有痛叙奸谗误国,令读者愤懑填胸,述到收局,人人必欲观其伏诛,此似行文之定例;乃不叙进谗者之应伏其罪,偏叙听谗者之悔用其言,不叙用谗者之以间成功,偏叙诛谗者以不忠垂诫,如《吴太伯世家》之收笔是也。有叙开国之勋臣,定霸之巨子,功高不赏,幸免弓狗之祸,却把其退隐之轶事尽情一述,竟似以国史为其家传;虽描摹琐屑,愈见其人能全身而远祸,寓其微旨,如《越王句践世家》之收笔是也。有同等之隐事,同恶之阴谋,同时之败露,是天然陪客;文中且不说明,直到结穴之处,大书特书彼人之罪状，与本文两不关涉；然句中用一‘亦’字，见得同恶之人亦同抵于族，不加议论，其义见焉，如《春申君列传》之收笔是也。有三传联为一气，事一而人三，则每传不能不划清界限；顾三人终局，必待第三传之末始能分晓，而每传中又宜有收笔，此应如何分界者？乃史公各于本传之末，各用似了非了之笔，读之雅有余味，则《魏其灌夫武安列传》之收笔是也。三传中惟武安得保首领以没，不就刑诛，故收束处用淮南王馈金事，上曰：‘使武安侯在者，族矣！’余味盎然。而《平津侯传》末亦用此意。独《荆轲列传》终写荆轲之勇，行刺之难，秦王之惊骇，廷臣之慌乱，五光十色，使读者太息，以为一刺一掷，秦王之不死，其间不能容发，只能归诸天意；而史公冷眼直看出荆轲剑术之疏，又不便将荆轲之勇抹杀，故于传末用鲁句践一言，闲闲回顾篇首，说到荆轲若能虚心竞学，则亦不致失此好机会矣，似断非断，却用叙事作结穴。此等收笔，直入神化。”（《春觉斋论文》）

高步瀛曰：“史公之文，每篇各有主旨，如《吴太伯世家》以‘让争’二字为主，《鲁周公世家》以‘相臣执政’为主，《陈丞相世家》以‘阴谋’为主，《魏其武安传》以‘权势相倾’为主。其尤奇者，《大宛传》以‘通使兴兵’为主，而前半叙通使，以张骞为线索；后半兴兵，以宛马为线索，最为谋篇之奇者。又如《伯夷传》之言‘学者载籍极博’，飒然而来；《平准书》之言‘烹弘羊，天乃雨’，戛然而止，更出人意计之外。篇法之奇，至此极矣。诚以史公识卓古今，笔侔造化，吾辈毕生研求，犹不能尽。必不得已，聊举四品以明之：一曰诙诡。汉高之得天下也，归之于天；优倡之匹人主也，委之于命；萧何刀笔吏耳，其为相国也，赞以‘闳夭散宜’；留侯智谋士耳，其附吕后也，疑于‘妇人好女’：皆以颂代讽，寓庄于谐，意在彼而言在此，使人猝然观之，不能测其意之所在，此文章最高之境。所谓诙诡者，此类是也。二曰雄恣。项王之战巨鹿也，诸侯军从壁上观，而楚军以一当十，即由观者眼中看出，故倍觉精灵。夫差之杀子胥也，越句践乃得逞其志，而越军之入吴，先从子胥口中叙出，故益形冤愤。魏公子之亲载侯嬴入市也，写坐客，写市人，写从骑，反衬公子爱贤之诚。孙膑之欲杀庞涓复仇也，写减灶，写伏弩，写斫木，愈显孙子诱敌之智。此等处皆使人荡骇心目，舌挢不下，所谓雄恣者，此类是也。三曰闲远。汉高帝益萧何封二千户，以帝繇咸阳时，何送我独赢奉钱二也；秦始皇赐夏无且黄金二百溢，以无且爱我，乃以药囊提荆轲也；李将军之射虎也，则云'中石没镞'；司马穰苴之行军也，则云'立表决漏'；樗里子葬于渭南，则曰'百岁后当有天子之宫夹我墓'，窦皇后持弟而泣，则有'侍御左右伏地泣，助皇后悲哀'：皆能于百忙之中，特著颊上添毫之笔，遂更觉生气远出。史公此等处，直与左氏争雄，后世惟韩昌黎间有之，断非他人所能及。所谓闲远者，此类是也。四曰沉郁。夷、齐采薇，特著西山之歌；齐王建迁共，怨及松柏之客；吴起去西河而垂泪，虞卿以穷愁而著书；任侠人所委命，独难容于文网之吏；货殖重在因道，更难望于掊克之朝。史公此等处，大率反复顿挫，令人回肠荡气，不能以已。所谓沉郁者，此类是也。此外或缀词古奥，或托体高华，或淡宕以取神，或磊落以使气，更续数之亦不能尽，见仁见智，各视其人用力浅深而已。"（《史记举要》）

鲁迅曰："（迁）恨为弄臣，寄心楮墨，感身世之戮辱，传畸人于千秋，虽背《春秋》之义，固不失为史家之绝唱，无韵之《离骚》矣。惟不拘于史法，不囿于字句，发于情，肆于心而为文，故能如茅坤所言'读游侠传即欲轻生，读屈原、贾谊传即欲流涕，读庄周、鲁仲连传即欲遗世，读李广传即欲立斗，读石建传即欲俯躬，读信陵、平原君传即欲养士'也。"（《汉文学史纲要》）

顾颉刚曰："窃谓《史记》一书，'厥协六经异传，整齐百家杂语'，实为吾国史事第一次有系统之整理，司马氏既自道之矣。后世史家或仰兹高荫，或化厥成规，支流纵极夥颐，导源则靡不于此。是书固亦有其甚多之误漏在,然其误后人可得而正,其漏后人可得而补。独其创定义例,兼包巨细,会合天人,贯穿今古,奠史学万祀之基,炜然有其永存之辉光,自古迄今未有能与之抗颜而行者矣。”(《史记》校点本序)

李长之曰:“司马迁一生最大的特点是好奇。……因为好奇,所以他的文字疏疏落落,句子极其参差,风格极其丰富而变化,正像怪特的山川一样,无一处不是奇境,又像诡幻的天气一样,无一时一刻不是兼有和风丽日、狂雨骤飙、雷电和虹!”(《司马迁之人格与风格》)

又曰:“司马迁的受刑,在他个人当然是一个太大的不幸,然而因此他的文章里仿佛由之而加上浓烈的苦酒,那味道却特别叫人容易沉醉了!又像音乐中由之而加上破折、急骤、悠扬的调子,那节奏便特别酣畅淋漓,而沁人心脾了!”(《司马迁之人格与风格》)

又曰:“司马迁的散文,乃是纯正的散文,乃是唐宋以来所奉为模范的散文——也就是古文家所推为正统的散文。”“他的文字我们可以称为奇而韵。奇就是来自秦文的矫健,而变为疏荡;韵就是由于经过《楚辞》的洗礼,使疏荡处不走入偏枯躁急,同时却又已经有着下一代的风格的萌芽。”(《司马迁之人格与风格》)

钱锺书曰:“马迁行文,深得累叠之妙,如本篇(按:指《项羽本纪》)末写项羽‘自度不能脱’,一则曰‘此天之亡我,非战之罪也’,再则曰‘令诸君知天亡我,非战之罪也’,三则曰‘天之亡我,我何渡为!’心已死而意犹未平,认输而不服气,故言之不足,再三言之也。又如《袁盎晁错列传》记错父曰:‘刘氏安矣!晁氏危矣!吾去公归矣!’叠三‘矣’字,纸上如闻太息,断为三句,削去衔接之词(asyndcton),顿挫而兼急迅错落之致。《汉书》却作:‘刘氏安矣而晁氏危,吾去公归矣!’索然有底情味?王若虚《滹南遗老集》卷一五苛诋《史记》文法最疏、虚字不妥,举‘诸侯军无不人人惴恐’为‘字语冗复’之一例。王氏谭艺,识力甚锐而见界不广,当时友生已病其‘好平淡’而不‘尚奇峭’,以‘经义科举法绳文’(刘祁《归潜志》卷八)。玩其月旦,偏主疏顺清畅,饰微治细,至若瑰玮奇肆之格、幽深奥远之境,皆所未识;又只责字句之直白达意,于声调章法,度外恝置。是故弹射虽中,鲜伤要害,匹似逼察江河之挟泥沙以俱下,未尝浑观其一派之落九天而泻千里也。即以《史记》此句论之。局于本句,诚如王氏所讥。倘病其冗复而削去‘无不’,则三叠减一,声势随杀;苟删‘人人’而存‘无不’,以保三叠,则它两句皆六字,此句仅余四字,失其平衡,如鼎折足而将覆悚,别须拆补之词,仍著涂附之迹。宁留小眚,以全大体。经籍不避‘重言’,《尚书》之‘不遑暇食’,《左传》之‘尚犹有臭’,孔颖达《正义》已道之。《汉书·项籍传》作‘诸侯军人人惴恐’‘膝行而前’;盖知删一‘无不’,即坏却累叠之势,何若迳删两‘无不’,勿复示此形之为愈矣。《后汉书·班彪传》载其论《史记》曰‘刊落不尽,尚有盈辞’,修词不净处,不知属‘盈辞’抑否耶?”(《管锥编》)

斋藤正谦曰:“入昆仑之山,满目莫非美玉。然有千金之珍,有连城之宝,不能无差等。一部《史记》,固为群玉圃,然本纪则《高祖》《项羽》,世家则《陈涉》《萧》《曹》《留侯》,列传则《伯夷》《屈原》《范蔡》《廉蔺》《张陈》《淮阴》《李广》《刺客》《货殖》诸篇,殊为绝佳,是连城之宝也。”(《史记会注考证》引)

又曰:“子长同叙智者,子房有子房风姿,陈平有陈平风姿;同叙勇者,廉颇有廉颇面目,樊哙有樊哙面目。同叙刺客,豫让之与专诸,聂政之与荆轲,才出一语,乃觉口气各不同。《高祖本纪》,见宽仁之气动于纸上。《项羽本纪》,觉喑噁叱咤来薄人。读一部《史记》,如直接当时人,亲睹其事,亲闻其语,使人乍喜乍愕,乍惧乍泣,不能自止。是子长叙事入神处。”(《史记会注考

证》引)

长野确曰:“修史者,知记历代事实及文物制度,而不知摸写其人之气象、好尚、文章、言语之各殊,固不足以为史矣。故修史之难,在不失其时世之本色,使千载之下读者如身在其时,亲见其事也。司马子长作《史记》,自黄帝迄汉武,上下三千余年,论著才五十余万言。而三代之时自是三代之时,春秋战国之时自是春秋战国之时,下至秦、汉之际,又自是别样。时人之气象好尚,各时不同,使读者想见其时代人品,是所以为良史也。”(《史记会注考证》引)

吉川幸次郎曰:“希罗多德是西方历史之父,汉代司马迁在公元前一世纪写的《史记》,则是我们东方历史之父。”(《中国诗史》)

毛泽东曰:“中国有两部大书,一曰《史记》,一曰《资治通鉴》,都是有才气的人,在政治上不得志的境遇中编写的。看来,人受点打击,遇点困难,未尝不是好事。当然,这是指那些有才气,又有志向的人说的。没有这两条,打击一来,不是消沉,便是胡来,甚至去自杀。那便要另当别论。”(《毛泽东的晚年生活》)

本书所参考与征引的主要书目

《国语》,上海:上海古籍出版社,1998 年。

《清代诗文集汇编》编纂委员会编:《清代诗文集汇编(第 706 册)》,上海:上海古籍出版社,2010 年。

丁晏撰:《四史余论》,清颐志斋抄本。

山西省考古研究所编:《山西考古四十年》,太原:山西人民出版社,1994 年。

马王堆汉墓帛书整理小组编:《战国纵横家书》,北京:文物出版社,1976 年。

马非百著:《秦集史》,北京:中华书局,1982 年。

王夫之撰:《读通鉴论》,清同治四年(1865)湘乡曾氏金陵节署刻船山遗书本。

王元启撰:《史记三书正讹》,民国九年(1920)广雅书局汇编重印本。

王玉哲著:《中华远古史》,上海:上海人民出版社,2003 年。

王世贞撰:《弇州山人四部稿》,明万历五年(1577)王氏世经堂刻本。

王世舜译注:《尚书译注》,成都:四川人民出版社,1982 年。

王光祈著:《东西乐制之研究》,上海:中华书局,1926 年。

王先谦撰:《汉书补注》,清光绪二十六年(1900)王氏虚受堂刻本。

王充撰:《论衡》,民国上海涵芬楼影印通津草堂本。

王安石撰:《临川先生文集》,民国上海涵芬楼影印明嘉靖刻本。

王伯祥选注:《史记选》,北京:人民文学出版社,1957 年。

王应麟撰:《玉海》,清文渊阁四库全书本。

王应麟撰:《困学纪闻》,民国上海涵芬楼影印元刻本。

王若虚撰:《史记辨惑》,清文渊阁四库全书本。

王叔岷撰:《史记斠证》,北京:中华书局,2007 年。

王鸣盛撰:《十七史商榷》,清光绪广雅书局刻民国九年(1920)番禺徐绍棨汇编重印本。

王念孙撰:《读书杂志》,清道光十二年(1832)王引之刻本。

王育民著:《中国历史地理概论》,北京:人民教育出版社,1985 年。

王拯撰:《归方评点史记合笔》,清同治五年(1866)广州刻本。

王阁森、唐致卿主编:《齐国史》,济南:山东人民出版社,1992 年。

王骏图、王骏观撰:《史记旧注平议》,上海:正中书局,1947 年。

王筠撰:《史记校》,民国二十四年(1935)故宫博物院图书馆排印本。

韦苇著:《司马迁经济思想研究》,西安:陕西人民教育出版社,1995 年。

中国中共文献研究会编:《毛泽东读书集成》,北京:中央文献出版社,2013 年。

牛运震撰,魏耕原、张亚玲整理点校:《史记评注》,西安:三秦出版社,2011 年。

牛鸿恩、邱少华、孙悦春选注:《战国策选注》,天津:天津古籍出版社,1984 年。

仓修良主编:《史记辞典》,济南:山东教育出版社,1991 年。

文物出版社编:《新中国考古五十年》,北京:文物出版社,

1999年。

方苞撰:《方望溪先生文集》,民国上海涵芬楼影印咸丰元年(1851)戴钧衡刻本。

平势隆郎著:《中国古代纪年的研究》,东京:汲古书院,1996年。

叶適撰:《习学记言》,清光绪十年(1884)黄体芳江阴刻本。

叶盛撰:《水东日记》,清文渊阁四库全书本。

史珥撰:《四史剿说》,清乾隆二十九年(1764)清风堂刻本。

丘琼荪校释:《历代乐志律志校释》,北京:中华书局,1964年。

白寿彝主编:《中国通史(第二版)》,上海:上海人民出版社,2015年。

包世臣撰:《安吴四种》,清咸丰元年(1851)刻本。

司马光撰:《资治通鉴》,民国上海涵芬楼影印宋刻本。

司马光撰:《资治通鉴考异》,民国上海涵芬楼影印宋刻本。

司马迁原著,李晚芳编纂,赵前明、凌朝栋整理:《读史管见》,北京:商务印书馆,2016年。

司马迁著,杨燕起注译:《史记全译》,贵阳:贵州人民出版社,2001年。

司马迁著,张大可注:《史记新注》,北京:华文出版社,2000年。

司马迁著,张大可注释:《史记全本新注》,武汉:华中科技大学出版社,2020年。

司马迁著,林小安等注译:《全注全译史记》,天津:天津古籍出版社,1995年。

司马迁撰,泷川资言考证,水泽利忠校补:《史记会注考证校补》,上海:上海古籍出版社,1986年。

司马迁撰,泷川资言考证,杨海峥整理:《史记会注考证》,上海:上海古籍出版社,2015 年。

司马迁撰,裴骃集解,司马贞索隐,张守节正义:《史记(修订本)》,北京:中华书局,2014 年。

司马迁撰:《史记》,北京:中华书局,1959 年。

司马迁撰:《史记》,清光绪二十九年(1903)五洲同文局刻武英殿二十四史本。

台湾三军大学编著:《中国历代战争史》,北京:中信出版社,2012 年。

曲英杰著:《先秦都城复原研究》,哈尔滨:黑龙江人民出版社,1991 年。

吕思勉著:《史学四种》,上海:上海人民出版社,1981 年。

吕思勉著:《经子解题》,上海:华东师范大学出版社,1995 年。

吕祖谦撰:《东莱集》,清文渊阁四库全书本。

吕祖谦撰:《大事记》,清文渊阁四库全书本。

朱东润著:《史记考索(外二种)》,上海:华东师范大学出版社,1996 年。

朱翌撰:《猗觉寮杂记》,清知不足斋本。

朱熹编:《四书章句集注》,北京:中华书局,2011 年。

伊藤德男著:《从史记十表看司马迁的历史观》,东京:平河出版社,1993 年。

刘向撰:《新序》,民国上海涵芬楼影印江南图书馆藏明翻宋刻本。

刘知幾撰:《史通》,民国上海涵芬楼影印明万历刻本。

刘咸炘著,张大可、徐兴海校注:《太史公书知意》,北京:商务印书馆,2019 年。

刘勰撰:《文心雕龙》,民国上海涵芬楼影印明嘉靖刻本。

刘操南著:《史记春秋十二诸侯史事辑证》,天津:天津古籍出版社,1992 年。

齐树楷撰:《史记意》,民国刻本。

江中柱、闵定庆、李小荣等编:《林纾集》,福州:福建人民出版社。

江应梁主编:《中国民族史》,北京:民族出版社,1990 年。

池田四郎次郎著:《史记补注》,东京:明德出版社,1972 年。

汤谐撰:《史记半解》,清康熙五十四年(1715)慎余堂刻本。

安金槐主编:《中国考古》,上海:上海古籍出版社,1992 年。

军事科学院主编:《中国军事通史》,北京:军事科学出版社,1998 年。

阮元校刻:《十三经注疏》,北京:中华书局,1980 年。

孙武撰,曹操等注,杨丙安校理:《十一家注孙子》,北京:中华书局,2012 年。

苏天钧主编:《北京考古集成》,北京:北京出版社,2000 年。

苏洵撰:《嘉祐集》,民国上海涵芬楼影印无锡孙氏小绿天藏影宋钞本。

苏轼撰,王松龄点校:《东坡志林》,北京:中华书局,1981 年。

苏辙撰:《古史》,清嘉庆元年(1796)扫叶山房刻本。

李元阳辑,高世魁校:《史记题评》,明嘉靖十六年(1537)胡有恒、胡瑞刻本。

李长之著:《司马迁之人格与风格》,北京:生活·读书·新知三联书店,1984 年。

李发林编:《战国秦汉考古》,济南:山东大学出版社,1991 年。

李约瑟著:《中国科学技术史》,北京:科学出版社;上海:上海古籍出版社,1990 年。

李学勤著:《东周与秦代文明》,北京:文物出版社,1984 年。

李学勤著:《失落的文明》,上海:上海文艺出版社,1997 年。

李学勤著:《李学勤早期文集》,石家庄:河北教育出版社,2007 年。

李贽撰:《藏书》,明万历二十七年(1599)焦竑刻本。

李祯撰:《畹兰斋文集》,清光绪十八年(1892)刻本。

李笠撰:《史记订补》,民国十三年(1924)安李氏刻本。

李景星著,韩兆琦、俞樟华校点:《四史评议》,长沙:岳麓书社,1986 年。

李慈铭著,由云龙辑:《越缦堂读书记》,北京:中华书局,1963 年。

杨向奎著:《中国古代社会与古代思想研究(上册)》,上海:上海人民出版社,1962 年。

杨向奎著:《中国古代社会与古代思想研究(下册)》,上海:上海人民出版社,1964 年。

杨向奎著:《宗周社会与礼乐文明》,北京:人民出版社,1992 年。

杨伯峻编著:《春秋左传注》,北京:中华书局,1981 年。

杨国勇主编:《华夏文明研究:山西上古史新探》,北京:中国社会科学出版社,2002 年。

杨育彬著:《河南考古》,郑州:中州古籍出版社,1985 年。

杨树达著:《汉书窥管》,上海:上海古籍出版社,1984 年。

杨宽著:《西周史》,上海:上海人民出版社,2016 年。

杨宽著:《战国史》,上海:上海人民出版社,2016 年。

杨宽著:《战国史料编年辑证》,上海:上海人民出版社,2016 年。

杨琮著:《闽越国文化》,福州:福建人民出版社,1998 年。

杨善群著:《孙子评传——孙武、孙膑、司马穰苴》,南京:南京大学出版社,1992 年。

杨燕起、陈可青、赖长扬编:《历代名家评〈史记〉》,北京:北京师范大学出版社,1986 年。

杨燕起、阎崇东编著:《〈史记〉精华导读》,北京:中国旅游出版社,1993 年。

吴大廷撰:《小西腴山馆文钞》,清同治三年(1864)刻本。

吴见思撰:《史记论文》,清康熙二十五年(1686)尺木堂刻本。

吴师道撰:《战国策校注》,北京:中华书局,1991 年。

吴汝纶撰,施培毅、徐寿凯校点:《吴汝纶全集》,合肥:黄山书社,2002 年。

吴恂著:《汉书注商》,上海:上海古籍出版社,1983 年。

吴敏树撰,王先谦编:《柈湖文集》,清光绪十九年(1893)思贤讲舍刻本。

吴楚材辑:《古文观止》,清光绪二十八年(1902)善成堂刻本。

何良俊撰:《四友斋丛说》,明万历七年(1579)龚元成刻本。

何焯著,崔高维点校:《义门读书记》,北京:中华书局,1987 年。

沈长云、魏建震、白国红等著:《赵国史稿》,北京:中华书局,2000 年。

沈括撰:《梦溪笔谈》,民国上海涵芬楼影印明刻本。

沈钦韩撰:《汉书疏证》,清光绪二十六年(1900)浙江官书局刻本。

宋治民编著:《战国秦汉考古》,成都:四川大学出版社,1993 年。

张大可、梁建邦著:《史记论赞与世情研究》,北京:华文出版社,2005 年。

张之恒、周裕兴著:《夏商周考古》,南京:南京大学出版社,1995 年。

张文虎撰:《校刊史记集解索隐正义札记》,清同治十一年(1872)金陵书局刻本。

张文虎撰:《舒艺室随笔》,清同治十三年(1874)金陵刻本。

张光直著:《中国青铜时代》,北京:生活·读书·新知三联书店,2013 年。

张荣芳、黄淼章著:《南越国史》,广州:广东人民出版社,1995 年。

张贻玖著:《毛泽东读史》,北京:中国友谊出版公司,1992 年。

张家英著:《〈史记〉十二本纪疑诂》,哈尔滨:黑龙江教育出版社,1997 年。

张履祥撰,李文耕辑:《杨园先生集·读史记》,清同治元年(1862)刻本。

陈三立著,李开军校点:《散原精舍诗文集(增订本)》,上海:上海古籍出版社,2014 年。

陈文烛撰:《二酉园文集》,明天启三年(1623)刻本。

陈寿撰,裴松之注:《三国志》,清光绪二十九年(1903)五洲同文局刻武英殿二十四史本。

陈寿撰,裴松之注,陈乃乾校点:《三国志》,北京:中华书局,1959 年。

陈其猷校注:《韩非子集释》,上海:上海人民出版社,1974 年。

陈直著:《史记新证》,天津:天津人民出版社,1979 年。

陈晋主编:《毛泽东读书笔记解析》,广州:广东人民出版社,1996 年。

陈桐生著:《〈史记〉名篇述论稿》,汕头:汕头大学出版社,1996 年。

陈鼓应著:《老子注译及评介》,北京:中华书局,1984 年。

陈遵妫著:《中国天文学史》,上海:上海人民出版社,2016年。

武国卿、慕中岳编:《中国战争史》,武汉:湖北人民出版社,1985年。

茆泮林辑:《楚汉春秋》,清道光二十二年(1842)梅瑞轩刻本。

茅坤编:《史记钞》,明泰昌元年(1620)闵振业刻本。

林伯桐撰:《史记蠡测》,清道光二十四年(1844)林世懋刻本。

林幹著:《匈奴史(修订本)》,呼和浩特:内蒙古人民出版社,1977年。

林駉、黄履翁撰:《古今源流至论》,清文渊阁四库全书本。

尚镕撰:《史记辨证》,清光绪刻本。

国家文物局主编:《中国文物地图集:河南分册》,北京:中国地图出版社,1991年。

罗大经撰:《鹤林玉露》,清文渊阁四库全书本。

罗振玉著:《贞松老人遗稿》,上海:上海书店,1996年。

季镇淮著:《司马迁》,上海:上海人民出版社,1979年。

周谷城著:《中国通史》,上海:上海人民出版社,1957年。

周啸天、尤其主编:《史记全本导读辞典》,成都:四川辞书出版社,1997年。

周魁一、郑连第、郭涛等注释:《二十五史河渠志注释》,北京:中国书店,1990年。

屈原撰,王逸章句,洪兴祖补注:《离骚》,民国上海涵芬楼影印江南图书馆藏明翻宋刻本。

赵生群著:《〈史记〉文献学丛稿》,南京:江苏古籍出版社,2000年。

赵生群著:《太史公书研究》,西安:陕西人民出版社,

1997 年。

赵翼撰:《廿二史札记》,清光绪二十年(1894)广雅书局刻本。

赵翼撰:《陔餘丛考》,清乾隆湛贻堂刻本。

胡渭撰:《禹贡锥指》,清文渊阁四库全书本。

柯维骐撰:《史记考要》,明嘉靖刻本。

查慎行撰:《得树楼杂钞》,民国三年(1914)适园丛书本。

柳宗元撰:《河东先生集》,哈佛大学燕京图书馆藏明刻本。

郦道元著,杨守敬、熊会贞疏:《水经注疏》,南京:江苏古籍出版社,1989 年。

钟惺撰:《史怀》,清光绪十七年(1891)三余草堂刻本。

段逸山主编:《医古文》,上海:上海科学技术出版社,1984 年。

俞正燮撰:《癸巳存稿》,清道光连筠簃本。

俞樾撰:《湖楼笔谈》,清光绪二十五年(1899)春在堂刻本。

姜书阁著:《汉赋通义》,济南:齐鲁书社,1989 年。

洪迈撰:《容斋随笔》,民国上海涵芬楼影印宋刻本。

洪兴祖撰,白化文、许德楠、李如鸾等点校:《楚辞补注》,北京:中华书局,1983 年。

洪亮吉编,吴裕垂著,纪晓岚等订,杜道生、蜀人点校:《历朝史案》,成都:巴蜀书社,1992 年。

洪亮吉撰:《四史发伏》,清光绪八年(1882)小石山房刻本。

费振刚、董文学主编:《毛泽东圈注史传诗文集成》,长春:吉林人民出版社,1996 年。

姚苎田著:《史记菁华录》,清光绪八年(1882)扶荔山房刻本。

班固撰:《汉书》,北京:中华书局,1962 年。

班固撰:《汉书》,清光绪二十九年(1903)五洲同文局刻武英殿二十四史本。

袁珂著:《中国古代神话》,北京:中华书局,1960 年。

袁黄撰:《历史纲鉴补》,明万历三十八年(1610)双峰堂余氏刻本。

真德秀撰:《文章正宗》,清文渊阁四库全书本。

桓宽撰:《盐铁论》,民国上海涵芬楼影印长沙叶氏观古堂藏明弘治涂氏刻本。

顾炎武撰:《日知录》,清康熙三十四年(1695)潘耒遂初堂刻本。

顾栋高撰:《春秋大事表》,清文渊阁四库全书本。

顾颉刚著:《中国上古史研究讲义》,北京:中华书局,2009 年。

顾颉刚著:《史林杂识初编》,北京:中华书局,2005 年。

顾颉刚编著:《古史辨》,上海:上海古籍出版社,1982 年。

晁公武撰:《郡斋读书志》,民国上海涵芬楼影印宋淳祐刻本。

晁福林著:《霸权迭兴:春秋霸主论》,北京:生活·读书·新知三联书店,1992 年。

钱大昕撰:《廿二史考异》,清光绪二十年(1894)广雅书局刻本。

钱锺书著:《管锥编》,北京:中华书局,1979 年。

钱穆著:《古史地理论丛》,北京:九州出版社,2011 年。

钱穆著:《先秦诸子系年》,北京:九州出版社,2011 年。

钱穆著:《现代中国学术论衡》,北京:九州出版社,2011 年。

钱穆著:《国史大纲》,北京:九州出版社,2011 年。

倪思编,刘辰翁评:《班马异同评》,明嘉靖十六年(1537)李元阳刻本。

徐与乔评辑,潘椿重订:《史汉初学辨体》,清稿本。

徐卫民著:《秦都城研究》,西安:陕西人民教育出版社,2000 年。

徐中舒著:《先秦史论稿》,成都:巴蜀书社,1992 年。

徐文珊著:《史记评介》,台北:维新书局,1973 年。

徐时栋撰:《烟屿楼读书志》,民国十七年(1928)排印本。

徐朔方著:《史汉论稿》,南京:江苏古籍出版社,1984 年。

凌稚隆辑:《汉书评林》,明万历九年(1581)吴兴凌氏刻本。

凌稚隆辑评:《史记评林》,明万历五年(1577)吴兴凌氏刻本。

凌稚隆辑校,李光缙增补,有井范平补标:《补标史记评林》,日本明治十六年(1883)报告社刻本。

高士奇撰:《左传纪事本末》,北京:中华书局,1979 年。

高亨注译:《商君书注译》,北京:中华书局,1974 年。

高锐主编:《中国军事史略》,北京:军事科学出版社,1992 年。

郭克煜、梁方健、陈东等著:《鲁国史》,北京:人民出版社,1994 年。

郭沫若主编:《中国史稿地图集》,北京:中国地图出版社,1990 年。

郭沫若著作编辑出版委员会编:《郭沫若全集》,北京:人民出版社,1982 年。

郭预衡著:《中国散文史》,上海:上海古籍出版社,1986 年。

郭嵩焘撰,梁小进主编:《郭嵩焘全集》,长沙:岳麓书社,2018 年。

诸祖耿撰:《战国策集注汇考》,南京:江苏古籍出版社,1985 年。

黄震撰:《黄氏日钞》,元后至元三年(1337)刻本。

黄德馨编著:《楚国史话》,武汉:华中工学院出版社,

1983年。

崔述著:《洙泗考信录》,北京:中华书局,1985年。

崔適撰:《史记探源》,清宣统二年(1910)崔氏觯庐刻本。

梁玉绳等撰,吴树平、王佚之、汪玉可点校:《史记汉书诸表订补十种》,北京:中华书局,1982年。

梁玉绳撰:《史记志疑》,清光绪十三年(1887)广雅书局刻本。

蒋伯潜著:《诸子通考》,杭州:浙江古籍出版社,1985年。

韩兆琦、张大可、宋嗣廉著:《史记题评与咏史记人物诗》,北京:华文出版社,2005年。

韩愈撰,朱熹校:《朱文公校韩昌黎先生集》,民国上海涵芬楼影印元刻本。

傅占衡撰:《湘帆堂集》,清康熙六十一年(1722)刻本。

储欣选评:《史记选》,清光绪九年(1883)静远堂刻本。

鲁迅著:《鲁迅全集》,北京:人民文学出版社,2005年。

鲁实先著:《史记会注考证驳议》,长沙:岳麓书社,1986年。

童书业著,童教英校订:《春秋左传研究:校订本》,北京:中华书局,2006年。

童书业遗著:《春秋左传研究》,上海:上海人民出版社,1980年。

曾国藩撰:《求阙斋读书录》,清光绪二年(1876)传忠书局刻本。

谢维扬、房鑫亮主编:《王国维全集》,杭州:浙江教育出版社,2010年。

蒙文通著:《古族甄微》,成都:巴蜀书社,1993年。

鲍彪注:《战国策注》,清文渊阁四库全书本。

谭其骧主编:《中国历史地图集》,北京:中国地图出版社,1996年。

熊宪光著:《纵横家研究》,重庆:重庆出版社,1998 年。

缪文远著:《战国史系年辑证》,成都:巴蜀书社,1997 年。

缪文远著:《战国策新校注》,成都:巴蜀书社,1987 年。

颜师古撰:《匡谬正俗》,清陕西通志馆印关中丛书本。

潘世恩撰:《有真意斋文集》,清同治十二年(1873)刻本。

潘永季撰:《读史记札记》,《丛书集成续编(第 273 册)》,台北:新文丰出版公司,1988 年。

戴表元撰:《剡源戴先生文集》,民国上海涵芬楼影印明万历刻本。

参加本书编写的人员

牛鸿恩 首都师范大学中文系教授(编注了《三代世表》《六国年表》《十二诸侯年表》三篇)

杜升云 北京师范大学天文系教授(与李小岳编注了《律书》《历书》《天官书》)

刘晓林 衡阳师范学院中文系教授(编注了《扁鹊仓公列传》)

安　东 北京师范大学中文系副教授(编注了《礼书》《乐书》)

陈　曦 国防大学军事文化学院教授(编注了《夏本纪》《周本纪》《齐太公世家》《鲁周公世家》《宋微子世家》《陈杞世家》《晋世家》《司马相如列传》《龟策列传》)

周　旻 北京师范大学古代文学博士,中华书局经典普及一部主任,编审(编注了《燕召公世家》《管蔡世家》《卫康叔世家》《楚世家》《郑世家》)

图书在版编目(CIP)数据

史记:评注版/韩兆琦评注.--长沙:岳麓书社,2025.7.--ISBN 978-7-5538-2346-1

Ⅰ.K204.2

中国国家版本馆CIP数据核字第2025Z4K378号

SHIJI:PINGZHU BAN

史记:评注版

评　　注:韩兆琦

出 版 人:崔　灿

责任编辑:李郑龙　蒋小涵　黄　龙　彭卫才

责任校对:舒　舍

封面设计:贺红梅

岳麓书社出版发行

地址:湖南省长沙市爱民路47号

直销电话:0731-88804152　0731-88885616

邮编:410006

版次:2025年7月第1版

印次:2025年7月第1次印刷

开本:890mm×1240mm　1/32

印张:94.25

字数:2300千字

书号:ISBN 978-7-5538-2346-1

定价:336.00元

承印:长沙超峰印刷有限公司

如有印装质量问题,请与本社印务部联系

电话:0731-88884129